国家社科基金项目“基于财政资金管理的农村基础设施建设与机制创新”（07BJY084）
教育部哲学社会科学研究后期资助项目（07JHQ0046）
由南京农业大学公共管理重点学科资助出版

农村基础设施建设机制创新

Mechanism Innovation of Rural Infrastructure Construction

于 水／著

摘要

通过对农村基础设施供给制度变迁与政策分析，结合实地调查揭示了农村基础设施不同供给的主体模式。尝试构建农村基础设施多元供给主体体系，围绕农村基础设施建设项目管理、投融资机制、投融资绩效评价、农村基础设施建设决策机制、执行机制、监督机制与保障机制等开展研究。比较不同地区和不同农村基础设施的主体供给模式，透视出农村基础设施供给主体构成的变化，从农村基础设施建设的性质、经济发展水平、经济效益和公平性四个方面对农村基础设施的供给主体模式提出展望。农村基础设施建设中的财政资金管理过程可分为项目选择、项目实施中的资金管理与监督、项目建成后的管理。通过对若干个各级农业资源开发部门组织的农村基础设施项目的研究，证实了财政资金使用各层级间的委托—代理结构“天生”隐含着低效率的可能，农业基础设施的复杂性决定了这个结构的低效，而农民组织的规范和发展有利于改造此低效结构。在此基础上，提出构建一个融“项目桥”、“资金链”、“三人组”为一体的农村基础设施建设中财政资金的创新管理体系的政策建议，并证明了该体系对提高农村基础设施建设中财政资金使用效率有积极作用。

本书从融资主体、融资渠道、融资方式、区域差异、融资体制等角度分析农村基础设施建设融资机制的制约因素，构建以政府为主体、社会力量共同参与的农村基础设施建设主体体系、决策机制、融资机制等，进而对农村基础设施建设投融资绩效进行评价，将决策责任机制、偏好显示机制、决策程序与方法机制、信息沟通机制、公共参与机制、决策监督机制等融于决策系统考察，促进决策机制创新。构建农村基础设施建设机制的分析框架，揭示农村基础设施建设执行机制特点与模式。分析了农村基础设施建设投资决策监管阶段、建设监管阶段和建后监管阶段不同的状况，发挥农村社会组织在农村基础设施建设中的管护作用。

本书共包含农村基础设施建设主体供给体系的构建、农村基础设施建设项目管理研究、农村基础设施建设融资机制研究、农村基础设施建设融资绩效评价、农村基础设施建设决策机制研究、农村基础设施建设执行机制研究、农村基础设施建设监督机制研究、农村基础设施建设保障机制研究8个部分。

目　录

绪 论

一 研究背景

农村基础设施是农村发展的基础条件，自2003年中央每年发布一号文件以来，农村基础设施建设已经成为政界和学界关注的热点问题。例如，2004年中央一号文件中指出："国家固定资产投资用于农业和农村的比例要保持稳定，并逐步提高。适当调整对农业和农村的投资结构，增加支持农业结构调整和农村中小型基础设施建设的投入。"2005年《中央一号文件》指出："应加强我国农村基础设施建设，改善农业发展环境，包括加大农村小型基础设施建设力度、加快农产品流通和检验检测设施建设和加强农业发展的综合配套体系建设。"2006年中央一号文件指出："加强农村基础设施建设，改善社会主义新农村建设的物质条件，包括大力加强农田水利、耕地质量和生态建设，加快乡村基础设施建设和加强村庄规划与人居环境治理。"2008年中央一号文件指出："加强以农田水利为重点的农业基础设施建设是强化农业基础的紧迫任务。"2011年中央一号文件锁定农村水利建设，分析了新形势下水利的战略地位，规划了基本原则和指导思想等等。通过对历年中央一号文件的解读，我们发现：第一，农村基础设施建设在文件中所占内容越来越多，出现频率越来越高，直至 2011 年，被一号文件锁定。第二，历年一号文件根据当前农村发展之急需，指出次年（每年的中央一号文件一般是在上一年的 12 月 31 日发布）农村基础设施建设的重点。第三，文件的主要特点是对农村基础设施建设提出基本原则，如增加财政投入、引导各类社会资金参与农村基础设施建设和创新农村基础设施建设的管理与运行机制，具体落实则没有详细规定，需要中央有关部门和地方政府根据实际情况制定更为具体的规章与政策。由此可见，国家对农村基础设施建设的重视程度越来越高，但从另一方面也反映目前我国农村基础设施建设的问题。这些问题迫切需要国家通过转变公共财政理念和改革农村基础设施建设管理体制加以克服。如何构建公共财政框架和完善农村基础设施建设管理体制，则需要在充分调研的基础上，运用专业理论，密切联系实际，加强应用研究。

通过中国期刊网文献检索（检索日期为 2011 年 5 月 18 日，检索方式是以“农村基础设施”为题名进行精确检索），发现农村基础设施方面的研究成果已有 495 条记录。通过期刊文献研究发现研究主要集中在以下几个方面。第一，宏观概括农村基础设施建设现状，即分析农村基础设施建设存在的普遍性问题与区域性问题。第二，农村基础设施建设融资现状（各种资金来源构成）、融资模式及其效益问题研究。第三，农村基础设施建设供给制度的历史变迁与现状研究。第四，农村基础设施建设的绩效审计问题研究。第五，国外农村基础设施建设经验的总结。第六，农村基础设施建设的主体（如农民、民间组织等）参与问题研究。第七，农村基础设施建设的政策，特别是财政支持问题研究。第八，农村基础设施建设与其他问题的关系研究。

以“农村基础设施”为题名的书籍随着研究的深化逐渐增多，如曹志勇的《新农村基础设施》（2006 年 9 月）、于水的《乡村治理与农村公共产品供给》（2008 年 8 月）、柴盈的《中国农村基础设施治理与供给制度创新研究》（2009 年 3 月）、侯军岐等的《北京市农村基础设施项目建设与运行管理研究》(2009 年 10 月)、徐淑红的《农村基础设施投资效率研究》(2010 年 6 月)、温凤荣的《农村基础设施投资与融资》(2010 年 7 月)、赵兴忠的《农村基础设施建设及范例》(2010 年 7 月)、王春福等的《农村基础设施的多中心治理》(2010 年 11 月)。通过文献的梳理，可以发现研究主要集中在以下几个方面。第一，分析农村基础设施建设现状，在理论分析的基础上，对农村基础设施进行类别分析和案例分析，以此预测农村基础设施供给制度的发展趋势，剖析我国农村基础设施供给制度的历史变迁。第二，论述农村基础设施建设项目的投融资以及项目招标、融资主体和投融资效率。第三，总结国外农村基础设施建设的成功经验与失败教训，及完善农村基础设施建设启示。第四，研究方法方面，侧重社会调查，包括设计案例和总结不同地区农村基础设施建设的经验及农民对当地农村基础设施建设的主观评价。

二 研究内容及分析框架

受文献研究和现实需求的启示，本书从主体论与过程论的视角研究农村基础设施建设机制创新。当然，主体论与过程论视角下的农村基础设施建设的划分不是绝对的，如图 1 所示，两者之间互相渗透，该划分只是为了研究方便。农村基础设施建设可分为不同类型，在不同类型和不同地区存在着供给主体和管理过程的差异。因为研究需要，将本书的内容归纳为“主体论视角下的农村基础设施建设机制创新”和“过程论视角下的农村基础设施建设机制创新”两部分。

“农村基础设施多元供给主体体系构建”作为本书的第一章，起着导向性作用，奠定了本书的论述基调，通过农村基础设施供给制度的变迁、公共政策的内容分析以及理论与实证分析相结合，指出我国农村基础设施供给主体的发展趋势及其职责关系。之所以把

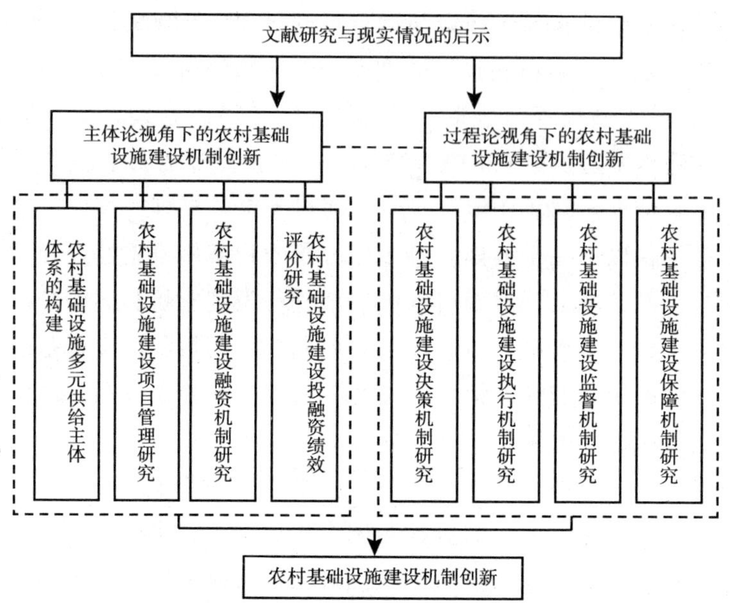

图 1　研究思路与分析框架

“农村基础设施建设融资机制研究”与“农村基础设施建设投融资绩效评价”两章内容放在第一篇，是基于以下两点考虑。第一，农村基础设施建设是基于公共产品的内涵与特性决定，实际上在农村地区很难找出完全非竞争性和非排他性的农村公共产品（服务），本书通过个人需求溢出理论，从而界定农村公共产品，进而界定政府在提供农村基础设施建设的职能定位，构建农村基础设施供给主体多元化体系，由于我国农村经济薄弱、财力有限，推进农村基础设施建设需要多方努力，投融资也正是基于这方面需要的基础上的一个现实存在和大胆假想，采取何种模式和方式进行资金筹集，从而保障农村基础设施建设的稳定资金来源，需要建立科学有效的农村基础设施建设融资机制，而农村基础设施建设投融资绩效如何，则需要对其进行评价。第二，从过程论角度考虑，农村基础设施建设项目立项实施需要财力的保障，在农村地区由于项目类型不同，执行难度存在着较大差异，从实际看，乡镇政府和村委会在基础设施建设立项，要么是基于社会经济发展和农民的需要，要么是基于政府发展规划的现实，在确定建设项目后，再考虑资金问题。这就给本书提供了现实个案。本书把“农村基础设施建设融资机制创新”放在第一篇，并对其做了理论思考和实证分析，一方面与农村基础设施供给主体多元化趋势紧密结合，另一方面也为农村基础设施建设决策机制研究留有更多空间。第二篇“过程论视角下的农村基础设施建设机制创新”包括农村基础设施建设的决策、执行、监督和保障机制研究。这四个方面也不是绝对的划分，正如监督应该贯穿于其他过程之中。

（一）农村基础设施多元供给主体体系的构建

通过对农村公共产品内涵与特征的界定，以公共选择理论和多中心治理为理论基础，构建了农村基础设施多元供给主体体系。其中涉及主体之间的结构关系和职责义务，衡量标准是农村基础设施的受益范围和属性。通过文献梳理和农村基础设施建设的政策分析，明确了农村基础设施供给主体研究的未来趋势。通过实地调研和案例分析，比较不同地区农村基础设施建设项目的不同与主体供给模式的不同。剖析农村基础设施供给制度的变迁，透视农村基础设施供给主体构成的变化。供给主体构成的变化印证了我国农村社会管理制度的变化和国家财政理念的转变。最后，从农村基础设施建设的性质、经济发展水平、经济效益和公平性四个方面为标准对农村基础设施的供给主体模式提出展望。农村基础设施建设直接或间接地受农村经济的影响。加强完善农村基础设施建设，发展农村经济和增加村集体的财政收入至关重要。

（二）农村基础设施建设融资机制研究

以农村基础设施建设融资的相关理论为指导，遵循实证分析和规范分析相结合、微观分析和宏观分析相结合的原则，从农村基础设施建设和融资现状进行分析，以融资主体、融资渠道、融资方式、区域差异、融资体制等角度分析农村基础设施建设融资机制的制约因素，通过借鉴国外农村基础设施建设融资的经验，构建我国农村基础设施建设的融资机制，提出对农村基础设施实行分类融资的策略，针对不同类型的农村基础设施建设选择不同的融资渠道和融资模式。在运用农村基础设施建设的优势和所需外部环境条件的基础上，对不同类型的农村基础设施项目的融资模式进行选择设计，构建以政府为主体、社会力量共同参与的农村基础设施建设融资机制是解决农村基础设施资金短缺的必由之路，整合和发挥政府财政的主导功能、建立稳定的农村金融支持体系、运用市场机制引导社会和农民参与农村基础设施建设，建立起“财政主导、信贷资助、市场运作、民资参与”的多元农村基础设施建设融资机制。

（三）农村基础设施建设融资绩效评价研究

主要采取理论分析和实证分析相结合的研究方法，分析农村基础设施建设的融资模式，试图在此基础上为农村基础设施建设融资的绩效评价构建理论分析框架。利用层次分析法将农村基础设施建设融资的研究定量化，通过建立农村基础设施建设发展水平的评价模型，进行农村基础设施建设融资的绩效评价。其评价模型主要包括三个方面：综合评价模型、横向评价模型、纵向评价模型。综合评价模型有利于对某一地区基础设施建设的综合实力进行总体判断。横向、纵向评价模型有利于我们对某一农村地区基础设施建设在短期和长期内的具体发展水平进行考察，以及评估各个建设子系统的具体情况。实证分析模型，围绕某一农村地区基础设施建设融资的绩效进行评价，同时对多个地区的绩效评价情况进行比较研究，总结发展相对较好地区的经验，为相对落后地区提供对策建议。通过绩效评价检查政府尤其是地方政府在农村基础设施建设中的管理决策能力，为提高政府的管理水平与明确职能提供分析途径。

（四）农村基础设施建设决策机制研究

农村基础设施是公共产品的组成部分，具有公共产品的一般特性和农村社区的特殊性。农村基础设施建设决策机制包括决策前的偏好显示机制、决策主体及权责分配机制、决策的程序和方法体系、决策监督机制等等。我们需要对农村基础设施建设决策机制进行创新，建立一个科学合理、符合农民真正需求的供给决策机制。运用理论分析、比较分析和实证分析相结合的研究方法，揭示农村基础设施建设决策机制的历史演变过程及其发展趋势，以苏皖地区为个案进行实地调查分析，研究农村基础设施建设制度内与制度外决策的现状，探讨现今农村基础设施建设决策机制存在的主要问题，形成“决策流程”的工作程序，建立深入了解民情的基础设施建设决策调研机制，广泛集中民智的农村基础设施建设决策参与机制，人民群众参政议政制度，农村基础设施建设决策公示制度与听证制度，决策绩效评估机制和绩效问责机制推进农村基层民主政治建设，为农村基础设施建设的科学决策提供制度保障。

（五）农村基础设施建设执行机制研究

探讨农村基础设施建设执行机制的影响因素和主要问题，以江苏省为例进行实证分析，比较苏南、苏北地区农村基础设施建设执行机制的实际运行状况。研究构建农村基础设施建设执行机制的分析框架，将农村基础设施建设的执行过程作为一个整体进行分析研究，展示不同经济发展水平地区的农村基础设施建设执行机制和现状特征。研究基于宏观与微观方面对农村基础设施建设的影响展开，分析政治环境、社会环境、经济环境和法律环境等宏观环境系统对农村基础设施建设的影响，以及执行主体、组织结构、执行目标、执行资金和监督与激励系统等微观环境对其的影响。从执行主体、项目招投标程序、项目建设监管环节、执行资金的使用和监管过程，以及监督与激励系统完善方面，结合苏南、苏北地区农村基础设施执行现状进行分析，探寻两个地区的执行机制中各自存在的问题，然后对苏南、苏北地区的农村基础设施建设执行机制进行比较研究，提出了加强农村基础设施建设执行主体建设，创建公正透明的项目招投标制度，加强项目建设施工过程中的监管力度和执行资金的专项管理，完善监督与激励系统。

（六）农村基础设施建设监督机制研究

本书将农村基础设施建设监督机制创新置于宏观经济体制的大环境下，在国家加大农村基础设施建设财政投资的政策背景下，以管理控制理论和公共利益理论为指导，围绕农村基础设施建设监督机制的构成因素，构建以政府为主导的全方位、多层次的农村基础设施建设监管主体体系的分析框架，提出把农村基础设施建设监督管理从过程上分为投资决策监管阶段、建设监管阶段和建后监管阶段，阐述各个阶段具体的监管目标及监管内容，对各监督管理阶段的现状、困境进行详细分析，找出问题存在的原因。结合常州溧阳、无锡宜兴、盐城响水、宿迁沭阳县等行政村的实地调研，运用数据分析，结合农村基础设施建设监督的管理实践，运用问卷调查、座谈等社会调查，把规范分析建立在真实、可靠的研究基础上。同时运用实证分析的有关结果，创新农村基础设施建设监督机制。

（七）农村基础设施建设保障机制研究

以公共物品理论、公平理论、治理理论等相关理论为指导，对农村基础设施建设保障机制的演变历程进行研究分析。着眼于建立科学、完善的农村基础设施建设保障机制，通过加大对农村基础设施建设投入，从公共财政、法律制度、组织创新与管理的角度分析农村基础设施建设保障机制状况。通过分析国外农村基础设施建设保障机制，揭示国外农村基础设施建设保障机制的特点及对我国的启示。通过农村基础设施建设的政府责权划分，确保农村基础设施建设资金，包括总量上增加财政对农业的投入和积极探索增加支农投入新形式，探索农村基础设施建设保障方式与模式，创新农村社会组织管理，发挥组织在农村基础设施建设保障中的作用。

三　研究方法

（一）历史分析法

路径依赖理论指出，现今的制度受历史影响，依赖于过去的制度，留有其痕迹。因此，本书运用历史分析方法，分别剖析农村基础设施供给主体制度、农村基础设施建设决策制度和农村基础设施建设保障等制度的变迁。

（二）实地调查法

本书的鲜明特点是侧重实地调查，每章研究都是在理论分析的基础上，运用社会调查法收集第一手资料，从而使理论分析与实证分析较为完美地结合起来。社会调查地点遍及江西、安徽、江苏（苏南和苏北地区分别有若干地点，如苏南地区的苏州市、南京市与苏北地区的宿迁市和盐城市）。实地调查的形式包括参与式观察（对不同调查地点的农村基础设施建设状况进行感性认识并做比较分析）、入户问卷调查访谈（由课题组成员分组，一般是两人一组，在具备较高文化程度村干部的带领介绍下做入户调查，并由村民填答问卷。其中，调查员就问卷中的重要问题做较为深入的访谈，以了解更多情况）。召开乡镇干部及村干部座谈会，了解当地有关农村基础设施建设的政策措施以及他们对我国农村基础建设机制的看法。

（三）案例分析法

本书采用了案例分析法对农村基础设施建设进行系统研究，如农村基础设施供给主体体系的构建和农村基础设施建设决策机制研究，前者就不同区域（经济发达地区和欠发达地区）的农村基础设施供给主体体系进行对比研究，后者就不同类型（制度内和制度外的农村基础设施）的农村基础设施建设决策机制进行对比研究。通过案例分析，辅以对比分析，得知不同区域和不同类型的农村基础设施供给主体体系和农村基础设施建设决策机制的差异性。

（四）制度比较分析法

根据制度经济学的观点，制度在一国发展中起着至关重要的作用。为什么具有大致相同资源的国家，其发展程度却相差甚大？为什么拥有资源较少的国家比拥有资源较多的国家发展更快？制度经济学为我们提供解释，认为制度分配资源，不同的制度决定其绩效不同。适合一国国情的制度能实现资源的最优配置，即帕累托最优。同时，公共政策学中的政策转移理论启示我们不同国家的政策可以进行适度转移，从而节省政策设计的时间成本。本书通过借鉴国外经验，以期为完善我国农村基础设施建设机制提供启示。同时，本书的一个特点是对国内不同地区的农村基础设施供给主体体系和不同类型的农村基础设施建设决策机制进行比较研究。

（五）定量分析法

本书运用层次分析法，构建农村基础设施建设投融资绩效评价的一般评价模型和动态评价模型，并提出未来的研究方向：以绩效为切入点，创新农村基础设施建设投融资模式；以绩效为切入点，优化政府管理决策能力。

第一篇

主体论视角下的农村基础设施建设机制创新

第一章 农村基础设施多元供给主体体系的构建

20世纪80年代，西方国家兴起一场新公共管理运动，旨在改革政府机构膨胀和效率低下的现状。公共选择理论作为这场运动的理论之一，把经济学分析方法运用于政治过程分析中，强调政府不是万能的，政府也会出现失灵，而且该理论主张用市场化手段来改革政府，政府不是提供公共服务和基础设施的唯一主体，企业也可以提供基础设施，而且在一定条件下更有效，从而主张公共管理主体的多元化。虽然我国国情与西方国家差异很大，但是这一理论对我国基础设施建设也具有深刻启示。农村基础设施是农村经济和社会等各方面发展的先决条件，然而，我国农村基础设施供给总量不足、供给结构不合理和质量低下的现状严重制约了农村的稳健发展。由于长期以来我国实行赶超型发展战略，以牺牲农业为代价促进工业和城市发展，相对农业发展的需要和其他国家农村基础设施建设水平，我国广大农村基础设施普遍薄弱，这一状况严重制约了农村发展。如今城市和农村的差距越来越大，不协调现象不利于我国和谐社会的构建。党和国家认识到问题的严峻性，制定了一系列政策和措施惠及农村，实行工业反哺农业和工业发展带动农业、农村的发展。其中突出的就是转变财政观念，实行公共财政转移政策，把更多的资金投向农村，加强农村基础设施建设。但是政府财力的有限性与农村基础设施的需求产生矛盾，政府失灵导致我们有必要改革我国政府供给农村基础设施的传统模式，即自上而下和单中心的供给模式。随着我国民营经济实力的不断壮大，公共服务和基础设施的供给呈现主体多元化趋势将更加明显，需要强调的是主体多元化并不否定政府的作用。政府要根据当地农村经济和社会发展的需要投入相应财政资金，并制定规章、政策和相关法律规范为其他主体参与基础设施的建设创造良好的环境。本章主要探讨农村基础设施的供给主体问题，目的是探讨新型的农村基础设施供给模式，而其核心是构建多元的供给主体体系，包括主体之间的结构关系和权责关系。农村基础设施的供给主体问题研究有利于政府转变理念，在满足农村居民生产和生活需要的基础上，提高农村基础设施的质量和提高社会的自治程度以及密切政府与社会的关系，有利于丰富公共产品理论和公共管理内涵。

一　农村基础设施供给主体研究现状分析

农村基础设施建设决定农村的长远发展。供给不足、效率低下和质量差是我国农村基础设施长期以来面临的困境，并制约着农村经济的发展和农民生活水平的提高。主要原因是我国早期实行的发展战略侧重发展工业，以牺牲农业为代价来获取经济的增长和城市的发展。公共财政偏向城市，农民、农业和农村很少享受到经济增长的成果。农村基础设施供给主体的单一造成农村基础设施的落后。要解决农村基础设施的供给问题，其核心是如何完善我国农村基础设施的供给制度，关键问题是吸纳多元主体参与农村基础设施的供给。

（一）农村基础设施研究时间序列分布

通过中国期刊网检索发现，从 1985 年开始，我国学者才关注农村基础设施建设的研究，当年中国期刊网上只有 1 篇论文。

不容乐观的是，1985～1992年，没有一篇关于农村基础设施的论文。数据说明，改革开放以来，我国学者对农村基础设施的关注程度非常低。在之后的几年也没有得到改善，1993～1995年，每年只有1篇或2篇农村基础设施研究论文，1996～1998年也没有检索到1篇论文。直到20世纪末21世纪初，状况开始转变：1999～2003年的论文数分别为4、3、5、7和3篇。研究认为，党和政府的农村政策开始调适，三农问题、新农村建设问题得到中央政府的重视，也引起学界的关注。2001年中共中央和国务院发布的《关于做好2001年农业和农村工作的意见》中强调："继续推进农业结构的战略性调整，加大力度建设农村基础设施"。中央政府对农村基础设施建设的重视引起学界对农村基础设施的研究。从表1－1可以看出：党中央和国务院从2004年起每年下发一号文件强调农村基础设施建设。2004～2008年，论文数量都有较大幅度的增长。论文数量分别从2004年的16篇、2005年的15篇上升到2006年的52篇、2007年的72篇、2008年的94篇。数据说明：自2004年以来，我国学者持续关注农村基础设施建设问题，加大农村基础设施建设可以缩小与城市基础设施建设之间的差距。

表1－1　涉及农村基础设施的中央一号文件及内容

年月	文件名称	涉及农村基础设施的内容
2003年12月31日	2004年中央一号文件《中共中央国务院关于促进农民增加收入若干政策的意见》	加强农村基础设施建设
2004年12月31日	2005年中央一号文件《中共中央国务院关于进一步加强农村工作提高农业综合生产能力若干政策的意见》	要求把加强农业基础设施建设作为一项重大而紧迫的战略任务，切实抓紧抓好
2005年12月31日	2006年中央一号文件《中共中央国务院关于推进社会主义新农村建设的若干意见》	加强农村基础设施建设，改善社会主义新农村建设的物质条件

续表

年月	文件名称	涉及农村基础设施的内容
2006 年 12 月 31 日	2007 年中央一号文件《中共中央国务院关于积极发展现代农业扎实推进社会主义新农村建设的若干意见》	强调发展现代农业，提高农业水利化、机械化和信息化水平
2007 年 12 月 31 日	2008 年中央一号文件《中共中央国务院关于切实加强农业基础建设进一步促进农业发展农民增收的若干意见》	强调促进农业发展农民增收要突出抓好农业基础设施建设
2008 年 12 月 31 日	2009 年中央一号文件《中共中央国务院关于 2009 年促进农业稳定发展农民持续增收的若干意见》	强调做好 2009 年农业农村工作，具有特殊重要的意义，加大对农业的支持保护力度；稳定发展农业生产；强化现代农业物质支撑和服务体系；稳定完善农村基本经营制度；推进城乡经济社会发展一体化
2009 年 12 月 31 日	2010 年中央一号文件《中共中央国务院关于加强统筹城乡发展力度进一步夯实农业农村基础的若干意见》	突出抓好水利基础设施建设，加强农村水电路气房建设
2010 年 12 月 31 日	2011 年中央一号文件《中共中央国务院关于加快水利改革发展的决定》	突出加强农田水利等薄弱环节建设，全面加快水利基础设施建设
2011 年 12 月 31 日	2012 年中央一号文件《中共中央国务院关于加快推进农业科技创新持续增强农产品供给保障能力的若干意见》	改善设施装备条件，不断夯实农业发展物质基础

（二）农村基础设施供给主体研究趋势分析

通过中国期刊网检索，从 2004 年开始，学界特别关注农村基础设施多元供给主体。说明进入 21 世纪后，学者逐步意识到农村基础供给主体的多元化。从宏观上论述了农村基础设施建设中政府、企业与农民的关系及各自所应承担的义务。① 从多中心治理角度论述农村公共产品供给的多元化，构建政府、市场和社会三维框

① 冯佺光：《农村基础设施建设中的政府、企业与农民》，《重庆师范大学学报（哲学社会科学版）》2004 年第 4 期。

架下的治理模式。[①] 基于公共产品供给理论的视角剖析我国农村基础设施供给的历史与现实情况，指出针对农村基础设施的公共品、准公共品和俱乐部产品的性质，建立政府、社区与市场供给的多方供给模式。[②] 从公共产品理论和实际调查情况，倡导建立多层次农村基础设施供给体系。[③] 以农村基础设施公共性分析和分类为基础，运用多中心治理理论为供给制度的设计提供一个新的思路：建立和完善政府、市场和自愿组织共同参与的农村基础设施多元合作供给制度安排。[④] 农村基础设施多元治理主体的确定为政策工具的选择提供了前提。从治理的多元主体出发，可以确定政策工具选择的范围。[⑤] 总结出不同时期农村基础设施供给主体构成，提出构建农村基础设施多元供给主体体系。[⑥] 运用内容分析法和问卷调查法剖析了我国农村基础设施供给主体发展趋势。随着社会经济的发展，农村基础设施供给主体更加多元化，但政府在农村基础设施供给的过程中始终处于主导地位[⑦]。以交易成本理论为分析视角论述了在现有条件下，中国应该构建政府、企业与农民合作组织联合的农村基础设施治理结构。[⑧] 研究发现，国内学者对于农村基础设施的供给多元主体基本形成共识，供给主体以及供给模式的多元化，反映其研究的分析视角各有差异。

---

① 于水：《多中心治理与现实应用》《江海学刊》2005 年 5 期。

② 余佶：《我国农村基础设施：政府、社区与市场供给——基于公共品供给的理论分析》，《农业经济问题》2006 年第 10 期。

③ 杨国永等：《福建沿海地区农村基础设施供给方式创新研究》，《福建农林大学学报（哲学社会科学版）》2007 年第 10 期。

④ 李鸿辉：《农村基础设施的公共性与多元合作供给制度设计的探析》，《广东社会科学》2008 年第 6 期。

⑤ 王春福：《农村基础设施治理的政策工具选择》，《学术交流》2008 年第 2 期。

⑥ 于水、周延飞：《构建农村基础设施多元供给主体体系的思考》，《农村经济》2009 年第 5 期。

⑦ 于水、周延飞：《我国农村基础设施供给主体发展趋势研究——基于内容分析法和问卷调查法》，《南京农业大学学报（社会科学版）》2009 年第 4 期。

⑧ 柴盈：《交易成本与中国农村的基础设施治理结构选择——以灌溉、电力、公路和饮用水设施为例》，《中国农村观察》2009 年第 1 期。

（三）农村基础设施供给主体研究视角比较

农村基础设施供给主体研究视角主要包括宏观定性与定量分析（就中国整体情况定性分析）、中观定性与定量分析（就某个省或某个市县的情况分析）、案例分析和问卷调查法。

1. 宏观定性与定量分析

农村基础设施供给主体研究中，宏观定性分析居多，依据农村基础设施的特性，从公共产品理论和我国整体实际情况出发，在分析农村基础设施落后的基础上，强调供给主体的多元化，以解决农村基础设施滞后问题。宏观定性研究主要分析某一主体在农村基础设施供给中的重要性。如民间资本进入农村基础设施建设的可行性或政府在农村基础设施建设中的主导地位，而较少分析具体地区农村基础设施建设。研究主要涉及我国投资总量分析、结构分析和效益分析等，并从多角度透视农村基础设施投资，提出建立多元化投融资体制。[①] 宏观定量分析的论文较少，只有 2 篇。在分析不同类型基础设施经济学属性的基础上，运用博弈论方法构造博弈模型分析农村基础设施投入主体的投资行为，并提出优化各投入主体策略选择的政策建议[②]。

2. 中观定性与定量分析

中观定性分析研究相对其他视角的研究较多，研究成果有 7 篇。如沈阳市采取乡镇和农民集资的办法加强农村基础设施建设[③]。重庆市农村基础设施投融资体制改革的路径选择之一是以

---

① 周红梅、匡远配：《农村基础设施建设投资问题分析》，《湖南农业大学学报（社会科学版）》2007 年第 3 期。

② 冯林等：《基于博弈论的农村基础设施投资主体行为优化分析》，《云南财经大学学报（社会科学版）》2008 年第 3 期。

③ 姚余龙：《沈阳市加强农村基础设施建设取得显著成效》，《小城镇建设》1995 年第 4 期。

现代产权制度为核心，借鉴国外经验，探索新的投资模式和吸纳民间资本，拓展多元融资渠道，即吸纳多种主体参与农村基础设施的建设和供给①。根据对福建沿海地区部分农村基础设施调查的结果，分析当前农村基础设施供给存在的问题，即供给不足、结构不合理、权责不对称和市场化水平低以及地区差异大，并基于建设社会主义新农村以及农村税费改革的大背景，结合农村基础设施的公共产品理论分析，构建福建沿海地区新农村基础设施供给主体体系②。从四类供给主体的角度提出着力构建广西农村基础设施的建设投入机制，这四个方面是构建稳定的政府投入机制、加大金融支持力度、调动农村集体经济和农民投资农村基础设施建设的积极性、合理引导社会资本投向农村基础设施建设领域③。以黑龙江省为例，提出组建农村基础设施投资主体，改变单一的政府投资做法，形成以政府为主导、以市场为导向、以社会为主体，多渠道融资，注重实效的农村基础设施长效管理机制④。

3. 案例分析与问卷调查

案例分析方法运用的检索论文有 3 篇。以灌溉、电力、公路和饮用水设施为例，提出在现有条件下，中国应该构建政府与农民合作组织联合的农村基础设施治理结构。⑤ 问卷调查法的运用次数有 2 次。通过问卷调查的方式得出福建沿海地区 5 市 27 个行政村各级政府的投资额及其比重，并且结合公共产品理论的分析，创新福

---

① 顾敏君、谢家智：《重庆市农村基础设施投融资体制改革浅见》，《重庆社会科学》2005 年第 5 期。

② 杨国永等：《福建沿海地区农村基础设施供给方式创新研究》，《福建农林大学学报（哲学社会科学版）》2007 年第 10 期。

③ 黄世勇等：《广西农村基础设施投入机制创新研究》，《经济参考研究》2008 年第 53 期。

④ 邱玉兴等：《黑龙江省新农村基础设施建设投融资长效机制研究》，《商业经济》2009 年第 2 期。

⑤ 柴盈：《交易成本与中国农村的基础设施治理结构选择——以灌溉、电力、公路和饮用水设施为例》，《中国农村观察》2009 年第 1 期。

建沿海地区农村基础设施供给方式。[①] 通过调研总结上海市郊农村基础设施的多元供给模式。[②]

从四种不同的视角分析了农村基础设施，研究各有所长。宏观定性分析和中观定性分析可以使研究者从整体上了解农村基础设施的供给主体现状，但比较模糊。而宏观定量分析和中观定量分析使研究者从整体上了解农村基础设施供给主体现状，但是由于数据的准确性问题和数学模型的适用性问题，定量分析结论的可靠性需要在实践中予以检验。案例分析可以使研究者比较清楚地了解某类农村基础设施供给主体模式，经验可以得到借鉴，但是其推广性和普及性不强。问卷调查可以获得最新和说服力的数据，但是调查难度大，特别是在调查某地区农村基础设施供给主体的现状及构成时，获取样本比较困难。

（四）结论与展望

进入 21 世纪后，随着国家对农村基础设施建设重视程度的逐渐提高，学者也越来越关注农村基础设施建设，并对农村基础设施建设的相关问题进行有益的探讨，为我国农村基础设施建设提供丰富的理论指导。关于农村基础设施供给主体问题，学界达成共识，农村基础设施供给应以政府为主导，以农民需求为根本，完善农村基础设施供给制度，吸纳多元主体参与农村基础设施供给。但现有研究缺乏实证和调研分析，若能发现和总结不同地区的成功案例和模式，将极大地丰富我国农村基础设施供给主体研究。由于我国不同地区农村基础设施建设还存在较大差异，实践中供给模式也存在不同，这就为我们研究不同地区农村公共产品供给主体的机制模式等问题提供了契机。

---

① 杨国永等：《福建沿海地区农村基础设施供给方式创新研究》，《福建农林大学学报（哲学社会科学版）》2007 年第 10 期。

② 张锋：《郊区型新农村基础设施投资问题探讨》，《河北科技师范学院学报（社会科学版）》2008 年第 1 期。

二　农村基础设施概念解读

（一）农村基础设施的概念与分类

农村基础设施是为发展农业生产和保证农民生活而提供的公共服务设施的总称。农村基础设施建设，是社会主义新农村建设的重要组成部分，是农村社会经济发展和生活改善的重要物质基础。1994年世界银行发展报告将基础设施分为两种：社会基础设施与经济基础设施。社会基础设施包括科技、医疗、文教等。基础设施有为生产与生活等社会经济活动提供生产性服务和社会公共服务的双重功能，是社会生产和再生产正常进行的重要条件。经济基础设施指永久性的工程建筑、设备、设施和提供居民所用和用于经济生产的服务，包括公用事业、公共工程以及其他交通部门。

根据消费的非排他性和非竞争性程度不同，农村基础设施可分为：①纯公共产品类基础设施，此类基础设施具有完全的非竞争性和非排他性或很强的外部性。一般来讲，农村可持续发展类基础设施基本上都具有较强的非竞争性和非排他性或外部性。②准公共产品类基础设施。绝大部分农村基础设施是以准公共产品的形式存在，具有排他性：一种情况是用户只有与这些设施和网络连接才能使用这些设施的服务，否则就被排除在外，典型的有自来水、电网、管道燃气和排污设施；另一种是向用户提供的服务能够计量和收费，如农村医疗、乡村电网建设、农村文化馆等，但以上设施是否具有竞争性，则取决于新增用户所带来的成本或者对提供额外服务所承担的成本。③接近私人产品类基础设施。农村有少部分基础设施同私人产品一样具有较强的竞争性和排他性，如农村电信、有线电视、农业机械设备等。④“俱乐部”产品类基础设施。这类基础设施在社区内部具有非排他性、非竞争性和不可分割性，如村级道路、社区文娱活动和小型农田水利设施等。

根据服务属性不同，农村基础设施可分为：①可持续发展类基础设施，如大江大河的治理、污染治理、水土流失及土地沙化治理、防护林建设、生态保护、基础教育等系统工程。②经济发展类基础设施，如田间道路、农村水利设备、贮藏、运输和销售设施以及农业信息平台建设等农业基本建设项目。③社会基础设施，如饮水设施、农村电网、农村交通、供热燃气工程、垃圾处理场所和污水处理设施、广播电视、通信、医疗保障设施和文化娱乐设施等公益性设施。

根据使用属性不同，农村基础设施可分为：①生产类基础设施，如农村水利设施、农村电网、农村公路、农业机械设备等。②生活类基础设施，如农村饮水设施、农村电网、管道燃气、排污设施、农村电信、广播电视、农村医疗、农村文化娱乐设施等。有些农村基础设施既具有生产类性质又具有生活类性质，如农村电网、农村电信、农村公路。从使用性质角度对农村公共产品进行分类，更能体现农村对基础设施的需求，更反映基础设施给农民和农户物质上、精神上带来的帮助。

从以上对农村基础设施概念的具体分类，可以将主要内容总结如表 1－2 所示。

表 1－2　不同性质标准下农村基础设施的分类

性质		主要内容
消费的非排他性和非竞争性	纯公共产品类基础设施	大江大河的治理、污染治理、水土流失及土地沙化治理、防护林建设、生态保护、基础教育等系统工程
	准公共产品类基础设施	自来水、电网、管道燃气和排污设施等
	接近私人产品类基础设施	农村电信、有线电视、农业机械设备等
	“俱乐部”产品类基础设施	村级道路、社区文娱活动和小型农田水利设施等

续表

性质		主要内容
服务属性	可持续发展类基础设施	大江大河的治理、污染治理、水土流失及土地沙化治理、防护林建设、生态保护、基础教育等系统工程
	经济发展类基础设施	田间道路、农村水利设备、贮藏、运输和销售设施以及农业信息平台建设等农业基本建设项目
	社会基础设施	饮水设施、农村电网、农村交通、供热燃气工程、垃圾处理场所和污水处理设施、广播电视、通信、医疗保障设施和文化娱乐设施等公益性设施
使用属性	生产类基础设施	农村水利设施、农村电网、农村公路、农业机械设备等
	生活类基础设施	农村饮水设施、农村电网、管道燃气、排污设施、农村电信、广播电视、农村医疗、农村文化娱乐设施等

（二）农村基础设施供给与生产

公共物品生产与公共物品供给的联系表现在二者都是政府介入的经济活动。二者的区别在于，公共提供是政府作为产品或服务的购买者，而公共生产则是政府作为产品或服务生产的直接参与者。公共提供的产品未必是公共生产的，而公共生产的产品也未必是公共提供的。在公共领域，供给（Provision）和生产（Production）的区分是很重要的。埃莉诺·奥斯特罗姆对公共物品供给与生产差异分析对我们具有很大的启发意义。她认为供给是指通过集体机制对公共物品的提供者、数量与质量、生产与融资方式、管制方式等问题做出决策。生产则是指“将投入变成产出的更加技术化的过程，制造一个产品，或者在许多情况下给予一项服务”。[①] 政府可以是公共物品的供给者，却并不一定是公共物品的生产者。当政府提供公共物品时，它有权决定公共物品的生产方式，即垄断还是竞争。政府不仅可以自己进行生产或指定企业进行垄断性生产，而且也可通过招标或订立合同等带有竞争性质的方式进行生产。因此，

① 〔美〕埃莉诺·奥斯特罗姆：《制度激励与可持续发展》，三联书店，2000，第87页。

农村基础设施作为农村公共产品的重要组成部分，其供给与生产也存在较大差别。根据农村基础设施公共性的强弱程度，不同基础设施的供给与生产主体不一样。如大江大河的治理，其供给主体和生产主体都是政府；而村级道路的修建，其供给主体可以是政府、村委会，也可以是某个私人企业。

（三）农村基础设施多元供给主体

随着公共事务的出现，人类社会出现了公共事务管理的活动。“主体”有两种解释：一是事物的主要部分，二是哲学的范畴。后者是与“客体”对应的，它是指有意识的一方，是认识和实践的人。“公共管理主体”可以看做是从事公共事务管理活动的具有自主权的组织或个人，传统的公共管理主体就是指社会公共权力的代表——政府（公共权力机构）。其次，“多元”是和“一元”对应而言的，是“众多”的意思。“多元主体”就是众多主体的意思。因此，“公共管理多元主体”就是指在政府之外还存在众多的能够参与公共事务管理的主体，同时能够提供公共物品和公共服务。因此，本书认为农村基础设施多元供给主体就是指在政府之外还存在众多的能够提供农村基础设施的主体。

三　我国农村基础设施供给主体构成的变迁

1978 年以来，我国进入由传统农业社会向现代工业社会、从计划经济体制向市场经济体制转变的历史时期，我国农村基础设施供给制度也经历着一个不断演变创新的过程，其中主要是供给主体的变化。农村基础设施供给创新的着眼点在于解决供给主体能力缺陷的问题。

（一）新中国成立初期的农村基础设施供给主体

新中国成立初期，农村基础设施的供给主要是靠农民自我提供。国家主要对所有制进行社会主义改造。农村在“均田地”的基础上，推行农户之间的互助合作。在这样的经济体制下，农田水利建设主体是农户。农业的生产水平和要求均比较低，所以农田的水利建设也比较少，主要是一些田间工程，由农户各自负责实施。

（二）人民公社时期农村基础设施供给主体

这一时期农村基础设施的供给主体是人民公社。人民公社时期，我国农村实行的是“政社合一”的公社组织制度，“三级所有、队为基础”的集体产权制度，集中统一的生产经营制度，按工分报酬的分配制度，统购统销的农产品流通制度。农村基础设施的供给方式主要是制度外供给，即供给成本通过公社集体经济组织（生产大队和生产队）自筹资金进行分摊而实现的供给。因为那时国家财力有限，只能通过工分制度调动农民的积极性来参与基础设施建设。[①] 通过人民公社，国家把农民组织起来并加大投入人力、财力、物力，进行农田水利等基础设施建设。1957 年冬到 1958 年春，全国响应党中央号召，出动数千万乃至上亿的劳动力，大搞农田水利基本建设。农村人民公社制度兴起，原因之一就是在农业生产合作社的基础上，为适应大规模的农田水利基础建设以及大踏步地建设社会主义而迅速建立起来的。

（三）家庭联产承包责任制实施后的农村基础设施供给主体

这一时期农村基础设施的供给主体是农民家庭。1978 年后，我国对农村经济体制实行改革，建立家庭联产承包责任制，以促进农民的生产积极性和农村经济的发展。农村生产结构和经营方

① 李鸿辉：《农村基础设施供给制度创新与科技进步关联性分析》，《科技管理研究》2008 年第 8 期。

式发生变化，更加强调家庭的独立生产。农村私人产品供给的增长和乡镇政府取代人民公社成为我国最基层的行政机构。同时乡镇建立了乡镇一级财政和制度内及制度外的农村基础设施供给制度。乡镇的财政收入基本来源于农业税费（如“三提五统”）等，由此导致农民负担较重。从“三提五统”的内容可以看出，乡镇农村基础设施的制度外供给成本基本上是由农民家庭承担的。乡镇政府取代人民公社的农村基础设施供给制度的变迁并未给农业设施、农村公益事业等基础设施的投资提供有效的制度安排。中央政府及地方政府在农村基础设施供给中存在一定的错位和越位现象。

（四）税费改革后的农村基础设施供给主体

税费改革使得乡镇政府作为农村基础设施供给主体的供给能力急剧下降，农民家庭作为农村基础设施供给主体的角色淡化。农村基础设施供给主体开始呈现多元趋势，中央政府和地方政府协调职能，增加对农村基础设施建设的投入。税费改革之前，由于农民家庭过多承担了农村基础设施等农村公共事业供给成本，农民增收缓慢，生活水平陷于低迷，城乡差距越来越大。国家财政偏向工业和城市，这种财政是一种畸形的财政，而不是公共财政。为了减轻农民的负担以及促进农村发展，1999 年我国在安徽等部分省区开展了对农村税费改革的试点，2003 年全国进行税费改革省区达 20 多个，2004 年覆盖全国。2006 年 1 月 1 日起全面取消农业税，中国进入了无农业税的“后农业税时代”。[①] 农村税费改革不仅减轻了农民的负担，而且减少了乡镇的财源，使很大一部分得乡镇收入锐减。那些以农业税为主要税源的农业乡镇，使其事权失去了财力保证，农村基础设施得供给就变得更加的困难。党中央和国务院认识

① 李新等：《“后农业税时代”中国农业税制改革方向研究》，《农村经济问题》2007 年第 9 期。

到问题的严峻性，审时度势，根据经济社会发展的实际情况，实施工业反哺农业的发展战略，逐年增加对农村基础设施的投入，地方政府在中央政府的领导下根据实际情况增加对农村基础设施建设的投入，并出台扶持政策，吸引其他主体参与农村基础设施建设。2009 年，国家发展改革委员会安排 2 亿元用于支持对西部农村地区邮政基础设施的建设和更新改造，包括西部农村营业投递网点建设、西部农村邮路和投递网路建设、西部农村网点信息化建设和基层机要通信网建设等，目前投资计划已全部下达完毕。[①] 其他主体如金融机构在农村基础设施建设过程中发挥重要作用。[②] 中国农业发展银行云南省分行突破传统粮油信贷领域，积极拓展业务范围，2009 年 1～9 月各项贷款余额达到 300.09 亿元，其中，粮油购销储贷款余额为 101.9 亿元，占贷款总额的 33.96%；农业综合开发、农村基础设施等非粮油类贷款余额达 198.19 亿元，占贷款总额的 66.04%。

我国农村基础设施供给制度的演变表明，某些地区农村基础设施供给主体出现多元化。政府是主要供给主体，除了政府还有企业、第三部门、金融市场（主要指农业发展银行和农村信用合作社）、农村社区。20 世纪 90 年代以后，农村基础设施投资形成了以农户为大头，政府、农村集体为中头，企业以及非营利组织等为有益补充的多元投资结构新格局，初步形成了与社会主义市场经济相适应的农业投资主体结构，并在运行过程中不断加以完善。[③] 研究分析了 2009 年农村基础设施供给主体的相关法规，指出我国农村基础设施供给主体的发展趋势。

---

① 张翼：《中央投资支持农村邮政基础设施建设》，2008 年 12 月 5 日《光明日报》。

② 单洁、屠元亮：《农发行浙江淳安支行放贷 2.69 亿元支持山区农村基础设施建设》，《中国金融》2009 年 10 月 16 日。

③ 李志远：《农村基础设施投资研究——以河北省为例》，河北农业大学博士学位论文，2008，第 35 页。

四　农村基础设施供给主体发展趋势的法规及权威网站分析

通过万方数据库北京站（检索日期为2009年10月22日）对有关农村基础设施的法规进行检索，符合条件共有847项。其中地方法律规章有717项，部门规章79项，行政法规45项，国家法律3项，司法解释1项，人民法院判决书1项，国际条约1项。按照时间序列分布，所有有关农村基础设施的法规数量分布如表1－3所示。

表1－3　涉及农村基础设施的法规的时间和数量

年份	1983	1992	1993	1994	1995	1996	1997	1998	1999	2000
数量	1	1	0	2	1	1	2	1	7	10
年份	2001	2002	2003	2004	2005	2006	2007	2008	2009	
数量	11	16	53	75	109	275	205	51	19	

注：表中的法规年份是法规的颁布日期。

表1－3显示进入21世纪以来，我国关于农村基础设施的法规逐年增加，并在2006年达到高峰。这是由于国家意识到为了缩小城乡的差别，必须改变农村基础设施落后的状况，相应地由中央到地方各级政府制定各种政策来完善农村基础设施供给制度，吸纳多元主体参与。

由于样本量较大和文章篇幅的限制，研究选取2009年中央政府及地方政府颁布的有关农村基础设施的法规作为农村基础设施供给主体研究的分析样本。2009年有关农村基础设施的部门规章13项，行政法规4项。从表1－4可以看出，2009年年初以来我国政府相关部门制定了多种法律规章完善农村基础设施的供给制度，内容丰富，强调政府在农村基础设施供给中的职责，不断提高财政支持力度，同时强调农村基础设施类型的多样化和地域的差异性，各地因地制宜，吸纳多元主体参与基础设施的供给。

表 1-4 2009 年涉及农村基础设施的法规

部门	法规规章及颁布日期	涉及农村基础设施及供给主体的内容
国家粮食局	《实施农村粮食产后减损安全保障工程指导意见》2009.1.19	将小粮仓建设纳入农村基础设施新民居建设;要保证中央补助投资资金全部直接用于农户,用于项目建设
国务院	《国务院关于推进重庆市统筹城乡改革和发展的若干意见》2009.1.26	提高政府土地出让收益用于农业土地开发和农村基础设施建设的比重;创新基础设施建设投融资体制,优化政府投资结构,继续加大对农村基础设施建设投入;完善社会资本投资激励机制,推进投资主体多元化;加强对政府投资项目的监督管理,规范各类投资主体的投资行为
国务院	《国务院关于做好当前经济形势下就业工作的通知》2009.2.3	在国家公共基础设施建设中,使农村劳动力尽可能就地就业;鼓励工程建设实行以工代赈;加大农村基础设施建设、农房建设和危房改造力度;培育农村基础设施管理、养护、维修的专业人才
国土资源部	《国土资源部关于促进农业稳定发展农民持续增收推动城乡统筹发展的若干意见》2009.3.6	鼓励有条件的地区探索建立基本农田保护基金,对农民和农村集体管护,利用基本农田给予补贴和奖励;引导政府资金和社会资金共同参与基本农田建设;积极配合财政部门加大对基本农田保护任务较重地区的财政转移支持力度
财政部	《2009 年地方政府债券资金项目安排管理办法》2009.3.18	地方政府债券资金主要安排用于中央投资地方配套的公益性建设项目以及其他难以吸引社会投资的公益性建设项目,其中包括农村基础设施;地方政府债券资金要与中央投资补助资金、地方预算内投资资金等其他政府投资资金统筹使用,以形成资金合力

续表

部门	法规规章及颁布日期	涉及农村基础设施及供给主体的内容
中国人民银行、中国银行业监督管理委员会	《中国人民银行、中国银行业监督管理委员会关于进一步加强信贷结构调整促进国民经济平稳较快发展的指导意见》2009.3.18	支持政策性金融机构加大对农业开发和农田水利等农村基础设施建设的中长期信贷支持
住房和城乡建设部	《住房和城乡建设部关于贯彻实施<防震减灾法>加强城乡建设抗震防灾工作的通知》2009.3.19	各地住房和城乡建设主管部门要在当地人民政府的领导下，进一步加强对农村基础设施、公共建筑、中小学校、统建住宅和其他限额以上工程的抗震设防管理
住房和城乡建设部	《关于开展工程项目带动村镇规划一体化实施试点的工作要求》2009.4.6	地方各级财政要支持试点规划编制，多方筹措试点建设项目实施资金。村镇规划建设部门要配合有关部门做好"城市维护建设税新增部分主要用于乡村建设规划、农村基础设施建设和维护"的落实，优先用于试点村镇的项目建设，吸纳和引导各类建设资金有序投入村镇规划建设
国务院	《国务院关于当前稳定农业发展促进农民增收的意见》2009.5.10	2009年继续增加中央预算内投资用于农业生产能力建设；各类金融机构要加大对农业开发和农村基础设施建设项目的金融信贷支持；2009年新增中央投资中，安排650亿元用于农村"水电路气房"、重大水利工程以及农村教育、卫生等基础设施建设。要继续把农村民生工程和基础设施作为今后中央投资的重点
国家发展和改革委员会	《国家发展和改革委员会关于印发关中—天水经济区发展规划的通知》2009.6.10	对经济区内公益性及以公益性为主的农村基础设施，逐步加大中央投入力度，取消或减少县及县以下资金配套
国家粮食局	《农户科学储粮专项管理办法(暂行)》2009.6.11	专项采取中央补助投资、地方配套和农户自筹相结合的投资方式，中央补助投资比例为30%，其余70%由地方财政配套和农户自筹资金解决
农业部	《农业部对十一届全国人大二次会议第8117号建议的答复意见》2009.6.23	2003至2008年，国家用于农业和农村基础设施建设的中央固定资产投资达4250亿元以上；较大幅度提高农村户用沼气的补助标准

续表

部门	法规规章及颁布日期	涉及农村基础设施及供给主体的内容
全国村务公开协调小组	《村务公开和民主管理"难点村"治理工作宣传提纲》2009. 7. 16	坚持公益性文化设施以政府投入为主的原则，对经济相对落后村的文化基础设施建设，财政给予扶持和倾斜。采取政府扶持和鼓励社会捐助相结合的多渠道筹资方式，扶持和资助有代表性和有影响的农村民间民俗活动
国家发展和改革委员会、水利部	《国家发展和改革委员会、水利部关于加强小水电代燃料和水电农村电气化建设与管理的通知》2009. 7. 23	按照"国家补助、企业运作、农民受益、协会监督"的要求，建立和完善小水利设施运行机制。小水电代燃料项目建设资金由地方负责落实，中央给予补助，中央补助投资占项目总投资的比例，西部地区和享受西部政策地区为45%左右，中部地区38%左右，东部地区15%左右。农村电气化项目建设采取政府引导、市场运作和社会参与的方式，也要多渠道筹集资金。中央投资实行定额补助，地方应按照不低于中央投资规模的比例支持水电农村电气化项目建设，地方资金应与中央安排的资金同步到位

资料来源：根据万方数据库法规检索而得，表格由作者制作。

2009年有关农村基础设施的法规分析显示，其规制和导向强调农村基础设施的建设应符合当地农民的生产生活需要，按照职权分配，中央政府和地方政府都应加大对农村基础设施的投资力度。但是，对于不同的基础设施中央政府和地方政府的投资比重不同。同时政府主张调动社会投资农村基础设施的积极性，对一些基础设施实行市场化运作。如表1-4分析显示，国家发展和改革委员会与水利部要求坚持"国家补助、企业运作、农民受益、协会监督"的原则，建立和完善农村小水利设施运行机制。采取政府引导、市场运作和社会参与的方式多渠道筹集资金支持农村电气化项目建设。

通过对新华网和光明网检索发现，农村基础设施建设的政府对农村基础设施的投资消息以事实报道为主。其他主体投资农村基础设施建设和政策建议加强报告的关注是很明显的。在新华网2009

年1~9月，中国农业发展银行网上农村基础设施建设贷款851亿元，农业综合开发贷款254亿元，以支持农业农村基础设施建设。中国农业发展银行资助的项目，主要包括：农村电网项目448个，乡村水通道项目151个，农业生态环境建设项目88个，农田水利基本建设和灾后重建项目78个，农村能源工程59个、农业生产基地开发建设项目53个、环境设施项目46个，农村电网项目34个、综合开发和其他项目24个、信息网络工程23、文化教育卫生项目13、城镇基础设施项目9，农民集中房屋建筑工程四、农业技术服务系统工程。针对农业扶持农村基础设施建设。新华网、光明网关注农村基础设施的信贷工作，认为加大农村基础设施的信贷支持，实现以下几方面工作：第一，加强承诺实行洞察力，农村基础设施公共产品的特性，在其建设过程中不可避免地会产生投资者和受益人，风险和权利不平等的问题，所以它应该根据不同情况选择最佳承诺实行；第二，优化农村金融生态环境；第三，提高贷款管理效率；第四，加强银行业的社会责任。

农村基础设施供给主体变迁的分析和相关法规及权威网站的解读论证农村基础设施供给主体的多元化发展趋势。研究这一趋势的核心任务是如何构建新型的农村基础设施供给主体模式，即农村基础设施多元供给主体体系，并且其构建需要强有力的理论支撑。

五　构建农村基础设施多元供给主体体系的理论依据

（一）公共选择理论

公共选择理论是用经济学的方法来解决政治问题和分析政府的运行，即所谓政府经济学。在公共选择学派看来，政府作为公共利益的代理人，其作用是弥补市场经济的不足，并使各经济人所做决定的社会效应比政府进行干预的更高。但政府决策往往是削弱而不是改善社会福利，政府在提供公共物品的过程中也存在失灵。政府失灵有种种表现，可以归纳为政府政策的非公益、政府机构的低效率、政府行为的非法治、政府官员的寻租腐败四种类型。根据公共选择理论，公共部门的市场化改革应该包括两个相互联系的方面：首先，把所有可能由私人部门完成的活动和决策都尽量交给私人部门去完成，为此，要进行公共部门的私有化改革，并进一步放松市场规制、完善市场竞争机制，只有这样才能真正限制政府活动的范围、缩小政府规模、提高公共部门效率；其次，在公共部门内部引入市场竞争机制，重建竞争结构和激励结构，用以打破政府对公共产品和服务的垄断。当然，我们主张在公共部门引入市场竞争机制，并不是所有公共产品的提供都采取私有化，因为私有化也有它自身的缺陷。

（二）多中心治理理论

“治理”是20世纪90年代后被社会科学家重新拓展并开始广泛用于政治发展研究中的。“治理”实际上是人类政治生活变革的产物，这一变革就是人类政治生活的重心正在从统治（government）走向治理（governance）。[①] 社会分化出行政性政府组织、营利性企业组织和非政府非营利组织，形成三元结构，这种三元结构是形成新的治理模式的重要原因。在目前的中国乃至全球的现实中，多中心治理理论最大的应用价值就是提出在政府的治理变革中，打破单中心的政府统治模式，建立政府、市场和社会三维框架下的多中心治理模式。[②]

任何一个问题只要具备了一种理论分析的前提条件，就可以用该理论范式去尝试分析该问题，但是分析的结果是否具有逻辑上的内在

---

① 蔡守秋：《第三种调整机制——从环境资源保护和环境资源法角度进行研究（上）》，《中国发展》2004年第1期。

② 于水：《多中心治理与现实应用》，《江海学刊》2005年第5期。

联系，最终还是要靠实践去检验。公共选择理论和多中心治理理论研究的对象都是公共产品和政治过程，而农村基础设施建设是一种需要政府、市场与社会建立合作机制共同提供的产品，因此，农村基础设施供给适合用公共选择理论来分析，在农村基础设施建设的政府失灵研究领域，不仅不同层级政府之间存在博弈，政府与市场、政府与社会之间同样也存在博弈。运用公共选择理论分析农村基础设施供给的结果是强调多中心治理，提倡农村基础设施供给主体的多元化。理论的实效性需要实证加以检验和完善，本章以下内容将通过案例和问卷调研的分析结果来论证农村基础设施供给主体多元化的趋势及内涵，为构建农村基础设施多元供给主体体系奠定扎实的基础。

六 农村基础设施多元主体供给的实证分析

（一）农村基础设施多元主体供给的现实依据

1. 政府财力有限并且供给效率低下

虽然我国经济年年保持较高的增长速度，财力逐年增强，但由于受国家早期发展战略的影响，我国广大农村基础设施极为落后，严重制约农村经济发展。虽然国家增加财力投资农村基础设施，但对于目前农村社会经济的发展现实来说是完全不够的。而且政府在供给农村基础设施的过程中存在供给效率低、质量差、政府寻租等问题。改革开放以来，国家财政对农业基建投入的数额偏低，1978年至2004年，农业基本建设投资占全国基本建设投资的比重平均只有13.8%，与我国农业的重要地位和发展要求明显不符。中间有过增长，也只是昙花一现，因为缺乏长效增长机制，2004年这一比重又降到16.4%，而同年国家财政投入到城市基础设施建设的资金则高达2800多亿元，人均投入量是农村的7倍。[①] 单一供给

① 赵珊：《农村基础设施引入民间资金的政策选择》，《上海金融》2006年第12期。

体制下农村基础设施建设还存在不平衡问题，既有供给不足，也有部分项目供给过剩的问题，政府作为农村基础设施的供给主体存在着“缺位”和“越位”现象，单一政府供给体制缺乏必要的监督。

2. 民间资本存量可观，民间力量参与有财力保障

目前，国家财政预算内资金已不能满足农村社会经济发展的需要，解决“农业难、农村乱、农民苦”的问题，仅靠公共财政只能解决“老少边穷”和一些农村的应急性问题，农村经济发展还需要调动市场与社会的力量共同参与。目前，我国的民间剩余资本存量较高，发展较快，1999～2002年，个体与集体投资增长速度分别7.53%、11.44%、12.59%和18%。根据中央发布的月度统计报告显示，截至2005年7月末，我国居民本外币储蓄存款余额已达到14.16万亿元，同比增长17%。[①] 截至2006年年末，我国居民本外币储蓄存款余额已达到16.16万亿元（见表1－5）。这表明我国民间资本已具备相当大的规模和实力。如江苏2007年民间投资占全社会投资的57.7%，比上年同期增长5.8个百分点。从2007年3月17日召开的江苏民营经济发展及抽样调查数据分析新闻发布会上获悉，2006年，江苏民间投资5808亿元，同比增长33.8%。其中，私营个体经济固定资产投资3110.67亿元，比上年增加36.6%，占全社会投资总量的近三分之一。民营经济的快速发展是民间投资增长的直接动力。数据显示，截至2006年年底，江苏省登记注册的私营企业达到60多万户，比上年净增9.27万户，增长18.27%。全省私营个体经济注册资金突破1万亿元，达到10436亿元，比上年净增2633亿元，约增长三分之一。政府推动民间资本投入农村基础设施建设，只要方法得当、保障有力、制度完善，在借鉴城市基础设施建设成功经验的基础上，是可以发挥重要作用的。

---

① 张宵慰、王礼力：《民间资本介入我国农业基础设施领域的思考》，《特区经济》2008年第1期。

表 1－5　城乡居民人民币储蓄存款

单位：亿元

年份	年底余额	年增加额
2004	119555.4	15929.4
2005	141051.0	21496.8
2006	161587.3	20544.0

资料来源：《中国统计年鉴（2007）》。

3. 国内外有关于农村基础设施多元供给的成功案例和经验

资金问题是农村基础设施供给中关键，主要涉及融资机制与制度问题。国内学者在借鉴国外经验的基础上提出了很多可行性融资模式，如建设—运营—移交（BOT）、建设—移交—运营（BTO）、建设—拥有—运营（BOO）、建设—移交（BT）、国有资产转让经营权或股权的融资模式等，而且这些模式在国内外都有成功的案例。国内学者提出了政府应改革农业发展银行和农村信用合作社，引导多种渠道投资农村基础设施建设，同时进行金融创新，以农村小型基础设施的项目收益权或收费权为质押争取贷款，并改革农发行的业务范围，充分发挥其政策性作用。

4. 农村政治制度的不完善

阿罗不可能定理告诉我们，不存在一个理想的规则，能使社会或任何一个群体从个人序数偏好得出社会偏好和选择，也说明在现存农村村委会选举制度下几乎不存在一种完全公正、平等和颇具效率的选举制度。大多数选举规则结果不能反映部分中间立场人的利益，不能实现帕累托最优。我国的基层选举采取简单多数制，被选上的人往往是能力一般、明哲保身的“老好人”，此外，由于农村特有宗族、宗教等非正式组织或利益集团对选举过程的介入，增加选举机会成本，并对现有制度形成挑战。制度缺陷的结果带来了农村基础设施建设的决策者与执行人，在素质、能力和品德方面有时会偏离民众的意愿，难以保证农村基础设施建设决策的科学性。而农村信息流通机制的不畅则会导致政府与农民之间信息的不对称。作为委托人的农民由于文化素质普遍较低，信息源少，信息获取方式落后，他们拥有的信息相对较少。代理人由于拥有私人信息，致使其行为经常偏离委托人利润最大化目标，使政府工作人员围绕自身利益来供给农村基础设施，以致造成供给不足和供给过剩并存的结构失衡情况。

（二）农村基础设施多元主体供给的案例分析

1. 案例1：苏南地区农村基础设施供给主体多元化

苏南是我国经济发达地区，农村基础设施建设除财政投入外，乡村集体资金筹集情况较为普遍，农村基础设施供给主体多元化。角直镇是吴中区第二大经济镇，其外向型经济欣欣向荣，是江苏省苏州市外向型经济明星镇。目前角直镇累计引进独资企业190多家，注册资金20多亿美元，其中上市公司投资的有16家。2005年，全镇财政收入超2亿元，农民人均纯收入达到6500元。淞南村位于角直镇北，2003年年底，该村76.46%的劳动力转移到二、三产业，实现工业销售1.8亿元，完成国地两税入库1200万元，该村工农业经济总收入19670万元，村级可支配收入474.2万元，农民人均纯收入7198元（见表1－6）。

表1－6　淞南村村级收入情况

单位：万元

村工农业经济总收入19670			村级可支配收入474.2	
一产收入	二产收入	三产收入	村级经营收入	其他收入
385	16011	2816	289	185.2

资料来源：2006年10月对角直镇淞南村的调查。

近年来，利用行政村规划调整带来的机遇，整合土地资源，开发“房东经济”。到目前为止，这个村子已累计投资4500万元，建造标准厂房10000多平方米，引进106家内外资企业，安置劳动力10000多人。“房东经济”为村民打开就业渠道，目前村里超过90%的劳动力在家里找到了工作，“房东经济”已成为村集体经济最主要的来源，2005年，该村村级集体净收入主要来自房租收入。该地区的基础设施、图书馆、娱乐设施齐全，可以满足村民的多样化需求。有了钱后的村民最关心的是环境的改善和生活质量的提升，村里也加大了对生活用水的净化和河流除污设施建设的资金投入。苏南快速的经济发展，推动农村经济体制改革，给苏南地区的集体经济发展带来机遇，也使苏南农村在全国率先实现小康社会有了资金和制度的保障，村集体经济组织成为农村基础设施供给的主体，农村面貌焕然一新。

2. 案例2：江西省橙江村公路基础设施供给主体多元化

橙江村是江西省抚州市南城县新丰街镇的一个村小组，位于梅溪村与新丰街镇之间，距离新丰街镇2.5公里，四面环山，只有一条通往新丰街镇的泥路。该镇经济以种植水稻为主，副业有渔业。目前该自然村家庭有25户，常住家庭12户，其余13户在镇上盖新房，在镇上居住。但是在镇上居住的村民的户籍仍没有变，他们也同样享有自然村赋予的权利和履行应尽的义务。大多数人主要从事农业，如种水稻、养猪和养鱼等工作，只是他们晚上回镇上居住。该村小组财政的主要来源是鱼塘租金，收入来源单一。农民收入的主要来源是种水稻，其他来源是养猪、养鱼和果业。农民收入不高，稳定性差。

2009年初，该村村民商议修建该村通往新丰街镇的水泥公路。国家财政投入30万元，而修建该水泥公路需50万元。因为该村常住人口少，农民经济收入低，镇政府因财力能力限制等因素导致提供农村基础设施中存在职责缺位，增加了农村修路的困难。如果通过向农民集资来补足修建公路的20万元非常不现实。在村小组组长的建议和村小组村民的集体讨论下，由村小组把村集体所有的一座山租给个人，获得的15万元用作修路的部分资金，剩余的5万元来自个人的捐助。该人为政府公务员，村里的成功人士，他的家乡是橙江村，5万元是对家乡建设的援助，该村村民则充当修建公路的劳动者（见表1-7）。

表1-7 江西省橙江村公路修建主体

单位：万元，%

主体	主体投资资金额	比重	职责
政府	30	60	监管资金的拨付和使用
村小组	15	30	组织公路修建招标和监督公路修建
村成功人士	5	10	资金援助公路的修建
村民	—	—	充当修建公路的劳动者

资料来源：课题组2009年对江西省橙江村的调研。

两个案例论证农村基础设施多元供给的趋势。同时我们需要强调的是，虽然多元供给有助于弥补政府单一供给的缺陷，但是我们也需要注意多元供给可能出现产权的绩效问题。因此，建立政府、企业、社会多元化投入机制，制定补助、贴息等政策，引导村民、企业、村级经济组织和乡镇等多元主体在农村基础设施中投入启动资金。同时，加强对农村环保专项资金的绩效管理，进一步管好用好财政专项资金，提高资金使用效益。并充分考虑各地的供给模式不一样。如案例1所指的苏南地区，村集体在当地农村基础设施的供给中处于主要地位。而案例2所指的江西省欠发达地区，村集体为当地农村提供基础设施的能力则比较薄弱，更多的是依靠县级及以上政府的财政拨款。

（三）农村基础设施多元主体供给的问卷调研分析

1. 问卷调研的基本情况

为方便SPSS和EXCEL软件统计，问卷分析采用编码形式，把每个问题当做一个项目进行编码，每个问题的编码采用开头字母的英文缩写，如主要经济来源缩写为 ZYJJLY；被调查地区编码为 AD，如溧阳县为 AD1；个案编号编码为 1，2，……，77。其中数字 1，2，……，8 为问题相应选项，0 为未选或未填写。本次问卷的访问对象主要是 21 ~30 岁和 41 ~50 岁两个年龄段的人，他们占所有访问对象的比例分别为 29.9% 和 28.6% 。编码规则如表 1 –8 所示。

表 1 –8　农村基础设施多元供给主体要素编码

农村基础设施多元供给主体的维度	操作定义
其他单位（除政府、村委会）参与基础设施的建设状况（QTDW）	未选（0） 有（1） 没有（2）
参与农村基础设施投资的组织（ZZ）	未选（0） 外地私营企业（1） 本地乡镇企业（2） 村专业化合作组织（3） 外资（4） 村办工厂（5） 其他（6）
参与投资的私人（SR）	未选（0） 村个体经济户（1） 个体企业老板（2） 村成功人士（3） 华侨（4）
不同农村基础设施供给主体构成成分（GCCF）	未选（0） 全部由乡镇投资（1） 农民个人（2） 村集体出资（3） 国家补助（4）
农村基础设施多元供给主体绩效评价（JXPJ）	未选（0） 很好（1） 较好（2） 一般（3） 较差（4）

续表

农村基础设施多元供给主体的维度	操作定义
农民对市场化途径投资农村基础设施的态度(SCHTD)	未选(0) 应该加快步伐(1) 不是主要力量,但很有发展前景(2) 无所谓,无大作用(3) 难度较大,任重道远(4)
农民对民间资本在农村基础设施供给中的发展前景的态度(MJZB)	未选(0) 不断增强,逐步形成气候(1) 口号而已(2) 实施较困难,政策不明朗(3) 如加强引导,将大有作为(4)

以下从农村基础供给主体状况和当地农民对农村基础设施多元主体供给的绩效评价两个方面展开调研结果分析。

2. 农村基础设施供给主体状况分析

农村基础设施多元供给主体除占主导地位的政府外，还有私人企业和外资等。不同主体的投资成分不一样。从表 1 - 9 可以看出，54. 5% 的人知道除当地政府和村委会之外，有其他组织参与农村基础设施建设。表 1 - 10 反映参与投资的私企以本地乡镇企业居多。表 1 - 11 反映参与投资的个人中以个体企业老板居多，比例为 44. 2% 。原因是这几个地区的农村个体经济比较繁荣。在调研中发现当地政府采取鼓励政策，激励个人及私企参与当地农村基础设施建设。从表 1 - 12 可以看出，在这 6 个地区的农村基础设施供给主体中，乡镇投资和村集体出资所占成分较大，两者比重为 71. 5% 。而国家补助却占较少比重，这与表 1 - 10 和表 1 - 11 所印证的内容一致。也就是说，在经济发达地区，农村基础设施的不同供给主体中，由于当地农村经济比较发达和市场化程度比较高，地方政府和村集体的财政实力最为雄厚，所以在农村基础设施的供给中总是占据比较重要的地位。

表 1-9　其他单位参与基础设施的建设状况

单位：%

类别 样本	频数	百分比	有效百分比	累积百分比
未选	1	1.3	1.3	1.3
有	42	54.5	54.5	55.8
没有	34	44.2	44.2	—
合　计	77	100.0	100.0	100.0

资料来源：课题组于 2009 年 5 月 2 日对溧阳、溧水、合肥市肥西县、宜兴、张家港和太仓等 6 个地区农村的问卷调查。

表 1-10　参与农村基础设施投资的组织

单位：%

类别 样本	频数	百分比	有效百分比	累积百分比
未选	25	32.5	32.5	32.5
外地私营企业	6	7.8	7.8	40.3
本地乡镇企业	27	35.1	35.1	75.3
村专业化合作组织	6	7.8	7.8	83.1
外资	3	3.9	3.9	87.0
村办工厂	5	6.5	6.5	93.5
其他	5	6.5	6.5	—
合　计	77	100.0	100.0	100.0

资料来源：课题组于 2009 年 5 月 2 日对溧阳、溧水、合肥市肥西县、宜兴、张家港和太仓等 6 个地区农村的问卷调查。

表 1-11　参与投资的个人

单位：%

类别 样本	频数	百分比	有效百分比	累积百分比
未选	27	35.1	35.1	35.1
村个体经济户	4	5.1	5.1	40.2
个体企业老板	34	44.2	44.2	84.4
村成功人士	11	14.3	14.3	98.7
华侨	1	1.3	1.3	—
合　计	77	100.0	100.0	100.0

资料来源：课题组于 2009 年 5 月 2 日对溧阳、溧水、合肥市肥西县、宜兴、张家港和太仓等 6 个地区农村的问卷调查。

表 1－12 不同农村基础设施供给主体的构成成分

单位：%

类别 样本	频数	百分比	有效百分比	累积百分比
未选	1	1.3	1.3	1.3
全部由乡镇投资	29	37.7	37.7	39.0
农民个人	5	6.5	6.5	45.5
村集体出资	26	33.7	33.7	79.2
国家补助	16	20.8	20.8	—
合 计	77	100.0	100.0	100.0

资料来源：课题组于 2009 年 5 月 2 日对溧阳、溧水、合肥市肥西县、宜兴、张家港和太仓等 6 个地区农村的问卷调查。

3. 农村基础设施多元主体供给的绩效评价

从表 1－13 可以看出，农民在农村基础设施的多元供给主体的绩效评估方面总体是比较积极的。87% 的人在对农村基础设施多元供给主体的绩效评价上是在“一般”以上。农民对市场化投资的态度也很积极。从表 1－14 可以看出有 67.6% 的人持一种积极的态度，我们应该加快步伐，同时指出市场化投资不是主要力量。从表 1－15 可以看出，对于民间资本，也就是个人或企业供给主体在农村基础设施供给中的发展前景，农民表示最大的担忧是实施起来可能比较困难，因为扶持政策的不明朗。也有 41.6% 的人认为民间资本在农村基础设施供给中的发展前景是：若加强正确的引导，民间资本参与农村基础设施建设的趋势将会不断增强，逐步形成一种气候。所以政府应该发挥好主导功能，坚持为民办实事的原则，制定出完善的政策制度，吸引民间资本积极参与农村基础设施的供给。我国农村社会经济发展的实际情况，大部分农村基础设施都是属于准公共产品。公共产品供给的绩效与个人产品供给的绩效有很大的差异。前者强调公正性和公平性，后者强调效率。对于农村基础设施供给的绩效评价，农民应从基础设施供给的公平性和给自身生产和生活带来的益处进行衡量。

表 1－13　农村基础设施多元供给主体的绩效评价

单位：%

类别 样本	频数	百分比	有效百分比	累积百分比
未　选	2	2.6	2.6	2.6
很　好	8	10.4	10.4	13.0
较　好	32	41.5	41.5	54.5
一　般	25	32.5	32.5	87.0
较　差	10	13.0	13.0	—
合　计	77	100.0	100.0	100.0

资料来源：课题组于 2009 年 5 月 2 日对溧阳、溧水、合肥市肥西县、宜兴、张家港和太仓等 6 个地区农村的问卷调查。

表 1－14　农民对市场化途径投资农村基础设施的态度

单位：%

类别 样本	频数	百分比	有效百分比	累积百分比
未选	5	6.5	6.5	6.5
应该加快步伐	22	28.6	28.6	35.1
不是主要力量，但很有发展前景	30	39.0	39.0	74.1
无所谓，无大作用	15	19.4	19.4	93.5
难度较大，任重道远	5	6.5	6.5	—
合　计	77	100.0	100.0	100.0

资料来源：课题组于 2009 年 5 月 2 日对溧阳、溧水、合肥市肥西县、宜兴、张家港和太仓等 6 个地区农村的问卷调查。

表 1－15　农民对民间资本在农村基础设施供给中的发展前景的态度

单位：%

类别 样本	频数	百分比	有效百分比	累积百分比
未选	4	5.2	5.2	5.2
不断增强，逐步形成气候	17	22.1	22.1	27.3
口号而已	20	26.0	26.0	53.3
实施较困难，政策不明朗	21	27.2	27.2	80.5
如加强正确引导，将会有大的作为	15	19.5	19.5	—
合　计	77	100.0	100.0	100.0

资料来源：课题组于 2009 年 5 月 2 日对溧阳、溧水、合肥市肥西县、宜兴、张家港和太仓等 6 个地区农村的问卷调查。

七　构建农村基础设施多元供给主体体系

（一）农村基础设施多元供给主体之间的结构关系

1. 竞争关系

新公共管理是以市场为导向的政府改革运动，是一个国际化甚至全球化的现象，旨在弥补传统的公共组织在效率和公共服务供给方面存在的缺陷。强调公共产品和公共服务分化和权力分散，通过引入公共服务之间的竞争机制，使参与公共管理的多元主体之间在竞争过程中实现社会对公共服务的需要。农村基础设施建设可以借鉴新公共管理的经验，引入竞争机制，以吸引不同的企业参与农村基础设施建设，强调质量和满足农村生产和生活需要。

2. 合作关系

由于公共管理主体多元化使得公共物品和公共服务供给结构的分化出现了难以协调和控制问题与竞争同样不能避免的垄断行为，“一种寻求‘合作’模式的努力主导着20世纪90年代北爱尔兰的公共部门改革，以使公共服务在一个裂化的社会中发挥‘社会黏合剂’的作用。”① 因此，研究认为农村基础设施的供给不仅要强调竞争，而且要在多元主体之间保持合作关系。因为大部分农村基础设施的建设工期较长，技术性也强，单靠某个企业是难以完成的。即使在建设完成以后，也需要对农村基础设施进行维护。仅仅依靠农民和村组织来维护也是不可行的，所以，农村基础设施多元供给主体之间应保持一种合作的关系。

3. 政府主导地位

政府虽不再具有最高绝对权威，却承担着设计机构制度、提

① Christopher Hood, “Paradoxes of Public-sector Managerialism, Old Public Management and Public Service Bargains”, *International Pubic Management Journal*3 (2003).

出远景设想的重任。"制度上它要提供各种机制，促使有关各方集体学会不同地点和行动领域之间的功能联系和物质上的相互依存关系。在战略上它促进建立共同的远景，从而鼓励新的制度安排和新的活动，以便补充和充实现有治理模式之不足。"① "政府拥有具有相对垄断性质的组织智慧与信息资源，可以用来塑造人们的认知和希望，可以在内部发生冲突或对治理有争议时充当'上诉法庭'，为了系统整合的利益和社会凝聚的利益，通过支持较弱一方或系统建立权力关系的新的平衡等等。"② 我国公共财政依然应向农村投入更多的资金，重点在于满足与农民生活和生产密切相关的基础设施。在树立正确的财政观念下，政府还应供给适宜的制度，吸纳企业、民间组织和金融业介入基础设施供给和建设。

（二）农村基础设施多元供给主体的职责义务

总的来说，政府"应该"供给农村基础设施；市场"愿意"供给农村基础设施；农村社区"能够"供给农村基础设施；第三部门"适当"供给农村基础设施。农村基础设施供给主体要体现政府的主导和引导作用，多个主体共同合作的结构关系。社会公共管理的过程是在政府主导下多个相对独立主体间以满足社会对公共服务的需求为中心而展开的竞争与合作关系。

迈克尔·豪利特将政策工具划分为十大类，并按照政府介入的程度由低到高进行了排序，即家庭和社区、自愿性组织、私人市场、信息和劝诫、补贴、产权拍卖、税收和使用费、管制、公共事业、直接提供。总的来说，政策工具可以分为强制型政策工具、自愿型政策工具和混合型政策工具。从纯公共产品性质的基础设施向俱乐部性质和私人性质的基础设施，政府对其控制力逐渐减弱。对

① 俞可平：《治理与善治》，北京：社会科学文献出版社，2000，第 80 页。

② 俞可平：《治理与善治》，北京：社会科学文献出版社，2000，第 80 页。

纯公共产品性质的农村基础设施，政府应选择强制性政策工具进行治理。属于纯公共产品性质的农村道路、义务教育和卫生防疫等农村基础设施必须由政府供给，政府可以直接或间接通过公共事业进行提供。而对那些占农村基础设施大部分的准公共产品性质的产品，如水利设施、垃圾处理、电力输送、自来水供应、卫生文化设施等等，政府应该倾向于更多地选用混合型和自愿性政策工具对其进行治理。

理论分析和实践经验表明：在农村基础设施的供给中，应依据农村基础设施的层次和特性，构建政府、农村社区、私人以及第三部门四位一体的供给主体结构模型。

1. 政府供给主体

对于那些关系到国家利益的农村基础设施，例如基础教育、环保、江河治理等，应该由中央以及省级政府部门无偿提供。中央政府应该在农村基础设施的供给中发挥至关重要的作用。除了提供上述涉及较大范围内的基础设施服务，中央政府还应该承担以下职能[①]。首先，组建统筹全国的农村基础设施部门。在中央层面还没有设置专门负责农村基础设施治理的部门，农村基础设施处于交通部、工信部、农业部、水利部等政府部门的多重领导之下，这种条状管理模式无法适应农村基础设施治理的需要。因此，必须要成立中央级别的专门负责农村基础设施建设的管理部门，例如建立“农村公共事业管理部”，原有的管理部门可以作为辅助机构。其次，加大投资力度。在目前农村税费改革、取消“两工”和实行“一事一议”制度框架下，农村基层政府财力薄弱，无力为农村基础设施出资，需要中央政府弥补这个空缺。再次，设立农村基础设施治理专项基金和优惠政策。中央政府需要设立农村基础设施治理专项基金，专款专用。该专项基金由上述管理部门统一负责，来源

① 柴盈：《交易成本与中国农村的基础设施治理结构选择——以灌溉、电力、公路和饮用水设施为例》，《中国农村观察》2009 年第 1 期。

主要是中央政府拨款、长期低息贷款、城市收费型基础设施的反哺资金和各级政府的配套资金等。该专项基金主要用于农村基础设施项目启动，已有基础设施大修资金以及组建农民合作组织的初始补助等。

地方政府主要负责提供那些与本地区的农业、农村和农民相关的基础设施，如区域性的道路交通、农田水利建设等。国家应赋予地方政府适当的财权。同时，国家应本着公平的原则，这样既为地方政府提供资金保障，又不会挫伤他们提供基础设施的积极性。可以认为，目前地方政府（主要是乡镇政府）已经将工作重心转向提供公共物品，通过提供良好的公共物品来吸引投资，拉动增长，这无疑是一个令人鼓舞的转变。政府是以国家利益和行政区域内的公共利益为取向，对治理做出全面安排，它不仅要承担对大部分农村基础设施的建设和管理任务，而且要确定可以由私人部门建设和管理的项目，完成相应的政策设计。政府还负责对民间组织进行扶持、引导和规范，使其在农村基础设施治理中更有效地发挥应有的作用。在多元模式的框架下，政府应从公共利益角度出发，在农村基础设施治理中充分发挥主导作用。中央政府和地方政府在供给农村基础设施时，应明确职责，建立一种合作博弈关系。这样才能为农村基础设施建设提供一个良好的制度环境。政府，特别是乡镇政府在处理与村委会的关系时要遵循我国《村民自治法》，不能越权干涉村民自治事务，在村委会的工作上可以给予指导，但是不能强制，特别是不能做违反村民大众意愿和合法利益的事。例如，课题组在南京某村调研时，与当地农民交谈时发现一个重要问题：农民对村委会的公信力在下降。突出反映是村党支部书记说话不负责任，村委会成为镇政府的附属，村委会的村民自治功能被削弱。村委会为了给本单位的工作人员谋福利，自建商品房。而且村委会盲目地搞开发区，占用耕地，侵占良田。这些建设都是不符合农民的生产和生活利益的，农民最希望政府提供的基础设施是良好的公共卫生设施、娱乐健身设施和农村公路，但是农民的意见得不到村委会和镇政府的重视。

2. 农村社区供给主体

对村内的道路、沟渠建设等村级范围内的基础设施供给，应主要由农民集资方式或村集体提供。为推动农村社区主体对基础设施的提供，各级政府应该在村集体自筹的基础上，进行鼓励性资金补贴，调动村集体的供给积极性；明确村集体供给基础设施的产权归属，防止各级政府借机乱收费，从而加重农民负担；再就是各级政府应制定鼓励农村社区提供基础设施的政策条例。村委会是农村最主要的社区主体，但它的运行情况不容乐观。税费改革后，农村公共资源筹集制度得到了规范，农民负担得到了切实的减轻。税费改革使村干部失去了贪污腐败的机会，也使村委会失去了筹集公共资源提供基础设施的能力，村里的公共事务极易沦落到无人管理的窘况。因此，要加快建立农村自主治理的村民自治组织，加强农民的共识机制、汲取机制、协调机制、整合机制、表达机制和利益再分配等机制的建设，进一步完善村民自治的多种实现形式，充分发挥农民在农村基础设施供给的积极性、主动性和创造性，使农民成为农村基础设施供给的参与者、受益者、监督者和管理者。另外，农村社区提供范围内的基础设施的不竭动力就是要发展农村经济。发展农村经济又分为两方面。第一，发展现代农业。发展农业，要积极转变农业发展方式，加快发展现代农业。建设现代农业，必须大力发展优质、高效、外向、生态、安全农业，转变农业发展方式，积极推进农业现代化，全面提高农业综合生产能力和市场竞争力。这要加快发展农业适度规模经营，提高集约化生产水平；加快农业结构战略性调整，提高产业化经营水平；推进农业科技进步，提高农业科技贡献份额；大力推进农业标准化生产，提高农产品质量安全水平。第二，发展村集体经济和工业，增加村财政收入。苏南地区的乡镇、村工业比较发达，为了支持农业发展，乡村经济组织以工业利润来反哺农业，应用工业利润对农业基础设施、物质技术装备和农业社会化服务体系进行建设，不断改善农业生产条件，提高生产力水平。①

3. 私人或企业供给主体

农村基础设施包括许多准公共产品性质的基础设施，因而可以按照市场原则，积极引进私人或企业投资来提供农村基础设施。首先，各级政府应制定鼓励企业或私人出资参与农村基础设施供给的政策，如税收优惠政策，赋予冠名权等，吸引私人或企业来参与农村基础设施的供给；其次，政府应维护私人或企业供给主体的既得利益，不得损害他们的权益，这其中的关键就是政府要按照《物权法》和其他法律规章制度保证私人或企业供给主体的产权。只有这样才能不断吸引私人或企业投资参与农村基础设施的供给，提高他们对农村基础设施供给的积极性。私人部门以追求利润最大化为取向，依据政府相应的政策设计参与农村基础设施的治理，发挥政府无法发挥的作用。私人作为农村基础设施供给的重要主体，由私人提供的农村基础设施一般限于以下两类：一是准公共产品性质的基础设施，二是具有排他性技术，可以将“免费搭车者”排除在外的基础设施。私人或合作组织生产提供。此方法现在已成为农村基础设施供给的一个重要来源。通过明晰产权，按谁投资、谁受益的原则，鼓励农民自己提供生产生活所需要的各种基础设施，通过收取一定费用来取得投资回报。但是，基础设施的私人供给倾向并没有完全否认政府在基础设施供给领域的作用，而是需要政府根据理论和实践的发展，重新找准自己的位置。目前，我国私人参与建设和供给的基础设施主要集中于农村道路，这也是发达地区和落后地区农村的共性。课题组通过对溧阳、溧水、合肥市肥西县、宜兴、张家港和太仓等6个地区的农村问卷调查，从表1－16看出：44.2%的人认为

① 刘光玉、宋佩琴：《从苏南农业现代化的实践谈由传统农业向现代农业转变的几个问题》，《中国农村经济》1991年第10期。

当地农村道路有私人机构参与建设，其次是娱乐设施，比例为26.0%。

表1－16　私人机构参与建设的农村基础设施

单位：%

		频数	百分比	有效百分比	累积百分比
样本项目内容	未选	5	6.5	6.5	6.5
	农村道路	34	44.2	44.2	50.7
	灌溉设施	15	19.4	19.4	70.1
	娱乐设施	20	26.0	26.0	96.1
	其他	3	3.9	3.9	—
	合　计	77	100.0	100.0	100.0

资料来源：课题组于2009年5月2日对溧阳、溧水、合肥市肥西县、宜兴、张家港和太仓等6个地区的农村问卷调查。

4. 第三部门供给主体

第三部门可以提供政府和市场均无法有效提供的基础设施，可以对多样、快速变化的社会需求及时做出反应，从而满足有特殊需求的人群。大力推动农村第三部门的发展，开拓农村公共事务等志愿者活动的空间。农村第三部门活动越是广泛深入，政府活动的成本就越是减少。各级政府通过精心策划和宣传，以及提供补贴、奖励、直接委托或各种优惠政策等多种方式，引导、支持、鼓励、吸引城市第三部门对农村部分基础设施供给的积极参与。民间组织以追求某一方面的公共利益最大化为取向，扩大农村基础设施的覆盖范围。由于民间组织同公众的联系最直接，对需求也最了解，弥补了政府和私人部门的不足。在民间组织的参与下，还可以形成第三方介入的监督机制，有效发挥监督的作用。民间组织一方面对政府进行监督，另一方面对私人部门进行监督。由此可见，多元模式的有效运作，是提高农村基础设施治理绩效的有效途径。并且，民间组织同政府和私人部门相比有自身的优势和特点。同政府组织相比，民间组织更具有灵活性，创造出比政府更低的成本和更高的效率；同私人部门相比，民间组织更具有公益性。它不像私人部门那样追求自身利润的最大化，而是以某种公益性目的为取向。民间组织参与农村基础设施治理，在一定程度上克服了政府失灵和市场失灵所带来的弊端，由于民间组织是由不同取向、不同动机的人群组成的，有不同的利益诉求，很难从社会的全局出发考虑问题，这恰恰需要政府从全社会的整体利益出发予以引导。民间组织也需要借鉴私人部门的行为方式，以需求为导向开展活动。① 民间组织的发展，特别是在中国，离不开政府的支持与引导。农民合作组织对农村的发展，特别是丰富农村基础设施的类型，如小型农业设施和农田水利灌溉设施，具有重要作用。如表 1－17 和表 1－18 所示，71.5%的人认为政府对农业合作组织是有扶持政策的。农民合作组织在农村基础设施的供给中主要是提供信用、保险服务以及生产和供销服务，其中包括政策扶持（如降低农民合作组织的组建成本、营造良好的环境）和经济补助。

表 1－17　农民合作组织提供的服务

单位：%

		频数	百分比	有效百分比	累积百分比
样本项目内容	未选	9	11.7	11.7	11.7
	提供社会服务（生产、供销服务）	12	15.6	15.6	27.3
	提供信用、保险服务	30	39.0	39.0	66.2
	提供技术服务	5	6.5	6.5	72.7
	没有	21	27.3	27.3	—
	合　计	77	100.0	100.0	100.0

资料来源：课题组于 2009 年 5 月 2 日对溧阳、溧水、合肥市肥西县、宜兴、张家港和太仓等 6 个地区的农村的问卷调查。

① 王春福：《农村基础设施治理的政策工具选择》，《学术交流》2008 年第 2 期。

表 1-18　政府对农民合作组织的扶持政策

单位：%

		频数	百分比	有效百分比	累积百分比
样本项目内容	未选	4	5.1	5.1	5.1
	政策扶持	22	28.6	28.6	33.7
	经济补助	33	42.9	42.9	76.6
	没有	18	23.4	23.4	—
	合　计	77	100.0	100.0	100.0

资料来源：课题组于 2009 年 5 月 2 日对溧阳、溧水、合肥市肥西县、宜兴、张家港和太仓等 6 个地区的农村问卷调查。

八　结语

虽然我国农村基础设施供给主体总体是朝着多元化的趋势发展，但是济发展情况不同的地区，其供给效率是不一样的。市场化供给模式的绩效建立在两个关键性的假设之上：一是公共服务领域可以实现充分竞争，通过竞争可以提高公共服务提供的效率；二是市场竞争可以自发解决公共服务的提供问题。然而，在公共行政中这种公共服务市场化模式的理论假设不一定能够得到实现，相对应的，市场化也不一定就能够保证公共服务效率和质量的提升。如果盲目地采用市场化方式而忽略市场化供给所需要的前提，就可能降低公共产品和服务的质量和效率。[①] 农村基础设施的建设和供给也是如此。由于我国市场竞争环境和制度不完善，西方新公共管理理论所倡导的市场化改革对我国农村基础设施的供给只能起借鉴作用。因此，为了实现充分竞争和防止政府部门寻租行为，采用市场化方式进行供给，必须注意政府要始终在供给主体中处于主导地位。

① 李学：《不完全契约、交易费用与治理绩效——兼论公共服务市场化供给模式》，《中国行政管理》2009 年第 1 期。

不同区域和不同类型的农村基础设施的投资主体和成分也是有差别的。如表1－19所示，“农村基础设施的性质”意指农村基础设施的公共产品性质，在本研究中指农村基础设施的受益范围。如村集体范围受益的农村基础设施理论上由村集体和村民投资。供给能力与地区经济发展情况有很大联系，具体说来越是经济发达的地区，村集体的财力就越强，相应的基础设施投资力度就越大，反之则越小。我们可以把农村基础设施按照经济效益这个指标划分为基础性基础设施、公益性基础设施和竞争性基础设施，不同类型的基础设施其主体组成也存在较大差异。

表1－19　不同标准下的农村基础设施供给模式

标准	政策建议	供给主体	具体内容
农村基础设施的性质	加大财政支农力度，优化财政投入结构	政府投资占主要成分	调整支持农村基础设施的结构，抓重点
	引入民间资本，进入农村基础设施建设	民间资本与政府投资并存	发行信托产品、建立投资基金、股权融资方式、BOT模式、PPP模式
	村集体和农民个人投资农村基础设施	村集体、农民个人占主要成分	村集体范围受益的农村基础设施
经济发展水平	东南沿海等发达地区	村集体、民营企业或民间组织等私人机构占主要成分	鼓励沿海发达地区和城镇周边地带进行PPP模式试点
	相对落后的中西部地区	政府投资占主要成分，其他主体为辅	中央财政、东部发达地区地方财政、政策性金融、民间资本、国资本、村集体
经济效益	对于公益性行业来说，可结合农村金融改革建立农村基础设施发展基金	政府投资占主要成分	中央政府承担全国性的基础设施；中央政府和地方政府承担地方性基础设施；地方政府为主承担一些跨区域的公共项目和工程，中央政府予以补贴
	对于基础性行业来说，运用PPP等多种融资模式	政府与民营企业并存	政府向民营企业发放特许经营权证；民营企业按标准收费

续表

标准	政策建议	供给主体	具体内容
经济效益	对于竞争性行业来说,可引入民间资金模式	民间资本与政府投资并存	股份合作制;政府主导的农村基础设施投资基金
公平性	建立城乡统筹的公共财政体制	政府投资占主要成分	加大投入力度;构建支持农村基础设施发展的长效机制
	创新财政转移支付制度	政府投资占主要成分	规范中央、省、市、县转移支付制度,加大对乡镇财政转移支付力度,更多资源投入贫困地区
	引用东部沿海地区的民间资金	民间资本	东部沿海地区的民间资本流向中西部欠发达地区

注：数据来源于对匡远配、曾福生：《农村基础设施建设的投资模式选择》一文的整理。

随着国家逐渐重视和发展农村基础设施建设，与其相关的各种政策法规不断完善，使得我国农村基础设施的投资主体更加多元化。农村基础设施已经发展成为影响农村经济发展的重要因素。虽然我国农村基础设施供给主体多元化趋势已经形成，但应该认清。只有农民自身才最了解自身需求。想要更多地建立农村基础设施，就必须发展集体和农村经济，保证基础设施充足的资金来源。随着农村经济发展的不断加快和城市化脚步的跟进，这种多元化趋势势必得到加强，但是政府仍是多元供给主体体系中最为重要的力量，不同地区的供给模式也会存在很大差异。农村基础设施的建设需要充足的资金保证，如何筹集资金将是完善我国农村基础设施建设融资机制的重要议题。

第二章
农村基础设施建设项目管理研究

农村基础设施建设对于解决“三农”问题，建设社会主义新农村，实现农民致富奔小康具有重要意义。近年来，农村基础设施建设发展迅速。为了加强农村基础设施建设，中央和各级财政每年都投入了大量的资金，但同时农村基础设施建设中财政效率低又是一个不争的事实，如何对财政项目进行有效的选择、实施管理，特别是设施建成后的可持续利用，是农村基础设施建设需要考虑的一个问题。本章通过全面的理论研究和案例实证，揭示了公共资金管理中的若干弊端与一个天生的低效结构有关的事实。财政资金管理中出现的低效表现还与农村基础设施面广、量大、品类复杂、分布散、受益面宽、外部性强等特点未被重视有关，农村设施项目中的财政资金管理的低效结构得不到有效改造与控制和农民的组织化程度低、不能做到有力量的参与有关。有针对性地提出有项目受益群体参与的项目选择机制、项目实施管理办法及建成后的可持续利用的管理方法，寻求解决问题的组织措施。

一　农村基础设施建设项目的立项管理

项目工程招投标制度。一是成立招标组织。在世行项目年度计划批复以后，县（区）级开发、财政部门应当及时成立招标组织机构，做好招投标的具体工作，也可委托中介组织代理。二是编制招标文件。世行项目年度投资计划下达后，县（区）开发、财政部门须联合行文将拟建工程的名称、建设内容、建设地点、投资规模、资金来源、标段划分、发包方式、计划开竣工日期、工程筹建情况等报市级主管部门审批后，由招标组织机构根据世行项目的特点和需要编制招标文件。三是发布招标公告。招标文件经市级主管部门审查批准后，即可按不同的采购方式，在规定的报刊媒体发布招标公告。四是组织资格预审及招标文件出售工作。投标人应在招标公告规定的时间内向招标人报名并领取资格预审文件。五是组织现场勘察及接受投标文件。从发出招标文件至规定的报送投标文件的截止期限之前的时间内，招标人要按照招标文件中规定的时间，组织投标人进行现场勘察。对投标人提出的问题，应以书面的形式解答，并发给所有投标人。同时招标单位要安排专门人员负责管理投标文件。六是组建评标委员会。评标委员会由招标人依法组建。评标委员会由招标人的代表和有关技术、经济等方面的专家组成。七是组织开评标。招标文件规定的投标截止时间即为开标时间。开标以会议的形式举行，即由招标人在规定的时间、地点当众宣布所有投标文件中的投标者名称、报价和其他需要宣布的事项，使所有投标者了解各投标者的报价和自己在其中的先后顺序。八是发出中标通知书、签订合同。评标报告经市级审查同意后，招标即可向中标人发出中标通知书，同时将中标结果通知所有未中标的投标人。按照中标通知书约定的时间和地点，双方签订合同协议书。自中标通知书发出到签订合同的时间不超过 30 天。招投标制在现实得到有效执行，并产生明显的经济效益与社会效益。在我们组织回访的 60 余个项目中，都执行了这个制度。本制度在实际中得到最大限度的响应，不仅仅是由于上级的硬性规定，更是由于在基层已存在的明显的两个“效益”。其经济效益表现为招投标制度确实能在选到符合资质的工程施工单位的同时，还能降低工程造价；其社会效益是指本制度是“项目阳光操作”的一部分，可以有效抑制腐败，保护财产及人员，增强公众对项目过程、项目官员的信任。

二　农村基础设施建设项目的财政资金管理

（一）整合“打包”的拨付制度

2005 年江苏省选择新沂、滨海等五县开展省级财政支农资金整合试点。项目安排在农业综合开发区，以农业综合开发资金为主，其他支农资金为补充。以项目区为平台，按照“统一规划、统筹安排、渠道不乱、用途不变、优势互补、各司其职、各记其功”的原则，将农业、林业、水利等部门争取的资金尽量向项目区倾斜。充分发挥各类支农项目资金相互支持、相互配合的聚合效应，提高项目建设标准和资金使用效益，避免低水平的重复建设。2005 年共实施支农资金整合项目 23 项，项目总投资 7856.8 万元，其中有国家农业综合开发土地治理项目、世行三期项目以及省丘陵山区开发项目等 3 类开发项目，结合投入的整合资金项目有 10 项，总投入 2046 万元，有效地改善了项目区生产和农民生活条件，进一步提高了农业产业化水平。

2005 年，整合的项目突出两方面特点。一是突出重点，以存量调整和增量集中整合农业综合开发资金。当年江苏省土地治理项目共投入 9280 万元中央财政资金（地方 1∶1 配套），扶持 27 个规模开发项目区。2006 年，为配合全省“发展现代农业，促进高效农业规模化”的要求，在内资投入减少的情况下，仍坚持做大规模，安排中央财政资金 7520 万元，集中打造 23 个高效农业综合开发示范区。示范区不仅要求集中连片、产业优势特色明显、外部配套基础条件较好，而且要求地方积极性高，有其他支农资金整合配套投入。二是打造平台，以支持重点产业和项目整合资金。为发挥农业综合开发优势，从 2004 年开始，江苏省要求各地以搞好项目区农田基础设施建设为平台，围绕扶持优势主导产业发展，与其他支农项目有机结合，带动其他支农资金向产业聚集，逐步推进产业发展壮大。在每年土地治理和产业化经营项目立项时，将是否符合产业实施计划作为一个重要条件。经过两年的实践，江苏省已涌现了不少以农业综合开发资金为主要平台，其他支农资金配合扶持产业发展的亮点。如扬州高邮的界首项目区，在2004年集中投入960万元财政资金搞农业基础设施建设的基础上，2006年又集中投入640万元继续扩大规模，同时连续扶持了省内最大的稻米加工企业来带动项目区稻米产业发展。项目区在以农业综合开发投入为主体的情况下，还整合了农村小型公益农桥资金、通达工程建设资金、农业三项工程资金、农民专业合作经济组织资金等多项支农资金。支农资金“打包”整合改革，作为一项机制的创新，实现了由过去上级下达项目资金，基层被动接受，向市县根据当地农村经济社会发展的全局和实际需要自主申报项目的转变。

（二）报账制度

现行农村基础设施项目的报账制度各地并不统一。主要形式是“把票据的最终审核权留置项目管理单位的同级财政部门专门设置的科室”。此做法的好处是：财政部门代表各类出资人监督项目资金的最终用途，可以最大限度地防止专项资金被挪作他用，保障资金运转中的安全；专业财会人员熟悉会计、审计、财经制度法规，记账规范，利于监督检查。但也存在着一定的问题，如核算单位远离项目现场，增加项目管理单位往返奔波的时间成本与工作成本；由于管理过程存在多项目台账问题，财会人员又不可能深入现场了解实际情况，无法发现基层“合谋”造假（特别是建设过程中的人数、土方量），特别是在项目尾期有结余款项时，加剧财政的“粘蝇纸现象”。为了真正地提高资金的使用效率，选择一些条件成熟的地区采用“报核制”（又称“核拨制”）。

（三）项目工程竣工决算审计制度

审计制度是管理系统的收口环节，是实行公示制、项目法人责任制、招投标制、监理制、报账制等的最终平台。决算审计制度在各地基本实行，其积极意义不容置疑。人们一般看重某项审计核减下多少金额。实际上审计的重要作用在审计之外，由于有了工程竣工决算审计这一必要环节，其威慑作用可以大大减少可能的过失或舞弊。

三　农村基础设施项目的建设管理

（一）项目法人制度

项目法人责任制是农业综合开发领域的新制度，如皋市的农业综合开发项目很好地实践了这项制度。

为了保证项目法人能在项目建设中真正承担起全过程的责任，通过咨询法律部门和借鉴其他行业的做法，经县（市）人民政府同意，由县级农发、财政部门批准，报市农发、财政部门备案，于项目计划批复前，成立农业综合开发项目部，其人员分别由农发部门、财政部门、项目乡镇相关人员、农民代表及聘请的专业人员组成，项目部法人代表一般由农发局分管副局长担任。项目法人履行项目建设过程中从前期准备到竣工验收、资产移交全过程的职责。

过去县级农发部门在研究报告、初步设计、年度计划的编制等工作中实际上都担当了项目建设主体的角色，主体不明，职责不分。实施项目法人责任制后，项目法人由农发部门、项目乡镇、财政部门相关人员组成，既熟悉和掌握农业综合开发政策要求，又了解项目情况，在编制计划时，与实际需要更贴近，使项目建设更符合开发政策。同时，项目法人能直接进行工程招投标，聘请项目建设监理，对外进行经济活动，更具有主体地位，避免了行政主管部门直接从事项目建设、政事不分的现象。

（二）工程监理制度

实行工程监理制是加强项目管理，提高工程质量，控制工期、造价，提升效益和形象的有效举措，农业综合开发部门在实践中积累了很多好的做法和经验，对提高工程的整体水平起到了重要作用。

常州市农业开发办按照国家及江苏省的有关要求，从 2004 年开始在农业开发项目建设中全面实行了工程监理，通过两年来的实践，探索了一些做法，取得了一定的成效。

一是每个项目施工前，施工单位与建设单位必须先签订相关施工合同，明确各方的责任、权利及义务，并制定必要的奖惩措施。二是在项目施工过程中，要求项目经理（施工负责人）必须在现场，抓好工程的进度、质量以及周边矛盾的协调工作，除了监督本单位的技术员做好有关施工记录外，积极配合监理人员做好现场抽检工作。三是项目监理人员对工程质量的监督管理以抽检为主，巡视、检查为辅，对于关键工程、关键部位由监理人员给予重点监督与控制。四是在项目划分原则上，各辖市（区）所辖工程为一个单位工程，每一个独立的项目（如渠、路、涵、闸等）为一个分部工程（可参照工程定点定位表，每一编号为一个分部工程），每个分部工程完工后，由施工单位先进行该分部工程的质量自查，自查合格后报监理单位复查，监理单位复查合格后由施工单位报请县级开发、财政部门和监理单位验收，确认合格后，验收各方在竣工单上签字、盖章。五是在工程款支付上，要求施工单位在分部工程验收合格后，上报工程款支付申请（附工程计量等手续），监理人员审核、确认后，签发工程款支付证书，提交县级开发、财政部门审核，县级财政部门确认签字后，支付施工单位工程款（非经总监签字，不支付工程款）。六是定期召开工程例会，由项目监理单位、施工单位和相关部门及时向市、县开发、财政部门汇报工程质量、进度、资金使用及档案管理等方面的情况，使市、县开发和财政部门及时掌握工程建设动态，更好地指导工程的实施。

（三）农村基础设施建成后的管护

实施农业综合开发项目以来，项目工程管护一直都是制约着农业综合开发土地整理项目发展的瓶颈因素，认为只要项目开工建设，这个项目的任务就是完成好了，这无疑是认识上的片面性。其实工程项目管护对于项目的意义更为重大，可以认为与项目建设处于同等重要的位置。因此，做好项目管护工作是项目开发的重中之重。目前有多种管理制度，如以“项目养项目”、设立管护基金会、成立专业协会组织、以产权划定管护主体等。

四　农村基础设施建设现状与问题

（一）农村基础设施建设项目选择问题分析

1. 农村基础设施建设的成功经验

（1）有针对性地解决当地民生“瓶颈性”问题

可供选择的农村基础设施项目很多，“民生导向”与“政绩导向”会产生不同的结果。民生问题一定会得到群众较高的拥护。

2007 年，课题组对句容市丘陵山区的低产农田综合治理项目的现场考察与论证。其项目总投资 260 万元，其中财政资金 85 万元，自筹资金 175 万元。建设地点在黄梅镇。

当时在先做路还是先做水，或者主要做路还是主要做水的问题上有一番争论。应该说对当地而言，皆为必需，但经费有限。主张道路优先方的理由很充分，用词也很正确。如用战略眼光构筑丘陵山区道路建设的长期设想和建设框架；按照社会主义新农村建设的总体要求，不仅能解决阴雨天农民出门难的问题，更重要的是彻底解决了项目区道路交通的“瓶颈”，为产、供、销的顺利推进开辟通道。这些表达没有丝毫破绽，不容人们反驳。

而提出做灌溉农业一方的依据是：黄梅地区的抗旱问题是黄梅地区经济发展的天敌，是经济落后的主要原因，要将丘陵山区的基础设施建设从传统的中低产田的误区中解脱出来，以节水灌溉为重点解决旱地缺水问题。

课题组对项目没有作简单的评判，而是通过与农民座谈，将各方意见尽可能多地融进项目书，最后形成针对黄梅地区地势高，干旱多常年缺水无法抗旱的特殊情况的以水为主，同时也把部分道路也考虑进去的大方案。

本次进行项目回访，他们已准备在该地区建设句容现代化农业产业示范基地，其中以种植核桃为主。此项目实施的经验是民生导向、多听民意，有针对性，能出好方案。

（2）受益主体清楚，农民表现出较高的响应度

政府主导是我国农村基础设施项目的主要特征。政府主导项目的成功与否和农民响应度有关。在项目回访中，重点关注农民的响应程度，有些经验可供借鉴。

雨花台区农业综合开发提高农民响应度。在具体工作中做到三个结合，即项目资金公示与政务村务公开相结合、与政策宣传相结合、与民主议事相结合，充分尊重群众的意愿，让群众参与开发规划的制定、项目实施和监督的全过程，努力做到“民有所呼，我有所应”，千方百计把好事办好，把实事办实。在项目资金公示的同时，高度重视公示后的信息反馈，通过各种方式和途径，畅通信息反馈渠道，及时把广大干群的意见和建议收集上来。认真受理群众来信、来电、来访，登记建档，对质询问题要及时答复，对投诉和举报问题，认真组织有关人员调查核实，依照有关政策及时做出处理，增加了项目资金的透明度，让群众对农业综合开发项目有了比较充分的知情权、建议权、参与权，激发了项目区群众投身农业开发的积极性和主动性，促进了由“要我开发”向“我要开发”

的参与式开发的转变。

从访问结果看，农民的响应度与推行项目资金公示制度的积极性关系极大。实行项目资金公示制度，拉近了各级干部与群众的距离，密切了党和群众的鱼水关系。项目资金公示制度的施行，进一步强化了干部群众观点和服务意识，增强了工作责任和工作压力，促进了干部与群众之间的思想交流，得到了群众的理解，消除了工作中的误会，起到了“给群众一个明白，还干部一个清白”的作用。

（3）直接提升当地主导产业生产能力的项目能受到官方与民间的双重重视

课题组调查到江宁区湖熟镇板鸭项目的发展情况。将传统优势产业进一步做大、做强、做出国际竞争力，推动整个产业审时度势，张扬资源优势，瞄准市场导向，提质增效与促进农民增收致富，也是农业项目的主要倾斜点。

湖熟镇养鸭示范基地建设项目是当地的农业特色优势支柱产业之一。

2004 年起江宁区选准鸭业作为农业综合开发的重点项目，就是因为它是当地主导产业，并可以以点带面，在更大范围内有示范作用。

湖熟鸭业项目共投入资金 230.6 万元，其中财政资金 120.4 万元，建设牧草基地 0.6 万多亩，建成标准化鸭舍 65 间，计 1740 平方米。项目的一个重点是品种优化。江宁鸭是南京农业大学动物科技学院承担的江苏省“十五”重点攻关项目之一，该品种已进入三代研发周期，品种优势显著。

在依托科技的同时，项目又得到政府的积极推动，抓以奖代补政策激励，抓牧草种植，双管齐下。在全区范围内充分发挥养鸭大户的示范带动作用，至 2007 年底全市牧草种植面积已达 1.2 万亩，饲养数量已突破 300 万只，加工鸭制品 200 多万只，实现了低投入、高回报，走出了一条低成本扩张鸭业经济的产业化经营之路。

江宁鸭业项目成功进展的本质原因是主导产业提升，同时把握了政府与农民的兴奋点。

(4)“公益性、基础性、效益性”结合得好的项目，推广难度小

射阳县自1996年以来，农业综合开发已累计完成投资1.6亿元，改造中低产田20多万亩。先后组织实施了农业综合开发六期项目，世界银行三期灌溉农业项目，黄河故道开发项目，优质蔬菜、果品、芦笋示范基地项目，国家级农业产业化龙头企业项目等，累计完成投资7730万元，改造中低产田9.4万亩，新建各类配套建筑物2158座，电站45座。

若干年前，该类项目推进难度大。为什么这些国家花钱、农民得益的项目，人们的积极性不高呢？县长把它称为没有忙到点子上，或者说“三性”（公益性、基础性和效益性）体现得不好。之后，县里提出“六点战略”。研究市场，找准农业开发促进新农村建设工作的切入点；依托项目区乡镇本地资源优势，抓住开发促进新农村建设的着力点；积极推进农业产业化经营，抓好开发促进新农村建设的牵引点；依靠科技进步，培植农业开发促进新农村建设富民的经济增长点；进一步解放思想，创新农业开发促进新农村建设的活力点；建设一批优质农产品生产示范基地，培育农业开发促进新农村建设的辐射点——基础性和效益性有机结合的问题，现在的项目推进再也不像过去那么难了。

(5)用“一揽子”的方法协调解决项目推行中的矛盾可产生好效果

研究跟踪了南京某区土地治理项目，亲历矛盾协调及相关文件出台的过程。项目的推进过程存在建设标准与实际需要，项目管理费与使用规定，项目建设与耕地保护，群众自筹与农民用工，镇、街道积极性与现行制度的矛盾，在一定程度上制约了项目进展。当地项目主持部门，主动协商农业部门、土地部门、财政部门、农工政策部门用一揽子的办法，处理这些矛盾。从实际出发，

设立必要的被占耕地补偿机制，对受损农民进行补偿，直至二轮承包期结束。把项目建设与土地复垦结合起来，制订详细的土地复垦规划，原则上土地复垦的面积不小于项目建设所占用的耕地面积。用复垦的土地来弥补被占用的土地。土地复垦规划与年度计划一起编报。对群众自筹不作硬性规定，简化相关手续。立项之初，像财政配套承诺一样，由所在项目村对土方做出承诺。解决的方法，有条件的地方，可以使用机械作业由集体负担；集体经济条件一般的，可以通过农民用工由受益农民承担。采取更加灵活的投资控制政策，积极探索先建后补投资机制，对投资标准不搞一刀切。各地根据生产实际需要，编制开发规划，逐级上报；将项目管理费直接划拨到镇、街道，由镇、街道自主支配，充分体现设立项目管理费的本意和发挥项目管理费的最大效益，切实提高工作效率。

农村基础设施建设项目是国家战略，需要大思维、新理念。但是，随着形势的发展变化，会出现一些新情况、新问题，其中大部分并不属于宏观战略层面的，来自于工作过程细节层面上的若干政策也需得到高度关注。

2. 农村基础设施建设项目选择中存在的问题

（1）项目选择与当地的社会经济发展规划相脱离，不仅不会带来正效果，还会造成危害

自党中央提出建设社会主义新农村的宏伟蓝图以来，各种财政金融政策开始向农村地区倾斜。当前，我国城市人口占40%，农村人口占60%。预计到2020年，这个比例将反过来，城市人口占60%，农村人口占40%。在这个农村城市化过程中，将有更多的村庄消失。一些农村基础设施项目的建设没有考虑这种变化趋势，造成资源浪费。几十万元的卫星接收站刚安好村庄就搬迁了。

坐落在深山里的车夫山乡某村，一年前刚刚由山上搬到山下。这个村曾经由48个自然村组成，散落在各个山坳里。由于条件太

差，这里自来水不通，路不通，有线电视不通。通电也是因为村里有个小水电站。村民买了电视机，勉强能模糊地看到一两个台，因此，只好看碟片。市里曾考虑给村里通有线电视，但一测算，花几百万元也拿不下来。最后，市里投入 30 多万元，为村里建了一个卫星接收站，村民终于能看到十几个台了。然而，去年这个村实施移民搬迁，村子整体搬到山下，村民生活条件得到彻底改善。村里有线电视全部接到户里，过去的卫星接收站废弃了，几十万元的投资白费了。这种规划不实、不切实际、急功近利、搞“形象工程”等现象，不是个别省（直辖市）的情况。

以某省为例。作为一个中西部省份，近几年农村投资加大，农村城市化水平提高较快。2001～2004 年，城市化水平由 35.5% 提高到 39.6%，提高 4 个多百分点。相应的，3 年间全省行政村从 31242 个减少到 29558 个，减少了 1684 个。农村投资面大、分散。由于投资缺乏前瞻性，一些村庄先建设后搬迁，大量的投资被白白浪费。过去这些村在通路、安装自来水、通电、办学校等方面，各级政府以及相关部门都投入了大量资金。这些地处偏远的农村相比一些靠近的城镇需要的投资更大。有的村仅高压线的铺设就要几十万元。与此同时，农民还要自己盖房。保守估计，如果每个村投入 200 万元，那么 1600 多个村就要 30 多亿元的资金。“从经济学上讲，这些投资全部变成了沉没资本，是无效投资”。造成这种农村投资“打水漂”的浪费现象的原因很多，有体制、机制的问题，有干部认识和思路的问题，但最重要的还是对新农村建设准备不足，各部门的投资缺乏统筹，各方投资自行其是，没有统一在新农村建设的大盘子里；群众投资更是放任自流，缺乏长远规划。

在项目选择中，应将农村基础设施建设置于中国城市化飞速发展的大背景下来统筹安排。因为今后几十年可能是中国城市化最快的时期，也是社区变迁最快的时期，农村基础设施建设项目是否符合长期最大利益（包括生产和生活项目之间的关系，也包括社区未来几十年的发展）是应该注意的问题。如不尽早注意这一现象，中央、地方、农民、社会各方将有更多投资白白浪费。

（2）不同来源的资金使用目的指向整合不到位，影响项目总效果

近年来，财政支农政策措施力度之大、落实措施之实、农民受惠之多是多年来没有的。但在具体的财政支农工作实践中，如果想要达到统筹城乡的要求，各级政府的投资支农范围还要更宽，资金投入量还要加大，而现行的支农管理仍然残存着不少旧体制的弊端。

以某省为例，在省级财政与农业有关的户头涉及财政、农发、发改、国土、水利、科技、农业、林业、畜牧、渔业、交通、民政等10多个农口部门和涉农单位。各个渠道的支农项目投资，最终要落实到县去组织实施，致使条块分割、各自为政。

由于旧体制基数的惯性影响和政府职能部门划分过细等，多部门刺激，使各地多行业需求齐进，造成资金供需矛盾突出。由于资金来源分散，不利于监督管理，尤其是部分行业上级主管部门直接向下拨入资金，不在财政部门的总预算监管之内，资金使用容易失控。由于安排混乱和责任不清，同一类型项目资金会出现交叉重复现象。即便是同一个项目，也可能出现多个部门重复立项的情况。一些贫困地区支农资金投放力度累计数并不小，但是“资金年年投，村庄却是面貌依旧，看不到起个水花”，究其原因就是多部门各管各行，投放过于分散，没有形成合力，平均到贫困村里，看不出哪些变化，投了钱没效果，等于白投。

（3）不深入考察当地条件，照搬外地经验，造成项目“中看不中用”

在苏中，课题组就亲眼看到一条从某镇政府门口经过的高等级四车道的公路，非常壮观。但是此路“中间浇柏油，两边没有头”，是个“中看不中用”的景观。此类项目脱不了“形象工程”的嫌疑。同样性质的例子在其他省份也可以找到。例如，中央电视

台曾披露这样一个案例：昂贵的净水设备成了空摆设。

多年来，距离兰州市 20 多公里的青石台村村民每天饮用的是被污染的黄河水。为了解决这一难题，有关部门实施了人饮解困工程，该村饮水安全问题被列入 2004 年度兰州市西固区第二期人饮解困工程。2004 年 11 月，投资 16.77 万元的净水工程在青石台村竣工。然而令人失望的是，这套设备根本无法使用，因为设备的设计和运行与青石台村的实际用水情况严重脱节。按照电灌站规定，全村每年只能三次向电灌站集体购水，而且一次购水必须要在 5 个小时用量以上，把全村 200 多个蓄水池都装上。按照设计，水进村后要先进入净化池，可是净化池只能蓄水 300 吨，只能装一个小时的水量。这样，已经进入各户 200 多个蓄水池的水仍然不可能被净化。因此，投资 16.77 万元的净水设备成了摆设。调查发现，造成这一问题的主要原因是负责工程的西固区水利局工作人员在设计和施工过程中对青石台村的实际情况不甚清楚。两年多过去了，青石台村的村民眼看着国家投了资，而自己却喝不上干净的水，既心疼又着急。政府给钱建的工程成为摆设，村民一直没吃上干净水。“饮水解困”工程大部分规模都很小，但是它的意义却非常重大。国家投巨资是为了能使农民喝上干净、健康的水，各级水利部门就应该负起责任来，扎扎实实地搞好工程的设计和实施，把好事办好，让农民真正受益。

(4) 建设目的不清，受益主体含糊，农民响应度不高

延河上的一座桥名为南京桥，由一个与南京有关的组织捐建，坐落在杨家岭对面的延安干部学院后围墙边，与相邻的便桥相比显得美观气派，但它只是一座双车道桥，桥这边无路，桥那边是个高高的土塬子，不用说车子上不去，行人不会攀登技术也上不去。

捐款单位向老区捐款，了却了心愿，用款单位把桥建得很漂亮，也算是完成了任务。住在窑洞的农民很茫然，他们不知道家附近的这个桥是干什么用的，他们也不走这座桥。但是他们对有人捐款造桥还是很敬意的，因为延河上多了一个风景点。

（5）实际建设项目超过了地方配套的承受能力

随着农村税费改革的深入推进，作为农业基础设施建设投入主渠道的“两工”已完全取消，这意味着农村基础设施建设的投入渠道、组织形式、管护方式等都已发生根本变化。一方面是以前投入主渠道不复存在，另一方面是适应提高农业综合生产能力需求的新的投融资机制尚未建立。

以江苏省通州市为例。该市常年疏浚大中沟河道300条以上，土方2000万立方米左右，新建、维修各类建筑物500座左右，投入总额常年都在6000万元左右。税费改革前，这些资金的80%以上都来源于农村劳动积累工和义务工。而“两工”取消后，全市“一事一议”筹资筹劳即使全部按照上限筹集，满打满算也只有4700万元，如果将其中的40%用于农业基础设施建设，只有1880万元，即使全部用来搞土方，也只有700万立方米左右，疏浚的速度还赶不上淤积的速度。

农村税费改革后，基础设施项目建设中农村配套能力大大减弱，致使一些社会价值大的项目不能实施。“两工”取消后，大型农田设施主要由国家投资，中小型农田设施则代之以“一事一议”筹资筹劳，这种筹资方式缺乏强制性和约束力。按照有关规定，“一事一议”所筹资金全部留村使用，县、乡无权统筹，致使许多受益面较大的工程无法组织实施。上述两种投入渠道，包括一些社会化筹资等辅助手段具有有限性和不稳定性，难以真正形成稳定长效的投入机制。

（6）项目与资金管理两张皮，农业综合开发在机构设置上不统一

不同的机构设置有不同的特点，各有利弊，关键是要最大限度地发挥行政管理的效能，做到项目管理与资金管理的有机统一。为此，必须进一步明确各自的职责，并做到各负其责，各司其职。项目管理机构的职责应当是做好项目前期准备工作，包括制定开发总体规划、建立项目库、编制项目建议书、开展项目可行性研究、组

织评估论证等，负责项目年度计划申报和审批，组织项目的实施与监督，组织项目检查与验收，负责项目的运行管理与跟踪评价等。资金管理机构的主要职责应当是负责开发资金的筹措，负责项目资金的使用与支出管理，对项目资金进行会计核算，对农业综合开发项目进行财务监督等。而部分项目并未将两者的职责有机结合起来，项目管理与资金管理是一个事物的两个方面，两者既有区别，又密不可分，项目管理不能脱离资金管理，资金管理也离不开项目管理。项目管理部门与资金管理部门配合不够，协调不一，是资金效率损失的重要原因。

3. 政府与农民项目选择的意愿测试原因分析

政府兴办农村基础设施项目的目的是为了促进农业稳产、农村发展、农民受益。项目成功与否的直接标志是农民满意程度的高低。

（1）农民意愿测试调查的分析报告

“基于农户意愿的新农村建设中的公共产品和公共服务优先序”调查。问卷按三大品类（农业生产条件改善类、农民生活条件改善类、农村社会保障条件改善类）、二十三种（水系、道路、清洁能源、水源、教育、技能培训）设计，其中设定若干主动选择项、被动选择项、条件选择项。

2008 年 7 ~9 月，做了一项“基于农户意愿的苏北新农村建设中的公共产品和公共服务优先序”调查。500 份在苏北 5 市，每市 5 村，每村做 10 户问卷，在村庄选择时，城郊型村庄、乡镇所在地村庄各占 20%，一般村庄在 50% 以上，按经济发展状态，从高到低抽取组内样本。利用本校苏北农村同学暑假回乡机会，聘请来自于农村或至少有农村生活背景的同学（在行政管理、社会学等专业的学生中挑选），每 2 人做一个村的调查，试图比照在随机样本中的农户意愿表达。

用罗列法，希望政府提供什么，让农户按意愿表达，其结果必定是杂乱无序，不可以成为征集民意的可选办法。个人理性并不能导致集体理性。

本次调查近似于无结果的结论告诉课题组，虽然农民意愿重要，但收集与处理很难。在现实中，课题组做过比较，政府提供20万元的意向与已下达20万元项目的结果差异非常大。

分析某特定地域的农民对基础设施选择优先序，干扰判断的因素多得难以想象，其表达差异表现在不同地域（城郊、中心、一般、边远村）、不同身份特征（文化程度、年龄、性别）等方面。

“成本－收益”原理决定人们的判断与选择。决定农户选择倾向的主要因素顺次是个人或家庭成员能从该项目中直接有增加收入的机会；邻村已建了，本村也应该建；本人或家庭在该项目中的“筹资、筹劳”数额等。

在农村基础设施项目建设中明显存在“第一行动集团”，并且随公共品及服务品类的不同，“第一行动集团”组成不同。对修路修桥最有积极性的是那些每天需向外运鸡蛋的大中规模的养殖户，每天需接送孩子到中心校上学的家长以及那些在外面“有面子的人”；现场访谈与问卷分析揭示，所列问题的品类越具体，回应也越清楚。

在政府主导型供给方式下，给出品类征集意愿比让农民“海推”具有较高的操作性。

（2）社区路灯建设：现场“响应度”测试分析

社区路灯建设：地点江苏海门四甲村，在测试中我们给出三个方案。

方案1：政府全额出钱安装，电费及维护费由村里开支。

方案2：村外供电设备由政府支付，村内设施由村里开支，电费及维护费各户每月分摊1元，其余由村里支付。

方案3：村外供电设备由政府支付，村内设施由村里开支，电费及维护费村里不再负担，设为按人口在各户分摊（每月每户预缴1元，余款年终分摊）。

对于方案1，皆积极赞成，没有不同意见。这也是经济条件好的地区在公共服务领域中矛盾。

对于方案2，积极赞成的人数明显下降，特别是晚上不怎么出门的人，认为替别人交了1元钱，心里不痛快，但负担不重，方案还能表决通过。

对于方案3，反对的人明显增多，特别是认为自己及家庭成员基本不用（老人晚上休息早，自己长年在外打工）的人。

有些农户甚至愿意多出高于定额收费若干倍的钱，来促成此事。他们主要由两部分人构成，一是热心公益人士（包括在外面“有面子的人”），二是家中有上夜班的人（特别是女儿、媳妇在上夜班）。此例所表达的“第一行动集团”特征最为明显，例子与教科书介绍的几乎没有差别。

（3）硬质渠道建设：现场“响应度”测试

县里来了一笔专款，凡愿意修渠的村，做好计划，待批准后，皆可领到已做好的水泥预制板。一些只种有很少的田，收入主要来自“非农就业”的农户，表现很冷淡；村里的干部们表现也很不积极，修的渠道越长，村里需配套的辅料款、土方用工等就越多，村里财力跟不上，留下的债务也越多；而一些种田大户表现出相当高的积极性。

（4）案例及测试的讨论中所引发的启示

①缺乏交流沟通是农村基础设施建设项目在数量与质量存在差异的重要根源，然而，为什么在实践中还会经常出“坏项目”？一般说来，凡是与当地的社会经济发展规划结合得好，公益性、基础性和效益性等特征比较明显，能促进生产能力，提升当地主导产业生产能力与水平，有针对性地解决当地民生“瓶颈性”具体问题的项目，在实践中必然推广难度小、受欢迎程度高。凡项目选择与当地的社会经济发展规划相脱离，不同来源的资金的使用目的指向整合不到位，建设目的不清，受益主体含糊，建设项目要求地方配套超过承受能力，选址不当，造成项目“中看不中用”，使用不可持续的项目，不深入考察当地条件，在实践中必然推广难度大、农

民响应度低。人们已认识到了农村基础设施建设项目所带来的利弊，但实践中并没有因为项目存在的问题而采取有效的措施，最终导致劳民伤财，劳而不但无功，反而有过。原因就在设定的假说中不能看出，坏项目的出现，是花钱的人（财力支配者）在选项决策及管理中，或忽视了政府的意图，或曲解了政府的意图，或心地不纯地在其中掺杂了自己的目的及利益；而政府又很难及时发现，或发现了已不能及时纠正。造成如此后果的本质原因是对公共资源的支配人缺乏监督，而政府因为要管的事太多，对财力支配者无暇监督，农民对财力支配者想监督又无力监督，建设的项目虽不满意，但没有诉求渠道，只好接受。加强政府与农民的有效沟通，可以对财力支配者产生有效抑制和监督；政府要主动重视与尊重农民，使财力支配者对农民产生敬畏，在有做坏事的念头时，有所顾忌；农民还需要把自己做大、做强，能有效监督财力支配者。改善农村基础设施建设项目决策体系，保证将政府意图、农民意愿在财力支配者及项目决策体系中有所表达，可进一步有效防范坏项目，构建“公务员＋乡村精英＋志愿者”式组织体系，用于政府与农民意愿表达的上下沟通、项目选择、实施督察及后项目管理是建设好项目的重要保证。

②“项目桥”理论指示重点改善部位及内容。“桥”是一个集理念、方法、组织于一身的体系，存在于分散的农户和政府之间。农户通过个体将意愿汇集并表达自身的申请和主张而政府则会通过宣传来发布政令。这种“桥”是一个双向体系，改变了过去“一方决定，一方服从”的单向关系进而转变为“一方愿意提供服务，希望另一方表达需求”的双向关系。根据“桥”理论，重点改进部位及政策调整。一是加强与政府有关的工作重点。政府应设法借助外部力量有针对性地监督、控制与改造这个“低效结构”，增加农民的表达，配之透明化、责任制、岗位制约、内部控制、法制监督；不仅要防范项目实施过程中的“跑、冒、滴、漏”，更重要的工作应是重心前移——重视项目选项立项工作，特别防止财力支配

者把农民目标替换成财力支配者目标；对财力支配者可能的败德行为的处置办法可照搬防盗的办法。实施项目措施的重点是政府要看好自己的钱，资金的用途法定，额度规定，还要增强财务过程的透明度；项目的受益人“农民”应有更多的发言、参与的权力与机会。二是强化与农民有关的工作重点。强化农民组织体，对现行管理组织的改造与控制非常有意义。“凡人凡事要各有其位，各归其位”。校正措施要点是“越位者”后退，“缺位者”补位。政府与农民要“入位”，在位子上发挥作用。农民的积极态度有利于对财力支配者的监督与控制；农民的积极参与有利于改造“低效结构”；法制化、透明化、责任制三大改造措施的推出与推进才会有适合的土壤与环境。在此基础上的一系列以改善为特点的措施的推出才会有生存空间。具体来说，改造基层政府，使之成为农民的利益代言人，壮大农民经济合作组织，使农民通过它来发出自己的声音；壮大农村 NGO 组织，建立 NGO 与政府共同建设农村社区的组织模式。三是加强与财力支配者有关的工作重点。重视对政府办事员（主要参与项目决策和建设的公务员）的遴选，重视品德与办事能力，进一步推动公务员树立民本第一、为民谋利的理念；推动农民自己推选出来的办事员（参与项目的乡村精英）参与项目建设组织的工作；推动有社会多方力量共同参与的基层项目管理组织较早介入项目管理工作。

③这里的“农民”是一个抽象的概念，通常由“农民组织”来代表较合适，在实践中有多种表现形式，确保农村基础设施建设中的财政资金使用安全、有效，与政府和农民这两个主体的积极性有关。当政府的积极性（意向强烈、经费落实）已不再是问题时，如何确保项目得到农民的响应与支持，就成了当务之急。这时，“桥”的核心问题就衍生为“农民组织”问题。村级组织是制度内现存的“农民”。要重视对现存制度内组织资源的利用与保护。

在今后相当长的时期内，依照现行组织法而存在的村级组织有其他组织无法比拟、无法取代的作用。目前，较多的乡村组织自身经费运转困难，使之在农村基础设施的建设及管护方面缺少能力与积极性。上级政府应该爱护与珍视这份资源，任何可能让农民感觉到上级政府并不信任村组织（村干部）的政策或做法都应慎重出台。现实中出现的架空村组织、绕过村组织的若干动向及其可能的危害，应该引起关注。还有一些 NGO（非政府组织），它们存在于制度外，但他们有一些已有多年农村项目运作历史。这些 NGO 在农村项目中有经验，特别是其中的民众动员方式、民意搜集机制、农民参与管理步骤与程序等。要筛选其成功范例，并将其介绍到农村项目的一线管理部门。对有多项资金参与的农村项目，NGO 由于其超脱地位在其中可以起到很好的“桥梁”作用。还有一些农民组织，刚处于萌芽状态，但其在某些地区与领域已表现出强大的功能与活力，如一些新兴的“合作社”、“协会”等。

④寻找农民中的精英作为“桥梁”中的骨干。以三种人作为建“桥”骨干。一是对项目承担法定责任群体的主要负责人；二是有为民奉献精神的人；三是可从项目中获得直接利益或较多利益的人。第一种人因担负法律责任而担任一定职务并有调配资源的权力，有时还表现为财力支配者的代言人，其作用不容小觑。第二种人的动力发源于高尚的奉献精神，在农村项目中的身份通常为“志愿者”，此群体学有所长，他们可能是政府实施“农村基础设施”项目中短期内能募集到的有生力量。他们立场超脱，且不拿工资（大项目的前期费用中的一小部分就足够开支工作补贴）。因为有专业技能，在项目中，他们进入状态快，可以在“农村基础设施”项目的整个过程中发挥作用。“志愿者”在项目早期可起宣讲员作用，向农民介绍项目，并通过被认可的方法，收集与处理“民意”，提供政府决策参考；项目构思期，由于其受过专业训练，参与后可大大减少项目书在编制过程中的技术缺陷；若项目立项，他可以帮助动员农民参与，在项目实施中起技术及管理的指导作用；项目完工后，还可以辅导农民如何进行运营核算、管理与维

护。由于“专业志愿者”是以“组织成员”身份加入项目，根据项目特点需要，及时招募有相应技能特长（水利工程、畜禽防疫）的人员参与；“组织”可通过项目组成员年限搭配，解决好较大项目时间跨度较大带来的相关问题。有关专业的专家在政府实施“农村基础设施”项目中也是不可或缺的有生力量。他们可被政府或农民聘为“项目指导”，他们还可通过训练更多的“志愿者”得以发挥更大的作用。最近，还出现了具有新身份的人——大学生村官，不妨将其也列为同类。第三种人在公共经济学中被称为“第一行动集团——响应程度最高的人”。要筛选与识别，发挥其在建“桥”中的特殊作用。三种人的集合是“责任-奉献-利益”三股力量的集合，具有巨大能量内涵。

⑤补充一个研究中的新发现：“最后一公里问题”。本文在对大量现实状态罗列、分类、分析的基础上，指出农村项目效率损失的常发、主发部位主要集中在“最后一公里”。“最后一公里”不可仅理解为距离的概念，“最后一公里问题”是当政府服务已经到达村口时，出现在村庄中的如何有效组织与之对接的所有事项的总称。“最后一公里问题”的核心内容是如何有效组织农民，迎合服务。上述所有的努力都在做同一件事——在政府与农民之间搭一座“桥”（原设计中的“项目桥”计划），用来控制选项中的失误，提高政府意图与农民愿望之间的吻合程度。

4. 现行招投标制度的弊端

以港闸区为例，现行的招标投标制，主要是采取“代理招标、随机抽取专家评标”的方式，应该说在一定程度上体现了招投标活动公开、公平、公正的原则，但未能充分体现施工企业权责对等原则。随机抽取的专家，可能对项目实施条件、技术要求以及对投标人承建工程的实际能力缺乏必要的了解，评标结论表面上看可以达到公平，但可能并非最优。因评标专家只对这一招标过程参与，而不对工程建设负责。择优选择中标人对工程建设至关重要，因此，招标投标活动应研究建立公开、公平、公开与项目法人责任制相结合的机制。

对中标价格的适度控制，引进“合理最低价中标法”。业主在招投标前做好市场调查，掌握各种工程材料、劳动力及设备的市场价格，做好低价成本核算，以防止报价过多低于成本价中标，影响工程质量，然后按无标底，低价中标。招投标工作是财政资金安全运行的重要部位。有针对性地切合实际地建立科学合理的标的形成机制和评标决标方法，仍然有许多工作要做。

（二）农村基础设施建设项目的财政资金管理

1. 财政资金管理改革的成功经验

（1）总体评价

支农资金管理制度主要包括项目预算制度、拨付制度、竣工决算制度、报账制度、审计制度等。这些制度能否合理有效安排，并有效执行，对财政资金安全与否至关重要。调研过程中，重点分析了与之有关的典型案例。现存的财务管理制度在操作层面的周延、细密已能基本覆盖解决项目资金的安全运行的主要方面及主要问题。但它没有在更高层面解决如何刺激让资金更有效率的问题。根据调查，目前，在资金管理上主要存在三大任务。一是如何在资金源头（拨付环节）上，让资金安全的同时，让资金更有效发挥作用。二是在操作规则层面较好地解决多渠道、多性质资金混合型项目的总效益与分效益归集与评判问题。三是进一步完善过程审计与结果审计操作问题。

（2）整合“打包”拨付方式的启示

一是项目申报的科学性明显提高。现在申报项目主体由部门转变为市县政府为主体，更加注重项目的全局性和合理性以及各项目之间的配合。二是资金使用的集中度明显提高。实行“打包”整合改革后，改变了以往多部门、多批次、“天女散花”式的资金分配方式，各试点县在项目的安排上突出重点，集中落实了一大批“为民办实事”的重点项目，解决了一些长期以来想解决而难以解决的问题。三是资金使用的时效性和安全性明显提高。“打包”资金由江苏省财政直接下达市县财政，减少了资金争取、拨付过程中的中间环节，确保了资金专款专用和资金使用的时效性，既防止了资金被挪用的现象，又有利于加强党风廉政建设。四是资金分配的透明度明显提高。各试点县都反映，在实行“打包”整合改革以前，县政府及县有关部门的工作重点是“跑项目、争资金”，不知道“能要来多少”，实行“打包”整合改革以后，年初就知道一年之中的农业投入情况。五是促进了基层工作思路和方式的转变。过去钱和项目在上级，工作重点是要到钱；实行“打包”整合以后，钱和项目在手中，管好钱、落实好项目是重点。

（3）小项目审计的成功经验

推行小项目也要审计，盐城市亭湖区的做法有示范作用，盐城市亭湖区农业资源开发局自 2003 年推行项目工程竣工决算审计制以来，通过审计共节约资金 86172.75 元。审计节约资金全部用于原项目区增加的工程，共增做防渗渠 200 米，机耕路 1400 米。通过工程竣工决算审计，有效地杜绝了工程施工中短斤少两和偷工减料现象，促进了工程质量的提高，施工人员质量意识明显增强，施工单位“视质量为企业生命”的理念得到进一步巩固。

2. 现行财政资金管理制度存在的问题

（1）拨付方式上的弊端

在现行的财政支农资金管理中遗留着传统计划体制的诸多弊端。管理部门多，投入分散。当前我国农业项目管理涉及 20 多个涉农部门和单位。每个渠道都有涉农基金，导致了条状分割管理的现象。加之这些支农基金的来源分散，尤其是上级部门直接介入资金的拨付中，导致这些资金监管不力，致使资金使用失控的现象频发。另外，在旧体制的影响下，部门分工过细，资金审批随意性很大，导致了尖锐的资金供给矛盾，因此，“撒胡椒面”的现象较为普遍。

部门职能交叉，重复投入。不同的支农资金分散在多个部门管理，即使是同一笔资金在同一个部门中也要细化为多个科室管理；同一类型的项目，涉及的管理部门也有很多，如农村土地复垦整理项目，国土部门可以申报，发改委也可以申报，农业部门也有立项。不同渠道的支农资金在资金使用、项目布局、建设内容等方面不同程度地存在交叉重复。

管理方式混乱，资金拨付渠道不统一。由于资金的来源较为分散，有的按行业部门下达，因此透明度不高，使得资金监管不力。有的甚至存在挪用侵占和虚假冒领等严重浪费情况，有的游离在财政监督的体系之外，致使大量资金浪费。由于资金要逐级审批拨付，相对来说影响了资金的下发速度，导致资金沉淀和资金不能及时到位。

支农投资中间损耗大，运行成本高。部门条块分割，与基层需要严重脱节，各级政府部门过多的中间环节使得资金滞留、截留加大，拨付资金不能直接到项目、到农民。部门对财政资金普遍拥有“二次分配”权，缺少监督，各自为政，使得上级财政资金在使用上违背了当初的意图，这种与地方的实际需要脱节的状况，造成管钱的难监管、管项目的忙分钱、办事的事与愿违。直接影响到财政支农资金效益的发挥，影响到支持统筹城乡发展的效果。

（2）工程审计不到位的弊端

工程建设中常发现以下问题。不按图施工现象。发现有个别施工单位工程附件部分不能严格按图施工，比如，机耕桥的栏杆、八字墙等，因为这些地方不是工程的主体，思想上不够重视，习惯凭经验做事，易发生不严格按图施工的情况或“短斤少两”现象，主要出现在施工工程量方面。在农业综合开发土地治理项目工程上，防渗渠和机耕路的长度是决算审计的重点。防渗渠的长度容易出现“短斤少两”的问题。在工程审计中曾发现某单位施工的防渗渠长度比计划少了30米，存在偷工减料现象。在农业综合开发土地治理项目工程上，机耕路的路面处理是隐蔽工程，也容易出现偷工减料现象。2006年农业综合开发项目，工程审计中发现某单位施工的机耕路路面有500米质量达不到设计的要求，现场检测发现，路基的“三合土”和碎砖量按设计标准少了约80立方米，加上工人工资，审计时核减资金1万元。项目审计不是小题大做，推动项目审计，可以从整体上把握农村基础设施建设项目，在所有细节上把好最后一道关，确保资金安全。

（三）农村基础设施项目建设环节中存在问题研究

1. 项目法人责任制的问题研究

规范项目法人职责和权利，并对项目法人的监督和奖惩等进行规定，对进一步完善农业综合开发建管机制，起到一定的正面作用。从如皋等地的实际情况看，这项新机制的探索取得了明显成效。但人们对这一制度的认可程度普遍不高。问题出在人们首先对是“真做”还是“假做”有怀疑；其次是在其他相关制度并没有大的改变条件下，对有无推行“必要性”进行了质疑。其根源是人们对农村基础设施项目建设该不该有一个统一的组织来实施项目。

农村基础设施项目建设该不该有一个统一的组织实施是可以商量的。在大额的财政资金变成形象工程的过程中，必须要有人（组织法人）对其负责，称为何种名称不重要。有一个理论问题需澄清。项目法人不同于企业法人，应农村基础设施项目建设的需要而成立的项目法人本质是公共资财的管理者；企业法人可以“无上级”，项目法人在客观上“有上级”。推行项目法人责任制，目前还需处理好几种关系。一是处理好项目法人与主管部门的关系。县级主管部门应主要从加强业务指导、编制开发规划、项目申报审批、检查督促政策执行、协调关系以及对项目法人考核等方面进行管理，不干预项目具体实施。项目法人应根据管理办法的要求履行法人职责，作为项目实施单位对项目建设全过程负责，但须接受主管部门的领导和监督考核；整个项目实施方案须得到主管部门的批准后才能进行，并定期报告项目建设和资金使用情况等。二是处理好项目法人与项目乡镇的关系。要注意吸收项目乡镇的领导和农民代表参与到项目法人组织中来，这样有利于在项目实施过程中更好地组织协调，有利于对农民的组织发动，有利于自筹资金的足额到位。要注意在同等条件下尽量由所在乡镇的施工企业中标施工。对良种补贴也可由项目乡镇来发放，以利于乡镇积极性的发挥。三是处理好项目法人与施工单位、监理单位、科技依托单位的关系。项目法人与这些单位的关系是按市场经济的要求，通过合同的形式来规范，要坚持公开、公平、公正的原则，平等竞争、择优选择、强化管理，只有这样才能保证项目的顺利实施和规范管理。在执行过程中只有项目法人作为合同主体的一方，才能有效地实施对施工单位、监理单位、科技依托单位的管理。

2. 工程监理制问题研究

工程监理制是个好制度，从本研究回收的调查表看，出资方、管理方、受益方对此皆有好的评价。部分不同意见出现在对监理单位及监理员再监督的时候。如工程数量未足额完成，由于监理人员较少介入，工程完成后，监理人员未进行完验收与计量，从而出现了缺斤少两、随意变更的现象。监理的重要依据是工程图纸，按图施工是项目建设的基本要求，如无监理的介入，施工单位可能会随意变更工程内容及规格。

监理单位选择上如何公开、公平的问题。轻易地选择监理单位，可能会给项目工程造成无法挽回的经济损失和社会影响。对报纸、网站、电视等公众媒体利用程度不够，影响采取公平、公开竞争和议标的方式择优选择入围单位以及进行进一步的政审筛选。小项目的监理收费比重较高，让人对是否需要监理的必要性产生质疑。

（四）农村基础设施建成后的管护经验

1. 项目管护成功经验

（1）确保管护资金到位

通过对扬中市的调查发现，在实施过程中，如干劲、南江等行政村的村级经济都比较薄弱，对项目工程的维护经费，除“以工程养工程”外，只能由受益农民来负担，无形中增加了农民负担，给经费落实带来一定难度。以前，项目村基本没有项目管护资金，对损毁的路、树等农业开发工程无法进行修补。如今，扬中农开办及财政局通过积极努力，争取到县财政开发项目补项资金近两万元，对前三年项目区的道路、树木等工程进行了补修、补栽，并对标志和标牌进一步完善，各项工程完好率、使用率比以前有明显提高。

海门市农业综合开发土地治理项目因地制宜地抓好项目工程管护。在落实管护资金上，将纯公益性农业综合开发工程纳入镇、村公益性基础设施管理范畴，所需经费在镇、村公益性基础设施维修管护经费中支付。带有生产性的农业综合开发工程由产权人（受益主体）承担管护经费。

贾汪区设立管护基金，保障管护经费渠道通畅。运行管护经费筹措渠道不畅，或根本没有管护经费，已成为道路、渠道、林网等公益性项目损坏的重要原因。需要在项目地县级地方财政资金中安排一定比例的资金，或在项目招标结余资金中提取10%左右的资金，建立工程管护基金，纳入县级财政专户管理，用于项目运行管护补贴，专款专用。同时，积极发挥财政管护资金的引导作用，多渠道地筹措资金，激励项目镇、村、群众投入资金，加强项目的运行管护。

（2）明晰项目产权，确定管护主体

由于农业综合开发资金的投入由财政和自筹两部分组成，财政资金由国家、省、市、县四级按不同比例投入。项目建设内容分为农业基础设施建设、林网、农机、科技服务等。从调查的情况看，农业开发不仅资金构成复杂，而且受建设、使用、管理及其他方面的因素影响，使农业综合开发产权界定困难，产权的归属不容易界定。

贾汪区就产权的归属问题，采取了以下措施。由建设单位农业开发部门将项目整体移交给项目村单位，各种管护内容也以书面形式加以明确，但由于产权不明确，管护制度仅停留在纸上，既没有跟踪督察，更没有相应的处罚，致使工程管护得不到有效落实。按照农业综合开发资金投入的数额和比例，明确产权构成。在产权的管理上，属于国有资产的，由乡镇人民政府进行管理；属于集体资产的，由村级集体经济组织管理；属农户家庭资产的，由农户直接进行管理。层层明确了产权，也就明确了管护主体。

港闸区项目工程建后管护明晰产权的对策措施。在实际工作中，应当根据实物的运营作用及实物形态，进行分类分级明确产权，并规范合同。在产权问题上，可以按照农业综合开发资金投入的数额和比例，明确产权构成。如小型水库、拦水坝、排灌站、干支渠等大中型农业基础设施，应明确为国有资产；仓库、晒场、斗支渠等分散型农业基础设施应明确为集体资产；农户家庭生产经营直接使用小沟级建筑物的资产，应明确给农户家庭使用。

（3）建立管护组织，强化制度建设

涟水笪北用水户协会成立后，协会范围内的所有农业开发工程归协会所有，使国家投资兴建的农业开发工程有了长效管理机构。协会设有管水员，在水稻栽插之前，协会召集200多名会员，协调用水矛盾，协商水费和管护资金使用等事项，实行阳光操作、民主管理。协会成立以来，不仅充分调动了农民参与农业开发工程建设与管理的积极性，强化了工程管理，提高了灌溉效率，同时又起到了管水节水，减少用水矛盾纠纷，促进农村和谐的功效，受到农民群众的欢迎，成为当前农业开发工程管护和灌区基层管理体制改革的好模式，显示了无限生机和巨大优越性。

协会不仅管水，还管工程，解决了目前小型农田水利工程有人用、无人管的问题，保障了工程效益的发挥。近年来，该市农业开发力度不断加大，每年用于农村小型农田水利基础设施都在八九千万元。但是，由于工程建后管护措施不到位，有人用、无人管、无人修的现象依然存在，影响了农业开发工程的使用寿命和效益的发挥。有的地方由于缺乏必要的管理，农民甚至在刚建好的防渗渠道上擅自打洞放水。成立用水户协会后，工程的所有权、使用权、管理权和用水的决策权交给协会，协会可以独立、民主地选举协会负责人，在管理、建设、财务上享有高度的知情权和参与权，激发了农民“自己事自己办、自己工程自己管”的积极性，保障了工程的效益发挥，也减轻了农民负担。协会成立后，供水单位向协会收取水费，协会统一向会员收取水费，建立了透明的水费收缴渠道，避免了过去灌溉用水水费收缴层次多、收缴不规范、搭车、代收、克扣等现象，减少了中间环节，使农民用上“明白水”，交了“放心钱”，农民负担大大减轻。

2. 存在问题分析

在现行的农村基础设施建后管理上存在诸多问题。一是管护经费未落实。管护经费能否落实是做好农业开发工程建后管护工作的最关键因素。由于农业开发项目本身没有管护经费，乡（镇）财政困难不愿意拿出管护经费，项目村组集体经济薄弱拿不出管护经费，农民不愿承担管护经费，因此管护资金很难真正落实到位。二是管护责任落实不到位。农业开发工程移交后，一般情况下，项目乡（镇）与村组、村组和农户也签订管护责任状，但是管护责任的奖惩措施没有真正落实到位，管护责任状成为一纸空文。三是农民管护意识不强。项目区农民是农业综合开发项目的直接受益者，本应是工程建后管护的主体，但是由于土地的分散经营，农户认为受损的不是自己一户，管护不是个人的事情，甚至有的农民为了自己的方便和利益对工程进行故意毁坏，有的在防渗渠附近栽植杨树，为工程损坏埋下隐患。四是管护主体不明确。农业开发工程是国家财政投资和农民筹资共同建设的，工程完工后一般都移交到当地项目乡（镇）管理，由于使用权和所有权分离，项目乡（镇）、村组、农户等各方都不愿意投入管护资金和精力。当工程受到损坏时，各方都不愿出面修复，也无法追究责任。五是工程规划设计不够科学。有的工程由于前期工作不深入，在规划设计时没有充分争求项目村组干群意见，工程设计不能满足农民需要，出现农民故意损坏工程的现象。如有的防渗渠在规划时放水洞设计偏少，不能满足农民及时灌溉的需要，个别农民就在自家田里将防渗渠凿开洞口放水；有的防渗渠升降比设计不科学，水的流速较快，形成了上游无法灌溉的现象，致使农民在防渗渠中打坝拦水，造成用水纠纷。有的机耕路在实际使用中，存在"一年好形象，二年变了样，三年回原状"现象。

对已完工的涟水的水工程项目进行现场回访，从基层干部那里得到判断，已建工程中有近1/3存在着使用效率与当初设计水准有较大差距。当地的技术人员反映，主要干支河道上的标准已普遍提高（五十年一遇水准），问题较多发生在斗渠、农渠层次上。建设年限在三年以内的水工程完好率不到九成，使用效率约为当初设计水准的八成。建筑年限三年以上的中、小泵站的完好率、使用效率更低。课题组还在现场看到一些坐落在村里的年久失修的水工设施。某村四个泵站有两个已不能用。好在村头主渠上的一个新站还好用。村干部讲，一旦遇到稍为大一点的（他估计为五年一遇）水情，眼前的庄稼与鱼塘肯定受灾。

五　农村基础设施建设与管理的政策建议

（一）农村基础设施项目建设财政资金管理的政策建议

追求财政资金安全与效率两个目标的改进，在财政政策、财务操作两个层面推进项目建设财政资金的创新管理。

1. 促进财政资金效率改进

（1）追求有稳定增量的投入机制

近些年各级政府效仿中央政府的亲民形象，大力响应为民办事的号召，已成为各级政府效仿的行政取向和考核重点。当前的财政基本情况是上级财政优于下级财政，这种情况的改变可以大幅度提高用于农村基础设施建设的资金，有在公共政策与制度中进一步固化的趋势。

（2）整合涉农资金，推广“打包下达”

“九龙治水”是当今涉农项目的现状。在服务“三农”的总目标前提下，多目标的存在是涉农项目的现实，多目标和多层次、多系统以及涉农项目可能的多用途表达有关（某农民受益项目，既反映出资人善举，也折射当事人政绩）。“财政资金打包下达”是在高级层次上完成财政资金的多目标协调整合，把具体的何时、何地、何人，干何事、干到何种程度等更多的决定权放给基层政府，可以取得四个正效果。当事人最了解情况可以最大限度地降低选项失误；当事人产生“钱是自己的”感觉而最利于节约与安全；当事人在实践自己的决策，把事做好的动力来自于内在；原控钱单位摆脱烦琐杂务，可有更多的精力监察资金目标的实现。

（3）承认多重目标，协调多重目标

目标的多重性和协调性是当前项目资金管理的问题所在。在管理学中，将目标制定的任务交予高级别政府用来减少基层政府在目标统一协调上的困难，而低级别的政府则负责具体的过程控制，来激发他们的积极性与创造性，这是多重目标管理的意义所在。在财政学中，上级规定钱的用处，下级负责钱怎么去实际使用。划定事责，配应财权。事由法定，钱随事走。

2. 保障财政资金安全

完善财务环节，实现“阳光操作”。既要注重“环节内”管理，更要注重“环节间”衔接。项目从涉及完工整个过程都伴随着资金的流动和项目形象的表现。与资金流动和工程质量相关的制度，例如招投标制度、工程监理制度、审计制度、项目预算制度等对项目资金的安全至关重要。只有保证这些相关制度完善并且切实执行，才能保证资金的安全，之所以提出更应注重“环节间”衔接，是因为我们发现项目的前、中、后期衔接上的问题是导致农村项目财政资金低效率的主要原因。

3. 抑制“粘蝇纸现象”

凡是财政补贴事项，都有可能出现这种转移性支付的伴随品，这不仅大量存在于农村基础设施建设的项目中，想要彻底避免这种情况的发生是很难做到的。在财政学上有效解决方法是对资金进行定期检查，严格跟踪资金的流向、流速，控制资金滞留的数量与时间，并定期检查，通过内容公示、渠道公开、组织与发动受益单位参与过程监督。

（二）农村基础设施建设后管理的政策建议

1. 项目管护介入的时期选择：把握一个“早”字

首先是建前。在农业开发项目工程规划设计之初，要深入项目区村组，广泛征求当地干群的意见，桥、涵、闸、放水洞等建设规模、地点、数量要科学、实用，使工程规划设计最大限度地满足农民的需求，防止出现因工程设计问题而造成农民故意损坏工程的现象。同时，不再建设低标准的机耕路。若建设硬质路面，虽然一次性投入增加了，但是从长远看，既延长了工程使用寿命，又满足农民的实际需要，同时也提高了项目形象。在项目申报、选项、选址时充分调研论证，科学计划，统筹规划，合理安排，本着便民利民的原则，安排好、落实好项目。

其次是建中管护。在项目工程实施过程中要加强工程监管力度，坚持标准化、规范化建筑，严格把牢质量关，坚决制止和杜绝“豆腐渣”工程。

第三是验收管护。项目工程竣工后要严格把好验收关，杜绝“人情验收”、“关系验收”等不良现象，对不合格、不达标、不配套的工程坚决不能通过。

第四是验后管护。在项目竣工验收后，要及时办理固定资产移交手续，按照“谁受益、谁管护”的原则，明确工程项目产权，由产权主体单位建立项目档案，立即建立管护组织，制定适合本地情况的管护制度，建立严格的责任制，明确具体的管护措施，明确受益农户的权利和责任，确定每项工程项目的具体管护人员，做到责任到位、措施到位、人员到位，从而保证工程设施的目的性、效益性和效果性。

2. 关于项目管护经费落实：把握一个“宽”字

按照“谁受益、谁管护”的原则，多渠道筹集管护经费，以保证管护工作落实到位。一是通过工程拍卖、租赁、承包收取的费用，用于工程管护，探索“以工程养工程”的路子；二是建议上级农业开发管理部门，进一步完善农业开发政策，在每年的农业开发资金中列出一块资金，专门用于项目工程管护；三是在县（区）年度提取的土地出让金中，列出一定资金专门用于工程管护经费；四是对工程施工单位收取的工程质量保证金，用于对保质期内的因质量原因造成损坏工程的管护；五是引导有经济实力村组和农民筹集部分资金用于工程管护。

3. 关于项目管护责任落实：把握一个“实”字

对能实行市场化运作的水利工程，如电站、机电井等，可以通过拍卖、租赁、承包等形式，交由承包人管护；对具有公益性质的道路、农田防护林等工程，可交由项目村组及农户管护；对为龙头企业配套建设的基地项目工程可确定企业作为管护主体；对项目区成立农民合作组织，有一定影响力和经济实力的工程，可以交由合作组织直接管护。

制定管护制度，明确奖惩措施。可以制定出台有关农业开发项目工程管护实施细则，以进一步加强对农业综合开发项目工程建后管护工作的组织领导，做到组织明确，制度健全，措施得力，奖惩分明。

4. 以“第一行动集团”为核心骨干，提高面上管护意识

针对目前农业综合开发项目群众管护意识不强，不积极参与问题，农业开发部门要通过村务公开栏和召开座谈会等形式，广泛宣传“谁受益、谁管护”的原则及农民自主管护工程的意义，充分调动农民参与项目工程管护的自觉性和积极性。“第一行动集团”是“利益高相关者”，在村里一般由两种人构成：一类为对项目已构成不可推卸责任的人；另一类是从项目中获得的利益相对于其他群体更直接、更大的人。要注意发现与筛选这些人，优先充实管护队伍。

（三）构建与公共财政体制改革进程相匹配的农村社会管理组织体系

1. 把握“有用性”是衡量资金使用效率的主要指标

农村基础设施项目立项与建设的目的就是为了使用，这是提高我国农村基础设施建设效率的最有效的办法。那些中看不中用的项目不仅造成资金的大规模浪费，而且损害了政府形象。

2. 推进产权改革、落实管护责任

推进产权改革、落实管护责任是提高项目使用率的主要方法。实践中，对于一些个体收益的项目可以在国家补助的基础上明确其项目的产权。

对一些受益人口相对分散、产权难以分割或难以全部转移的工程项目，既可以通过租赁、承包、股份合作等方式将所有权与使用权分离，实行“谁经营、谁管理”；也可以将部分管护权交予农户，由农户负责保养；对于有一定收益、适合经营的基础设施，在人口居住集中地区可以实施水、电、气等通过拍卖和转让的形式转让所有权，由购买者拥有其全部权利并负责对项目的管护。

3. 找准政府定位，选择适合的方式介入项目管理

地方政府承建农村基础设施建设，普遍存在既是提供者又是生产者的情况。这个情况不是因为政府自身认识不到位而是农村基础设施本身特点决定的。比较“他建”与“自建”的若干案例后发现，"承包交钥匙式"的做法，固然可以减少地方政府深度介入的辛苦与麻烦，并可在形式上保持政府的"清洁"，但并不是所有的农村项目皆可如此。在若干类涉及"筹劳、投劳"，"征地、土地调剂、调整"，"与后管理联系较深"的农村项目中，地方政府及村级组织"参与的自建"的效果好于前者。节省开支只是其中的一个方面。

项目指挥部可以较好地结合两者的优点。项目有专门的负责机构（有些地方专门成立项目法人组织）、负责人（有些负责人本身就是县、乡负责人，或原来是）有利于责任到位、责任追究；有能力协定有关事项，对关键点控制及工程进度有保障；工程勘验及质量监督有技术保障；政府在其外部，为超脱的"供应者"而不是"直接生产者"。

4. 区分项目性质，选择有效率的组织形式

农村基础设施项目品种很多。其公共品的纯度、品类（生活类、生产类、社会综合类）、形态（偏软、偏硬）、初始状态（全新提供、改良等）差异很大，所以不可能形成一种"普遍使用的管理模式"。

当项目的"公共性"、"公益性"、"示范性"、"全地域覆盖"、"全体人受益"等特征强烈，即项目所提供的公共产品与服务"纯度"较高时，应考虑让具有相同功能指向的制度内基层组织充分发挥"主桥梁"作用，辅之以其他形式的"桥"。

因为"公共池塘资源"在多年来已经形成一套"约定俗成"的规则、程序和办法，所以当具有"公共池塘资源"特征的公共品提升为项目的主要功能时，政府投资虽然对"公共池塘资源"品质的改善多有助益，但没有将它"原使用者公有、共用"的性质改变。这种约定俗成的规则、程序和办法可能比"红头文件"要有效得多。政府则需要为这些规则中体现"公正"、"公平"、"公益"的条款提供更高级别的支持与认可。政府不需要重建一个"桥"，而是在原有基础上加固、优化、改造这个

“桥”。当项目的性质带有“较多正外部性的私人物品”的推进事项时，则以“自愿”为第一原则。政府不能动用行政措施强迫群众参与，也不能作一些不可能实现的承诺。有一部分不愿参与，在示范阶段是正常现象。对于示范项目的管理，只邀请“自愿者”参加。

第三章
农村基础设施建设融资机制研究

近年来，国家的支农、惠农政策使城乡关系得到了明显改善，尤其是国家对“三农”的资金投入和政策倾斜，农村公共产品的供给主体也完全由乡村集体和农民转变为国家和各级政府等多元供给。但二次分配在城乡统筹调节和加大农村公共品的财政供给力度方面，还只停留在对历史欠账和“三农”利益的补偿上，并没有形成真正意义上的“城市带动农村、农村支撑城市、城市依托农村”的良性互动机制。由于产品性质和财力匮乏，对于那些资金密集型的设施，现阶段资金来源还是主要依靠政府部门和其他公共部门，政府和其他公共部门忽视了农村基础设施内在的融资机制和城市社会资金的有效利用。长此以往，农村基础设施的建设和管养问题只能被动地依靠国家和政府部门的补助，而无法自主地从市场上筹集资金。在农村基础设施建设领域引入融资机制则可以拓宽融资渠道，提高资金利用效率，在一定程度上解决农村基础设施建设资金短缺和效率低下的问题。

一　农村基础设施建设融资机制现状

（一）国外研究

关于基础设施融资问题，西方很早便开始研究，并且一直是西方学者研究的重要内容之一。纵观其发展历史，国外关于基础设施融资问题的研究包括三个阶段。

第一阶段，20 世纪 40 年代以前关于基础设施融资的思想。重农学派代表魁奈把基础设施与固定资产等同对待，视为生产资本。亚当·斯密认为国家应有三项职能，其中之一就是“建设并维持某些公共事业及其他公共工程”①。20 世纪 30 年代初，在经济危机背景下诞生了凯恩斯的需求理论，他认为：整个社会的生产和就业取决于消费倾向和融资需求，在消费倾向相对稳定的情况下，就业量取决于投资量。为了避免政府投资给私人资本带来的挤出效应，政府应融资建设公共设施与公共工程，在私人融资不足时，政府要加大对实现社会福利的基础设施融资，且不必要求这种融资的预期收益率至少等于现行利率②。早期经济学家关于基础设施融资的思考可以归纳为：基础设施融资是促进经济增长的手段，对经济发展具有重要的辅助作用，融资建设和维持基础设施是政府职能。政府融资建设基础设施对缓和失业、扩大社会总需求具有一定作用。

第二阶段，20 世纪 40 年代至 70 年代，发展经济学家对基础设施融资的阐释。第二次世界大战后，发展经济学家从基础设施的作用以及基础设施融资与经济增长的关联角度分析基础设施建设融资。罗森斯坦·罗丹认为，在消费品工业建立以前，必须大规模筹集不可分割的社会分摊成本，建立起基础设施部门。罗斯托非常重视基础设施融资，在《经济成长阶段》一书中，对基础设施的重要意义做了特别强调，把基础设施作为经济起飞的一个重要前提，认为基础设施是社会生产力发展、经济增长的前提条件，强调随着投资率的不断提高，对基础设施的融资应不断增加③。这一时期的发展经济学家强调基础设施及其外在经济性对经济增长的重要作

① 亚当·斯密：《国民财富的性质和原因的研究》，商务印书馆，1983。

② 凯恩斯：《就业、利息和货币通论》，商务印书馆，1994。

③ 〔美〕罗斯托著《富国与穷国》，北京大学出版社，1990。

用。强调政府在基础设施融资中的重要作用，指出国家干预经济与经济计划的重要性。

第三阶段，20 世纪 80 年代以后的研究。这一时期对基础设施融资的研究逐步细化走向微观，并利用计量经济学方法进行分析，很多经济学家对基础设施和经济发展二者的影响关系做了实证分析，取得了丰硕成果。伊斯特里和雷波罗通过对 20 多个国家的数据进行分析汇总发现，通信和交通的融资对经济发展具有显著的刺激作用。基础设施是通过增加私人融资的社会报酬率而不是本身来带动经济的增长。罗姆和卢卡斯的研究表明，生产率增长的地区差异与公共基础设施地区差异相关。在生产要素自由流动的情况下，根据资源最佳配置条件，生产要素往往会更多地流向基础设施较好的区域。福克斯和默里通过研究指出，基础设施在吸引私人融资方面有十分重要的作用，这已被商业融资的地区选择所证明[①]。20 世纪 80 年代以来，在基础设施建设研究中，理论界开始重新强调政府的作用。同时为解决基础设施浪费严重、政府融资效率低下问题，也应充分引入商业化、市场化的经营管理模式，提高资金的利用效率。

西方学者研究认为政府应在基础设施融资中发挥重要作用，把市场、私营企业、商业化原则引入基础设施的研究，对我国农村基础设施利用财政、政策性金融和市场等多渠道筹集资金具有重要借鉴意义。

（二）国内研究

1. 基础设施融资问题

机制（mechanism）有三层含义：一是指机器的构造和工作原理；二是指有机体的构造、功能和相互关系；三是泛指一个复杂的

① 凯文·多德、默文·K. 刘易斯著《金融与货币经济学前沿问题》，中国税务出版社，2000。

工作系统和某些自然现象的物理、化学规律。机制就是一定的系统事物所具有的，使系统整体保持正常运行需要的各种功能的组合，以及使综合功能发挥的规则、有序和联动的循环过程。机制一定是经过实践检验有效的方式方法，并进行一定的加工，使之系统化、理论化，这样才能有效地指导实践。机制的建立，既靠体制，又靠制度。体制是组织职能和岗位责权的调整与配置；广义上的制度包括国家和地方的法律、法规以及任何组织内部的规章制度。通过与之相应的体制和制度的建立，机制在实践中才能得到体现。机制的构建是一项复杂的系统工程，各项体制和制度的改革与完善不是孤立的，不同层次、不同侧面必须互相呼应、相互补充，这样整合起来才能发挥作用。还要特别重视人的因素，体制再合理，制度再健全，执行的人不行，机制还是到不了位。在任何一个系统中，机制都起着基础性的、根本的作用。在理想状态下，有了良好的机制，可以使一个系统接近于一个自适应系统——在外部条件发生不确定变化时，能自动地迅速做出反应，调整原定的策略和措施，实现目标优化。

融资机制的概念是在研究经济增长、金融制度与融资机制创新时提出的。[①] 资金融通系统内的要素包括：融资主体、融资客体、融资媒体、融资介体和融资环体（金融市场）等。融资机制是指资金融通过程中各个构成要素之间的作用关系及其调控方式，以及确保促进资本形成良性循环的手段等诸多方面。[②] 以项目为主体的融资机制是一种政府不以直接融资者或直接借款人的身份介入项目，而是以为项目提供市场优惠，特许经营权或管理权等方式来组织融资的机制，并根据城市公共建设项目的不同性质和类别提出五种融资方式[③]。加快融资的竞争机制建设，必须对融资领域进行市

① 葛兆强：《经济增长、金融制度与融资机制创新》，《天津社会科学》1997 年第 2 期。

② 郑泽华：《经济增长中融资机制的变迁》，《经济评论》2002 年第 1 期。

③ 丁健：《城市公共建设投融资机制研究》，《财经研究》1999 年第 6 期。

场化改革，并且吸纳更多主体进入，重建以市场为主体的主体地位。[①] 在当前国家财政和集体经济对农业基础设施投资不足的情况下，吸引民间资金投入农业基础设施具有必要性和可行性。由于存在一系列制约因素，所以深化产权制度改革，放开市场准入政策、创新融资方式、优化投资环境是有效促进农业基础设施建设的政策选择。[②] 城市基础设施价值补偿可以通过税收和财政完成，通过直接财政补贴于基础设施、对基础设施企业实行减免税的政策及对使用者征收专项税收等方式进行价值补偿[③]。基础设施建设中运用国债资金的有效性不足，在近期内无法实现支持经济增长，政府承担的基础设施建设依赖于银行债务融资的现实将不利于基础设施的健康发展。[④] 基础设施等公共支出结构存在严重的显现和隐现财政债务危机。[⑤]

2. 农村基础设施建设融资不足

顾焕章[⑥]，杨明洪[⑦]和陈立双、张谛[⑧]均认为，中国农村融资存在增长困境，农业融资运行中出现各种政府、市场、环境和融资主体等方面的问题。陈池波[⑨]运用制度经济学、行为学和博弈论的方法，对农业融资不足的成因进行了分析。运用制度经济学剖析

① 钱维：《改革基础设施投资制度的建议》，《宏观经济管理》2006 年第 6 期。

② 赵珊：《农业基础设施建设引入民间资金的政策选择》，《上海金融》2006 年第 12 期。

③ 林森木：《城市基础设施管理》，经济管理出版社，1987。

④ 刘立峰：《国债政策可持续性及财政风险度量》，《宏观经济研究》2001 年第 8 期。

⑤ 魏陆著《开放经济下的财政政策风险研究》，上海财经大学出版社，2003。

⑥ 顾焕章、周曙东：《新时期促进农村经济发展的十大对策》，《农业经济问题》2004 年第 12 期。

⑦ 杨明洪：《农业增长方式转变的农业投资问题研究》，《投资研究》2000 年第 4 期。

⑧ 陈立双、张谛：《对我国改革开放以来农业投资的实证分析》，《中国农村经济》2004 年第 2 期。

⑨ 陈池波：《构建政府宏观农业投入机制的思考》，《农业经济问题》2002 年第 5 期。

农业投入的不足，认为主要原因是现行产业融资体制、财政体制、农业经营体制的缺陷；运用博弈方法分析政府与农民之间关系，认为双方是一种合作博弈关系并存在唯一纳什均衡解，而博弈的结果是政府与农民都不增加农业融资。王广起等[①]认为，中国农村基础设施供给短缺并且极不平衡是现在面临的严重问题，其认为应当建立长效投入机制、农民劳动积累机制，使全社会参与，并不断完善农村基础设施建设的工作机制，使农村基础设施健康发展。

3. 农村基础设施建设融资渠道和模式

农村基础设施建设融资模式应该借鉴城市基础设施建设，形成市场化和多样化的融资渠道[②]。中国农村基础设施融资资金短缺是由传统融资体制障碍造成的，改变这一现状的关键就是多渠道、多方式筹集建设资金[③]。对农村基础设施资金来源进行归纳，具体包括农业科研、乡镇道路、农村医疗卫生设施及技术服务等融资资金[④]。

大额借款的农户具有相当的比例，并且用于生产性融资的农户借贷数量随着农村经济发展而明显增强；正规金融机构开展农村金融服务的效率低下，农户通过商业银行、农村信用社等正规金融机构获得的贷款只占20%～25%。[⑤]

运用公共物品理论对基础设施的融资难题做了探讨，指出大多数基础设施是准公共物品，政府不必独自融资基础设施而应该广泛吸收

① 王广起、张德升：《我国农村基础设施供给机制的完善与创新》，《经济纵横》2006年第5期。

② 刘家伟：《我国农村基础设施投融资模式研究》，《中央财经大学学报》2006年第5期。

③ 陈秀芝、侯军岐：《我国农村基础设施建设融资方式创新初探》，《农业经济》2004年第5期。

④ 彭代彦：《农村基础设施投资与农业解困》，《经济学家》2002年第5期。

⑤ 温铁军：《深化农村金融体制改革如何破题》，http://www.ahnw.gov.en/2006nwkx/html/200411。

民间资本参与。① 在基础设施领域引入竞争机制的过程中，存在诸多阻碍因素，政府应采取有效措施，发挥积极作用，为竞争机制的顺利引入创造条件。② 农村基础设施建设中应该明确界定各级政府职责，考虑农民需求的偏好，并建立自上而下的基础设施供给机制等。③ PPP 模式对于解决新农村基础设施建设资金有很大帮助。④ 沿海发达地区、城镇周边及农村较大型基础设施的专项资金 PPP 项目应该得到政府的支持，形成政策法规为民间资金进入农村基础设施提供保障。⑤

（三）研究文献述评

研究表明，近年来，农村基础设施问题已经引起学术界的高度关注，理论界对农村基础设施建设融资概念、作用机制及融资问题进行了大量研究，并对我国现有的农村基础设施现状进行了分析，从融资渠道、融资方式等方面给出了相关建议与意见，具有很强的启发性和引导性，随着研究不断深入，取得了大量的研究成果。这些成果说明，对农村基础设施问题的研究正不断取得新的进展，这些成果丰富了我国基础设施的经济理论，为完善社会主义市场经济体制提供了理论依据。然而大多数文献对基础设施建设融资问题产生原因的分析及运作层面大多只停留在宏观的框架设计，缺少可行的具体措施，缺乏操作性、可行性。例如拓宽基础设施融资渠道的研究，大多提出融资体系应该多元化，但缺乏具体的可行性方案。

---

① 吴庆：《政府在基础设施投资中应该发挥的作用》，《投资研究》2000 年第 12 期。

② 张晋东：《政府在基础设施领域引入竞争机制过程中的作用》，《经济纵横》2005 年第 9 期。

③ 廖家勤：《财政紧约束下有效促进农村基础设施建设的政策选择》，《农村经济》2006 年第 3 期。

④ 胡静林、周法兴：《PPT 模式在新农村基础设施建设中的应用》，《中国财政》2006 年第 9 期。

⑤ 贾康、孙洁：《新农村基础设施建设中 PPP 模式的应用》，《地方财政研究》2006 年第 5 期。

二　农村基础设施建设融资机制基本理论

（一）农村基础设施建设融资机制的相关概念

1. 农村基础设施建设融资的概念和内涵

融资概念包括五个要素：融资主体，即谁需要融资，是私人部门还是公共部门；融资目的，即融入的资金作何用途；资金来源，即从哪些渠道融资；融资方式，即采用何种方式融资，选择哪类融资方式才是最佳的融资结构；融资成本，即融资过程中形成的全部费用。

由于农村基础设施的所有权和经营权一般属于代表政府的村委会和集体或公共部门，可以认定农村基础设施项目的融资主体是政府、公共部门和农户集体；其融资目的是为存在资金需求缺口的农村基础设施项目融资；由于政府和公共部门是主要的融资主体，故农村基础设施项目的资金主要来源渠道是国家和地方的财政资金，除此之外，其他的资金来源还包括一般意义上的企业融资渠道，即债权融资和股权融资等。因此，农村基础设施建设融资实质上是作为主要融资主体和资金需求者的政府、公共部门和农户集体为了改善农村基础条件，发展农村经济，促使农民增收，通过多种渠道以不同方式向资金盈余部门筹集农村基础设施建设所需资金的行为和过程。

2. 融资机制的相关概念

（1）机制、制度与体制

制度有两重含义，要求大家共同遵守的规章或准则，如工作制度、公司制度；在一定历史条件下的政治、经济、文化等方面的体系，如资本主义制度、封建制度。体制从管理学角度来说，是指国家机关、企事业单位等的机构设置和管理权限划分及其相应关系。制度指的是有关组织形式的制度，如领导体制、政治体制、教育体制。机制是指一个系统中组织或部分之间相互作用的关系。因此，三者的关系可以理解为机制是制度加上方法，或者制度化的方法。根据制度可划分为根本制度、体制制度和具体制度三个层次，可知体制乃是制度的中间层次。

（2）融资制度、融资体制、融资机制与融资模式

融资制度是由资金融通及其引起的生产要素流动和配置过程中要求所有资金融通各个参与方共同遵守的规章与准则；融资体制是经济组织相互之间的责权利的配置关系；融资机制是资金流动和配置过程中各构成要素及各经济行为之间为实现一定融资目的而相互作用、相互联系和相互制约的过程和方式；融资模式是指在一定情境中平衡融资各要素被证明是有效的融资主体取得资金的具体形式，如直接融资模式、间接融资模式、生产支付的融资模式、BOT融资模式等。融资模式是一种经验化的融资方案，一种程式化的融资方法。因此，融资机制也不能等同于融资模式，一个融资对象的融资机制的形成可能需要多种融资模式，而一种融资模式可能适用于多种对象的融资机制中。对于融资机制的研究归根结底是为资金的引入和有效利用提供保障，为融资模式的创新和借鉴铺平道路。研究农村基础设施建设融资模式有利于拓宽资金渠道，提高资金利用效率。

（二）农村基础设施建设融资特征

农村基础设施显著的正外部性和溢出效益等经济属性决定了它融资的特征。农村基础设施建设融资除具备与一般基础设施融资共同特点，即融资大、周期长、固定成本高等之外，还有如下特征。

1. 农村基础设施建设融资具有广泛的社会正效益性

农村基础设施大致属于能够带来有益的外部性即正外部性的公共产品。例如，防风林、防沙林等方面的基础设施融资，不仅能改善和影响农业生产的小气候、小环境，使当地农业生产者直接受

益，而且相邻的其他地区的自然环境也得到了改善。

2. 农村基础设施建设融资属于国民经济基础性融资

农业生产在国民经济中的基础性地位，决定了农村基础设施建设融资在整个国民经济发展中处于基础性地位。农村基础设施建设融资属于基础性融资，包含三方面的含义：一是指农村基础设施建设融资提供的产品和服务是农业部门赖以进行生产的基础性条件；二是指农村基础设施建设融资提供的产品和服务为其他产业生产发展和居民生活提供了基本保障与便利条件；三是从成本结构看，农村基础设施建设融资提供的产品和服务的价格，构成了其他部门这些因素的成本。农村基础设施建设融资的基础性特征确立了它在农村经济和社会发展中“先行性”的地位。

3. 农村基础设施建设融资效益难以计量

由于农村基础设施具有明显的外部性，其融资所带来的经济效益和社会效益往往难以全面完整地计量。另外，由于自然环境对于农村地区的生产生活影响较大，对于很多以改善自然环境，减少环境污染为目的的农村基础设施建设融资项目来说，这些融资的效益往往在短期内表现得并不明显。农村基础设施建设融资经济效益和社会效益的难以计量的特性，导致了社会对农村基础设施建设融资效益低的偏见和政府对农村基础设施建设融资的盲目性，直接导致农业生产的不稳和国民经济融资结构调整的反复。

4. 农村基础设施建设融资具有较大的风险性

农业生产经营系统内部的风险和来自系统外部的风险贯穿农业生产经营活动的始终。农业生产经营的风险性导致农村基础设施建设融资的风险加大，商业信贷机构因此会提高针对农业领域融资的贷款利率。基础设施融资主体也往往会高估或虚估农业融资风险，进而提高对农村基础设施建设融资资金的期望报酬率。因此，在相同的收费标准下，农村基础设施的融资回收期会更长。这些因素限制了农村基础设施建设融资资金来源和农村基础设施建设融资的积极性，从而导致农村基础设施建设融资不足。

5. 农村基础设施建设融资项目分布广泛

由于农业生产需要以广阔的土地作为最基本的生产资料和劳动对象，生产具有相对发散性特点，因此，在一定的空间单位标准下，农村基础设施建设融资项目的分布密度要远低于城市基础设施融资。除了受自然环境的影响而引起的分布差异和单位密度不同外，经济和社会因素也影响着农村基础设施的布局。由于上述特殊性，农村基础设施建设融资无疑是一项风险较高而回报较低的融资。对于农村基础设施建设的融资，政府部门首先必须理顺农村基础设施建设融资体制，设计合理的融资机制，才能源源不断地筹集到农村基础设施的建设资金，从而推动农业和农村发展。

（三）农村基础设施建设融资的作用

1. 农村基础设施建设融资改善了农村生产条件

在农业生产方面，农村基础设施建设融资项目中的交通运输、仓储、农产品市场及农业气象服务设施，通过降低农产品总成本（包括生产成本、运输成本、储藏成本、销售成本、风险成本），增加农产品市场交换能力，而且对农业抵抗自然风险和市场经济风险的能力也能够起到有效地增强作用，从而促进农业生产的产业化、专业化、一体化和市场化发展。在非农业生产方面，农村基础设施融资通过扩大市场范围，加强市场交换能力，可以提升产品需求量，并能有效调整需求多样化和需求结构，从而为非农产业创造额外的发展空间。

2. 农村基础设施建设融资促进农民增收

农村基础设施建设融资对农民增收的作用体现在两个方面：第一，农村基础设施建设融资可以降低农民的生活成本，在农民收入水平不变的情况下，大幅提高农民的购买能力；第二，农村基础设施建设融资项目本身就能够直接增加农民收入。诸如修筑乡村公路、架设乡村电网等项目均属于高度劳动密集型，增加其建设能够创造新的就业机会，直接增加农民收入。

（四）农村基础设施建设融资机制的理论基础

1. 公共财政理论

（1）公共财政的含义

公共财政是指国家（政府）集中一部分社会资源，用于为市场提供公共物品和服务，满足社会公共需要的分配活动或经济行为。以满足社会的公共需要为口径界定财政职能范围，并以此构建政府的财政收支体系。其分配的两个基本特征是公共性和非市场盈利性，其收支活动主要通过公共预算（包括经费预算和公共投资预算）来体现。公共财政的支出体系必须以公共支出为重点；收入体系必须以税收收入为主体；宏观调控体系必须以保障国民经济协调发展为目标；财政管理体系必须以实现社会效益的最大化为目标，以规范化的制度和现代科学技术为手段。

（2）公共财政的职能

公共财政的主要职能①是资源配置职能，指的是其通过有限资源使用方式和有效结构调整的运用，引导社会资源的流向，弥补市场的缺陷和失灵。资源配置通过财政支出，为社会提供公共物品。公共物品供给就是资源配置的手段和内容。在任何一个国家，提供公共物品都是政府部门所涉及的主要领域和一项基本职能。公共财政另外一个重要职能是财政的收入分配职能，指的是政府通过财政收支调整，对因市场机制竞争不平衡形成的个人收入及地区间收入不平衡进行再调整，实现社会公平的目标。市场机制竞争的不平衡和其他一系列社会原因，会对收入分配产生不同程度的影响。在这个过程中，政府就需要对不同地区的收入和不同收入阶层进行有效合理的再分配，以缩小收入差距，维护社会公平正义。

---

① 大卫·N. 海曼著《公共财政：现代理论在政策中的应用》（第六版），中国财政经济出版社，2001。

（3）农村公共财政

没有覆盖农村的公共财政不是真正的公共财政。要构建惠及农村、农民的城乡一体化的公共财政，就得研究如何构建农村公共财政，关键是如何为农民提供有保障的农村公共物品。农村公共财政是个性和共性的统一，既要体现公共财政的共性，又要适应农村社会经济发展过程中的新特点，凸显当代农村公共财政的个性。

“全面性”是农村公共财政的题中应有之义，也就是满足“三农”需要的公共财政。全面性体现在三个方面：财政支出涉及农民的生产生活领域要全面；惠及对象要全面，即包括一定范围内所有农村和农村居民；支出的规模和支出内容要城乡协调接轨。建立以村民自治为基础的民主财政和城乡统筹的公共财政是农村公共财政的另一个迫切任务。其中，城乡统筹是农村公共财政的基础。它的三个重要衡量标准是中央与地方政府在农村公共物品供给的责权划分上是否合理；农村公共物品的供给是否纳入公共财政收支范畴；城乡税制是否统一。农村公共财政具有向内倾斜的特征。农村基础设施种类众多，既有“公共物品”性质的农村基础设施，也有“准公共物品”和“私人物品”性质的农村基础设施。根据公共财政理论，对于具有“公共物品”性质的农村基础设施，应该由政府负责提供。同时，基于不同层次的政府行使的公共财政职能不完全相同，各级政府应进行明确的责任划分，规范中央财政和地方财政在农村基础设施中的供给责任。

2. 项目融资理论

（1）项目融资的内涵

近年来，大量事例证明，作为一种有效的融资手段，项目融资可以很好地适应政治、经济、法律、环境和社会因素的不断变化，在国际舞台上越来越受借贷双方的欢迎。其突出特点是：完善合理的风险分配安排，结构灵活，环境适应性强，并且有严格的协议约定，使得它适合为大规模、高风险的项目融资提供资金，特别是可以有效解决基础设施建设融资困难的问题。基于这一点，项目融资正日益成为基础设施以及其他中长期建设项目的一个重要手段。

具体来说，项目融资指的是贷款人最初考虑贷款，以满足项目开发、建设以及经营，然后将项目建成后的现金流量和产生的收益作为还款资金来源的一种融资模式。由此可见，项目融资是用于确保主要还款来源为有限经济实力的融资项目。其经济实力的衡量有以下两种方式：一是看现金流偿还贷款的能力；二是看该项目本身的资产价值。因此，一个项目的经济实力，再加上借款人或项目发起人，以及对该项目附有有限承诺的诸多方面，便成了项目融资的关键所在。

（2）项目融资的基本类型

从广义上讲，融资项目的基本结构有两种：一种是有限追索权或无追索权贷款，也就是依靠项目现金流来还款；另一种是买断收益，即利用“预购买”或“买单”，预先支付一定数额的资金购买项目收入或项目出售所得的其他收入。在这个基础上，又可进一步分为一些特定的类型，几种常见的形式包括：BOT 模式、TOT 模式、ABS 模式、PPP 模式、产品支付法融资、预先购买协议融资，还有许多其他的形形色色的项目融资类型，每一种又有许多衍生模式。

项目融资对我国基础设施项目建设起到了积极作用。自深圳沙头角 B 电厂采用 BOT 融资模式进行建设以来，经过近 20 年的发展，项目融资在基础设施项目建设中得到了越来越多的应用，极大地推动了基础设施的建设和发展。由于农村基础设施项目容易受自然和地理条件的影响，项目融资风险超出了项目融资者所能够和所愿意承受的程度。传统的公司融资方式在某种程度上抑制了参与项目的融资的积极性，一旦项目出现问题，融资者所受到的损失将不仅仅是项目中的投入，而且会牵扯到其他的业务和资产，甚至导致破产。项目融资利用项目本身的资产价值和现金流安排有限追索贷款，这种风险大大降低，使得为这类项目安排资金成为可能。

3. 项目区分理论

（1）项目区分理论的界定

所谓项目区分理论就是将项目区分为非经营性、准经营性和经营性，根据项目的属性决定项目的融资主体、运作模式、资金渠道及权益归属等。从本质上讲，项目区分理论顺应了“小政府、大市场”的时代要求，倡导和推动的是“政府决策的民主化、政府职能的市场化、政府行为的法制化”。即非经营性项目融资主体由政府承担，按政府融资运作模式运作，资金来源应以政府财政投入为主，并配以固定的税种或费用得以保障，最终权益归政府所有。融资、建设、管理及运营均由融资方自行决策，所享受的权益也理应归融资方所有。在价格制定上，政府应兼顾融资方利益和公众的可承受能力，采取“企业报价、政府核价、公众议价”的定价方法，尽可能做到融资方、政府、公民三方都满意。[①] 项目区分理论有助于吸引社会资金，也利于引进先进管理方法和经营理念，提高基础设施的融资效益与服务质量。农业基础设施包括的范围比较广泛，完全由市场或政府进行提供都不现实。而且农业基础设施是一个总体的概念，其中不同性质和类型的农业基础设施运营规律具有很大的区别，因此，必须根据农业基础设施不同类型和特点采用不同的融资渠道和融资方式。

（2）项目区分理论的作用

将政府融资和私人融资区分开来是项目融资的目的所在。政府主导非经营性项目融资建设，应该做好规划，明确重点和权利范围，并减少风险；经营性项目为全社会范围的融资项目，应充分利用好市场机制，通过公开、公平、竞争的招投标方式保证其运作。准商业项目，在适当的政府补贴和优惠政策的前提下，根据的是经营性项目的运作模式。其主要作用是：可以

① 张吉国：《税费改革以后农村公共产品融资机制创新》，《山东农业大学学报（社会科学版）》2005 年第 2 期。

促进政企分开的进程，使政府、企业履行好自己的职责，这将大大将有助于提高效率和管理水平，从而使国有资本的行政管理职能和企业本身的经营职能完全分离。有利于建立不同的还款机制。项目性质的不同，直接导致还款机制的不同，作为一个经营性项目，其融资目标是利润最大化，融资实施过程中也就是项目增值过程，融资主体是通过公开、公平、竞争性招标确定的。而具有公益性质的非经营性项目，其融资方主要是政府。有利于扩大融资渠道，为新一轮的农业基础设施建设奠定基础。非经营性项目，政府应资助的纯商业项目的建设是在整个社会融资的范围内，并激发各种社会资本参与建设。这样，将会使有限的财政资源重点发挥作用，而且可以充分调整在社会上的潜在力量，拓展融资空间。

三　农村基础设施建设融资现状及成因

（一）农村基础设施建设的融资现状

农村基础设施建设供给投入严重不足，不能适应农村发展的实际要求，存在着量少质差，以及区域性和结构性失衡等方面的问题，阻碍了农村全面建设小康社会的进程。农村基础设施投资来源主要是各级财政的扶持资金，虽然村级实行“一事一议”的政策，并且投资规模有所扩大，但筹资数额总量还不大，仍存在“事难议，议难决，决难行”现象；水利部门的农田水利基本建设资金，交通部门的农村公路建设补助等部门的资金补助，还难以满足农村基础设施建设的资金需求。

1. 融资总量分析

自 1953 年以来，我国在恢复国民经济的基础上，逐步着手工业化建设，并且规模都比较大，在社会主义经济建设中，实施了一系列优先发展工业的产业政策。尽管如此，财政方面支持“三农”支出的绝对数仍在增长，1952～2005年增长了271.3倍，1952年只有9亿元，2005年增长到2450.31亿元（见表3－1）；农村集体固定资产融资在1981～2004年增长了95.6倍，（见表3－2）；与此同时，农村基础设施建设的趋势是融资总量呈现快速增长。从表3－3可以看出，1990～2003年我国农业基本建设融资总量保持不断增长，增加了15.3倍。

表3－1　国家财政用于农业支出

单位：亿元，%

年份	财政支出总额	财政用于农业的支出额	农业支出占财政支出的比重
1952	176.00	9.00	5.10
1957	304.20	23.50	7.70
1962	305.30	38.20	12.50
1965	466.30	55.00	11.80
1970	649.40	49.40	7.60
1975	820.90	99.00	12.10
1978	1122.09	150.66	3.43
1980	1228.83	149.95	2.20
1985	2004.25	153.62	7.66
1990	3083.59	307.84	9.98
1991	3386.62	347.57	0.26
1992	3742.20	376.02	0.05
1993	4642.30	440.45	9.49
1994	5792.62	532.98	9.20
1995	6823.72	574.93	8.43
1996	7937.55	700.43	8.82
1997	9233.56	766.39	8.30
1998	10798.18	1154.76	0.69
1999	13187.67	1085.76	8.23
2000	15886.50	1231.54	7.75
2001	18902.58	1456.73	7.71
2002	22053.15	1580.76	7.17
2003	24649.95	1754.45	7.12
2004	28486.89	2337.63	9.67
2005	33930.28	2450.31	7.22

资料来源：1952～2006年《中国统计年鉴》。

表 3-2 农村集体固定资产融资

单位：亿元

年份	1981	1982	1983	1984	1985	1986	1987	1988
融资	83.7	131.4	110.7	174.8	199.2	245.4	365.7	456.7
年份	1989	1990	1991	1992	1993	1994	1995	1996
融资	384.4	366.1	494	994.9	1631.2	1988.6	2367.7	2802.3
年份	1997	1998	1999	2000	2001	2002	2003	2004
融资	3055.6	3233.3	3343.1	3791.6	4235.7	4887.9	6553.9	8086.5

资料来源：2006 年《中国农村统计年鉴》。

从农业基本建设融资的内部结构看，水利基本建设融资在整个基本建设融资中所占的比重较大，从表 3-3 中可以看出，水利基本建设融资在农业基本建设融资中所占的比重基本上保持在 60%

表 3-3 我国农业基本建设投入状况

单位：亿元，%

年份	农业基本建设融资	水利基建融资	农业基本建设环比增长	水利基本建设融资占农业基本建设融资比重
1990	67.2	40.7	—	60.5
1991	85.0	50.2	26.5	59.0
1992	111.0	68.3	30.6	61.5
1993	127.8	81.6	15.1	63.8
1994	154.9	98.2	21.3	63.4
1995	219.1	142.5	41.4	65.0
1996	317.9	206.6	45.1	65.0
1997	412.7	258.8	29.8	62.7
1998	637.1	411.7	54.4	64.6
1999	835.5	536.5	31.1	64.2
2000	940.0	580.1	12.5	61.7
2001	993.4	558.8	5.7	56.3
2002	1291.6	703.8	30.0	54.5
2003	1097.7	680.9	-15.0	62.0

注：由于资料统计口径上的原因，这里仅以农业基本建设的数据来对基础设施融资进行分析，但已能基本说明问题。以下相同。

资料来源：2006 年《中国农村统计年鉴》。

左右，而这些水利基本建设大多是大江大河的治理，受益的不仅仅是农村和农民，还包括城市居民在内的全体公民。如果除去这一部分，真正用于与农户密切相关的农村基础设施的融资数量是非常少的，这远远不能满足农村基础设施建设的需要。

2. 融资结构分析

由于统计数据的缺乏，本研究只将基本建设领域中的融资在农业中的体现大致归为两个层次进行分析。第一是国家划拨的归属于财政性质的资金，第二是来源于社会各方面的资金。国家划拨的财政性质的资金由两个部分组成：一部分是由中央政府划拨的资金，另一部分则由地方政府划拨的地方性质的财政资金作为有效的补充。中央政府划拨的资金同样必须有两个部分组成：其一为国家预算中所涵盖的资金，其二则为中央政府的拨款。地方政府所划拨的地方性质的资金则是指地方政府的财政拨款，除此之外，还包括地方政府的各项政策中所涵盖的费用以及各类统筹资金。来源于社会各方面的资金则包含的种类繁多，其中包括来自于银行领域的融资信贷的资金，包括农村中公共部分集体领域的资金，以及农民作为个体所参与的个体资金和来自于农村企业方面的资金。国家和地方各级政府的财政性质的资金在农村的各项各级融资的基本建设领域内占有着举足轻重的地位。由于社会经济的不断发展，基本建设在农业领域内的融资中社会类性质的资金在其总体份额中不断的攀升。从表 3－4 中的数据中可以清楚地看到，1990～1995 年，国家和地方各级政府的资金比重在总体份额中不断下降，相应的社会各类资金比重逐年攀升，1995 年二者基本持平。2003 年二者比例虽然有所变动，但基本维持在持平的状态。表 3－4 中的数据反映了基础设施建设由单一的国家和地方政府的财政性质的融资向着多元化融资的渠道转变。但国家以及地方各级政府的财政资金在农业农村领域内融资的作用依然很大。

表 3－4　农业基本建设资金结构

单位：亿元，%

年份	农业基本建设融资	国家财政用于农业基本建设融资	财政用于农业基本建设融资占农业基本建设融资比重
1990	67.20	66.71	99.27
1991	85.00	75.49	88.81
1992	111.00	85.00	76.58
1993	127.80	95.00	74.33
1994	154.90	107.00	69.08
1995	219.10	110.00	50.21
1996	317.90	141.51	44.51
1997	412.70	159.78	38.72
1998	637.10	460.70	72.31
1999	835.50	357.00	42.73
2000	940.00	414.46	44.09
2001	993.40	480.81	48.40
2002	1291.60	423.80	32.81
2003	1097.70	527.36	48.04

资料来源：根据 2006 年《农村中国统计年鉴》有关数据整理。

3. 区域融资需求分析

《中国国民经济和社会发展“十一五”规划纲要》对农村基础设施建设的规划要求为：第一，加强农民最急需的生产生活设施建设，加快实施农村饮水安全工程；第二，加强农村公路建设，基本实现全国所有乡镇通油（水泥）路，东中部地区所有具备条件的建制村通油（水泥）路，西部地区具备条件的建制村通公路，健全农村公路管护体系；第三，积极发展农村沼气、秸秆发电、小水电、太阳能、风能等可再生能源，完善农村电网；第四，加强农村信息网络建设，基本实现村村通电话、乡乡能上网；第五，加强以乡镇卫生院为重点的农村卫生基础设施建设，健全农村三级卫生服务和医疗救助体系，完善农村计划生育服务体系；第六，加强农村文化设施建设，扩大广播电视和电影覆盖面，扶持农村业余文化队伍，鼓励农民兴办文化产业；第七，推动实施农民体育健身工程，引导农民形成科学文明健康的生活方式。由此可见，农村基础设施建设在今后很长的一段时间内将是一项有挑战性的浩繁的工程，而这一项具有挑战性的工程对资金的要求将越来越大。我国的农村从整体上分为三个地区，即东部、中部和西部。对东中西三个地区的农村基础设施的融资需求进行评估和分析，参照2006年周法兴等人的评估分析和结果，150万~200万元一般可不同程度上满足一个村对于新的基本设施的需要。对于东部地区而言，农村地区的基本设施在生活各方面（如水、公路、电气、义务教育、医疗条件等领域）相较于中西部地区比较完善。农村对于基础设施的需求主要集中在周边环境的集中整治和改善。对于东部农村的基础设施建设融资的需求进行评估结果为155.9万元。需求结果的细化是农村内部各级泥泞的道路需要硬化的需求为72万元，各级农村中主干道排水沟的整治需30万元，东部农村的沼气优化和改善需32.6万元，东部农村的厕所治理和改善需16.3万元，东部农村治理和改善垃圾中转站的需求为1万元，村级卫生室的治理需3万元，其余的1万元则用于东部小学危房的新建和维护。东部北京、天津等11个省（直辖市、自治区）的农村共有246608个左右，对基础设施建设融资的需求评估分析结果为每个村的需求为156万元，共计3847亿元。中部地区包括山西、吉林、黑龙江等8个省，共计207328个村，每村对于新的基础设施建设的需求为200万元，共计4147亿元。中部农村地区面临的困难相较于东部地区则稍大一些，某些基础设施建设处于起步和发展的阶段，基础设施主要围绕着改善农村的民生事业，即水、公路和电气的建设，而对于环境的整治则并非重中之重。水、路、电气等新的基础设施建设的改造和治理的融资需求，每村约

200 万元。西部农村面临的困难比中部和东部更加严峻，基础设施极端薄弱，资金缺口大，需要新建的基础设施多，因而每村对新的基础设施建设的需求较高，分析评估后的结果为每村 201.9 万元。对新的基础设施建设的需求，西部农村地区的道路新建需要 56.5 万元，人饮工程和灌溉渠道的节约用水改善工程约需 92 万元，农村居民的电气和沼气的普及入户为 14 万元，西部农村地区村民活动和新校舍的新建维修和改造为 14 万元，医疗卫生事业如乡镇卫生院基础设施建设的融资需求为 5 万元，农村的文化娱乐设施的新建和改造（广播电视和电话的村村通以及宽带入户）为 7 万元，主干道和非主干道的排水系统、农村居民和牲畜的分离则为 3.8 万元，垃圾处理（如垃圾集中的处理整治和污水处理）为 1.6 万元。西部农村包括四川、重庆、贵州等 12 个省（直辖市、自治区）共 186207 个村，对每个西部农村地区的融资评估进行分析，每村的需求为 202 万元，新的基础建设的融资的总需求为 3762 亿元。①

加总我国东部农村地区、中部农村地区和西部农村地区三大部分的新兴基础设施建设的融资需求，约为 11756 亿元。资金投向与建设重点各有侧重，如东部地区主要是农村的环境治理；中西部地区主要是农村农民生活设施的新建和改造，注重水路气电等基本设施的新建。综上种种因素，我国农村地区的新建基础设施融资少则 12000 亿元。如果把水库加固除险和病险、新建和改造大型和特大型商品粮基地、改造大型或特大型的灌溉渠、改造中低产田等大型农村基础设施也计算在内，则需要 2 万亿元。

由此可见，如此庞大的农村基础设施建设项目仅靠政府来解决资金问题是不现实的，这更需要建立“政府引导”、“社会参

① 周法兴：《社会主义新农村基础设施建设策略研究》，《财政研究》2006 年第 10 期。

与”和“市场运作”有机结合的农村基础设施建设融资机制，有利于提高政府资金效益，调动社会各界参与新农村建设的积极性。

（二）农村基础设施建设融资机制实证分析——基于江苏省部分地区的调查

为了进一步掌握当前农村基础设施建设融资的基本情况，明确在农村基础设施建设融资中存在的具体问题，分析农村基础设施建设融资机制的基本架构，2009 年课题组对江苏省的徐州市沛县、徐州市铜山县、宿迁市沭阳县、无锡市宜兴县、苏州市常熟市、常州市溧阳县等地区的 200 位农民开展问卷调查，调查内容包括被调查人员基本情况、农村基础设施建设现状、面临的主要困难及原因分析、资金来源渠道、政府资金和民间资本的投入状况、融资的市场化程度、农村基础设施的融资机制等。本次调查发出问卷 200 份，收回有效问卷 157 份，被调查者为农民及村干部，平均年龄 45 岁。在对问卷进行整理后，把数据输入 EXCEL 和 SPSS 软件中，通过对数据的频数和比较分析发现问题，从而提出对策建议，根据这次调查的资料，按照苏南、苏北两大经济区域，系统分析了江苏省农村基础设施建设融资情况。

1. 农村基础设施建设现状的调查

（1）农村基础设施建设的主要困难

表 3－5 显示，50.6% 的人认为农村基础设施建设的最主要困难是经济基础差、村民较贫困，认为村集体经济力量薄弱，村民素质不高、筹资难分别占总数的 14.3% 和 13%。农村经济基础差、农民贫困是困扰农村基础设施建设的重要原因之一，村集体经济力量薄弱和向农民筹资较难也是影响江苏省农村基础设施建设的因素，因此，国家与地方政府应对农村加大基础设施投入，尽快改变农村经济状况，改善农民的贫困生活。

表 3-5　农村基础设施建设的主要困难

单位：%

样本项目	百分比	样本项目	百分比
农村条件差,短期难改变	8.9	国家拨款被截留	8.0
经济基础差,村民较贫困	50.6	其　他	5.2
村民素质不高,筹资难	13.0	合　计	100.0
村集体经济力量薄弱	14.3		

资料来源：根据江苏苏南、苏北等地的实地调查计算得出。

（2）农村基础设施建设发展滞后的主要原因

影响江苏省农村基础设施建设发展滞后的原因很多，根据调研数据，如表 3-6 所示，最主要原因为资金投入不足，占总数的 44.2%，技术落后、人力不足、监督不力等分别占总数的 20.8%、15.6% 和 13%。数据说明，资金缺口是影响农村基础设施建设的瓶颈，只有理顺融资体制，拓宽融资渠道，从而增加对农村基础设施的资金投入，才是解决农村基础设施建设发展滞后以及农村落后问题的关键。

表 3-6　农村基础设施建设发展滞后的主要原因

单位：%

样本项目	百分比	样本项目	百分比
资金不足	44.2	监督不力	13.0
技术落后	20.8	其　他	6.4
人力不足	15.6	合　计	100.0

资料来源：根据江苏苏南、苏北等地的实地调查计算得出。

（3）农村基础设施建设资金短缺的原因

根据调查数据，如表 3-7 所示，29.9% 的人认为农村基础设施建设财政投入不够，认为投资环境不佳的占 27.3%，认为产权不明晰的占 20.8%，认为金融服务主体缺乏的占 18.2%。可见，虽然财政投入不足是一方面原因，但一系列与农村基础设施建设紧密相关的产权不明晰、投资环境不佳、金融服务主体缺乏也是不可忽视的重要原因。因此，决策者在解决农村基础设施建设资金短缺的问题上，需要多管齐下，解决好“一揽子”工程，防止出现“短板效应”。

表3－7　农村基础设施建设资金短缺的主要原因

单位：%

样本项目	百分比	样本项目	百分比
财政投入不够	29.9	金融服务主体缺乏	18.2
产权不明晰	20.8	其　　他	3.8
投资环境不佳	27.3	合　　计	100.0

资料来源：根据江苏苏南、苏北等地的实地调查计算得出。

2. 农村基础设施建设融资主体与融资渠道的调查

（1）农村基础设施建设的融资主体

根据调查数据，如表3－8所示，认为农村基础设施建设的融资主体是地方政府资助、村集体资金、国家专项拨款、企业和个人捐助、企业投资的人数比例分别为42.9%、26.0%、13%、10.4%和6.5%。可见，在江苏省农村基础设施建设的融资主体中，政府资金占主要地位，起主导作用，村集体资金也是建设资金的主要来源，其他主体投入较少。这要求财政资金一方面要加大投入，做好农村基础设施建设的主力军，另一方面，财政资金要起到“四两拨千斤”的作用，积极引导各方资金共同建设农村基础设施。

表3－8　农村基础设施建设的融资主体

单位：%

样本项目	百分比	样本项目	百分比
国家专项拨款	13.0	企业投资	6.5
地方政府资助	42.9	其　　他	1.2
村集体资金	26.0	合　　计	100.0
企业、个人捐助	10.4		

资料来源：根据江苏苏南、苏北等地的实地调查计算得出。

（2）农村基础设施建设融资的渠道

表3-9表明，农村基础建设融资渠道中国家增加投入、向金融机构贷款和市场化运作所占比重分别为40.57%、19.20%和20.17%。可见，江苏省农村基础设施建设融资渠道主要为：财政资金、金融信贷、市场化运作、村民集资、社会捐助，出资模式基本为4:2:2:1:1型。当前最有效的筹资途径还是财政资金，同时，金融信贷和民间资本的市场化已是支持农村基础设施建设的重要力量，国家政策层面应逐步给予信贷资金和民间资本政策支持，加快农村基础设施建设的市场化步伐。

表3-9　农村基础设施的融资渠道

单位：%

样本项目	百分比	样本项目	百分比
市场化运作	20.17	引导社会力量参与	9.18
向金融机构贷款	19.20	其　　他	0
国家增加投入	40.57	合　　计	100.0
村民一事一议制度	10.88		

资料来源：根据江苏苏南、苏北等地的实地调查计算得出。

同时，根据对苏南、苏北等地区农村基础设施筹资渠道的调查，各经济区又呈现出区域差异，通过表3-10可以看出较为发达的苏南地区相对于不发达的苏北地区，在要求国家财政拨款层面相对不高，而在市场化运作和引导社会力量参与的融资渠道上所占比例较高，说明经济发达的苏南地区在农村基础设施建设融资的市场化程度和民间资本的参与度方面取得了较快发展，打破了单靠国家财政拨款的局限，农村基础设施领域实行市场化运作、引入民间资本是行之有效的，这对于经济欠发达的苏北地区具有示范和引导作用，同时，也便于我们在开展农村基础设施建设时，政府资金能够有的放矢，决策者能够根据地区差异采取不同的融资策略和融资模式，取得更好的融资效果。

表 3-10　苏南、苏北六地区农村基础设施筹资渠道

单位：%

地　区	更容易筹资的渠道						合　计
	其他	市场化运作	向金融机构贷款	国家增加投入	村民一事一议制度	引导社会力量参与	
苏州市常熟市	0	35.00	15.00	30.00	10.00	10.00	100.00
无锡市宜兴县	0	20.00	25.00	35.00	10.00	10.00	100.00
常州市溧阳县	0	20.00	18.00	32.00	10.00	20.00	100.00
宿迁市沭阳县	0	15.00	20.70	46.00	12.00	6.30	100.00
徐州市铜山县	0	16.00	18.20	50.00	12.00	3.80	100.00
徐州市沛县	0	15.00	18.30	50.40	11.30	5.00	100.00
加权平均值	0	20.17	19.20	40.57	10.88	9.18	100.00

资料来源：根据江苏苏南、苏北六地的实证调查计算得出。

3. 农村基础设施政府资金投入效用的调查

（1）政府资金投入效用

如表 3-11 所示，村民在政府资金投入的效用上呈现不同反应，高达 36.4% 的人认为政府资金投入虽然相对以前增加很大，但效果并不明显；33.8% 的人认为政府资金投入还是不够多；10.4% 的人认为政府投入一般，能基本满足农村的基础设施资金需求；只有 15.6% 的人认为政府资金投入很大，变化很明显，效果很好。由此可见，政府资金在加大整体投入力度的同时也要区分不同经济区，根据农村基础设施的性质选择适当的进入和退出机制，以发挥政府资金的最大效用。

表 3-11　农村基础设施政府资金投入效用

单位：%

样本项目	百分比	样本项目	百分比
投入很大，变化快	15.6	一般，基本满足	10.4
投入大，变化小	36.4	其　　他	3.8
投入不多	33.8	合　　计	100.0

资料来源：根据江苏苏南、苏北等地的实证调查计算得出。

(2) 政府转移支付途径

地方政府没有财政自主支配权，信息不对称的存在会使基础设施的使用效率受到影响。建立和完善政府间转移支付制度，由上级或邻近地区政府对其进行适当的补助是必然选择。通过调查，如表3－12所示，课题组发现45.5%的被调查者希望加强政府纵向转移支付和政府横向转移支付相结合的途径增加农村基础设施的建设资金，26%的村民要求加强纵向转移支付，15.6%的村民要求加强横向政府转移支付。由此，我们知道村民在开展农村基础设施建设中希望得到上级政府和政府间的大力财力支持与援助，所以，财政资金是农村基础设施建设的主要力量，政府资金应加大对农村基础设施的投入力度，增加中央对地方的一般性转移支付，进一步完善纵向转移支付制度，还应建立健全省级以下政府间横向转移支付制度。

表3－12　农村基础设施的政府资金转移支付方式

单位：%

样本项目	百分比	样本项目	百分比
加强横向转移支付	15.6	上通下不达，作用不大	3.9
加强纵向转移支付	26.0	其　　他	9.0
两者相结合	45.5	合　　计	100.0

资料来源：根据江苏苏南、苏北六地的实证调查计算得出。

4. 农村基础设施民间资本参与情况与市场化融资的调查

(1) 民间资本的投入状况

在以财政投入为主的前提下，积极发展财政外其他渠道，引导民间资本进入农村基础设施建设，逐步实现农村基础设施建设的市场化，这是农村基础设施建设融资的必然趋势。综合表3－13和表3－14可以看出，江苏省民间资本投入农村基础设施建设，总体投入不多，占调查总人数的45.7%，同时也可看出民间资金投入的较大部分都在发达的苏南地区，相反，在欠发达的苏北地区民间资本投入较少。由此可见，民间资本在经济发达地区比较活跃，在农村基础设施的融资体系中占有较高的分量，是苏南农村基础设施建设的重要力量，也为苏南的经济发展作出了贡献。同时，苏北欠发达地区应借鉴苏南民间资本投入的经验，积极引导民间闲置资本投入农村基础设施，发挥民间资本在经营性和准经营性农村基础设施领域的重要作用。

表 3－13　农村基础设施民间资本投入情况

单位：%

类型	百分比	类型	百分比
投入很大	13.9	基本无投入	3.1
投　入　大	35.6	其　　他	1.7
投入不多	45.7	合　　计	100.0

资料来源：根据江苏苏南、苏北等地的实地调查计算得出。

表 3－14　苏南、苏北等地区农村基础设施民间资本投入情况

单位：%

地　区	民间资金投入					合计
	其他	投入很大	投入大	投入不多	基本无投入	
苏州市常熟市	0	25.0	75.0	0	0	100.0
无锡市宜兴县	0	30.0	30.0	40.0	0	100.0
常州市溧阳县	0	10.0	40.0	50.0	0	100.0
宿迁市沭阳县	6.6	6.7	20.0	60.0	6.7	100.0
徐州市铜山县	3.8	11.5	15.4	63.5	5.8	100.0
徐州市沛县	0	0	33.3	60.7	6.0	100.0
加权平均数	1.7	13.9	35.6	45.7	3.1	100.0

资料来源：根据江苏苏南、苏北等地的实地调查计算得出。

（2）民间资本参与农村基础设施建设方面的发展前景

在对民间资本参与农村基础设施建设融资的调查中，26.0%的人认为民间资本投资农村基础设施是口号，27.3%的人认为实施较困难，政策不明朗，占22.1%的人认为不断增强，逐步形成气候，占19.5%的人认为如加强正确引导，将会有大的作为（见表3－15）。可见，当前民间资本在农村虽然已显示蓬勃生命力，但由于受到政策环境的影响，民间资本的巨大力量还没有展示出来，因此，民间资本作为农村基础设施建设的重要资金来源渠道需要国家的扶持和引导，需要社会各界的理解和认同。

表3－15　民间资本参与农村基础设施建设的发展前景

单位：%

样本项目	百分比	样本项目	百分比
不断增强，逐步形成气候	22.1	如加强正确引导，将会有大的作为	19.5
口号而已	26.0	其　他	5.1
实施较困难，政策不明朗	27.3	合　计	100.0

资料来源：根据江苏苏南、苏北等地的实证调查计算得出。

（3）对农村基础设施实行市场化融资的态度

在当前经济转型期，大力发展农村基础设施建设融资的市场化是化解我国资金缺口的重要途径，构建财政支持与市场化相结合的农村基础设施建设融资机制是我国当前和以后的努力方向。通过对江苏省苏南、苏北等地的调查，综合表3－16和表3－17，我们可以发现：36.72%的村民认为市场机制虽然不是当前农村基础设施建设融资的主要力量，但它具有较好的发展前景；35.38%的村民认为我们应该加快农村基础设施市场化融资的发展步伐；12.12%的村民认为市场化难度较大，任重而道远。同时我们发现苏南、苏北地区对农村基础设施的市场化融资都有较高的期望，苏南地区对农村基础设施的市场化融资态度较苏北地区更为乐观，对降低农村基础设施市场化融资的门槛更为迫切。由此可见，农村基础设施市场化融资途径已经深入人心，我们应积极采取措施，完善农村基础设施市场化融资的相关政策、外部环境，为构建我国的农村基础设施市场化融资机制扫平道路。

表 3－16　对农村基础设施实行市场化融资的态度

单位：%

类　型	百分比	类　型	百分比
应该加快步伐	35.38	难度较大，任重道远	12.12
不是主要力量，但很有发展前景	36.72	其　他	6.56
无所谓，无大作用	9.22	合　计	100.0

资料来源：根据江苏苏南、苏北等地的实地调查计算得出。

表 3－17　苏南、苏北等地区对农村基础设施市场化融资的态度

单位：%

地　区	对市场化融资的态度					合计
	其他	应该加快步伐	不是主要力量，但很有发展前景	无所谓，无大作用	难度较大，任重道远	
苏州市常熟市	5.00	50.00	30.00	5.00	10.00	100.00
无锡市宜兴县	4.00	40.00	40.00	6.00	10.00	100.00
常州市溧阳县	6.00	54.00	24.00	8.00	8.00	100.00
宿迁市沭阳县	10.00	40.00	26.00	10.70	13.30	100.00
徐州市铜山县	7.70	20.00	42.30	15.00	15.00	100.00
徐州市沛县	6.70	8.30	58.00	10.60	16.40	100.00
加权平均数	6.57	35.38	36.72	9.22	12.12	100.00

资料来源：根据江苏苏南、苏北等地的实地调查计算得出。

5. 农村基础设施信贷资金与“一事一议”制度的调查

（1）农村基础设施建设信贷资金短缺的原因

根据调查数据，农村基础设施建设信贷资金短缺的原因主要集中在投资回收慢、建设周期长、收益率低下，分别占总数的42.9%、23.4%、22.1%，如表 3－18 所示。农村基础设施建设难以吸引信贷资金的支持，这与农村基础设施自身的特点有密切关系，同时也可发现，信贷资金的趋利性很强。这就要求一方面农业金融部门（农业发展银行、农业银行）在信贷的方向上侧重于农村农业发展的领域，履行自身的政策性金融职能；另一方面，国家给予农村农业信贷资金高额补贴，以弥补涉农信贷资金的机会成本。

表 3－18 农村基础设施信贷资金短缺的主要原因

单位：%

类　型	百分比	类　型	百分比
投资额大	6.5	收益率低	22.1
建设周期长	23.4	其　他	5.1
投资回收慢	42.9	合　计	100.0

资料来源：根据江苏苏南、苏北六地的实地调查计算得出。

（2）利用“一事一议”制度筹资农村基础设施的条件

税费改革以来，农村推行了“一事一议”制度来融资，但“一事一议”经费来源一般只能用于收益或成本不溢出社区的村内公益事业。根据调查数据，要求对“一事一议”筹集资金的使用要公开、公平、公正的村民占 39%，要求按照需求实际筹资的村民占 36.4%，同时认为还应该加强政府资金的引导和对该政策的宣传，分别占总数的 11.7% 和 10.4%，如表 3－19 所示。仅靠“一事一议”为农村基础设施建设融资还存在一定困难，需要遵循一定的条件，存在“事难议、议难行”现象，效率并不高。因此，在“一事一议”制度筹资方面，应从村民的自身需求出发，在资金的筹集与使用中坚持公开、公平、公正的原则。

表 3－19 利用“一事一议”制度筹资农村基础设施的条件

单位：%

类　型	百分比	类　型	百分比
执行公开、公平、公正	39.0	政府资金起引导作用	11.7
根据村民实际需求筹资	36.4	其　他	2.5
加强舆论宣传	10.4	合　计	100.0

资料来源：根据江苏苏南、苏北六地的实证调查计算得出。

6. 小结

通过对江苏省苏南、苏北两大经济地区的问卷调查分析，最后总结得出江苏省农村基础设施建设融资机制面临的主要问题。

第一，资金缺口是影响农村基础设施建设的瓶颈，只有理顺融资体制，拓宽融资渠道，增加对农村基础设施的资金投入，是解决农村基础设施建设以及农村落后问题的关键。

第二，农村经济基础差、农民贫困、村集体经济力量薄弱是困扰农村基础设施建设的重要原因，同时一系列与农村基础设施建设紧密相关的产权不明晰、投资环境不佳、金融服务主体缺乏也是不可忽视的重要原因。因此，在解决农村基础设施建设资金短缺的问题上，需要多管齐下，解决好“一揽子”工程，防止出现“短板效应”。

第三，在农村基础设施建设的融资主体中，政府资金起主导作用，村集体资金也是建设资金的主要来源，农村基础设施建设融资渠道主要为财政资金、金融信贷、市场化运作、村民集资、社会捐助，出资模式基本为4:2:2:1:1型。这要求财政资金一方面要加大投入，另一方面，财政资金要起到“四两拨千斤”的作用。

第四，苏南、苏北地区对农村基础设施的市场化融资都有较高的期望，说明农村基础设施领域实行市场化运作、引入民间资本是行之有效的，民间资本作为农村基础设施建设的重要资金来源渠道需要国家的扶持和引导，同时政府资金在加大整体投入力度的同时也要区分不同经济区，根据农村基础设施的性质选择适当的进入和退出机制。

第五，农村基础设施建设难以吸引信贷资金的支持，这与农村基础设施自身的特点和信贷资金的趋利性有密切关系，这就要求国家给予农村农业信贷资金高额补贴，以弥补涉农信贷资金的机会成本。靠“一事一议”为农村基础设施建设融资存在一定困难，存在“事难议、议难行”现象，效率并不高，这就要求在“一事一议”制度筹资方面，要从村民的自身需求出发，在资金的筹集与使用中坚持公开、公平、公正的原则。

（三）农村基础设施建设的融资困境

农村基础设施建设还存在较大的资金缺口，农村基础设施建设资金主要来源于财政、金融机构、村集体资金、农民个人资金和企业资金，仅通过这些渠道获得的资金还不能满足农村基础设施建设的需求。

1. 财政投入不足

财政融资是农村基础设施的一个主要资金来源渠道，是农村基础设施总融资中可控性最大的部分，为了保证农业在相对利益低的情况下得到相应的发展，国家必须承担起农村基础设施建设的责任，并发挥对其他主体的引导和示范作用。另外，由于农村基础设施建设财政资金管理不善，“截流”、“漏报”情况严重，政府融资效益低下，存在融资浪费现象，导致资金利用效率低下。由于中央和地方政府之间对农村基础设施投入职责划分不清，有的地方政府在一定程度上存在“等、靠、要”的思想，而有些地方政府为早出政绩，往往大搞“形象工程”，致使许多项目实际利用效率低下，成为名副其实的“摆设”。

2. 农村基础设施遭遇“债务融资障碍”

目前我们有包括农业银行、农业发展银行、农村信用社等农业领域内的金融机构。由于农村自身基础设施建设需要稳健经营，农业领域内的金融机构均不愿为农业本领域提供资金融资，甚至普遍存在“慎贷”和“惜贷”的弊端①。而这些弊端是由农村基础设施建设的特点所决定的。农村基础设施建设的周期比较长，收取的费用比较低，有的基础设施建设甚至是无偿服务，具有收益低、风险高、资金周转慢等弊端。

3. 村集体投入资金乏力

村集体融资也是农村基础设施建设融资的重要来源，而村集体

① 费振国：《我国农业基础设施融资问题探索》，《农村经济》2006 年第 8 期。

的融资在很大程度上取决于村集体的经济实力。改革开放以来，农村集体单位固定资产融资占全社会固定资产融资的比重基本稳定在10%左右，作为农村基础设施建设融资的一个重要来源，村集体的融资能力在10%左右已经达到了一个上限。[①]

4. 农民个人融资有限

农民筹资，以工代资曾经成为农村基础设施建设的一种重要的资金来源。然而，近年来农民收入增长缓慢，通过农业获得收入不断减少，农民用于农村基础设施建设的资金也是十分有限的。

5. 其他资金来源较少

其他资金来源包括民营企业融资、外商融资、中外合资、个人融资和捐赠等。当前这部分资金在我国农村基础设施建设中所占的比重还比较低，这些融资通常具有一定的局限性和地区的特殊性，而且数量相对较少。

（四）农村基础设施建设融资困境的成因

1. 政府在农村基础设施建设融资中缺位

从政府财政投入体制看，农村基础设施尤其是小型基础设施建设，历来不是财政投入的重点。政府财力不足，“重工抑农”，造成基础设施供给城乡不平稳问题的存在。由于中央和地方各级政府的财政紧缩，重点企业行业的财政也出现紧缩现象，即使农村有少量的资金流入，其方向也主要流向与防洪防汛等有关的河堤等基础设施建设，因而同样是公共品的城乡道路和医疗卫生事业及防洪排涝等农民直接受益的小型农村基础设施投入比较少。

2. 乡镇财政不足

乡镇层次的财政紧缩和财政困难同样是造成农村基础设施建设融资停滞不前的一个重要原因。从1983年起，我国建立了乡镇政府，乡镇的财政具有“发展地方经济、提供公共服务和维护社会

① 冯涛：《我国农村基础设施建设融资体系重构》，《农村经济》2007年第1期。

稳定”职能。乡镇政府的资金筹措渠道有三种方式，即乡统筹的费用收取、用于乡镇道路建设的费用收取以及各方式筹集资金，农田水利的基本建设采用义务工和劳动积累的方式进行，整修道路并且购买一些生产性质的固定资产等农村设施。通过以上这些非国家、地方财政性质的筹集资金的方式一定程度上改善了农村和农业的生产条件，提高了农村和农民的生产效率，并切实地提高了农民的收入。从 1994 年起，建立起了“分税制”，因而在乡镇政府内部导致了的财权和事权的不一致，因而导致基础设施的欠缺。“分税制”改革的目的是为了上级政府逐步掌握财权，虽然财权划分了但事权的划分却没有以财权为基础，基层的乡镇政府承担了的事权，但所承担的事权却与所拥有的财权不一致，不相对应，乡政府体制性的财政性困难的原因主要就是由此造成的。然而，税费改革后，这一问题没有被解决，反而变得更加严重。税和费的财政改革取消了乡统筹行政收费，这些行政事业性的收费主体是面对农民的，同时收取的还有基金和集资，也是政府性质的，同时，取消了乡和镇的新建道路所需要的费用，并且，把新建乡镇道路所需要的费用涵盖在了乡和镇政府预算范围之内；而村一行政级别的道路修建和新建的费用则采用村民需要修建或新建的“一事一议”方式，需要的则予以批准修或新建的方式加以解决。在没有更多的资金来源的情况下，政府要么减少对农村基础设施的融资，要么将融资责任转嫁给农民承担。虽然农村税费改革堵住基层政府向农民增加负担的渠道，但地方政府还没有找到解决农村基础设施融资问题的办法。

3. “一事一议”制度的缺陷

（1）很难“议”出统一意见

村集体的公共项目建设原则上应该依据公共性的项目建设对村民自身的边际收益来决定是否由村民来共同分担公共项目建设的成本，但是对于那些边际收益小或者没有边际收益的公共项目的建设，村民本身就会极力反对。受此影响，“一事一议”会议很难形成统一的意见，特别是几个村共用的道路、桥梁等公益设施，极易出现无人过问的局面。

（2）向村民收费难，公共性的项目建设筹集资金无法及时和全部到位

一些无法回避和必须办理的公共性项目的建设，就算是在农村的村民代表大会上超过半数的村民都已经投了赞成票，但投反对票的一部分村民，在公共性的项目筹集资本过程中拖延出钱，只要有一户村民不交项目所需的资金，往往会对其他村民的选择造成影响，导致其他村民拒绝缴纳“一事一议”的钱款，因此带来筹措的资金不到位的窘境，这些状况都给公共性事业建设造成一定程度上的困难和麻烦。

因此，靠“一事一议”为农村基础设施建设融资存在一定困难，效率并不高。此外，对于一些属于公共产品范畴的基础设施由农民自己筹资提供，也有失公平性。农民应该和城市居民一样，有权利享受由国家提供的基础设施。

4. 信贷投入渠道不畅

由于农业生产天然的弱质性和双重风险约束的不利条件，商业银行出于回收没有保障的担心，不愿为农村基础设施建设提供贷款；虽然农村信用社在农村金融市场上占据主导地位，但由于农村信用社规模较小，其业务范围主要以满足小额农户贷款和农村产业化资金为主，无力为农村基础设施建设提供长期、稳定的大量资金；出于降低风险和追求利润的考虑，虽然中国农业银行对农村还有一定的支持，但正逐渐收缩其在农村地区的机构。由于中国农业银行将一年期以下的流动资金贷款作为其主要的信贷服务品种，因而其无法适应对资金的需求较为长期的农村基础设施项目；另外，由于邮政储蓄网点多，兼具深入农村的特点，可以大量吸收农村闲散资金，客观上造成了农村资金的大量外流；农发行对农村基础设施建设的融资很少，远未发挥其作为政策性金融机构的作用。总之，农村金融体系的不健全导致农村基础设施建设很难获得金融机

构的信贷资金。

5. 民间资本存在进入障碍

（1）农村基础设施产权不清

由于农村基础设施的效益不能完全排斥他人分享，“免费搭车”现象严重，表现为免费使用资源，免费使用别人创新的成果，因而，收益也就难以衡量。虽然资金、技术、信息是社会资本的资源优势，但由于产权的不明晰，其很难介入具有外部效应明显的农村基础设施，这在一定程度上阻碍了农村基础设施建设的融资。

（2）市场准入障碍

市场准入不对称。政府仅是放开了对小型基础设施建设的市场准入标准，而大中型基础设施建设领域还不具备这样的条件。竞争不公平。由于存在体制性障碍，一些领域虽然允许民间资本进入，却明显存在不公平竞争现象。即便是与外资相比，民间资本在参与竞争的条件、资格和机会上往往处于不利地位。融资渠道不通畅。不管是直接融资还是间接融资，对民间资本开放程度都还很低。

6. 农村融资环境滞后

在引导民间资金加强对农村基础设施建设融资支持的过程中，国家制定了许多鼓励政策。但是，政策制定的模糊性和非市场化运作方式，使得融资者对我国农村基础设施建设的融资很难形成稳定的收入预期。另外，由于我国农业支持保护体系尚待完善，信息体制不健全，融资者宁愿选择融资流动速度快、资金撤出便利、回报相对较高的资本市场和货币市场，也不愿选择各方面条件都尚未成熟的农村资金市场。

（五）农村基础设施建设融资机制的改革方向

通过以上分析，可见“政府包揽”或“市场万能”不利于建立一个科学的农村基础设施建设融资机制，不利于快速地为经济增长提供条件。在农村基础设施建设融资过程中，应发挥政府和市场各自的优势，将二者有机结合起来，对部分非经营性或关系国计民生、社会效益非常大的项目，仍应以政府融资为主，融资方式不拘一格，逐步形成由以财政资金为导向，农村集体经济组织和农户资金、信贷资金、社会资金和外资共同参与的多元的农村基础设施建设融资机制。

四　农村基础设施建设融资的国外经验及启示

（一）美国农村基础设施建设融资实践

1. 注重农业和农村投入立法

1877 年，美国国会通过《哈奇法》，规定由联邦政府和州政府拨款，建立州农业试验站。1914 年，《史密斯—利弗法》即《合作推广法》，规定由联邦政府拨经费，同时州、县拨款，资助各州、县建立合作推广服务体系。1933 年《农业调整法》的出台，专门规定了农业投入。这些法律的颁布都对美国逐步建立并完善农村融资体制作出了重要贡献，美国政府的信贷机制，保护农民的合法利益，使农业和农村的行动规则遵循法律法规，避免了行政干预和领导人更换不规范、不合理的现象。美国政府对农业的支持更多的是把农业的运作融合到其他的相关法律体系中，完善相关农业政策。

2. 形成以合作金融为主体、政策金融为保障、商业金融为补充的金融格局

伴随着美国国民经济，特别是农业和农村经济的发展和变革，美国现行农村金融格局才得以逐步建立和完善起来。20 世纪以前，美国专门的农村金融机构尚未出现，由商业机构和个人提供几乎全部农业信贷资金。随着农业市场化程度的不断提高，农业发展对信贷的需求愈加迫切，政府随即着手改革滞后的农村金融体系。从 1916 年创设联邦土地银行开始，农村金融体系开始完善。

联邦土地银行、联邦中介信贷银行、合作银行三部分共同组成农村合作金融体系，这是美国农业政策得以实施的重要金融渠道。

联邦土地银行的作用是负责发放长期抵押贷款；联邦中介信贷银行以向400多家地方信贷协会提供信贷资金为主要职责；合作银行的主要职能是向供销和服务合作社提供所需贷款以及设备。这样，相对完善的美国农村金融体系使美国农业和农村发展的资本需要得到满足，在这个过程中，金融机构在经济发展中的导向和支持作用得到充分体现。

3. 形成以政府为主导、社会多方参与的农村基础设施建设资金渠道

在美国，基本形成了由政府、企业和社会组织多方参与，合作生产和提供农村基础设施的农业供给支持系统。在美国，兴建和维修水利设施、大型灌溉设施都是由联邦政府和州政府资助的；规模居中的由地方政府融资兴建，建成后都交由公共服务部门管理；规模小的由农场主个人或联合融资兴建并在政府依法监督下进行经营管理，如小型灌溉设施；规模最小的如公墓维护和路灯提供等则由基层地方政府乡（镇）委员会负责。

（二）日本农村基础设施建设融资实践

1. 注重以工业带动农村发展的引资政策制定

日本政府为了改善企业发展的外部环境，缩小城乡之间的差异，适时地制定了一系列开发计划与法律，以促进农村基础设施的发展。由此，农村地区形成了招商引资的农外资本和农协、农户的农内资本并存的资本结构。为了打破地方的不平衡，日本政府本着属地化原则制定了许多很有地方特色的制度，比如在北海道地区制定了《北海道开发法》、孤岛地区的《孤岛振兴法》以及筑波地区的《筑波研究学园都市建设法》等等，这些各具特色的地方性法律构成了一个完整法律体系，在这基础上还从产业振兴、公共交通、通信、教育文化、基础生活设施建设等方面实施了一系列整顿计划。

2. 健全的农村金融体系

日本农村的金融体系已经覆盖了全国农民。他们的农村金融体系主要分三个级别，分别是农协、信用社、农林中央金库。农户都可以入股参加农协、“信联”和农林中央金库。三个级别之间不是领导与被领导的关系，他们都各自自主经营、独立核算，上一级只是对下一级实行管理与提供服务而不是领导与控制。日本的农村金融体系中农协是最基层的一级机构，通过直接吸收农户以及其他居民和团体入股组成，农协的一个重要业务就是信用业务，主要是对农户提供类似银行的存贷款业务。加入农协的成员可以享受优先申请贷款的服务。在三个级别中信农联是中层机构，主要调节基层服务供给的余缺，指导农协的工作。农林中央金库作为日本协调信用业务的最高机构，主要职责是根据国家的法令法规运营资金、协调全国农村信用联的资金活动以及指导下级机构工作并且为其提供管理、咨询等服务，是日本最大的金融机构之一。除此之外，日本政府还允许并鼓励各种民间资本和商业银行为农村服务。总而言之，日本农村的金融体系是以政府主导为保障，以民间合作性质的各级金融体系为主体，以各种其他商业性的金融机构为补充的农业金融体系。①

3. 形成了以政府投入为主导的多元农村公共品资金渠道

根据基础设施建设项目的规模等级，在中央和地方甚至农户之间按比例共同筹集建设资金，政府负责的是大型农业工程建设，产权属于国家，国库承担其绝大多数的融资，其余的是由地方财政负担。但是也有一些大型工程建设是由地方财政负担，这些工程的产权就属于地方州县政府。针对小型农业工程建设，主要由地方州县政府来负担，政府给予一定补贴，而且补贴的费用所占比例很大。对于已经建成的项目管理，日本政府也做出了相应的规定。除了那些技术性要求高的工程由国家管理并且负担其运行费用，其余的都是由州县政府管理并且承担其管理费用。②

① 《建设部赴日村镇建设考察团·富有特色的日本农村建设》，《城乡建设》2005年第10期。

② 金洪云：《日本的农村振兴政策》，《中国党政干部论坛》2006年第4期。

4. 农协在农村基础设施建设融资方面的基础性作用

根据日本当前的法律法规规定，农协的作用范围很广，除了农产品的生产、加工、储藏和销售等一般性的经济业务，以及那些以合作方式为基础的保险与金融等特殊性经济业务，还承担了许多公益性的业务。比如在农村基础设施建设上，组织了农业水利设施的建设、农村公用基础设施建设；在医疗教育方面，兴办农村医疗、卫生、福利和开展农村的教育和文化活动。概言之，农协提供的服务和指导，都是农村农民生活所迫切需要的。日本中央政府在财政政策和税收政策上都支持和鼓励农协事业的发展。比如在税收政策上对农协实行少缴税或免缴所得税、营业税等等，或者是在财政政策上对它们实行一定的财政转移支付制度及给予一些项目的补贴，大大增强了农协在全国农村开展实际服务工作的能力和发挥其基础性的作用。

（三）韩国农村基础设施建设融资实践

1. 完善农业农村法律体系三级立法体制

韩国政府也一直十分注重农村社会发展问题。经过 30 多年的积累和发展，韩国已经形成了一个相对较为完善的农村法律体系。仅国会制定的相关法律法规就有《农业基本法》、《农村现代化法》、《农业农村基本法》、《农渔村电气化促进法》、《农村振兴法》、《农业协同组织法》等，这些法律法规的内容涉及农村社会发展的各个方面。在韩国，总统也具有颁布法令的权力，这些年经总统颁布的法令主要有《农业机械化促进法施行令》、《农村现代化促进法施行令》、《粮食管理法施行令》、《农地保护利用法施行令》等。还有就是由行政主管部门依照法律和法令制定的施行规则，如《农业机械化促进法施行规则》、《粮食管理法施行规则》、《农村现代化促进法施行规则》等。韩国通过三级立法体制构建形成了一个相对比较完善的农村法律体系。这些法律法规的颁布以及农业农村法律体系的构建确保了农业生产各方面、各环节和农村社会建设各项事业有法可依。1998 年修改的《农业农村基本法》就包括总则、改善农业结构、农产品供需稳定、流通改善、交易、国际合作、农村地区的开发、收入支援等几部分。[①]

2. 政府财政融资是韩国推进新村运动的后盾

为了有效组织新村运动以及加快农村基础设施建设，韩国政府专门设立了从中央到地方的一整套组织领导体系。在实施中，政府不但为农民提供技术指导、服务和周密设计的建设规划，还在资金与材料上予以大力支持，采取了中央财政和地方财政直接融资的措施，而且融资额也较大。据统计，从建设新村运动开始到 1980 年 4 月为止的 10 年间，政府对农村基础设施的财政融资达 27521 亿韩元。在资金有限的前提下，政府首先对改善生产、生活环境的公共产品项目进行投入，然后再根据当地农民实际需要，自主选择项目，目标是改善农民的居住条件，有关项目的具体实施工作，由各级政府与村民共同合力完成。为解决农业、农村融资难问题，政府还设置了针对农村经济建设的专项资金。

3. 从政府主导投入逐步发展到民间主导投入

韩国在新村运动后期，通过大力促进和建立完善的农民合作组织、农民技术推广教育组织，政府逐步退出了直接融资，通过以惠农贷款、支农资金等方式提供农村公共产品。新村运动初期的以政府主导也逐渐转变为民间主导，主要是由民间团体、企事业、高校科研机关参与完成大部分支农工作。政府还改革了农村金融体制，使农协成为农村最重要的金融机构，并使其取得了很大发展。与此同时，中央内务部还直接领导和组织实施了建立全国性组织新村运动中央协议会，兴建了许多新村运动中央研修院，培养大批新村建设指导人才，从而大大激发农民自主建设新农村的积极性、创造性。韩国政府一直强调农村的独立自主发展，并

---

① 黄立华：《韩国的新村运动及其启示——有关农村公共产品供给的成功经验》，《鲁东大学学报（哲学社会科学版）》2007 年第 2 期。

且一直开展各行各业对口支援性活动。比如2004年韩国政府倡导的“城乡合作”运动，动员了一大批企业投身对村庄建设进行“一帮一”具体支援，不仅从资金和物资，甚至还帮助农民进行生产技术运用和改进；为其寻找销售市场，建立加工厂，直接收购，农产品等等。有6000多家企业、政府部门和民众团体参与了该项活动。①

（四）国外经验及启示

1. 使农业农村投入政策法制化

持续的发展战略和政策环境支撑是一个稳定成熟的农村公共品供给体系的必要组成部分，使农业农村政策法律化，为农村基础设施建设提供法律保障。美国对“三农”的投入能够做到稳定而可靠，究其原因就是依靠其法制的强制性作为后盾，因为它具有法制保障的稳定的政策输出，保证了美国农业投入的一贯持续性，这也正是其农业能够长久保持世界第一的重要原因。而我国农村的融资还没有建立法制化的管理方法，随意性较强。

在当前形势下，最迫切的就是必须为农业、农村的投入提供持续稳定的政策和法律保证。需要指出的是，目前，除了《农业法》中提出了对农业和农村几条宽泛性的约定，迄今为止我国还没有一部真正意义上涉及保障“三农”投入的法律法规。因此，目前的主要任务是：必须根据农村、农民、农业需要，建立一套基于从“三农”利益出发的具有针对性的扶持政策体系；必须建立一套可持续、稳定的农业农村投入法制保障机制，这就意味着必须使农业、农村的投入政策法律化。只有使农业、农村投入具备政策化、法制化的保证机制，才能使“三农”的可持续稳定发展获得持续不断的资金支持。

---

① 李强：《韩国农业农村立法：对中国发展的若干启示与建议》，《时代中国》2006年第9期。

2. 政府财政必须发挥主导功能

（1）把政府财政作为农村基础设施建设的主要力量

大部分农村基础设施属于公共产品的范畴，也是政府公共财政需要覆盖的领域，因此，政府在这一方面具有不可推卸的责任，是农村基础设施投入的不二主体。作为一个典型的市场经济国家，美国为了促进经济发展，增加国民福利，使得政府在农村公共产品供给中的功能得到充分展现。我国自分税制改革推行后，农村公共产品的供给职能就由中央政府下放到了地方政府，而地方政府往往因为财力不足等客观原因无法履行职责，导致农民只能自我供给最基本的粗糙的公共产品，显然成为制约农业发展的瓶颈所在，并导致一系列社会问题，比如城乡差距日益扩大。就目前来说，我国已具备发起类似韩国新村运动的基本的主客观条件，国家拥有支援农村的意愿和实力，虽无法在短时间内完全供给农村所需要的基础设施，但作为供给的主要力量，完全能够聚集相当一部分建设资金，在基础设施供给方面予以有力支持。

（2）政府应担负起建立稳定农村资本的农村金融支持体系的责任

美国的农村公共产品供给体系是典型的由政府、企业和社会团体多元参与并共同生产和提供，其最大特点是通过政府财税、信贷和价格支持等一系列措施对农业和农村给予有力支持，实行“多予少取”的政策；同时政府对农村信贷给予支持，建立性质多样、协调配合、机构众多的农村信贷体系，使农村资本净流入，稳定了农村资本。而日本和韩国则是在中央政府的指导下，各级农合组织积极参与实施的农村公共产品供给体系，主要是通过政府扶持农协，使农协独立于国家金融体系，并借助农协广泛的农村和农民基础留住农村资本，使农村资本在农村体系内循环，同时政府充分调动社会力量和工商业资本“反哺”农村。与这些国家形成鲜明对比的是我国农村资本的大量外流，虽然我国与这些国家的国情和发展历程不同，但它们的这两种农村金融支持体系对我国农村金融支持体系的构建有一定的借鉴意义。

我国应进一步改革和完善农村金融体制，建立规模庞大、分工协作、职责明确的农村信贷体系，实现商业银行、合作银行和政策性银行在农村互助共存，并采用国家扶持、财政补贴等优惠政策引导金融机构多向农村贷款，遏制农村资本流出农村。

3. 运用市场机制引导社会和农民参与农村基础设施建设

韩国“新村运动”和日本“农村振兴”之所以取得成功，关键在于充分调动了农民的积极性。在韩国和日本，通过农业协同组织把农户联结起来，这种方式对日韩两国发展农村经济，提高农业、农村及农民地位，以及推进农业现代化和城乡一体化等方面，起到了举足轻重的作用。此外，日韩两国还十分重视城乡互动，政府不断地推行优惠政策，将工业引入农村，运用市场机制引导社会力量共同参与农村建设，促进城乡互动和交流，为农民提供就业机会。而我国长期以来实行“城乡分治”的二元经济和社会结构，这种以城市为重心而忽视农村的社会非均衡发展导致城乡差距越拉越大，社会矛盾日益尖锐，成为制约经济和社会进一步发展的主要因素。要实现城乡一体化，必须认识到农民在新农村建设中的主体地位，充分调动农民的主观能动性，同时可以借鉴日韩的“以城带乡，以工哺农”模式，发动企业与农村对接，实行对口支援的城乡互动模式。

当前我国已经逐步具备加快农村基础设施建设所需要的市场经济条件，由于资金具有趋利性，农民个体和社会组织或企业资金只有在不受大的制约并无须冒过多风险的条件下才会流向具有公益性特征的农村基础设施领域，因此，必须以政府的资金投入和优惠政策作为“催化剂”，才能有效激活社会各方的资金投入，一方面运用商业化手段激励社会各类资金投向农村建设，另一方面引导农民对直接受益的基础设施建设融资投劳，逐步建立起“政府引导、社会广泛参与”的农村基础设施建设融资机制。

五　农村基础设施建设融资机制创新

综合我国农村基础设施建设融资的实践和国外农村基础设施融资的成功经验，农村基础设施对农业生产形成并长期维持瓶颈制约的直接原因是资金不足，形成这种问题的关键是融资机制问题，即融资体制不顺、融资渠道狭窄、融资模式单调。由于农村基础设施种类繁多，不同类型农村基础设施的融资渠道和融资方式不尽相同。借用项目区分理论将农村基础设施是否具有经营性，区分为非经营性农村基础设施、准经营性农村基础设施和经营性农村基础设施。在对每一类所包含的具体设施进行界定的基础上，完善并创新农村基础设施建设的融资机制，提出相应的融资渠道和融资方式。

（一）农村基础设施建设融资机制的完善

根据融资的运行机理，可将融资机制分为两部分：内生融资机制和外部融资平台。内生融资机制可理解为由融资主体、融资客体、融资媒体和融资载体组成的系统的统称，内生融资机制通过将资金供给部门、金融机构和金融市场等外部环境的资金和其他资源要素转化为该系统生长所必需的成分；相对内生融资机制而言，金融机构和金融市场、政府公共资金平台则纯粹为内生融资机制的外部环境，可称之为外部融资平台。

1. 农村基础设施建设内生融资机制

不同类型的融资主体通常依靠不同的融资手段，开拓不同的资金渠道，为不同性质的融资对象或融资客体提供融资活动，实现不同的融资目标。在农村基础设施建设的内生融资机制中，政府作为融资主体希望农户、乡村集体和企业能承担更多的基础设施融资责任，并希望整合各种资金尽可能减少财政支出；乡村集体和农户主体则更希望自己任何责任都不用承担，基础设施建设资金全部由政府提供或由企业融资赞助；而企业主体在有利润可图的前提下就可能以融资方身份进行融资，但前提是政府必须承诺优惠政策，只有在融资风险和预计利润达到一定期望值时才会承担相应基础设施的建设责任。农村基础设施内生融资机制主要包括三类，这三类内生融资机制均突出了政府财政的作用和地位，是促进农村基础设施建设融资成功的先决条件。

第一类，以政府为融资主体的财政主导型内生融资机制。对处于市场失灵状态下所必需的大型农村基础设施，财政资金主动承担主要供给的责任，这就是所谓的财政主导型机制。财政主导型农村基础设施建设融资机制主要以政府部门为融资主体，或者不完全具备法人资格，或者属于“特殊法人”，它不是严格意义上的经济主体。这种融资主体的特殊性同时会给基础设施融资带来问题，这有时会使企业或个人投资者等非财政资金的供给方的经济利益很难得到保证。因此，应该积极探索和尝试新型的、更符合市场化的、代表政府行为的经济主体。在实践中，我国部分地区已经开始了有益的尝试，如通过成立小城镇投资公司的方式，以财政资金为核心，积极吸引民间资金参与小城镇基础设施投资。

第二类，以乡村集体和农户为融资主体的财政补助型内生融资机制。对于外部性和公共性比较模糊的非大型农村基础设施，财政资金可以通过对口帮扶方式吸引集体和私人自我供给，这就是财政补助型机制。具体说，包括水渠、垃圾处理场、卫生所、文化室、公园、文化广场等农村社会事业类的基础设施。这一类基础设施的可经营性很低，成本补偿性有限，因此，融资的渠道较为简单，主要包括财政补贴、集体留存收益、村办企业捐助和农民集资等。财政补助型农村基础设施还包括以农户为融资主体的一部分纯私人物品，以农户为融资主体的基础设施主要是指包括小型水利、基本农田、上下水、厨房、沼气、厕所和供暖等在内的农民生产和生活基础设施，这类基础设施的资金来源除了各级财政补助资金外，还包括农户的家庭储蓄、民间借贷和农村金融机构贷款等。各级财政应加大对财政补助类农村基础设施的支持力度，通过为乡村集体或农户分担部分成本，引导乡村的集体筹资和农户的自有资金投向农村基本生产和生活性基础设施的投资。

第三类，以企业为融资主体的财政引导型内生融资机制。对于准经营性农村基础设施，财政资金只需提供适度的激励，主要让私人部门承担物品的提供，这就是财政引导型机制。财政引导型基础设施因其具有一定的非公共品属性，并且具备一定的经营性、盈利性特征，更适合通过一系列优惠政策和协议从市场和民间进行融资。财政引导型农村基础设施主要包括农村水电、农村小城镇污水处理厂、节水灌溉、农村通信设施、统一供水、农产品加工、仓储运输设施、农村电网改造等。这一类农村基础设施的融资主体多为企业或企业联合体，其融资途径多是在税收优惠和财政贴息贷款的引导作用下的市场化融资。具体说，包括股权融资、企业债券融资、商业和政策性贷款融资、企业内部融资等。对于财政引导型农村基础设施，在实践中，对发起人资产只有有限追索权的项目融资方式具有独特优势，探索项目融资机制对于破解农村基础设施建设融资困境的意义较为深远。

2. 农村基础设施外部融资平台

经过多年的农村金融体制改革，现阶段，我国农村形成了正规金融机构和非正规金融机构并存的金融格局。

一般把受到中央货币当局或者金融市场当局监管的那部分金融组织活动称为正规金融组织，包括农业发展银行、农业银行、农村信用社、农村商业银行、农村邮政储蓄机构、新型农村金融机构等。2005 年之前，农村基础设施建设的信贷资金主要由农业银行和农村信用社提供，其中，农业银行县域机构筹集的资金，总体上都用于支持“三农”，并以农村基础设施、农民生产生活、农村中小企业、现代农业和小城镇建设等方面金融服务需求为主要服务领域；农村信用社也会以抵押形式发放县城和重点乡镇、中心村的道路、供水、供电、沼气、通信、广播电视等基础设施建设贷款。国家开发银行主要对农村基础设施、农村社会事业、农业资源开发等新农村建设提供融资支持。农业发展银行开展的农村基础设施建设贷款主要是解决借款人在农村路网、电网、水网（包括饮水工程）、信息网（邮政、电信）建设、农田水利基本建设和改造、农村能源和环境设施建设、农业生产基地开发与建设、农业生态环境建设、农业技术服务体系和农村流通体系建设等方面的资金需求，贷款项目分为经营性基础设施项目和非经营性基础设施项目。

非（准）正规金融机构是指组织或活动处于央行或者银监会监管之外从事金融交易、存款和贷款行为的金融机构；除农村合作基金会外，非正规金融体系主要由亲友之间的个人借贷行为、个人和企业团体间的直接借款行为、高利贷、各种合会①、私人钱庄等组成。由于非正规金融机构没有建立严格的内控制度、财务管理制度、贷款程序等一系列制度，不提取存款准备金及呆账准备金，部分信用活动不规范，一些机构高息揽存，盲目贷款，逃避金融监管。根据国务院 1998 年 7 月颁布的《非法金融机构和非法金融业务活动取缔办法》，除部分小额信贷、不计息的亲友借款之外，其他非正规性金融组织或者活动均属于非法。但农村合作金融机构在支持分散农户、农业产业化、农村小企业等方面仍发挥着主力军作用。如今农村金融的改革和完善大幕已经拉开，2006～2007 年，银监会和中国人民银行发布了《关于调整放宽农村地区银行业金融机构准入政策更好支持社会主义新农村建设的若干意见》、《村镇银行管理暂行规定》、《贷款公司管理暂行规定》、《农村资金互助社管理暂行规定》和《关于小额贷款公司试点的指导意见》等文件，启动了村镇银行、农村资金互助社、贷款公司、小额贷款公司四种新型农村金融机构的发展。中国邮政储蓄银行正式挂牌，预

① 合会：合会是一个词语，有三种释义：一为聚合、组合，二为聚集、聚会，三为邀约组会。这里的合会是指民间小规模经济互助组织，参加者按期交款，轮流使用。

示了邮政储蓄只存不贷模式的终结。同时，农村合作金融的改革也在慢慢展开，农村信用合作社改制后成立了农村合作银行、农村商业银行等新型农村金融机构，为农村金融服务的供给和完善奠定了基础。虽然农村金融体系得到逐步地完善，但是，农村地区的资金供给仍有待提高，各金融机构对于农户和农村中小企业的贷款供给仍远远不能满足需求，在创新农村金融产品，支持农村基础设施建设上，仍需继续完善。

3. 完善政府主导下的农村基础设施多元融资机制

按照当前农村基础设施建设基本规划的思路，实现既定目标任务，至少需要 10 ~ 15 年时间，投入 5 万 ~ 8 万亿元的建设资金。农村公共物品的有效供给必须依靠制度的重构，其关键在于农民需求表达基础之上的多元主体的引入。应该通过政府、企业、第三部门和农村社区等多元主体和融资、竞争、监管和绩效评价的多元运行机制的共同作用，来实现农民公共物品的有效充足供给①。通过发挥政府投入的导向作用，引导各方面力量积极参与农村基础设施建设，需要尽快建立起以政府为主导、以农民为主体、以社会力量积极参与的多渠道、多形式、多元化的资金投入格局。首先，需要规范中央支持农村基础设施建设资金的投入比例，加大投资结构调整力度，这可以对全社会发挥引导和示范作用。其次，明确地方各级政府在农村基础设施建设方面应承担的相关责任，地方政府要确保新增税收主要用于农村基础设施建设，增加土地出让金用于农业土地开发，不断拓宽农村基础设施建设投入渠道。再次，引入民间资金开展农村基础设施建设，利用资本市场吸引民间资金参与农业基础设施建设，这是加快农村基础设施建设、实现民间资金资本转化的重要途径。随着国家分配制度的进一步完善，资本、生产要素参与分配受到法律的保障，民间资本的收益也趋于合法化。2005

① 张鹏：《我国农村公共物品多元供给制度的构建》，《理论与改革》2009 年第 9 期。

年中央一号文件提出的“明晰产权，明确责任”的农村小型基础设施产权改革进一步为民间资金介入农业基础设施领域提供了一定的制度保障。①

基于农村基础设施建设的特殊性，政府应在新型农村基础设施建设融资机制构建中起到主导作用。要构建新型融资机制，应该明确融资主体，确保投资者的利益和资产安全，有两种融资机制可供选择。

（1）构建以信誉为主体、公司化运作的农村基础设施建设融资机制

以信誉为主体、公司化运作的融资机制是政府职能、市场作用并存的融资机制。政府成立区域开发投融资公司，利用政府良好的信誉和公司的灵活机制，通过市场化运作融资，从而形成一种全新的农村基础设施建设的融资机制。这种机制的最大优点是，既能建立起农村基础设施的资金自筹、自用、自还的良性循环，又能通过公司作用承担起政府难以做好的职能。在完善这一新型融资机制时需要遵循四个基本原则：一是信誉保障原则，这是融资的基础；二是基础设施有偿投入、使用和服务的系列，这是融资机制发挥作用的条件；三是农村基础设施建设资金自借、自用、自还的原则，这是新型融资机制的核心；四是政府职能与公司运作相结合的原则，这是完成融资过程的关键。构建新型融资机制，必须做好培育和完善融资公司的经营机制，优化责权利相结合的、事权与财权相配套的融资体制，这有利于项目开发与建设的推进，避免由于事权与财权分离导致的低效率；有利于构建与市场经济体制相适应的融资体制，充分调动公司在农村基础设施融资建设中的积极性。

（2）构建风险、利益对应的农村基础设施建设融资机制

该机制就是根据农村基础设施建设融资的性质，项目建成后其

① 赵珊：《农业基础设施建设引入民间资金的政策选择》，《上海金融》2006 年第 12 期。

资产产权与收益归属、规模与质量，以及融资过程中风险大小来安排融资。这是一种政府通过提供项目来源、政策优惠、特许经营权或管理权等方式来维护融资者利益而组织融资的机制。该机制的主要特点是融资同项目产权和收益相结合。这有利于盘活项目资产，建立起比较有效的债务担保和清偿机制，有利于促进农村基础设施建设的持续发展，有利于有效分散各种风险。要求融资主体或项目中介机构认真识别与分析各种风险因素，确定融资主体与项目所得收益承受风险的最大能力，利用利益所得设计出具有最低索取权的融资结构，并以此为基础，在项目参与者的各有关利益方之间分散风险。融资与政府负债无关联。债权人对融资主体的债务索取权主要针对融资者及其资产和现金流量，融资主体只承担有限责任，并且这种债务责任不会涉及各政府。

（二）农村基础设施的融资渠道拓展

农村基础设施多元化融资主体的出现，带来了多渠道的资金来源。融资主体用自有资金进行基础设施融资，属于所有者权益资金融资行为，除此之外，融资主体无论是政府还是私人，都可以通过政策性银行、商业银行、债券市场、信托机构渠道取得基础设施建设资金，运用信贷资金进行基础设施融资，这属于债务资金融资行为。一些大型农业项目甚至可以获得国际多边金融机构（如世界银行、亚洲银行等）、国际金融市场的支持。由此可见，多元化的融资渠道体系已经陆续形成，这为农村基础设施建设融通了可观的资金。

1. 政府的主导地位与所有者权益融资行为

从财政收入的现实情况来看，农村基础设施建设融资所需要的高额资金全部依赖政府长时间大规模的投入的可能性很小。为减轻政府压力，在任何时候都要积极的从资本市场上筹资。但同时，我们也必须认识到，由于农村基础设施自身面临的自然风险和市场风险的特点，在市场经济条件下，政府应承担起责无旁贷的融资主体的责任，并通过各种政策引导其他市场主体增加对农村基础设施的投入，建立多元化的农村基础设施建设融资体系。有鉴于此，在农村基础设施建设融资策略的选择方面，应建立政府主导的市场化融资渠道。

政府财政资金是农村基础设施建设融资的重要渠道，特别是在农村基础设施发展相对落后时期。为了筹集农村基础设施建设融资所需资金，必须首先充分发挥政府的主导作用，制定和实施一系列优惠政策，营造融资的盈利环境，鼓励和吸引民间和市场资本等私人主体的资金进入农村基础设施建设融资领域。例如对于利润微薄而社会效益显著的项目，政府可以采取贷款贴息和融资补贴的方式吸引社会融资；对于风险较大的经营性基础设施融资项目，可由政府在建设初期注入引导资金，通过优惠的政策，广泛吸纳社会资金，形成多层次、多渠道的资金筹集网络，从而促进多元化的农村基础设施建设融资体系的形成。

政府要营造吸引民间资本投入的环境。农村基础设施作为基础产业，其资金要素供给是否充足，在相当程度上取决于融资吸收能力的大小，即现有农业基础设施条件、市场法制环境等方面对市场资金要素的吸引程度。因此，政府要进一步完善农村基础设施建设融资的制度环境，大力降低融资风险，降低融资成本，为融资者提供健全的法制环境。

2. 农村金融支持与负债融资行为

仅靠融资主体自有资本不仅很难满足基础设施融资对资金的需求，而且也违背了效益原则，负债融资也是农村基础设施建设融资的重要资金来源。通常在农业融资盈利率较低的情况下，债权人一般不愿意将信用资金投放到农业和农村领域。因此，只有通过政府对商业银行、农村信用社的农业贷款行为予以补贴，调整其经营范围，建立农村担保制度，完善农业金融体系，才能实现农村基础设施建设融资的最终目标。虽然银行及其他金融机构不是农村基础设施建设融资的主体，却是农村基础设施建设融资的资金来源。金融机构作为企业，放贷的目的是为了获取尽可能多的利润，由于农村基础设施的特殊性以及中国农业融资利润偏低的现实，导致金融机构一般不愿意发放农业方面的贷款。因此，政府要实行贴现等手段，制定优惠政策，提高农村基础设施建设融资的边际效益，减少农业信贷的风险，使农业贷款能够获得一定的利润，从而刺激商业性贷款对农村基础设施建设融资的增加。同时，开放农村金融服务市场，逐步形成国家政策性银行、国有商业银行、地方股份制银行、合作金融组织和中外合资银行协调发展的农村金融体系，加大金融机构对农村基础设施建设融资的支持力度。

3. 农村基础设施分类及融资渠道选择

对于农村基础设施，按其是否具备可经营性划分为非经营性农村基础设施、准经营性农村基础设施和经营性农村基础设施三种类型，针对不同类型，应选择不同融资渠道。

第一类，非经营性农村基础设施。主要包括大型水利与农田基础设施、乡村道路、桥梁和农村信息基础设施等。由于非经营性农村基础设施可供所有人使用，增加一个使用者的边际成本基本为零，又由于非经营性农村基础设施本身不具备收费机制，市场机制不能有效地提供。因此，这类基础设施融资应该由代表公共利益的政府财政来承担，按政府融资模式进行，资金来源应以政府财政投入为主，但在融资运作过程中，也要引入竞争机制，促进融资效益的进一步提高。同时针对我国当前财力有限的情况，政府可以通过资本市场、完善税收制度、土地转让金等渠道筹集资金，也可以通过举债来平衡资金不足，但举债额度必须保持合适的比例，以确保这类设施建设持续地发展。

第二类，准经营性农村基础设施。准经营性农村基础设施可以视为“准公共物品”。主要包括中小型农田水利设施、农村电网、动植物检疫基础设施、大型农业机械、动植物良种繁育基地、动植物防疫基础设施等。准经营性农村基础设施虽具有收费机制和资金流入，但其收益并不足以平衡投入与产出，难以收回其全部成本。

同时这类设施是市场失效或低效的部分，因其具有不确定的经济效益，需要由政府资助市场提供，可以选择政府机制与市场机制相结合的农业政策性金融作为其资金来源渠道，同时对农业政策性金融体系重新构建，拓展农业政策性金融机构的资金来源渠道。

第三类，经营性农村基础设施。经营性农村基础设施基本上可以视为“私人物品”。主要包括农村通信设施、农产品加工基础设施、农产品仓储设施、农产品批发市场等。这类设施通过价格形式予以补偿，外溢较小，在产品消费和供应上都具有排他性，基本上可以由市场来提供，可通过全社会融资加以实现。但前提是项目应符合国家政策导向，融资主体可以是国企、民企和外企，所享受的权益也应归融资方所有。作为政府则应充分放权，鼓励与吸纳社会各类资金参与。

（三）农村基础设施融资模式的完善

不同的资金来源渠道，宜采用不同的融资模式。所有者权益融资可通过吸收融资者直接融资、发行新股等方式进行融资；负债融资可通过借款、发行债券、融资租赁等方式进行融资。在新形势下，要加快农村基础设施建设融资，除了要拓宽基础设施融资渠道，还要创新基础设施的融资模式。所谓融资模式，是指在一定情境中平衡融资各要素被证明是有效的取得资金的具体形式。农村基础设施建设融资模式众多，主要有产业融资基金模式、开发商间接融资模式、股票市场融资模式、项目融资模式等，其中，尤其是项目融资模式的应用越来越受到农村基础设施建设融资的重视。

1. 农村基础设施产业融资基金模式

产业融资基金是以个别产业为融资对象的一种融资基金，通过发行基金募集资金，交由融资管理机构运作，基金资产融资于不同的实业项目，融资收益按融资进行分成。对于农村基础设施中的大型项目，中小融资者很难单独承担，可以通过设立各种形式的农村基础设施建设融资基金，将分散的民间资金集中起来，再由资金管理机构按照章程决定将资金投向项目。[①] 所谓农村基础设施建设融资基金，即组建基金管理公司，向特定或非特定融资者设立基金，将资金融资于不同的基础设施项目，项目建成后通过股权转让实现资本增值，其收益与风险由融资者共享和共担。这一方式的优点在于可以聚合社会上的分散资金用于农村基础设施建设。

2. 农村基础设施开发商间接融资模式

开发商间接融资是政府通过农村资源开发权的拍卖、转让，落实资源开发者提供农村基础设施项目建设资金或直接提供农村基础设施产品（服务）的融资方式。开发商间接融资方式的特点是政府通过其土地等资源开发权的拍卖，将农村基础设施项目的融资或建设责任交由开发权获得者（开发商）承担，开发商为特定农村基础设施建设资金的融资主体。从公共经济学角度看，这种融资方式的优点在于具有较高的资源配置效率。

3. 农村基础设施股票市场融资模式

股票融资是指上市公司为融通资金而进行股票发行和交易的行为，所融入的资金为企业的资本金，代表了融资者对企业的所有权。上市公司进行股票融资是建立在股票公开发行和交易的基础之上。我国股票市场具有良好的发展前景，将成为我国农村基础设施建设的重要的融资渠道。同时，农村基础设施项目也适合通过股票市场融资，其原因基于两个方面。一方面，股票筹资的稳定性和长期性具有基础产业的融资特点。股票融资的稳定性能够保证对基础设施产业的顺利融资，符合基础设施资金占用时间长、后续资金稳定的特点。另一方面，农村基础设施建设融资的安全性和长期效益能确保融资者持有股票保值和增值，进而促进股票筹资的发展。

因此，对现有的从事农村基础设施建设的国有企业或集体企业，在组建股份制公司的同时，可以选择一些预期经济效益较好、

① 蒋时节、任波、祝亚辉：《论城乡统筹发展对基础设施投资的影响》，《重庆大学学报（社会科学版）》2010 年第 6 期。

有发展前途的农村基础设施项目进行打包建设和运营，组建规范化的股份制企业并积极上市，从而走上规范化的股份制企业道路，进行市场化融资和经营。

4. 农村基础设施项目融资模式

（1）农村基础设施项目融资模式的主要类型

BOT 融资模式即 Build（建设）—Operate（经营）—Transfer（转让）的缩写，是指由政府或所属机构，为项目的建设和经营提供特许权协议，由公司作为项目的融资者和经营者安排融资，承担风险，开发建设项目并在有限期限内经营项目获得商业利润，最后根据协议将该项目转让给相应的政府机构。在规定的特许经营期内，项目公司拥有该公司的收益权和经营权，弥补经营开支并获得预期回报；在特许经营期结束后，再将项目无偿移交给相应的主管部门。[①] BOT 是市场经济体制下民间资本参与农村基础设施融资的成熟模式，近年来受到发展中国家的广泛重视。

PFI 融资模式：PFI（Private Finance Initiative）是 20 世纪 90 年初诞生于英国的一种项目融资模式，它是政府努力降低在基础设施项目中的融资支出，鼓励私人资本在基础设施领域进行融资背景下产生的。PFI 模式可以实现基础设施建设项目融资主体多元化，并在一定程度上克服传统基础设施建设中的高投入、低效率和资源的高消耗弊端。[②] 将 PFI 的运作方式同我国农村基础设施进行妥善结合和运用，尤其是农产品产前、产中和产后的各种服务设施、农村能源设施，将会促进我国农村基础设施建设的发展，拓宽农村基础设施建设项目的融资渠道。

PPP 融资模式：农村基础设施项目融资大、建设周期长的特点，决定了政府应在其中发挥不可或缺的作用，同时由于政府在基

---

① 赵骅、周清龙、尤勇：《论 BOT 在西部基础设施建设融资中的跨区域合作》，《经济体制改革》2002 年第 5 期。

② 金昊：《PFI 项目融资模式在基础设施建设中的应用》，《建筑经济》2003 年第 9 期。

础设施建设中具有高投入、低效率、高消耗的特点，也决定了需要外在力量参与基础设施的建设。在这样的背景下，PPP 融资模式产生了，并从一开始就受到各国的青睐，成为世界各国建设基础设施的主要方式。PPP 是 Public Private Partnerships 的英文缩写，又可称为“公私合作”融资模式，是指政府、营利性企业和私人非营利性组织基于某个基础设施项目而结成相互合作关系的形式①。私营部门的融资目标是寻求既能够还贷又有融资回报的项目，政府的社会目标是通过融资给社会带来最大的经济效益，PPP 模式正是融合了这两者的最佳形式。通过这种合作模式，不仅能够使更多的社会资本和私人企业参与项目建设，而且能够保证私人的融资回报，减轻政府融资负担，形成政府、企业、私人和非营利性组织“多赢”的合作形式。

ABS 融资模式：ABS（Asset Backed Securitization）即以资产支持的证券化融资，是指将缺乏流动性，但能够产生可预见现金流收入的资产转换成在金融市场上可以出售和流通的证券，据以融通资金的过程。② 其目的在于通过其特有的提高信用等级的方式使原来信用等级较低的项目照样可以进入高档证券市场，利用该市场信用等级、债券安全性和流动性高、债券利率低的特点，大幅度降低发行债券、筹集资金的成本。

（2）各类农村基础设施项目融资的具体模式选择

对于农村基础设施，选择何种项目融资模式，不能一概而论，要具体问题具体分析。由于农村基础设施根据是否具有可经营性，可分为经营性基础设施、准经营性基础设施和非经营性基础设施。依据这种分类，对每一个类别的农村基础设施进行分析便可得出各自适合的项目融资模式。

① 李秀辉、张世英：《PPP：一种新型的项目融资方式》，《中国软科学》2002 年第 12 期。

② 张永波、王辉：《BOT 模式项目融资的法律谈判》，《中国软科学》1999 年第 12 期。

①经营性农村基础设施的项目融资模式。经营性农村基础设施本身具有收费机制，因此这类设施的融资主体既可以是国企，也可以是民企。由于融资主体众多，这类农村基础设施可供选择的项目融资模式也较多，大多数项目融资模式都可以应用。但是对于关系政治、经济、社会稳定的重大农村基础设施项目，则需要国有资本发挥主体和主导作用，而非国有资本只能起到辅助作用，所以进行项目融资时，不能涉及产权转移问题。这时，可以采用 PPP 模式中的服务协议、运营维护协议以及 ABS 模式，而不能采用 BOT 等模式。因为 BOT 模式允许民间资本的进入，并且在项目特许期内相当于短期的民营化，这不符合国家政策的规定。对于符合政策要求的农村基础设施项目，则要大力引入民间资本甚至需要民间资本起主导作用，对于这些项目，PFI、BOT 模式以及其衍生模式都可以应用。

②准经营性农村基础设施的项目融资模式。对于准经营性农村基础设施，由于其具有一定的复杂性，可以根据项目公益性的大小安排项目融资的模式。对于外部性和公益性相对较弱的准经营性农村基础设施，进一步放开产品或服务的价格，就可以吸引到更多的民间资本的参与，从而能够利用 PFI 模式进行融资建设。[①] 而对具有较强的外部性和公益性特征的准经营性农村基础设施，要以政府资本投入为主来融资运营，这类设施也可以通过项目进行融资，此类农村基础设施项目可以采用 PPP 模式。

③非经营性农村基础设施的项目融资模式。非经营性农村基础设施其目的只是为了获取社会效益和环境效益，由于既无收费机制又无资金流入，市场调节很难对此起作用。因而这类农村基础设施应该按政府融资运作模式进行。但为了提高融资效益，也要引入竞争机制，促进融资效益的进一步提高。对于非经营性农村

① 张燕、高翔、张艳斐：《新农村基础设施建设中 BOT 融资法律问题研究》，《江西农业大学学报（社会科学版）》2007 年第 3 期。

基础设施项目，可以采用通过与盈利性农村基础设施项目“捆绑式”建设，使其产生稳定的收益和较低的融资风险，从而吸引民间资本的进入，采取此种捆绑方式后，可以采用BOT、PPP等融资模式。

(3) 农村基础设施项目融资的案例分析：沈阳市洪区沙岭镇秸秆气化站PPP融资模式

项目概况：沈阳市洪区沙岭镇秸秆气化站建设中运用PPP模式进行融资建设，提供了很好的经验，值得思考和总结。洪区沙岭镇位于沈阳市西郊，是二、三产业比较发达的农村乡镇，2003年按照全市统一规划，进行旧区改造，在沙岭村建设园东小区，由于该地区远离城市煤气管网，村民做饭燃料问题显现出来。采用PPP模式建设的秸秆气化站及时解决了这个问题，该站当年建设当年受益，设计用户1200户，目前已增加到1500户是沈阳市最大的秸秆气化站。该站的建设与管理的资金采用市区两级财政补助一部分，其余由农民自筹，自筹比例一般占总融资的三分之一。该站建设总融资263万元，其中市财政补助130万元，区财政补助25万元，承建单位（洪区旧区改造开发公司）融资108万元，负担了应由农民自筹的那部分资金。气化站建成后，由园区物业公司管理，服务周到，管理规范，受到当地农民群众的欢迎。

项目运作效果：采用PPP模式进行建设的气化站取得了良好效果。一是农民满意度较高。首先经济上划算，每个月用秸秆燃气比用液化气至少节约资金21.6元。其次使用上方便，解决了换液化气罐不方便和价格不稳定问题。二是开发商满意。建站初期投入108万元，担负了农民自筹的那部分资金，受到农民的欢迎，为销售商品房赢得了人气，通过销售房屋已经收回融资。三是政府满意，让老百姓满意是政府的最大政绩，同时，气化站建成后交由物业公司管理，改变了以往国家融资无人管理的局面。据调查2005年物业公司收取燃气费21.5万元，费用18.5万元，保证开支外，略有盈余，因此，物业公司参与管理的积极性很高，从客观上为国家资金的投放营造了管理平台。①

项目简评及启示：沙岭镇秸秆气化站采用 PPP 模式建设，对以国有资产带动民间资金的投入农村基础设施建设进行了有益的尝试，既缓解了当地政府资金不足的困难，又起到了引导各种社会资金参与的作用。该案例对我们的启示是：第一，应积极构建民间资金进入农村基础设施建设的长效和激励机制，以合理的政策手段吸引更多的民营企业资金和信贷资金参与到农村基础设施建设中来，以弥补财政资金的短缺。第二，国家应积极为民间资金进入农村基础设施建设出台相关法规，形成政策保障。第三，应高度重视和积极引导农民自愿出资、出劳的方式开展小型农村基础设施建设，政府采取“项目补助”、“以奖代补”等方式给予资助，并由政府实施必要的建设。

六　农村基础设施建设融资机制创新的政策建议

建设社会主义新农村，实现城乡的协调发展，要求农村基础设施建设融资的重点应逐步转向农村，财政资金不仅需要承担起农村基础设施建设融资需求的资金供给，更重要的是要对农民、集体经济组织和社会各方面的融资行为进行引导和调节，使之适合整个农村基础设施建设发展的格局，形成一个主次分明、各司其职、相互促进的农村基础设施融资机制。

（一）加大财政对农村基础设施的融资力度

1. 理顺各级政府间的财政分配关系

进一步加大政府对农村基础设施建设融资的力度，明确各级政

① 董植葵：《新农村基础设施建设 PPP 典型案例调查》，《地方财政研究》2006 年第 10 期。

府的事权范围，按照各自的财权合理地分配农村基础设施的供给责任。属于受益范围遍及全国的基础设施，与农民的直接利益关系较小，根据效率与公平原则，应由中央政府提供资金。交通、通信、供电、减灾防疫、小流域治理等具有“外溢性”的区域性基础设施，应由主要受益地区出资，中央给予补助。对于田间公路、六小工程等受益范围局限于某个地区的地方性农村基础设施，应由地方政府承担。

2. 完善政府间财政转移支付制度

政府间财政转移支付分为一般性转移支付和专项转移支付。一般性转移支付不指定特定用途，地方政府可以根据实际需要自主安排支出用途，如果一般性转移支付增大，相当于增加了地方更多的财权。而专项转移支付一般都由上级政府指定用途，地方政府没有财政自主支配权。我国当前的专项转移支出规模较大，支出项目繁杂而分散，信息不对称的存在降低了资金的使用效率，使用效益也难以评估。地方政府提供的基础设施大多具有正外溢性，如果没有相应补偿，这些基础设施的供给就会陷入不足的境地。因此，建立和完善政府间转移支付制度，由上级政府对其进行适当的补助是必然选择。从财政管理体制来看，一方面要求进一步完善纵向转移支付制度，另一方面还应建立健全省级以下政府间横向转移支付制度。

（二）完善农村基础设施金融支持体系

农村金融体制变迁的滞后，必然导致农业资金投入的匮乏，尤其是风险高、收益低、周期长的农村基础设施更难获得金融机构的资金支持，致使服务体系不完善、机构功能不完备、供需矛盾突出和政策扶植不到位等农村金融抑制现象未得到根本改观。在当前形势下，搭建以“项目吸引、金融支持、政府推动”为内容的农村基础设施建设外部融资平台，对于拓宽农村建设的融资渠道、整合社会力量、加快农村基础设施建设极其重要。构建农村基础设施金融支持的总体思路是：建立由政策性金融为主，商业性金融、合作金融和民间金融等为补充的农村基础设施多元金融服务体系。

1. 发挥政策性金融机构带头作用

政策性金融机构的作用是政府为弥补市场失灵、体制缺陷和引导市场发育，实现政府间接宏观调控。无论是发达国家还是发展中国家，政策性金融都在农村发展融资过程中起主导作用。但长期以来，我国农村政策性金融机制落后，体制不健全，业务范围狭窄，支农功能缺失，无法满足农村基础设施建设的金融需求，尤其对于大部分属于非营利性质的农村基础设施来说，更亟待政策性金融发挥主导作用。因此，必须进一步完善政策性金融机构功能，强化政策性金融支农作用，使之成为农村基础设施融资的主渠道，真正发挥支农的带头作用，使整个金融体系树立支持农村、服务农村的信心，引领各类商业性金融机构将更多的资金投向农村经济发展和农村基础设施建设当中。

2. 完善商业银行的作用

中国农业银行已进行了商业化改革，以实现自身利润最大化配置金融资源，从而导致农村资金的大量外流。同时由于其主要以一年期以下的短期流动资金为主，无法适应农田水利建设等农村基础设施项目对资金的长期需求。因此，国家在建立农村基础设施贷款担保基金的基础上，应鼓励其为一些经营性的农村基础设施提供金融服务。

3. 发挥农村信用社的主力军作用

加快农村信用社的改革步伐，完善法人治理结构，明晰产权关系，防范和化解农村信用社的金融风险；应从政策上限制农村信用社资金的外流，严格规定农村信用社信贷资金只能用于满足农村经济发展的资金需求；根据当地农业和农村经济发展的需要制定区域发展金融战略，同时也应因地制宜地确定一些符合农村经济发展的农村基础设施建设项目。[①] 在地方政府落实风险保障措施的前提

① 李秀梅、席加：《我国农村基础设施建设融资方式思考》，《经济论坛》2009 年第 21 期。

下，农村信用社应大力支持农村基础设施建设，积极介入乡镇的供水、供电、通信等基础设施建设。

4. 发挥民营金融的辅助作用

我国现有的双轨制经济体制决定了我国必然会经历二元金融结构，由于信息不对称，使得正规金融机构会对借款者采取信贷配给的政策，使借款者的资金需求得不到满足。在正规金融不能满足农村基础设施的需要的现状下，民营金融的发展，填补了金融信贷的“缺位”。这种建立在血缘、亲缘、地缘等社会关系基础上的农村民间非正式金融安排，具有相当程度的合理性和有效性。当前的农村金融体制改革也应在充分发挥正式金融作用的同时，大力发展符合法律规范的农村非正式金融，成立中小民营银行，通过这些机构吸引社会各类资金投入农村基础设施建设，缓解金融因素对农村经济发展的制约。

5. 建立保证贷款的偿还机制

由于农村基础设施建设融资风险大、收益低和周期长，各类金融机构为龙头企业、村集体、农户组织以及农户提供贷款时面临较大的风险。为了保证贷款的偿还，建议中央财政安排农村基础设施专项资金时，按一定比例用于县、乡建立还贷准备金，县、乡财政也要从预算内安排一定资金，用于建立还贷准备金，以保证农村基础设施贷款的及时偿还。

6. 创新农村融资产品

由于农村经济发展水平存在着区域空间差异、政策环境差异和产业结构差异等，与城市相比，农村基础设施融资呈现融资规模小、融资对象分散、融资风险大等特点，从而决定了农村的融资机制不能照搬城市，必须开发适合农村经济发展特点和具有农村特色的金融创新产品，如探索土地信托方式、农产品订单质押贷款、林权抵押贷款等多种融资形式，打开资金回流农村基础设施建设的各种渠道。

总之，通过包装和优选项目，使不同性质的融资主体、不同形式的资金来源都能够融入农村基础设施建设中，同时政府通过发挥战略导向作用，引导社会各界反哺农村，共同打造出农村基础设施的外部融资平台。

（三）完善“一事一议”制度

在财政资金难以保证足量供给的情况下，农民自愿融资是农村基础设施建设的根本力量。改善农村基础设施条件，提高农民生活水平，不仅是各级政府的责任，更是关系农民切身利益的大事。在农民自有资金投入低下的情况下，也可采取农民投劳的办法，降低基础设施建设的人工成本。在现行制度背景下，既要看到“一事一议”制度在农村基础设施建设融资中具有的重要地位和起到的重要作用，又要看到“一事一议”制度表现出不合理性和低效率。现阶段，在国家对农村支持没有实质性改变之前，“一事一议”需进一步完善。

1. 根据交易成本确定议事策略

所有的改革措施，都应该首先向降低“一事一议”的交易成本努力，否则，如果“议事”成本太高，“一事一议”难以成功。

2. 废除“一事一议”的上限规定

一方面，“一事一议”上限并未考虑地区差异。目前在我国的不同地区，尤其是沿海与内地的经济状况差异很大，一刀切的规定具有不合理性；另一方面，“一事一议”的上限并无实际意义，可建议提高或废止。由于目前的上限规定办不了大事，所以，如果某些村庄要为村庄修路的话，就必然会突破上限。

（四）充分调动民间资本参与农村基础设施建设融资

在以财政投入为主的前提下，还要积极探索和发展财政外其他渠道，引导社会资金流入农村基础设施建设，逐步构建起多渠道的融资机制，实现农村基础设施建设市场化。鼓励企业和非政府组织积极参与农村基础设施建设的资金供给，将农村基础设施建设建立在政府自身变革、市场机制和社会参与的基础之上。

1. 企业直接融资

政府要充分利用减免税收和提供信贷优惠等政策，调动企业对农村基础设施的投入；必须保护好融资者对农村基础设施的有关产权。在乡镇道路、桥梁、学校等农村基础设施的建设中，出售或授予冠名权，对企业融资有较大吸引力。

2. 社会渠道融资

非政府组织通过各种活动筹集资金用于农村基础设施建设，是社会融资渠道中的重要形式。非政府组织融资在增加农村基础设施建设的资金投入和弥补财政资金投入的不足等方面，发挥着越来越重要的作用，我国非政府组织融资渠道主要有希望工程、春雷行动、春苗行动、母婴医疗卫生安康行动等。政府应该积极鼓励引导非政府组织的发展，尤其要加强舆论引导，使得更多的社会资金通过非政府组织进入农村基础设施建设。此外，利用资本市场，发行长期农村基础设施国家债券也是一种可取的融资方式，也可以尝试向社会发行“三农”彩票。或农村义务教育彩票等，筹集农村基础设施建设的专项发展资金。

3. 境外渠道融资

境外融资主要有两种形式：一种是国际组织的商业性资金，另一种是针对农村地区引入的境外非政府组织小规模援助资金。这些资金在改善贫困农村发展环境，增加农村基础设施建设等方面的作用和影响越来越大。我国政府应更加重视与发达国家、国际组织和国际非政府组织开展广泛的合作，积极促使境外资金进入农村基础设施建设领域。

（五）创造有利于农村基础设施建设融资机制创新的政策环境

农村基础设施的有效融资必须要有法律的保障，只有建立健全农村基础设施建设融资的相关法律法规，我们才能切实保障农村基础设施的有序和持续融资。

1. 取消不利于民间融资和民营经济发展的限制性规定

由于大部分农村基础设施建设融资盈利水平较低，且具有一定的公益性质，为增强其融资吸引力，政府应出台相关政策对除关系国计民生的农村基础设施外，其余方面允许民间资本进入。政府可对融资者采取有财政、税收、信贷等政策，以鼓励扶持融资主体参与农村基础设施建设上来。

2. 加强农村融资领域的法制建设

目前，我国对农业的融资具有很大的随意性，还没有法制化的管理方法。政府应建立和健全农业融资的法律、法规体系，尽快以《农业法》为基础，制定《农业投资法》，使得农业投入以法制化为保证，为农村基础设施建设的融资创造良好的法律环境。

第四章
农村基础设施建设融资绩效评价研究

农业基础设施是农业经济赖以发展的“先行资本”，是实现农业现代化和可持续发展的物质基础。加快农业基础设施建设是公共财政的重要职能之一，但财政投入总量不足、结构不合理、投资管理体制不顺等问题，对农业基础设施供给的质量和效率都将产生不良影响。[①] 绩效作为评价组织系统运行效率的重要工具，对农村基础设施建设和管理具有非常重要的反馈作用。在有关绩效管理的文献中，将评估称为“测评、考评”[②]，或将评估直接解释为考评（appraisal），认为兼有考核、评估或评价之意，“绩效评估（performance appraisal）就是按照员工所在岗位的绩效标准对其最近时间段或过去时间段的工作表现进行评估”[③]。英文中，measurement、evaluation、assessment、appraisal 等都被称为对于绩效的评估。绩效评估是“测量达到既定目标的情况——包括将资源转化为物品及服务（产出）的效率、产出的质量（他们向顾客

---

① 何平均：《农业基础设施财政投入绩效分析——基于公共财政的视角》，《农村经济》2010 年第 11 期。

② 卓越：《政府绩效管理概论》，清华大学出版社，2007，第 243 页。

③ 加里·德斯勒、曾湘泉：《人力资源管理》，中国人民大学出版社，2007，第 286 页。

提供服务的质量和顾客的满意度）、结果（行为的实际效果与其预期目标相比较）及其在达成计划目标过程中组织运作效率的一个过程”[①]。日本的伊山吹太郎认为：“绩效评估是对雇员与职务有关的业绩、能力、业务态度、性格、业务适应性等诸方面进行评定与记录的过程。”[②] 综上所述，绩效评估由绩效测量与项目评价两部分组成，是考察一个组织试图达到某种目标，如何达成以及是否达成目标的系统化过程[③]。农村基础设施建设项目评估是一个复杂的过程，是对人或事物的价值做出判断的一种观念性活动，其考核结果等相关资料信息的收集为价值判断提供依据。绩效评估是一种对评估客体价值的评价和判断活动。其核心内容是对评估客体的价值进行判断和评价，对社会干预的效果的考察和研究，目的在于评估社会干预的影响。绩效管理的精髓在于落实责任，其落实需要一定的推动机制。绩效评估不仅仅是一种工作状况的综合反映，也与管理目标直接联系，这样一种纵向对比，是为了看出其间的差距。

对农村基础设施建设融资绩效的评价，就是对其融资效率的考察，通过分析所得客观数据，帮助我们检验与衡量农村基础设施建设融资体系的合理性。基于这一思路，本章仔细梳理了关于农村基础设施建设融资的相关理论；系统整理了关于农村基础设施建设的不同融资模式；并在此基础上分析建立关于农村基础设施建设绩效的评价体系，其目的在于健全与完善农村基础设施建设融资的制度化和规范化，为农村基础设施建设和管理服务。

---

① 胡税根：《公共部门绩效管理——迎接效能革命的挑战》，浙江大学出版社，2005，第6~7页。

② 吴国存：《企业职业管理与雇员发展》，经济管理出版社，1996，第250页。

③ 赵凤霞：《绩效考核与绩效评估：内涵、价值及衔接转化》，《北京行政学院学报》2011年第2期。

一 农村基础设施建设融资绩效评价现状

（一）国外相关研究

在新公共管理运动的孕育下，西方主要国家逐步建立起体现国情的农村基础设施建设的绩效管理制度。当前绩效管理呈现出公共责任与顾客导向凸显，多元合作治理、绩效评估制度化、技术手段现代化不断加强的发展趋势。在我国要建立适应科学发展观要求的农村基础设施建设绩效评估体系，必须借鉴西方国家的经验，坚持科学与正确的政绩导向，建立高效组织领导机构，设计科学合理的指标体系，推进相关配套制度建设，营造良好的实施环境，推进农村基础设施建设与绩效管理资源的有机整合。

目前国外学者对基础设施融资的研究主要集中在投资主体、融资模式、筹资渠道等方面。20 世纪 70 年代末以前，多数西方经济学家主张由国家和政府负责基础设施的投资和建设。经济学家亚当·斯密把基础设施建设看做是国家的一项职能。他在阐述经济发展和国家职能时，提出国家应有三项职能，其中第三项职能就是“建设并维持某些公共事业和公共工程”。他认为经济发展中国家有义务修建公路、桥梁、运河等公共设施，以及建立保护通商贸易的守备队和防御工事等。①

凯恩斯（John Maynard Keynes）则强调政府投资基础设施不仅是政治的需要，也是发展经济的手段。② 而近代多数发展经济学家，包括罗森斯坦·罗丹（Paul N. Rosenstein Rodan）、罗斯托（Walt Rostow）等则进一步主张政府在基础设施建设中的主导作用，都将基础设施的投资建设作为政府实施经济发展战略和实现社

① 亚当·斯密：《国民财富的性质和原因的研究》，商务印书馆，1979。

② 凯恩斯：《就业、利息和货币通论》，商务印书馆，1988。

会公平的职能[①]。赫希曼（Albert Hirshman）认为实行国家干预和经济计划对基础设施建设的重要性，但他更强调市场机制的作用[②]。

20世纪40年代以来，当代公共经济学的发展，深刻改变了经济生活中政府与市场的关系。公共经济学认为，由于"信息不对称"、"偏好加总困难"、"政治家近视"等问题，政府提供基础设施等公共产品和服务往往产生低效率，而为数众多的准公共产品则应采用公私合作方式提供[③]。20世纪70年代末新公共管理运动的兴起，同样改变了政府对包括基础设施在内的公共产品供给与生产方式，主张"建立一个综合运用市场机制和科层制体系来提供公共产品和服务的全新体制"[④]，强调提高公共工程和服务管理绩效的重要手段是引进私人部门的竞争机制。民营化先驱、美国公共管理专家E. S. 萨瓦斯指出："在政府角色和职能定位上，新理念表现为对政府失灵的认识，表现为政府战线的全方位退却和市场价值的回归，表现为公共服务的市场化"[⑤]。20世纪80年代后，经济学家更加强调基础设施投资建设中市场机制的作用。这一时期，经济全球化和可持续发展理念开始形成，在世界银行推动下，经济学家在更大范围内（主要是发展中国家）展开了社会资本投资对基础设施建设和经济发展相关作用的研究。1994年世界银行的年度发展报告对发展中国家基础设施的低效率原因、商业化方式、私有化途径等进行了归纳总结，并对基础设施产品和服务的可销售性进行了分析，认为除城市道路和城市排水外，其他城市基础设施项目都具有全部或部分市场化的条件。

---

① Rosenstein Rodan, "Notes on the Theory of The Big Push Eeonomic Development for Latin Ameirica H. S. Ellis.（NewYork：martin Press，1966）. 罗斯托：《从起飞进入持续增长的经济学》，四川人民出版社，1988。

② 艾伯特·赫希曼：《经济发展战略》，经济科学出版社，1991。

③ 朱柏铭：《公共部门经济学》，浙江大学出版社，2003。

④ 张钢著《公共管理学引论》，浙江大学出版社，2003。

⑤ E. S. 萨瓦斯：《民营化与公私部门的伙伴关系》，中国人民大学出版社，2002。

（二）国内相关研究

近年来，中国经济学界对基础设施融资的研究主要集中在投资主体多元化、融资来源渠道与结构、基础设施定价及政府监管等方面。

通过对大量统计资料的计算分析，相比经济发达地区，中国经济欠发达的中西部地区在基础设施建设中更多地依赖中央财政投入和国有经济投入，这种浓厚的“计划经济”色彩阻碍了他们获得更多的建设资金，因此，更新观念、尽快改革、引入更多的民间资本共同承担基础设施建设成为必然趋势[①]。中国政府投资领域的市场化改革势在必行，为适应市场经济发展的需要，投资领域有待进一步实现制度创新，另外，需要在投资领域加快竞争机制的建立，引入多种主体的民营资本，重建市场的主体地位。农村基础设施存在的突出问题是供给短缺且极不平衡，扭转这一状况的根本途径在于完善农村基础设施建设的工作机制，建立长效投入机制，建立农民劳动积累机制，探索全社会力量的参与机制，稳步、有序地促进农村基础设施健康发展[②]。在中国确立“全面建设小康社会”和“加速构建和谐社会”总目标、“三农”问题日益严峻、城市的基础设施建设融资体制不断朝着市场化和多样化方向发展等大背景下，借鉴城市基础设施建设的一些做法、建立市场化和多样化的农村基础设施融资模式应是大势所趋。[③]

国债应用到基础设施建设相关问题的研究中，提出运用国债资金进行基础设施建设的有效性不足，难以在短期内形成对经济增长

① 魏新亚：《中国基础设施建设投资构成的地区差异》，《上海经济研究》2002 年第 12 期。

② 王广起、张德升：《我国农村基础设施供给机制的完善与创新》，《经济纵横》2006 年第 5 期。

③ 刘家伟：《我国农村基础设施投融资模式研究》，《中央财经大学学报》2006 年第 5 期。

的支持；同时将基础设施的投资来源概括为财政税费收入、土地批租收益和债务收入三个方面，并指出政府承担的基础设施建设越来越依赖于债务收入，特别是依赖于银行债务融资的现实将不利于基础设施的健康发展。[①] 对基础设施产业的财政资金进行量化研究，并通过对财政赤字、公共债务的风险分析，指出基础设施等公共支出结构存在严重的显现和隐现财政债务危机。[②] 农村基础设施是农村经济发展基础，传统投资体制障碍造成的投资资金短缺是最直接的制约瓶颈，因此，多渠道、多方式筹集建设资金是改变中国农村基础设施现状的关键[③]。PPP 模式可以有效破解新农村基础设施建设资金和管理难题，通过这种模式，公共部门与私人部门在资金和经营管理等各个层次的分工合作，共享投资收益、共担投资风险和社会责任，都可以得到比单独行动更为有利的结果[④]。此外，国内学者还就基础设施的股票融资、基础设施产业基金、地方政府债券、PFI 等融资方式进行了专题研究。

近年来，我国学者关于基础设施领域政府与市场关系的研究范围也在不断拓展，内容不仅涉及基础设施的民营化、私有化等问题，还涉及强化垄断行业管制、放松政府管制等方面。当前价格体制创新的思路是确定社会边际成本定价准则，通过价格调整存量结构以减轻基础设施的运营压力，提出上调基础设施定价水平和实行浮动价格的设想。[⑤] 在《自然垄断产业规制改革模式研究》中指出，一方面要取消或彻底改造计划经济体制下的行政管理体制，另

① 刘立峰：《国债政策可持续性及财政风险度量》，《宏观经济研究》2001 年第 8 期。

② 魏陆：《开放经济下的财政政策风险研究》，上海财经大学出版社，2003。

③ 陈秀芝、侯军岐：《我国农村基础设施融资方式创新初探》，《农业经济》2004 年第 5 期。

④ 胡静林、周法兴：《PPP 模式在新农村基础设施建设中的应用》，《中国财政》2006 年第 9 期。

⑤ 孙钮、姚晓东：《城市基础设施运营体制创新的路径选择》，《经济与管理研究》2001 年第 3 期。

一方面是对有经济合理性的垄断性行业建立比较完善的政府管制制度。认为政府管制至少包括市场准入、价格、质量标准三项主要内容[①]。在基础设施领域引入竞争机制的过程中，存在政策壁垒、资本壁垒、在位者优势、买卖双方均处于弱势地位及替代产品的威胁受到限制等阻碍因素，因此，政府应采取有效措施，发挥积极作用，为竞争机制的顺利引入创造条件。[②] 农村基础设施具有潜在的高风险、农业自我积累能力弱、一元财政供给体制等特征，因此，应该从制度创新、体制改革、融资方式、政策导向等角度进行创新。[③] 依法明确界定各级政府在农村基础设施建设中的责任，建立充分体现农民需求的偏好显示机制和自上而下的基础设施供给机制等，是有效促进基础设施建设的政策选择。[④]

我国对绩效审计的经济性审计还在探索阶段，就农业基础设施投资的绩效审计实践看，近年来，农业专项资金绩效审计开始试点，2006 年至 2007 年江苏省财政支农资金审计将农村基础设施建设绩效评价纳入其审计范围；2008 年山东省胶南市加强对农业基础设施建设资金审计，重点是涉农资金的使用效益；2009 年新疆博湖县开展的农村基础设施建设审计将资金低效浪费问题作为审查的重点之一。由此可见，农村基础设施投资的绩效审计，只是由部分审计机关在一定范围内的专项审计活动，缺乏统一的标准和规划，与真正的政府绩效审计还相差甚远。造成该现状的原因是多方面的，除了缺乏统一的农村基础设施投资绩效审计标准和审计人员的专业胜任能力不足之外，最主要就是我国目前缺乏针对绩效审计

① 肖兴志：《中国自然垄断产业规制改革模式研究》，《中国工业经济》2002 年第 4 期。

② 张晋东：《政府在基础设施领域引入竞争机制过程中的作用》，《经济纵横》2005 年第 9 期。

③ 杨林、韩彦平、孙志敏：《公共财政框架下农村基础设施的有效供给》，《宏观经济研究》2005 年第 10 期。

④ 廖家勤：《财政紧约束下有效促进农村基础设施建设的政策选择》，《农村经济》2006 年第 3 期。

的法律法规，这导致绩效审计执法依据不充分。因此，必须尽快赋予农村基础设施建设投资绩效审计以明确的法律依据，才能有效地促进新农村基础设施建设的效率、效益与效果。[①]

各级政府均把基础设施投资作为拉动经济增长的重要手段，并怎样提高投资科学性问题应进行可行性探索。王艳等基于陕西省1978～2006年的数据，分析了陕西省基础设施投资现状，测算了不同类型投资对经济发展产生的影响，进而为提高财政资金使用效率提供了建议。由于基础设施投资对国民经济增长具有重要的促进作用，应保持经济发展和基础设施建设的互动关系，基础设施投资在合理范围内应适当增加，在不同时期或不同经济发展阶段，对占GDP的比重不断调整。她进一步指出陕西省基础设施投资占GDP的比重偏低，没有随经济发展而增加。基础设施投资结构实质上体现了基础设施内部比例关系是否合理，关系到投入资金能否充分发挥财政政策的作用。不同的经济发展阶段要求公共投资的侧重点不同。据财政部公布的数据，国家财政用于社会保障的比例，从1998年的5.52%提高到2005年的11.05%。随着市场机制的不断完善，基本建设应更多地利用市场配置资源，调动各方面投资的积极性。

二　农村基础设施建设融资绩效评价的本质、功能与对象

（一）融资绩效评价的本质

绩效从语言学的角度来看包含有成绩和效益的意思。用在经济管理活动方面，是指社会经济管理活动的结果和成效；用在人力资

① 何新容：《论农村基础设施建设绩效审计法律制度的完善》，《南京审计学院学报》2011年第2期。

源管理方面，是指主体行为在结果中的投入产出比；在公共部门中用来衡量政府活动的效果，是一个包含多元目标在内的概念。农村基础设施建设融资管理绩效评价是评价主体运用科学的标准、方法和程序，对政府在农村基础设施建设中投融资管理进行评价。农村基础设施建设融资绩效评价是农村基础设施建设管理中的一个重要环节，绩效评价的指标结果对农村基础设施建设的投融资决策起着方向性的指导作用，是政府实施基础设施融资绩效管理的重要步骤。此外，以绩效为本，建立以公共责任、顾客导向为核心理念，凸显绩效管理主体的多元合作的农村基础设施供给体系，实现农村基础设施绩效管理制度化与法制化以及绩效管理的技术手段日益现代化，对提高政府在农村基础设施建设中的管理职能提供了切实可行的路径。

（二）融资绩效评价的功能

布雷德拉普提出了绩效评价系统可以发挥决策支持、对战略计划的结果进行监督、对持续改善过程的管理、绩效评价、诊断、动机、比较、记录情况的发展等 8 项重要作用。[①]

农村基础设施建设融资管理绩效评价的功能，除了继承绩效评价的基本功能，还表现在政府解决“三农”问题上的管理职能。农村基础设施建设融资绩效评价推动了政府在融资优化决策上的创新，从制度化、科学化的角度建立了政府与农民、农户的沟通平台。

（三）融资绩效评价的对象

对于现阶段我国农村基础设施，无论是评价的组织者、发起者，还是评价的主要对象，均是政府。从公共物品理论的角度看，

---

① Michael Curley, “Handbook of Project Finance for Water and Wastewater System.” (Lewis Publishers, 1993).

农村基础设施属于公共产品，这决定了农村基础设施的基本特点——公共性。因此，在公共产品的投入、建设和管理中，政府责无旁贷地扮演了主体者的角色。

在二元经济条件影响下，我国农村基础设施建设有别于城市。一方面，政府在农村基础设施投入上占有较大比例。虽然社会资金已经被吸入到农村基础设施建设中，各种新的融资方式为解决农村基础设施建设投入总量不足做了不同尝试，但是，在投资比例上仍然占有很小的比例。尤其在经济欠发达地区，政府往往是农村基础设施建设投入的单一对象。另一方面，从其他渠道获得的农村基础设施建设资金是在政府管理运行体系之下投入到农村的，政府的管理体制、运行办法将决定这些资金的利用效率。

因此，农村基础设施建设融资绩效评价的主要对象是政府，是评价政府在建设过程中的管理效率。同时，除了社会评价之外，政府也是农村基础设施建设融资绩效评价的主体。

三　农村基础设施建设融资相关模式解析

农村基础设施融资模式是其建设过程中的核心，不同融资模式具有不同的特点，政府在其中发挥的作用、扮演的角色、承担的责任也不尽相同。考察农村基础设施建设融资绩效，要对不同融资模式进行分析。这有利于评估政府在农村基础设施建设中的效率，也为创新融资模式提供了分析基础。

（一）农村基础设施建设融资的一般模式

我国农村基础设施建设一般融资模式，主要是农村基础设施建设中使用较多的模式。一般模式下，政府承担的责任和发挥的作用较大，政府财政成为融资的主要渠道，农村基础设施更多地体现公共产品属性，其市场化运作程度较低。

农村基础设施是一个总体类的概念，具体种类繁多，不同类型农村基础设施的融资渠道和融资方式均有差别。我国农村基础设施建设融资模式是根据不同类型农村基础设施而采取不同的运作方式。从项目区分理论的角度，农村基础设施可以分为非经营性、准经营性和经营性三类。通过分类讨论，可以看出目前我国农村基础设施建设融资模式的主要特点。

1. 非经营性农村基础设施融资模式选择

非经营性农村基础设施主要包括：大江大河的治理、乡村道路、桥梁、污染治理、水土流失及土地沙化治理、防护林建设、生态保护、大型水利与农田基础设施等系统工程。非经营性农村基础设施可供所有人使用，具有明显的非排他性和非竞争性，增加一个使用者的边际成本为零，而使用者对这种类型的基础设施的边际利益也无从表现出来。非经营性农业基础设施属于公共物品，具有消费的非竞争性和非排他性，导致了其仅靠市场机制不可能有效地得到提供。[①] 在经典公共经济学理论中，这类基础设施融资只能由代表公共利益的政府财政来承担，按政府投资运作模式进行，资金来源应以政府财政投入为主，并配以固定的税种或费种得以保障，其权益也归政府所有。政府对非经营性农村基础设施的投资主要形式是直接投资和间接投资。

直接投资是指政府直接通过财政支出拨款给自己拥有的国有企业来提供农业基础设施，这种方式难以直接对消费者收取使用费或直接收费的成本过高。直接投资的资金来源主要是中央和地方的财政拨款，中央财政主要投资全国重点性工程、跨省工程以及规模较大的省内工程，地方财政主要投资地方大、中、小型建设项目。政府直接投资的优点是力度大、见效快，可以使公共产品的潜在效用得到充分发挥；缺点是生产成本和效益不对称，供给品种单一，供给效率低下，监督与管理不完善。

① 崔文娟、郭家虎：《增加农村公共产品供给需要从我国财政体制改革着手》，《经济纵横》2006 年第 5 期。

间接投资是指政府通过预算安排及其他政策，将农村基础设施的建设和运营委托给私营企业。这类非经营性基础设施主要包括：乡村道路、中小型农村水利工程等。改革开放前，这类农村基础设施主要由政府直接投资和直接生产经营。改革开放以后，社会主义市场经济体制逐步确立，私人资本存量不断增加，政府逐渐推行间接投资方式参与这类农村基础设施建设。间接投资在实践过程中一般采取的运行方式有特许经营、与私营企业签订合同以及财政资助等，主要是利用市场机制效率高的特点推动农村基础设施建设。其优点是项目建设效率高，减少了政府的资金供给压力，加快了农村基础设施的发展速度；缺点是私营企业的逐利行为往往导致项目质量差，使政府官员的腐败行为有了可乘之机。

2. 准经营性农村基础设施融资模式选择

准经营性农村基础设施主要包括农村电网、自来水设施、管道煤气、农村排污设施、小型农田水利设施、农产品质量管理设施、动植物检疫基础设施、动植物良种繁育基地、动植物防疫基础设施、大型农业机械等。准经营性农村基础设施属于“准公共产品”，不能同时满足非竞争性和非排他性两个特征，既具有公共性也具有市场性。如果单纯由政府来提供，可能会造成供给效率低下，政府的供给压力过大，以及管理过程不可避免的内在缺陷。如果单纯由市场供给，由于这类基础设施具有不够明显的经济效益，会造成成本和收益的不对称，不可避免地形成资金供给的诸多缺口。因此，针对准经营性农村基础设施，主要采取政府机制与市场机制相结合的农业政策性金融作为其资金来源渠道。所谓农业政策性金融是指与政府某些经济职能相联系，为贯彻政府对社会经济政策或意图，不以商业性标准为原则，以国家信用为基础，在农业及相关领域从事资金融通，并为政府所有、参股、担保和控制，支持、保护农业生产，促进国民经济协调发展和农业收入稳定增加的一种特殊金融活动和金融形式。农业政策性资金来源渠道主要有：政府财政拨款、发行金融债券、吸收存款筹资、通过社会保障体系筹资、从世界银行和其他国际金融组织及外国政府获得无偿或低息贷款。

政府财政支持准经营性农村基础设施建设，主要有以下形式：建立财政借款制度，建立资本金补充制度，将农业基础设施专项资金和投资基金划归农业政策性金融机构集中管理，财政协助筹措低成本长期资金，财政支持建立贷款损失准备金制度。发行金融债券主要是农业政策性金融机构为了建立相对稳定的资金来源，减少对政府的资金依赖，向金融市场发行债券以完成筹集资金的过程。这种筹资方式可以优化农业政策性金融机构的资金来源结构，加长风险分担的时间，为农村基础设施建设提供稳定的资金来源。农村政策性金融机构不具有储蓄存款能力，但可以吸收企事业单位的存款，这不仅可以减少政府对农业政策性金融的政策性补贴，还可以提高自身的经营积极性，扩大政策性支农资金的可用量。国家社保基金为了保值、增值，一般在满足自身运转的条件下，主要用于购买国债或政府担保债券。农业政策性金融机构可以利用社保基金用于农村基础设施建设，并担保其利息支付，这既可以利用社保基金资金回报率低的特点，也可以为其保值、增值。农业政策性金融机构还可以承揽境外国际金融机构、国际开发协会和亚洲银行对中国的农业项目贷款和扶贫开发贷款的转贷，积极争取外国政府的低息优惠贷款。这种方式获得的资金一般来说期限相对较长，而且贷款利率也相对较低，并很难做到专款专用。

3. 经营性农村基础设施融资模式选择

经营性农业基础设施基本上可以看做是“私人物品”，主要包括农村通信设施、有线电视、农产品批发市场等。这类农村基础设施可以向使用者收费，并通过价格形式予以补偿，没有外在效益，消费具有排他性，供应易于排除，公共属性不明显。针对这一类农村基础设施，主要采用市场化运作方式，资金主要来自私人团体，政府介入程度较低，主要依靠市场发挥其资源配置的基础作用。

由于经营性农村基础设施提供的产品或服务具有私人产品性质，且完全可以由市场来提供，所以，其融资方式主要是政府引导下社会资本的介入模式。其融资、建设、管理及运营均由投资方自行决策，所享受的权益也应归投资方所有。作为政府，应在严格控制规划的前提下，充分放权，鼓励与吸纳社会各类资金参与。在价格制定上，政府应采取“企业报价、政府核价、公众议价”的定价方法，兼顾投资方利益和公众的可承受能力，尽可能做到投资方、政府、公众都满意。从实践过程来看，经营性农村基础设施建设融资模式主要有以下两种：完全市场化融资和部分市场化融资。

完全市场化融资通常把农村基础设施作为市场经营项目，直接交给企业组织来完成，政府只负责引导工作。项目的资金筹集、建设、运营、管理，均由企业组织负责，利润也归企业组织拥有，政府只拥有监督权。农村通信设施、有线电视网络等都属于这类融资方式。而部分市场化融资通常由政府出资建设，或者部分资金由政府承担，部分资金由民间资本提供，建成后交给企业组织经营，政府、企业组织均可获得利润的一部分，比如农产品批发市场、农产品仓储设施。需要指出的是，对于有些偏远的、经济欠发达地区的农村，经营性农村基础设施还是由政府单一投入。因为这些地区偏离城市、地形复杂、经济能力较弱，而企业组织的逐利行为，导致这些地区供给问题严重。

根据以上分析可以看出，社会资本对于经营性农村基础设施建设具有重要意义。社会资本主要包括民间资本、商业信贷资金等。目前，我国民间资金存量可观，随着分配制度的进一步完善，资本、生产要素参与分配受到法律保护，民间资本的收益也趋于合法化。民间资本在参与经营性农村基础设施建设中优势明显，从实际情况来看，民间资本介入不仅可以提高建设的效率，还可以提高服务的质量。商业信贷资金是经营性农业基础设施建设的重要资金来源，但是目前这一融资渠道利用效率不高，主要原因是农业基础设施项目的承贷主体不清，还贷保证机制不健全。为了有效利用商业信贷资金，政府必须建立相应的管理体制，明确信贷主体以及完善的信贷偿还机制。

（二）农村基础设施建设融资的创新模式

由于农村基础设施的公共产品属性，政府财政一直是农村基础设施建设融资的主要渠道。但从我国国情来看，单纯由政府供给远不能满足农村基础设施建设的需求，而通过政府引导下的多种融资方式、多种供给主体的供给体制来满足农村基础设施建设缺口，才是缓解农村基础设施建设压力的最佳选择。改革开放之后，我国逐步确立了市场经济体制，经济实力不断增强、社会资本存量不断增加，如何利用这些有利条件创新农村基础设施建设融资模式，缓解政府在农村基础设施建设中的供给压力，是值得思考的新课题。在这一方面，市场体制较完善、经济基础较强的西方国家已经做了探索，这些发达国家的基础设施融资模式已经不仅仅局限于政府单一供给，许多市场运作程度较高的新模式已经在实践过程中得以利用，如 PPP 融资模式、BOT 融资模式、PFI 融资模式、ABS 模式等。下面就这些可以用于农村基础设施建设的新型融资模式进行较为详细的分析。

1. PPP 融资模式

PPP（Public Private Partnership），被译为“公司合作伙伴关系”。具体来说，是政府与私人组织之间为了合作建设基础设施项目，或是为了提供某种公共物品和服务，以特许权协议为基础，彼此之间形成一种伙伴式的合作关系，并通过签署合同来明确双方的权利和义务以确保合作的顺利完成，从而使合作各方达到比预期单独行动更为有利的结果。合作各方参与某个项目时，政府并不是把项目的责任全部转移给私人企业，而是由参与合作的各方共同承担责任和融资风险。PPP 是一种所有权的特许经营，通常是政府需要民间投资，但从长远看又是不愿放弃资产所有权时所采用的一种方式。PPP 模式的组织形式非常复杂，既可能包括营利性企业、非营利性组织，同时还可能有公共非营利性组织（如政府）。合作方不可避免地会产生不同层次、类型的利益和责任的分歧，只有政府和私人企业形成相互合作的机制，才能使合作双方的分歧模糊化，在求同存异的前提下完成项目目标。①

2. BOT 融资模式

BOT（Build—Operate—Transfer）是建设—经营—转让的简称，其基本内涵为“政府把通常由国有企业或政府部门承担的，为某一重大基础设施建设项目而须进行的融资、设计、施工任务交由某一民营企业或外商完成，并将该项目在建成后的特许期限内由该承建商所有和负责经营管理，收取使用费作为投资回报，特许期届满即无偿将该项目的所有权和经营管理权移交给政府或其指定的国有企业”。近 20 年来，BOT 融资模式得到发展中国家的广泛重视，已经成为市场经济体制下民间资本参与基础设施投资的成熟模式。在运作过程中，为了适应不同的经济环境，BOT 模式有许多衍生形式，例如 BOOT（Build-Own-Operate-Transfer），即建设—拥有—经营—移交。BOO（Build-Own-Operate），即建设—拥有—经营，BLT（Build-Lease-Transfer）即建设—租赁—移交，BT（Build-Transfer），即建设—移交。②

具体地讲，BOT 模式一般按以下程序运作：第一，招标投标。政府在对待项目招标进行周密严格的可行性研究之后，通过对各公司的组织状况、项目经验和财务状况等进行分析审查，确定参加待建项目招标的公司名单，并直接进入招标投标程序。第二，协议。政府与中标者就项目建设的具体条件、双方的权利与义务、风险的承诺、授权范围、期限、管理和监督、移交方案、争议的解决等实质性内容，分别达成协议，这是 BOT 融资模式的核心内容。第三，项目验收。项目的建设、开发，主要包括基础设施项目工程的设计、

① Reinhard H. Schmid, “Public Private Partnerships (PPP) in Financial Development in South-East Europe.” *Forthcoming in the proceedings volume of the 2003 KFW development finance conference in Berlin.* (2005)

② 周鸿卫：《国际项目融资实践与我国项目融资运作问题探讨》，《现代情报》2002 年第 5 期。

开发、竣工和验收。第四，营运管理。建成并验收合格的工程设施，由承建方（投资方）享有项目产权，自行负责营运管理和维修，并收取使用费。第五，终止合同。约定期限届满后，投资方无条件向政府移交项目设施的所有权和经营权，双方的权利义务即告终止。在资金的来源渠道上，BOT 模式不仅仅局限于国内资金或国外资金。在改革开放初期，对于国家大型基础设施，如大型发电厂、水电站，主要合作对象是外资。随着改革开放的进一步深入，我国民间资本逐渐强大，已经为参与 BOT 模式做好了准备。因此，通过 BOT 模式吸收民间资本参与农村基础设施建设，已经处在可行阶段。

3. PFI 融资模式

PFI 最早产生于英国，它是政府努力降低在基础设施项目中的投资支出、鼓励和扩大私人资本在基础设施的设计和建造领域进行投资的背景下产生的。PFI（Private Finance Initiative）即“私人主动融资”，在公共事业中引入社会资本，最大限度地利用企业的技术、经营等能力，低成本、高质量地提供公共产品或公共服务的模式。在 PFI 模式中，首先是政府部门提出项目需求，由有实力的私人部门组成特别目的公司（SPV，Special Purpose Vehicle）参与投标，取得项目后，SPV 获得项目的特许经营权，负责项目具体的融资、建设、运营等，承担公共服务的生产，而政府部门则负责购买 SPV 提供的产品或服务。PFI 的使用主要是为了获得最终的公共服务，而不是项目设施的最终所有权。政府也能够通过这种形式逐渐转变为服务型政府。PFI 是在 BOT 后又一优化和创新了的公共项目融资模式。PFI 和 BOT 的不同之处是 BOT 着眼于项目设施的最终拥有，PFI 着眼于私人部门提供的公共服务。[①]

PFI 模式作为一种独立的融资模式，在以下方面具有明显的特点。从项目主体看，PFI 模式的项目主体通常为私人的组合，

① 屈哲：《PFI 项目与我国的基础设施建设》，《辽宁大学学报（哲学社会科学版）》2003 年第 2 期。

尤其是民营企业家居多，体现了民营资金的力量，当然也包括为数不少的私人控股、参股项目。从代理制度来看，PFI 模式实行全面代理制，PFI 公司通常本身并不具备开发能力，在项目开发过程中，广泛应用现代社会的代理关系，实行全面代理。这种代理关系通常事前确定，在投标书和合同中明确，以确保项目开发、安全、可靠。从依附对象看，基础设施项目是 PFI 项目公司的依附对象，附着基础设施项目中标，项目公司成立，随着项目转移，项目公司解散，具有较强的弹性，这是 PFI 模式的一个最大优点。在此模式中，为确保基础设施项目顺利开展，需要对项目公司进行资格审查，资格审查包括开发能力的审查和公司成立资格的审查。从业务流程看，PFI 模式开发过程可以划分为事前分析、谈判签约、开发经营、转让解散 4 个阶段，并不完全遵循 BOT 的 3 个程序。

PFI 模式可以实现基础设施建设项目投资主体多元化，并在一定程度上克服传统基础设施建设中的高投入、低效率和资源的高消耗弊端。PFI 模式的有效运作将促进我国农村基础设施建设发展，拓宽农业基础设施建设项目的融资渠道。

4. ABS 融资模式

ABS 融资模式于 20 世纪 70 年代末在美国产生，90 年代开始迅速向全球扩展。它是近年来世界项目融资领域的重大创新之一。ABS（Asset Backed Securitization）即“资产支撑证券化”，是指将缺乏流动性，但能够产生可预见现金流收入的资产转换成在金融市场上可以出售和流通的证券，据以融通资金的过程。①

对于 ABS 融资模式的运作过程，首先，是组建一个特别用途的公司 SPV。该机构可以是一个信托投资公司、投资保险公司、信用担保公司或其他独立法人，该机构应能获得权威性资信评估机构

① 马永喜：《ABS 项目融资与我国基础设施建设》，《国际经济合作》2002 年第 8 期。

较高级别资信等级（AAA 或 AA）。其次，SPV 寻找可以进行证券化融资的对象。原则上，投资项目所附的资产只要在未来一定时期内能带来现金收入，则都可以进行 ABS 融资。拥有这种未来现金流量所有权的企业（项目公司）被称为原始权益人。这些未来现金流量所代表的资产，是 ABS 融资方式的基础。第三，以合同、协议等方式将原始权益人所拥有的项目资产的未来现金收入的权利转让给 SPV，转让的目的在于将原始权益人本身的风险和项目资产及其未来的现金收入的风险隔断。第四，委托资信评估机构，对即将发行的经过担保的 ABS 债券进行信用评级。第五，利用信用增级手段，使该组资产获得预期的信用等级。第六，SPV 直接在资本市场发行债券募集资金，并将通过发行债券募集的资金用于项目建设。最后，SPV 通过项目资产的现金注入量，清偿债权人的债券本息。项目资产是 ABS 债券的担保品，由它来支持债券的还本付息。

ABS 即资产证券化是目前国际资本市场上发展最快、最具活力的一种新的融资工具。在美国等发达国家，资产证券化已经成为主流的融资技术之一，并保持了较高的增长速度，20 世纪 80 年代中期年均增幅在 30% 以上。目前，基础设施资产证券化在我国的应用只停留在探索试验阶段，在农村基础设施建设上更是很少使用，但是这种融资模式值得政府和学界去研究。

四　我国农村基础设施建设融资绩效评价模型

进入 21 世纪，西方政府较为普遍建立整体性的绩效管理框架，拓展了绩效管理的发展空间，推进了绩效管理的发育成熟。农村基础设施建设融资绩效评价要凸显指标体系的元工具作用，加强组织实施的操作流程，是西方政府绩效管理发展新阶段的明显标志。绩效管理在根本上是一种关注工具、技术与方法的机制管理，在持续发展的新公共管理运动中，它承担着核心机制和重要工具箱的双重使命。[①] 在这个工具箱中，绩效评估起着元工具作用。作为一个过程，绩效评估为绩效战略、绩效沟通、绩效改进等绩效管理的各个环节有序展开提供串联的枢纽；作为一个系统，绩效评估为绩效预算、绩效审计等绩效管理中的各个领域有机生成提供衡量依据。在整个绩效评估过程中，指标体系是最为核心的部分，是绩效评估能否达到全面、客观、准确的关键所在[②]。

（一）层次分析法的基本原理

层次分析法（AHP）是由托马斯·萨蒂（Thomas Saaty）[③] 提出并进行系统化表述的。该方法的应用领域非常广泛，在诸如交通规划、投资组合选择、公司规划、市场分析等多个领域都有应用。层次分析法的生命力在于其构造了一个复杂的、群体决策的、所属性的和分阶段的问题分析法。通过标度的方法可以建立要素（通常指方案或属性）之间的配对比较，这种标度方法可以显示针对更高一级要素层，某要素较之另一要素的优势。这种标度过程可以理解为方案之间进行比较时的优先权重（分数）。层次分析法应用于决策问题包括如下5个步骤。

1. 通过将决策问题分解为各层次的决策要素和待定的决策方案以建立起决策层次

层次分析法的着眼点在于将复杂的决策问题分解为不同层次的子问题。这里不得不提到萨蒂所谓的功能性层次在多属性决策问题中的应用。他将术语“要素”应用于全部的目标、属性、子属性以及问题备选方案等的研究具体表述如下：最高层次被称为核心

---

① 卓越、赵蕾：《绩效评估：政府绩效管理系统中的元工具》，《公共管理研究（第6卷）》，上海人民出版社，2008。

② 卓越、孟蕾、林敏娟：《构建整体性绩效管理框架：西方政府绩效管理的新视点》，《中国行政管理》2011年第4期。

③ Thomas L. Saaty, The Analytic Hierarchy Process (New York: McGraw-Hill Book Company, 1980); Thomas L. Saaty, Decision Making for Leaders (Belmont, CA: Wadsworth Publishing Company, Inc. 1982).

层，只包括一个要素——一个广泛的、全面的目标。随后的各个层次会包含几个要素，但是这些要素的数目也非常少——在 5 ~9 之间。同一层次中的要素通常需要根据上一层的准则来进行相互的比较，因此，每一层中要素的数量级应该是相同的①。

图 4 -1 给出了层次分析法中层次的标准形式。决策问题的核心层也称为目标，在图中表示为层次的顶端。第二层包括那些为达到全面目标而需要考虑的重要属性。再往下的层次则是通过把属性分解为子属性、子属性再分解的方法来一步步建立。需要注意的是，被选的属性和子属性应该是相互独立的。

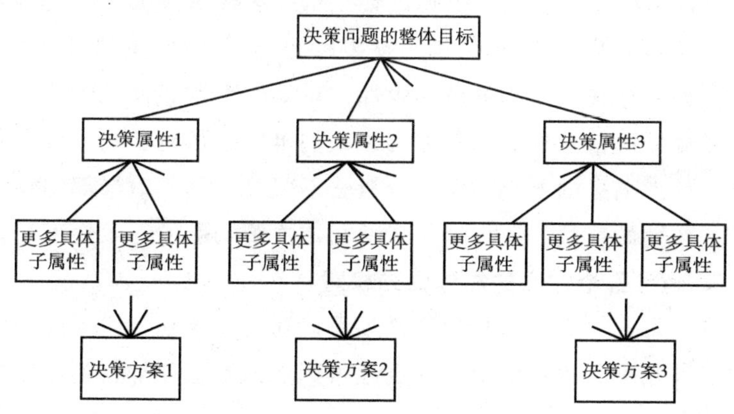

图 4 -1 层次分析法的标准形式

2. 判断属性和子属性的相对重要程度

在建立起层次等级后，对每个层次中的每个系列要素给出不同优先性（相对重要性权重）的判断。优先性数据可以通过以下方式获得：对诸多的决策者进行咨询，根据他们对同一级层次的要素在相邻高一级层次内进行关于相对重要性的配对比较后再做出评价判断，然后，建立属性配对比较结果矩阵。

---

① Thomas L. Saaty, Decision Making for Leaders（Belmont , CA：Wadsworth Publishing Company, Inc. 1982）.

3. 根据相邻高一级的属性和子属性来确定备选方案的相对排序

层次分析法的下一个阶段是确定与每一个属性相关的每一个备选方案的主向量（优先向量）。通常，可以通过使用配对比较法来完成，即使用主观评价标准进行排序。但是，也可以通过运用定量的绩效数据（如果能够得到的话）来计算与各属性相关的备选方案的优先权重（主向量）方法来实现。

4. 确定配对比较中指标的一致性

层次分析法的优点之一在于，可以使用这种方法来度量决策制定者主观判断结果的一致性。判断结果的一致性与配对比较矩阵中的偏好的可传递性有关。譬如，如果认为属性 A 的重要性是属性 B 的重要性的两倍，而属性 B 的重要性是属性 C 的重要性的两倍，那么，如果存在完全的基数一致性，可知属性 A 的重要性是属性 C 的重要性的四倍。根据这种方法，人们可以度量判断结果与完全的基数一致性结果的差别。层次分析法不仅可以用于对局部比较矩阵进行一致性的度量，还可以用于对总体决策问题的一致性度量。

5. 确定各个方案的总体优先权重

各种备选方案的加权评估结果可以通过将评估等级矩阵与优先权重矩阵相乘，再将针对各种属性得到的该数值相加得到。用数学公式表示为：

$$\text{第}\,k\,\text{个备选方案的加权评估} = \sum_{\text{所有的}i\text{个属性}}(\text{优先权重}_i \times \text{评估等级}_{ik}) \quad (4.1)$$

（二）农村基础设施建设水平评价指标

1. 评价指标的选取原则

建立农村基础设施建设水平评价指标体系需要考虑众多因素，同时，评价指标的选取应该遵循一个合理的原则体系。否则，评价指标选取不合适，将导致整个农村基础设施建设水平评价指标体系的不合理，进而影响对农村基础设施融资的绩效评价。研究认为，应该遵循以下原则。

第一，独立性原则。所选取的指标要具有相对独立性，即指标之间的关联性较小。换句话说，一方面是构成评价指标体系必不可少，另一方面彼此要相对独立。这一原则也是适用层次分析法选取指标的首要原则。

第二，可操作性原则。评价指标体系所选取的指标既要考虑指标自身的特点，又要考虑统计工作的局限性和可操作性。评价指标宜选取现有统计报告、统计年鉴中已有的指标，而在统计材料中没有的指标，即使最具代表性也是没有可操作性的。

第三，代表性原则。代表性原则反映在两个方面：一是单个指标对所评价的农村基础设施部分具代表性，二是整个指标体系能够反映农村基础设施建设融资绩效评价的整体效果。

第四，可比性原则。所选取的指标必须能适用不同农村地区的相互比较，即评价指标中不宜选取总量指标，而应多选择平均指标。如平均每千公顷农用机械拥有数、农村人均道路面积、自来水普及率、农村沼气普及率等。

2. 评价指标体系

农村基础设施融资绩效评价指标体系的建立，是绩效评价过程的关键。根据层次分析法的基本原理，首先要对农村基础设施融资的决策问题进行层次划分，以期将复杂问题简单化、具体化。融资绩效评价的整体目标即是我们研究的核心问题——农村基础设施发展水平评价指标体系。农村基础设施，主要包括农田水利基础设施，农村交通运输和通信设施，农村能源服务设施，农村生产、信息服务设施以及医疗、卫生、文化、娱乐和体育服务设施等。根据其服务功能，可将农村基础设施分为生产类基础设施和生活类基础设施。从服务功能的角度对农村基础设施进行分类，能更好地反映农村基础设施发展水平。因此，建立农村基础设施融资绩效评价的二级指标，根据其服务性质，将其划分为：农村生产类基础设施系统、农村生活类基础设施系统。指标体系的第三层次是支持第二层次的子属性，子属性必须能反映二层属性的基本特征，并且与二层属性相互独立。农村生产性基础设施可以通过以下属性来表达，农田水利设施、农用机械设备、农业电网建设、农村公路建设；农村生活类基础设施可以通过以下属性来表达，农村饮水设施、农村能源设施、农村医疗设施、农村文化设施。需要指出的是，农村公路既可以反映农村的农业生产，也可以反映农村的农民生活，但是本书认为农村公路与农业生产的联系更为紧密，因此将农村公路归为农村生产类基础设施。指标体系的第四层次是第三层次属性的具体表达，它需要将抽象的属性通过具体数据量化。

农村生产类基础设施。农田水利设施可以表达为：有效灌溉面积、旱涝保收面积、机电排灌面积；农用机械设备可以表达为：平均每千公顷农用机械拥有数、平均每千公顷农用机械总千瓦量；农业电网建设可以表达为：平均每个乡镇农业生产用电量、平均每个乡镇水电建设投资总额；农村公路建设可以表达为：农村道路网密度，农村人均道路面积。

农村生活性基础设施。农村饮水设施可以表达为：农村平均每人拥有手压机井数、饮用自来水占农村人口百分数；农村能源设施可表达为：农村人均生活用能量；农村医疗设施可表达为：每千农业人口乡村医生和卫生员数；农村文化设施可表达为：平均每个乡镇拥有文化中心个数。

通过上面的论述，农村基础设施融资绩效评价可以从 13 项指标的变化情况来反映。通过对农村基础设施发展水平的测度来研究考察农村基础设施融资的绩效。农村基础设施融资绩效评价的指标体系如图 4－2 所示。

3. 评价指标的选取及评分标准

农村基础设施融资绩效评价的指标体系，指标体系将农村基础设施分为两个大类，即生产类基础设施和生活类基础设施。指标体系的最低层次具体表现了上一层次属性的具体特点，通过对最低层次指标的量化考核，以达到评价农村基础设施融资绩效的整体目标。对于评价指标，我们采取无量纲计分方式（没有单位的物理

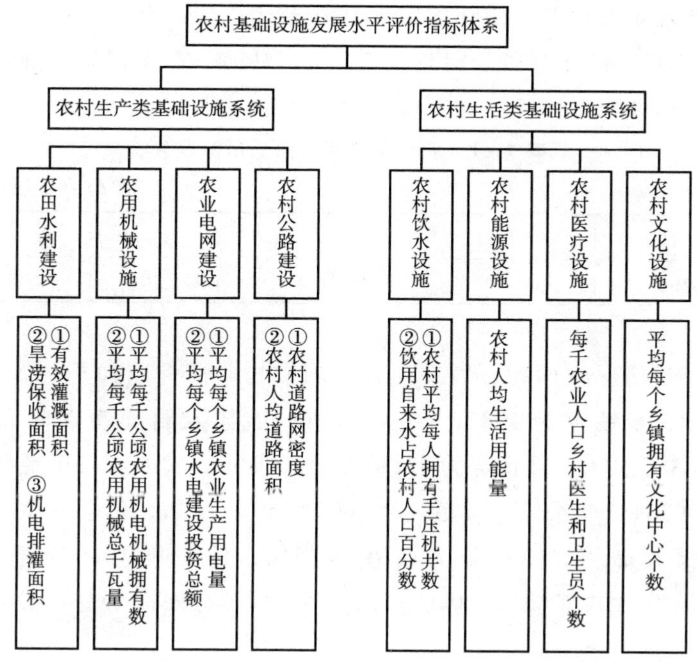

图 4-2　农村基础设施发展水平评价指标体系

量，这种物理量与单位制度无关），即按照实际统计值，采用好、较好、一般、差四个档次分别给予相应指标赋值为 7 分、5 分、3 分、1 分。

（1）农田水利建设指标

农田水利建设主要通过三项指标衡量，即有效灌溉面积、旱涝保收面积以及机电排灌面积。

①有效灌溉面积。1990 年，我国农村有效灌溉面积为 47403.1 千公顷，乡镇个数为 55838 个；1995 年，我国农村有效灌溉面积为 49281.6 千公顷，乡镇个数为 47136 个；2004 年，我国农村有效灌溉面积为 54478.4 千公顷，乡镇个数为 36952 个①。那么，每个乡镇的

① 《中国农村统计年鉴 2007》，中国统计出版社，2008。

平均有效灌溉面积，1990 年为 0.85 千公顷，1995 年为 1.05 千公顷，2004 年为 1.47 千公顷。因此，综合考虑其评分安排如表 4－1 所示。

表 4－1　农村有效灌溉面积指标评分

单位：千公顷

评分值	7	5	3	1
指标值	≥1.6	1.6～1.25	1.25～0.9	<0.9

②旱涝保收面积。1990 年，我国农村旱涝保收面积为 33638.5 千公顷，乡镇数为 55838 个；1995 年，我国农村旱涝保收面积为 36118.8 千公顷，乡镇数为 47136 个；2004 年，我国农村旱涝保收面积为 39704.2 千公顷，乡镇数为 36952 个[①]。那么，每个乡镇的平均旱涝保收面积，1990 年为 0.61 千公顷，1995 年为 0.77 千公顷，2004 年为 1.07 千公顷。因此，综合考虑其评分安排如表 4－2 所示。

表 4－2　农村旱涝保收面积指标评分

单位：千公顷

评分值	7	5	3	1
指标值	≥1.2	1.2～0.9	0.9～0.6	<0.6

③机电排灌面积。1990 年，我国农村机电排灌面积为 27148.3 千公顷，乡镇为 55838 个；1995 年，我国农村机电排灌面积为 32205.3 千公顷，乡镇 47136 个；2004 年，我国农村机电排灌面积为 36055.2 千公顷，乡镇 36952 个。[②]

每个乡镇的平均机电排灌面积，1990 年为 0.49 千公顷，1995 年为 0.68 千公顷，2004 年为 0.98 千公顷。因此，综合考虑其评分安排如表 4－3 所示。

① 《中国农村统计年鉴 2007》，中国统计出版社，2008。

② 《中国农村统计年鉴 2007》，中国统计出版社，2008。

表 4－3　农村机电排灌面积指标评分

单位：千公顷

评分值	7	5	3	1
指标值	≥1.1	1.1～0.8	0.8～0.5	<0.5

（2）农用机械设施指标

农村农用机械设施指标，通过平均每千公顷农用机械拥有数，以及平均每千公顷农用机械总千瓦量来衡量。前者考察农村农用机械的发展规模，后者考察农村农用机械的有效工作能力。

①平均每千公顷农用机械拥有数。1990 年，我国农村主要农用机械（包括大中型拖拉机、小型拖拉机、大中型拖拉机配套农具、联合收割机、渔用机动船）拥有量为 912.8 万台；1998 年，我国农村主要农用机械拥有量为 1374.4 万台；2004 年，我国农村主要农用机械拥有量为 1845.2 万台；我国总耕地面积约为 130039.2 千公顷。①

根据计算，1990 年为 0.007 万台/千公顷，1998 年为 0.011 万台/千公顷，2004 年为 0.014 万台/千公顷。为了便于表示，我们将每个数值乘以 1000，得出 7 万台/千公顷、11 万台/千公顷、14 万台/千公顷三个数值。因此，综合考虑其评分安排如表 4－4 所示。

表 4－4　农村平均每千公顷农用机械拥有量指标评分

单位：万台/千公顷

评分值	7	5	3	1
指标值	16≥	16～12	12～7	<7

②平均每千公顷农用机械总千瓦量。1990 年，我国农村农用机械总动力为 2870.8 亿千瓦；1998 年，我国农村农用机械总动力为 4520.8 亿千瓦；2004 年，我国农村农用机械总动力为 6402.8 亿

① 《中国农村统计年鉴 2007》，中国统计出版社，2008。

千瓦；我国总耕地面积约为130039.2千公顷。[①]

根据计算，1990年我国平均每千公顷农用机械总千瓦量为0.022亿千瓦/千公顷，1998年为0.035亿千瓦/千公顷，2004年为0.049亿千瓦/千公顷。为了便于表示，我们将每个数值乘以1000，得出22亿千瓦/千公顷、35亿千瓦/千公顷、49亿千瓦/千公顷。因此，综合考虑其评分安排如表4－5所示。

表4－5　农村平均每千公顷农用机械总千瓦量指标评分

单位：亿千瓦/千公顷

评分值	7	5	3	1
指标值	≥60	60～40	40～22	<22

（3）农业电网建设指标

农村供电直接影响农业生产和农民生活。对农村供电设施建设的评价必须将生活用电与生产用电区分开来。我们把农业电网建设作为农村生产性基础设施融资评价指标之一；而把农村生活用电作为农村能源设施的考察指标，归为农村生活性基础设施融资评价指标之一。

①平均每个乡镇农业生产用电量。农业生产用电包括农、林、牧、渔、水利多个方面，1995年，我国农业电力消费总量为582.42亿千瓦时，乡镇为47136个；2000年，我国农业电力消费总量为672.96亿千瓦时，乡镇为43735个；2004年，我国农业电力消费总量为808.40千瓦时，乡镇为36952个。[②]

根据计算，1995年我国平均每个乡镇农业生产用电量为0.012亿千瓦时；2000年为0.015亿千瓦时；2004年为0.022亿千瓦时。为了便于表示，我们将每个值乘以1000，得出12亿千瓦时、15亿千瓦时、22亿千瓦时。因此，平均每个乡镇生产用电量指标评分表如4－6所示。

① 《中国农村统计年鉴2007》，中国统计出版社，2008。

② 《中国农村统计年鉴2006》，中国统计出版社，2007。

表 4-6　平均每个乡镇生产用电量指标评分

单位：亿千瓦时

评分值	7	5	3	1
指标值	≥25	25~20	20~15	<15

②平均每个乡镇水电建设投资总额。农村水电建设是考核农业电网建设的重要指标，1995 年我国农村水电建设总投资额为 13.22 亿元，乡镇个数为 47136 个；2000 年我国农村水电建设总投资额为 22.21 亿元，乡镇个数为 43735 个；2005 年我国农村水电建设总投资额为 43.44 亿元，乡镇个数为 35509 个[①]。

根据计算，1995 年，我国平均每个乡镇水电建设投资总额为 0.00028 亿元；2000 年，为 0.00051 亿元；2005 年，为 0.00122 亿元。为了便于表示，我们将每个值乘以 1000，得出 0.28 亿元、0.51 亿元、1.22 亿元。因此，平均每个乡镇水电建设投资总额指标评分表如 4-7 所示。

表 4-7　平均每个乡镇水电建设投资总额指标评分

单位：亿元

评分值	7	5	3	1
指标值	≥1.5	1.5~1	1~0.5	<0.5

（4）农村公路建设指标

农村道路交通建设有许多要素可以反映，综合分析可用农村道路网密度，以及农村人均道路面积来具体表现。

2006 年年底，全国农村公路（含县道、乡道、村道）里程达到 302.61 万公里。农村公路里程超过 10 万公里的省（自治区、直辖市）为 16 个，分别是：河南（21.36 万公里）、山东（17.94 万公里）、云南（17.73 万公里）、湖北（16.42 万公里）、广东

① 《中国统计年鉴 2007》，中国统计出版社，2008。

（15.76万公里）、湖南（15.68万公里）、四川（14.12万公里）、安徽（13.54万公里）、河北（12.42万公里）、黑龙江（12.31万公里）、江西（11.59万公里）、江苏（11.42万公里）、新疆（11.06万公里）、内蒙古（10.77万公里）、贵州（10.19万公里）和陕西（10.06万公里）。①

2006年，我国农村总人口为94907.5万人，其中河南7968.8万人，山东7042.5万人，云南3537.9万人，湖北3965.3万人，广东6254.5万人，湖南5455.8万人，四川6885.7万人，安徽5198.2万人，河北5389.9万人，黑龙江1899.3万人，江西3266.6万人，江苏5248.0万人，新疆975.5万人，内蒙古1352.3万人，贵州3253.6万人，陕西2790.8万人。②

①农村道路网密度。由于城市土地面积相对农村土地面积要小得多，故将总土地面积近似代表农村土地面积。根据计算，2006年农村道路网密度全国的平均水平为0.31；最低是新疆与内蒙古，分别为0.07、0.09；处于中间水平的有江西（0.69）、湖南（0.74）、河北（0.66）；稍高的有湖北（0.88）、广东（0.88）、安徽（0.97）；最高的为河南（1.28）。根据这组标准，农村道路网密度指标评分如表4－8所示。

表4－8 农村道路网密度指标评分

评分值	7	5	3	1
指标值	≥0.8	0.8～0.6	0.6～0.3	<0.3

②农村人均道路面积。根据计算，2006年农村人均道路面积的平均水平为0.00319；最低的为四川（0.00205）；处于中间水平的有河南（0.00268）、安徽（0.0026）、贵州（0.00313）、江西

① 《2007年公路水路交通行业发展统计公报》，http：//www.moc.gov.cn/。

② 《中国统计年鉴2007》，中国统计出版社，2008。

(0.00355)、陕西(0.0036);稍高的有云南(0.00501)、湖北0.00414、黑龙江(0.00648);最高的为新疆和内蒙古,分别为0.01134、0.00796。根据这组数据,农村人均道路面积指标评分如表4-9所示。

表4-9　农村人均道路面积指标评分

评分值	7	5	3	1
指标值	≥0.005	0.005~0.003	0.003~0.0025	<0.0025

(5)农村饮水设施指标

我国农村由于自然、历史原因,相当部分地区保留饮用地表水或井水的习惯,农村自来水工程不能完全表征农村饮水设施的建设。因此,对农村饮水设施建设情况的考察不能用更深的指标,如农村人均用水量、自来水管道密度等来反映,而用农村平均每人拥有手压机井数、饮用自来水占农村人口百分数。

①农村平均每人拥有手压机井数。手压机井是很多农村地区现有的取水方式,1990年我国农村手压机井数为3311万台,农村总人口数为89590.3万人;1995年我国农村手压机井数为4007万台,农村总人口数为91674.6万人;2005年我国农村手压机井数为4845万台,农村总人口数为94907.5万人。[①]

根据计算,1990年我国农村平均每人拥有手压机井个数为0.037台;1995年为0.044台;2005年为0.051台。因此,可得农村平均每人拥有手压机井数指标评分,如表4-10所示。

表4-10　农村平均每人拥有手压机井数指标评分

单位:台

评分值	7	5	3	1
指标值	≥0.06	0.06~0.05	0.05~0.04	<0.04

① 《中国卫生统计年鉴2007》,中国统计出版社,2008。

②饮用自来水占农村人口百分数。目前，我国经济发达地区的农村饮用自来水占农村人口百分数已经达到100%，2005年全国饮用自来水占农村人口百分数达到61.1%，而对于经济处在全国中等水平的地区的农村饮用自来水占农村人口百分比也已经达到75%。[①]因此，可得饮用自来水占农村人口百分数评分如表4-11所示。

表4-11　饮用自来水占农村人口百分数指标评分

单位：%

评分值	7	5	3	1
指标值	≥90	90~75	75~60	<60

（6）农村能源设施指标

农村能源设施建设包括煤、电、沼气等供应设施，综合各方面考虑，我们把农村人均生活用能量作为考察农村能源设施建设的指标。

农村人均生活用能量。农村生活能源的种类包括煤、电、沼气等，如果把它换算成千克标准煤，可以清楚地看到农村生活能源消费情况。1990年我国农村人均生活用能量为83千克标准煤；2003年我国农村人均生活用能量为99千克标准煤；2006年我国农村人均生活用能量为131千克标准煤[②]。因此，根据这组统计数据，农村人均生活用能量指标评分表如表4-12所示。

表4-12　农村人均生活用能量指标评分

单位：千克/标准煤

评分值	7	5	3	1
指标值	≥140	140~115	115~90	<90

（7）农村医疗设施指标

农村医疗设施建设涉及方面很多，农村医疗体系改革也是新农

① 《中国卫生统计年鉴2007》，中国统计出版社，2008。

② 《中国统计年鉴2007》，中国统计出版社，2008。

村建设的重要方面。同时，由于农村医疗属于准公共产品，以及医疗领域的市场化行为，导致合理的农村医疗供给体系一直在建设和探索的过程之中。综合各方面考虑，我们将每千农业人口乡村医生和卫生员数作为评价农村医疗设施建设的指标。

每千农业人口乡村医生和卫生员个数。根据2006年的统计数据，我国每千农业人口乡村医生和卫生员数最多的是山西省，为2.02位；全国的平均值为1.10位；全国最低的为浙江省，为0.47位。[①] 因此，根据这组数据，每千农业人口乡村医生和卫生员数指标评分表4－13所示。

表4－13　每千农业人口乡村医生和卫生员数指标评分

单位：位

评分值	7	5	3	1
指标值	≥2.0	2.0～1.5	1.5～1.0	<1.0

（8）农村文化设施建设指标

平均每个乡镇拥有文化中心个数。1995年，全国农村集镇文化中心12484个，乡镇数为47136个；2000年，全国农村集镇文化中心22171个，乡镇数为43735个；2004年，全国农村集镇文化中心31864个，乡镇数为36952个。[②]

根据计算，平均每个乡镇拥有文化中心个数，1995年为0.26个；2000年为0.51个；2004年为0.86个。因此，可得平均每个乡镇拥有文化中心个数指标评分表，如表4－14所示。

表4－14　平均每个乡镇拥有文化中心个数指标评分

单位：个

评分值	7	5	3	1
指标值	≥0.9	0.9～0.6	0.6～0.3	<0.3

① 《中国农村统计年鉴2007》，中国统计出版社，2008。

② 《中国农村统计年鉴2007》，中国统计出版社，2008。

（三）农村基础设施建设水平一般评价模型

1. 指标属性的权重计算

农村基础设施建设水平评价指标体系是一个复杂、庞大的系统，要理清指标属性之间的具体关系，对评价结果进行量化，需要对各个指标属性的权重进行计算。根据层次分析法，要计算指标属性的相对重要性权重，首先要构造两两比较判断矩阵。而构造两两比较判断矩阵，首先要确定两两比较的优先程度。萨蒂建议用表示两要素 x 和 y 之间优先程度的数值如表 4－15 所示。

表 4－15　两两比较的优先程度

若 x 和 y…… （或较之 y……）	对应的优先值	若 x 和 y…… （或较之 y……）	对应的优先值
同等重要	1	非常重要	7
略微重要	3	绝对重要	9
比较重要	5		

将配对比较的结果放入一个矩阵，列代表 x 属性，行代表 y 属性，例如农村水利相比农村电网要略微重要。于是，得出农村基础设施建设水平子系统两两比较矩阵如表 4－16、表 4－17 所示。

表 4－16　农村生产性基础设施建设系统两两比较矩阵

子系统名称	水利	农机	电网	道路
水利	1	5	3	2
农机	1/5	1	1/3	1/3
电网	1/3	3	1	1/2
道路	1/2	3	2	1

表 4－17　农村生活性基础设施建设系统两两比较矩阵

子系统名称	饮水	能源	医疗	文化设施
饮　水	1	3	5	7
能　源	1/3	1	3	7
医　疗	1/5	1/3	1	5
文化设施	1/7	1/7	1/5	1

将表 4－16、表 4－17 子系统两两比较矩阵标准化，并计算优先权重①可得表 4－18、表 4－19。$C.I.=(\lambda_{max}-4)/(4-1)=0.0387<0.10$，满足一致性检验。按照萨蒂根据经验提出的建议，$C.I.<0.10$ 是可以接受的，那么，此时我们可以得出这样的结论：前面刚刚完成的为确定优先权重所进行的配对比较是具有一致性的。$C.I.=(\lambda_{max}-4)/(4-1)=0.0439<0.10$，满足一致性检验。

表 4－18　农村生产性基础设施配对比较的标准化矩阵以及优先权重的计算

子系统名称	水利	农机	电网	道路	Σ	优先权重（Σ/4）
水利	0.492	0.417	0.474	0.523	1.906	0.477
农机	0.098	0.083	0.052	0.087	0.320	0.080
电网	0.164	0.250	0.158	0.130	0.702	0.175
道路	0.246	0.250	0.316	0.260	1.072	0.268
Σ	1.000	1.000	1.000	1.000	—	1.000

① 权重计算的标准方法：首先计算比较矩阵的特征值和特征向量，取最大特征值所对应的特征向量，并将该特征向量正规化，此特征向量即为所求权重。本书则采取一种近似计算方法，该方法被认为在许多实例应用中能够提供足够近似的结果，即将每一列的各要素除以该列要素的总和（也就是标准化该列），然后把每一行得到的要素相加，最后用该和除以该行要素的个数，所得结果就是权重。

表4－19　农村生活性基础设施配对比较的标准化矩阵以及优先权重的计算

子系统名　称	饮水	能源	医疗	文化设施	Σ	优先权重（Σ/4）
饮　　水	0.597	0.670	0.543	0.350	2.160	0.540
能　　源	0.199	0.224	0.326	0.350	1.099	0.275
医　　疗	0.119	0.074	0.109	0.250	0.552	0.138
文化设施	0.085	0.032	0.022	0.050	0.189	0.047
Σ	1.000	1.000	1.000	1.000	—	1.000

综合表4－18、表4－19可以得出农村基础设施子系统的优先权重（见表4－20）。

表4－20　农村基础设施建设水平子系统权重

农村基础设施	子系统名称	优先权重
农村生产性基础设施	水　　利	0.477
	农　　机	0.080
	电　　网	0.175
	道　　路	0.268
农村生活性基础设施	饮　　水	0.540
	能　　源	0.275
	医　　疗	0.138
	文化设施	0.047

根据同样的方法对图4－2中第三层次的14项指标，对应相应的系统构建两两比较矩阵和权重，得出结果如表4－21、表4－22、表4－23、表4－24、表4－25、表4－26、表4－27、表4－28所示。

表4－21　农村水利设施指标权重

指标名称	权重	指标名称	权重
有效灌溉面积	0.607	机电排灌面积	0.303
旱涝保收面积	0.090		

表 4－22　农用机械设施指标权重

指标名称	权重	指标名称	权重
平均每千公顷农用机械拥有数	0.750	平均每千公顷农用机械总千瓦量	0.250

表 4－23　农业电网设施指标权重

指标名称	权重	指标名称	权重
平均每个乡镇农业生产用电量	0.800	平均每个乡镇水电建设投资总额	0.200

表 4－24　农村道路交通指标权重

指标名称	权重	指标名称	权重
农村道路网密度	0.600	农村人均道路面积	0.400

表 4－25　农村饮水设施指标权重

指标名称	权重	指标名称	权重
农村平均每人拥有手压机井数	0.400	饮用自来水占农村人口百分数	0.600

表 4－26　农村能源设施指标权重

指标名称	权重
农村人均生活用能量	1.000

表 4－27　农村医疗设施指标权重

指标名称	权重
每千农业人口乡村医生和卫生员个数	1.000

表 4－28　农村文化设施指标权重

指标名称	权重
平均每个乡镇拥有文化中心个数	1.000

根据八大系统对农村基础设施的权重和每个子系统中各个指标的权重，按层次计算出综合权重，即指标的综合权重 D_j 为：

$$D_j = P_j \times P_j^* \times t_i (i = 1,2) \tag{4.2}$$

式中，P_j 为各个子系统在农村基础设施建设水平评价体系中的权重；P_j^* 为各个指标在相应子系统中的权重；t_i 为农村生产性基础设施建设水平和农村生活性基础设施建设水平在评价体系中的权重，综合考虑农村生产性基础设施建设水平权重为 $t_1 = 0.6$，农村生活性基础设施建设水平权重为 $t_2 = 0.4$。

按照以上公式，可以得到 14 项指标在农村基础设施建设水平评价体系中的综合权重，如表 4－29 所示。

表 4－29　农村基础设施建设发展水平评价指标体系综合权重

指标名称	综合权重	指标名称	综合权重
有效灌溉面积	0.179	农村道路网密度	0.096
旱涝保收面积	0.026	农村人均道路面积	0.065
机电排灌面积	0.087	农村平均每人拥有手压机井数	0.086
平均每千公顷农用机械拥有数	0.036	饮用自来水占农村人口百分数	0.130
平均每千公顷农用机械总千瓦量	0.012	农村人均生活用能量	0.110
平均每个乡镇农业生产用电量	0.084	每千农业人口乡村医生和卫生员数	0.055
平均每个乡镇水电建设投资总额	0.021	平均每个乡镇拥有文化中心个数	0.019

2. 农村基础设施建设发展水平综合评价

通过上面对农村基础设施建设发展水平的综合评价，将某个农村地区的基础设施各项指标按照相应的评分标准进行评分，得出相应的指标值，乘以该指标的综合权重，再将所得积相加，就得出该农村地区基础设施建设发展水平的综合评价值，如下式所示。

$$V = 100 \times \sum_{i=1}^{n} (D_j \times W_j) \tag{4.3}$$

式中，V 为某农村地区基础设施建设发展水平的综合评分值，D_j

为第 j 个指标的综合权重，W_j 为该农村地区的第 j 个指标的评分值。

在本书的评分标准中，规定每个指标的最高值为7，其次为5，再次为3，最少为1，因此综合评价值的范围在 $100 \leqslant V \leqslant 700$ 。那么我们可以建立农村基础设施建设发展水平综合评价表（见表4－30）。

表4－30 农村基础设施建设发展水平的综合评价

总体评价	超前水平	较高水平	一般水平	低水平
综合评分值(V)	$600 < V \leqslant 700$	$450 < V \leqslant 600$	$300 < V \leqslant 450$	$100 \leqslant V < 300$

根据某个农村地区基础设施发展水平的综合评价得分值，再按照表4－22可以得出该地区农村基础设施建设发展水平的综合评价，据此判断其具体处在哪一发展水平。

（四）农村基础设施建设水平动态评价模型

根据前面的层次分析法，我们建立了农村基础设施建设水平的评价指标体系，并给出了每个统计指标的权重和评分值。但是我们只是通过区间法，粗略给出了指标的评分，如7、5、3、1，难以对农村基础设施建设水平进行“精确”比较。为了解决这个问题，研究构建了农村基础设施建设水平的动态评价模型和方法。

1. 农村基础设施建设水平的横向动态评价模型

建立横向动态评价模型，是为了评价在某一年内或更短时间内，某个农村地区基础设施建设水平的问题。通过横向评价模型，我们可以将某个农村地区某段时间内基础设施建设水平情况进行量化，也可以比较多个农村地区基础设施建设水平的发展情况。

首先，我们建立指标体系矩阵，来描述每个农村地区相应指标的得分值。指标体系中，我们共选取了14项指标，每个指标均为正向指标，即指标值越大，反映的农村基础设施建设水平越好。因此，我们建立 n 个农村地区14项统计指标值的指标体系矩阵 A ，如下：

$$A = \begin{bmatrix} a_{1,1} & a_{1,2} & \cdots & a_{1,14} \\ a_{2,1} & a_{2,2} & \cdots & a_{2,14} \\ \vdots & \vdots & \vdots & \vdots \\ a_{n,1} & a_{n,2} & \cdots & a_{n,14} \end{bmatrix}$$

其中，$a_{i,j}$ 表示第 i 个农村地区第 j 项指标的得分值。

其次，最小二乘法是对总体线性回归最好的估计方法，因此，我们根据最小二乘法建立农村基础设施指标得分值的直线回归方程。由矩阵 A 可得：

$$E(A) = E(a_{i,j}) = \frac{\sum_{j=1}^{n} a_{i,j}}{n}, (n = 1,2,\cdots,14)$$，即矩阵 A 的数学期望

$$T(a_i) = \max_j(a_{i,j})$$，即 $a_{i,j}$ 以列 j 变化的最大值

$$S(a_i) = \min_j(a_{i,j})$$，即 $a_{i,j}$ 以列 j 变化的最小值

我们定义 $f(E(A)) = 0.8$，$f(T(a_i)) = 1$，$f(S(a_i)) = 0.6$，则均值点和最大点、最小点之间的直线回归方程为：

$$f(x) = f(T(a_i)) + 0.2 \times \frac{x - E(A)}{T(a_i) - E(A)}, E(A) \leqslant x \leqslant T(a_i)$$

$$f(x) = f(S(a_i)) + 0.2 \times \frac{x - S(a_i)}{E(A) - S(a_i)}, S(a_i) \leqslant x \leqslant E(A)$$

即有：

$$f(x) = 0.8 + 0.2 \times \frac{x - E(A)}{T(a_i) - E(A)}, E(A) \leqslant x \leqslant T(a_i)$$

$$f(x) = 0.6 + 0.2 \times \frac{x - S(a_i)}{E(A) - S(a_i)}, S(a_i) \leqslant x \leqslant E(A)$$

因此，我们给出农村基础设施建设水平的横向评价模型：

$$V_i = \left[\sum_{j=1}^{n} f(a_{i,j}) \times Q_{i,j} \right] \times 100, (n = 1,2,\cdots,14) \tag{4.4}$$

其中，V_i 表示第 i 个农村地区基础设施建设水平综合评分值，$Q_{i,j}$ 为第 i 个农村地区第 j 个指标的权重。由此，可以将某个农村地

区某年内14项指标实际值和水平横向综合评价值归纳如表4－31所示。

表4－31　某农村地区某年基础设施建设水平横向动态评价

类　别	指标名称	单位	某年指标值	综合评价值
农田水利建设	有效灌溉面积	千公顷	—	—
	旱涝保收面积	千公顷	—	—
	机电排灌面积	千公顷	—	—
农用机械设施	平均每千公顷农用机械拥有数	万台/千公顷	—	—
	平均每千公顷农用机械总千瓦量	亿千瓦/千公顷	—	—
农业电网建设	平均每个乡镇农业生产用电量	亿千瓦时	—	—
	平均每个乡镇水电建设投资总额	亿元	—	—
农村交通建设	农村道路网密度	公里/平方公里	—	—
	农村人均道路面积	平方公里/人	—	—
农村饮水设施	农村平均每人拥有手压机井数	个	—	—
	饮用自来水占农村人口百分数	%	—	—
农村能源设施	农村人均生活用能量	千克标准煤	—	—
农村医疗设施	每千农业人口乡村医生和卫生员数	个	—	—
农村文化设施	平均每个乡镇拥有文化中心个数	个	—	—

对于任何多个农村地区，通过该公式计算出的综合评分值，可以相互比较，评分值越大表明该农村地区基础设施建设发展越好。例如计算得到2006年，甲农村地区和乙农村地区的综合评分值有$V_{甲} > V_{乙}$，则甲农村地区的基础设施建设发展水平比乙农村地区高，进而甲农村地区的基础设施建设投融资绩效比乙农村地区投融资绩效高。

2. 农村基础设施建设水平的纵向评价模型

建立纵向评价模型是为了评价某个农村地区在较长时间段内关于农村基础设施建设水平的发展情况。通过纵向评价模型，可以将某个农村地区在较长时间段内的基础设施建设水平进行量化，也可以对多个农村地区在较长时间段内基础设施建设水平的发展情况进行比较。

同建立横向评价模型一样，首先建立指标体系矩阵，因此，我们建立 n 个农村地区 14 项统计指标值从 t 年到 $t+k$ 年构成的矩阵，他们为 $A[t]$ 和 $A[t+k]$，如下：

$$A[t]=\begin{bmatrix} a_{1,1}[t] & a_{1,2}[t] & \cdots & a_{1,14}[t] \\ a_{2,1}[t] & a_{2,2}[t] & \cdots & a_{2,14}[t] \\ \vdots & \vdots & \vdots & \vdots \\ a_{n,1}[t] & a_{n,2}[t] & \cdots & a_{n,14}[t] \end{bmatrix}$$

$$A[t+k]=\begin{bmatrix} a_{1,1}[t+k] & a_{1,2}[t+k] & \cdots & a_{1,14}[t+k] \\ a_{2,1}[t+k] & a_{2,2}[t+k] & \cdots & a_{2,14}[t+k] \\ \vdots & \vdots & \vdots & \vdots \\ a_{n,1}[t+k] & a_{n,2}[t+k] & \cdots & a_{n,14}[t+k] \end{bmatrix}$$

其中，$a_{i,j}[t]$ 表示第 i 个农村地区第 j 项指标在 t 年内的得分值，$a_{i,j}[t+k]$ 表示第 i 个农村地区第 j 项指标在 $t+k$ 年内的得分值。根据最小二乘法建立农村基础设施指标得分值的直线回归方程。由矩阵 $A[t]$ 和 $A[t+k]$ 可得：

$$E(A)=E(a_{i,j})=\frac{\sum_{j=1}^{n}(a_{i,j}[t+k]-a_{i,j}[t])}{n},(n=1,2,\cdots,14)$$

$$T(a_i)=\max(a_{i,j}[t+k]-a_{i,j}[t])$$

$$S(a_i)=\min(a_{i,j}[t+k]-a_{i,j}[t])$$

我们定义 $f(E(A))=0.8$，$f(T(a_i))=1$，$f(S(a_i))=0.6$，则均值点和最大点、最小点之间的直线回归方程为：

$$f(x)=0.8+0.2\times\frac{x-E(A)}{T(a_i)-E(A)}$$

$$E(A)\leqslant x=a_{i,j}[t+k]-a_{i,j}[t]\leqslant T(a_i)$$

$$f(x)=0.6+0.2\times\frac{x-S(a_i)}{E(A)-S(a_i)}$$

$$S(a_i)\leqslant x=a_{i,j}[t+k]-a_{i,j}[t]\leqslant E(A)$$

因此，根据 t 年和 $t+k$ 年农村基础设施建设水平的统计指标值，得出其增量变化的指标得分值，结合直线回归方程，可以给出农村基础设施建设水平的纵向评价模型：

$$V_{i,t,t+k} = \left[\sum_{j=1}^{n} f(a_{i,j}) \times Q_{i,j} \right] \times 100, (n = 1,2,\cdots,14) \tag{4.5}$$

其中，$V_{i,t,t+k}$ 表示第 i 个农村地区第 t 年和第 $t+k$ 年基础设施建设水平综合评分值的增量，$Q_{i,j}$ 为第 i 个城市第 j 个指标的权重。由此，我们可以将某个农村地区某个年段内（如 2003～2008 年）14 项指标的实际值以及综合评价值归纳如表 4－32 所示。

表 4－32　某农村地区某年基础设施建设水平纵向动态评价

类　别	指标名称	单位	2003 年指标值	2008 年指标值	综合评价值
农田水利建设	有效灌溉面积	千公顷	—	—	—
	旱涝保收面积	千公顷	—	—	—
	机电排灌面积	千公顷	—	—	—
农用机械设施	平均每千公顷农用机械拥有数	万台/千公顷	—	—	—
	平均每千公顷农用机械总千瓦量	亿千瓦/千公顷	—	—	—
农业电网建设	平均每个乡镇农业生产用电量	亿千瓦时	—	—	—
	平均每个乡镇水电建设投资总额	亿元	—	—	—
农村交通建设	农村道路网密度	公里/平方公里	—	—	—
	农村人均道路面积	平方公里/人	—	—	—
农村饮水设施	农村平均每人拥有手压机井数	个	—	—	—
	饮用自来水占农村人口百分数	%	—	—	—
农村能源设施	农村人均生活用能量	千克标准煤	—	—	—
农村医疗设施	每千农业人口乡村医生和卫生员数	个	—	—	—
农村文化设施	平均每个乡镇拥有文化中心个数	个	—	—	—

对于任何农村地区，通过该公式计算出的综合评分值，可以相互比较，评分值越大表明该基础设施建设发展的好一些。例如，我们可以计算甲农村地区和乙农村地区在“十五”期间（2001～2005年）基础设施建设水平的发展情况，所得评价值可以比较甲、乙，若 $V_{甲,2001,2005} > V_{乙,2001,2005}$，则在“十五”期间，甲地区基础设施建设发展水平比乙地区高，进而甲地区基础设施投融资绩效比乙地区高。

五　小结

通过应用层次分析法建立绩效评价的研究模型，从实证角度作定量研究。接下来分析研究中的不足和局限，并对未来可能的研究方向作进一步的探索。

（一）主要结论

本章以探索农村基础设施建设投融资绩效评价为根本，在总结论述了有关理论和概念的基础上，根据我国农村统计数据资料，按照独立性、可操作性、代表性、可比性原则，提取农村基础设施两大系统中的14项指标，并给出了相应统计指标的指标值评价计分办法，在此基础上利用层次分析方法获得各指标的权重，从而获得农村基础设施发展水平的评价得分。对农村基础设施发展水平的评价研究构建了两种方法，即横向动态评价模型和纵向动态评价模型，进而系统构建了评价农村基础设施建设发展水平的三种模型。由于农村基础设施建设融资的直接数据较难获得，因而通过对农村基础设施建设发展水平的评价，推导得出融资绩效的评价。

在案例研究中，如果获得某个或多个农村地区的指标值，按照评价模型可以对其融资绩效进行具体评价。

三种模型的数学公式如下：

$$V = 100 \times \sum_{i=1}^{n} (D_j \times W_j) \tag{4.3}$$

$$V_i = \left[\sum_{j=1}^{n} f(a_{i,j}) \times Q_{i,j} \right] \times 100, (n = 1,2,\cdots,14) \tag{4.4}$$

$$V_{i,t,t+k} = \left[\sum_{j=1}^{n} f(a_{i,j}) \times Q_{i,j} \right] \times 100, (n = 1,2,\cdots,14) \tag{4.5}$$

（二）研究局限与未来研究方向

1. 研究局限

（1）指标选取

建立农村基础设施建设评价指标体系，是应用层次分析法进行绩效评价的关键环节。指标的选取必须能够充分地反映农村基础设施的属性。要使指标能够充分反映属性，我们必须对指标的分类领域有足够的研究和认识。例如：农村医疗是一个正在进行改革的领域，所选指标若能够对其有很好的反映，研究者必须对其有足够深入的了解，而本章只选取了一项指标“每千农业人口乡村医生和卫生员数”，并不能充分表达农村医疗的主要特征。由于研究的精力和时间有限，不能够对每个领域作足够深的探索，因而导致指标的数量和准确性有进一步完善的地方。

（2）数据收集

绩效评价是实证研究，因此，数据的收集与整理十分重要。本书构建了农村基础设施建设融资的评价模型，但是没有做进一步的实证案例分析，主要原因在于很难获得相关统计数据，这是研究中的遗憾和局限所在。

2. 未来可能的研究方向

（1）以绩效为切入点，创新农村基础设施建设融资模式

首先，通过农村基础设施建设融资绩效评价，能够发现具体建设中哪些领域需要加大投入，以及政府在投入中的局限和不足。通过这一视角，有针对性地吸纳社会资本，弥补建设中的资金不足以及政府财政投入的不足，同时结合西方发达国家基础设施建设领域内投融资的先进做法，创新我国农村基础设施建设融资模式。

其次，通过农村基础设施建设融资绩效评价，可以对某个领域评价值较高地区的具体投融资做法进行研究，总结其经验并对相对落后的地区进行推广。

（2）以绩效为切入点，优化政府管理决策能力

农村基础设施建设融资绩效评价的最终对象是政府的管理决策能力。通过绩效评价的结果，总结政府在农村基础设施建设中的不足之处，对政府的管理决策能力提出具体的优化建议和对策安排。

此外，我们可以对多个农村地区的基础设施建设融资做比较分析，比较经济发达地区和经济相对落后地区的地方政府在农村基础设施建设中所发挥的作用，进而探讨中央政府和地方政府在农村基础设施建设中的责任和权限，以及政府管理能力的最优安排。

第二篇

过程论视角下的农村基础设施建设机制创新

第五章
农村基础设施建设决策机制研究

农村基础设施具有公共产品的一般特性和由农村社区所决定的特殊性。农村基础设施建设决策机制包括决策主体及其权责分配机制、决策的程序和方法体系、决策前的偏好显示机制、决策信息沟通机制、决策监督机制等；而供给偏离农民的真实需求、农民缺乏对自身利益的表达意识和表达渠道、决策信息公开披露制度缺失等是现存的农村基础设施建设决策体制的主要缺陷。因此，必须创新农村基础设施建设决策机制，建立起科学合理、符合农民真正需求的供给决策机制。[①] 长期以来，各级政府被视为农村基础设施建设的主要提供者，且投资一般是通过国家财政拨款、转移支付等形式由政府来完成的。但这种完全由政府“自上而下”决策分派投资机制很容易产生资金管理方面的负面效应以及各种形象工程。有些研究认为，造成这种问题的关键在于目前这种“自上而下”的投资决策机制存在内在的运行缺陷。[②] 目前我国农村公共服务领域存在大量结构性供求失衡，而这种失衡的一个重要表现

① 于水：《农村公共产品供给与管理研究》，《江苏社会科学》2010 年第 2 期。

② 傅晋华：《农村基础设施的投资与运营管理：研究综述》，《首都经济贸易大学学报》2008 年第 1 期。

是政府的公共支出项目与农户的公共服务需求不符。[①] 因此，从农户需求角度来探讨农村基础设施投资决策机制问题成为学界关注的热点。

发展经济学家罗森斯坦·罗丹将基础设施视为经济发展中的"社会先行资本"，必须加大基础设施投资，才能带来整个"社会获利能力"提高的效果。农村基础设施建设对提高农业生产率、农业生产的稳定性以及降低农业生产成本有着非常重要的作用。它是农村生产力的重要组成部分，具有减轻农民负担，增加农民收入，拉动农村消费的功能；有利于建立农民生活与生产稳定保障体系，从而增加农民稳定预期，促进农村社会发展。根据我国实际国情和公共产品理论，政府应成为农村公共产品提供的主体，公平、公正地为农村提供公共产品，让农民享受基本国民待遇。本章研究的重点是从农村基础设施建设决策机制创新审视农村公共产品供给与管理。农村基础设施建设决策机制是有关农村基础设施建设、决策活动的运行过程和工作方式所形成的相关规则和制度体系。

一 农村基础设施建设决策机制的现状分析

（一）农村基础设施建设决策机制研究

按照民主、科学决策的要求，完善的政府决策机制一般由既相互联系又相互制约的三个部分即决策的中枢系统、咨询系统和信息系统构成，我国虽建立了这些系统，但运作过程很不规范，地方政府决策的组织结构不合理，决策方式、信息沟通渠道不完善，这严重影响了政府决策民主化与科学化水平。现行农村公共产品供给决

① 林万龙：《中国农村公共服务供求的结构性失衡：表现及成因》，《中国农村发展论坛》2007 年第 9 期。

策机制是一种自上而下的行政命令式决策机制，有浓厚的规则取向，以韦伯官僚制组织理论和威尔逊行政理论为核心的传统公共行政理论是其理论基础。这种决策机制强调决策规则与程序的核心地位，强调决策规则与程序和决策效率之间的密切关系，要求行政决策的制定和执行都遵循严格的规则与程序。农村基础设施对农村经济社会发展极其重要，但农村基础设施很难完全由农民自己提供。一方面，以户为单位分散的农业生产经营组织形式以及农业部门的特殊性决定了农民生产私人产品对农村基础设施的强烈依赖性，这种强烈依赖性还随着农村市场化程度的提高而不断加大。另一方面，农村基础设施具有外溢性，消费者可以免费搭便车，如果完全由市场供给，必然会造成农村基础设施建设的短缺，因此，农村基础设施应由政府参与提供。

农村基础设施建设决策是一种由多主体参与、多环节组成的复杂的活动过程。农村基础设施建设决策决定农村基础设施的数量规模、供给方式及效率。[①] 当前我国农村基础设施供给决策机制主要沿袭了人民公社时期政府强制性供给的特性，带有很浓的计划经济色彩。在农村基础设施供给“自上而下”的决策机制中，农村基础设施的供给决策主要由政府而非农民作出。农村税费改革后，我国部分农村对村内兴办的集体生产公益事业实行了“一事一议”政策。这种政策可以算作“自下而上”决策制度的一种初级形式，并取得了一定成效，但也存在一些突出问题。这种自上而下的决策机制的形成要归结于我国现行的县乡体制是一种压力型体制，其明显特征是将经济指标层层分解。而这些任务和指标的完成情况是评价每个组织、个人政绩的标准，进而与干部的荣辱、升迁挂钩。因而，各地方政府往往根据自身“政绩”和“利益”的需要作出决策。

① 于水：《农村公共产品供给与管理研究——从农村基础设施建设决策机制考察》，《江苏社会科学》2010 年第 2 期。

（二）农村基础设施建设决策参与机制研究

农村基础设施建设决策过程是一个参与型的决策过程。这种参与可以明确目标的导向性，并帮助该组织的下属澄清和实现目标。决策过程通常有许多的决策方案供决策者选择，这种情况下保证决策者作出最理想决定就需要更多人参与其中协助决策。因为政策的决定是由集团，而不是由于其个人的政治性质决定的。政策的制定者与政策的参与者是一个互动学习的过程，它能保证最终决策可能有更高的接受概率。① 我国拥有世界上人口最庞大的农民阶层，但却没有农民协会这样一个最基本的农民利益表达组织。农民的利益表达得不到重视，各部门间相互推诿、拖延、不予理睬，信息得不到反馈。长此以往，农民会渐渐失去表达意愿。制度内的农民需求表达渠道主要是人大代表，但现行人大代表选举程序不能确保当选代表与选民间的利益代表关系，且选民对当选代表也缺少监督、罢免权力。在我国，由于受分散经营的家庭联产承包责任制影响，农民的组织化程度低，个体素质不高。这种组织状况决定了农民难以参与到政府的公共决策中去，在同政府部门进行谈判交涉和对自身利益需求进行表达时处于一种被动状态。目前我国农村基础设施决策是一种以领导为中心、自上而下的决策模式，农民对农村基础设施的需求不能准确地表达，基层政府官员根据自身和上级的偏好与他们掌握的并不完整、准确的资料来盲目地作出决定，这就致使农村普遍出现基础设施供给不足和结构失衡问题。在国外，印度的农村基础设施建设决策是由需求推动和社区引导的，人们通过地方自治机构和社区建立了自己的利益需求表达机制，提出自己对农村基础设施的需求。在日本，农民对基础设施建设项目采用菜单式选择方式来选择满足他们需要的项目，项目规划必须获得 2/3（实际上

---

① Sufi M. Nazem, Heeseok Lee, "Implementing telecommunications infrastructure: a rural America case." *Telemarics and Informafics*13 (1996): 23 - 31.

需95%）以上的社区成员的赞同才能实施，否则政府不能实施该项目，这一程序使农民有机会充分表达自己的意见。美国民众可以通过投票表决的形式，或者通过工会、行业协会等多种组织形式表达自己的需求。①

（三）农村基础设施建设决策监督机制研究

通过农村基础设施建设决策监督来确认决策方案或结果是否合理合法，并且找出农村基础设施建设决策的预期目标与实际绩效之间的差距，及时发现问题并找出解决问题的方法，有助于积累决策经验，减少决策失误，其作用贯穿于农村基础设施建设决策的全过程。由于农民被排斥在农村基础设施建设决策之外，对基础设施建设过程的管理和监督自然缺乏有效参与，无法对农村基础设施建设资金的筹措、管理、使用等进行规范性的监督。我国地方政府决策中监督不力的现象相当严重，存在监督滞后、监督缺位、监督缺威等问题。国家急需在决策监督机制上进行完善，以更好地规范决策过程。西方国家在决策监督的研究中，强调农村基础设施建设由于缺乏民众实质性的参与，决策的结果容易偏离实际需求，应成立专门的农村基础设施建设决策监督机构，鼓励民间社会参与决策监督过程。

（四）农村基础设施建设决策主体研究

现行的农村基础设施建设决策主体主要是政府官员，因此学者大都围绕政府官员决策方式的特点进行研究。农村基础设施建设可以促进农村发展，减轻贫困程度，提高民间社会自治能力和繁荣公众参与决策的民主文化。地方政治人物对决策的影响导致投入、分配不均。而且，投入的资源不一定是最优的生产性使用，所以利益

---

① 张珺：《中国农村公共产品供给》，社会科学文献出版社，2008，第194～228页。

相关者希望能获得相关信息，利用这些资料，对生产要素进行有效配置。[①] 有些农村基础设施建设决策者缺乏党性修养和民主作风，主观武断，不负责任，决策过程中不尊重科学、不尊重事实、不尊重民意，而是凭着某些领导或个人的喜好和利害关系，凭着自己个人的知识和经验，不作深入的调查研究，不作分析比较就轻率决策，从而造成巨大的损失。目前，我国还没有一部对决策的权责作出明确规定的法律，而一旦决策失误，领导往往选择推卸和逃脱责任，这非常不利于认真总结经验教训。所以，我们应将干部评议、晋升、薪酬等制度与农村基础设施建设状况、农民满意程度等挂钩，促使他们成为农民利益需求偏好的真实代表者，真正为农民利益负责。

（五）研究述评与展望

从总体上看，国内外学界对农村基础设施建设决策机制研究的理论积淀相对比较薄弱，大都是对公共产品决策机制的一种宏观性研究，或者是对农村公共产品供给现状的评述，没有针对农村基础设施建设决策机制这一主题进行深入系统的研究。本章尝试从理论设计上，尽可能地展示研究的系统性。

在国家新农村建设战略的实施进程中，随着相关涉农制度创新进程的加快和各级财政倾斜力度的加大，我国农村基础设施建设数量不断增加，但同时在一些地方也出现了为追求自身政治和经济利益，在公共产品供给决策中不尊重农民意愿、偏离农民需求的倾向。农村基础设施建设决策涉及国家、地方及基层政府各个层面。当前我国农村基础设施建设决策机制沿袭了人民公社时期的政府强制性供给的特性，带有很浓的计划经济色彩，即农村基础设施的建设是通过“自上而下”的行政命令方式推动的。在

① Erniel B. Barrios, “Infrastructure and rural development: Household perceptions on rural development.” *Progress in Planning* 70 (2008): 1~44.

农村基础设施建设"自上而下"的决策机制下，农村基础设施的建设决策主要是由政府而非农民作出的。政府对基础设施的建设偏好代替了农民的需求偏好，对农村基础设施的建设起决定作用的不是农民的需求，而是上级的行政命令。这种农村基础设施建设的决策机制不是根据农村内部的真正需求来决定的，而是假设政府机构及其官员比农民更加了解农民需求，能够更好地代表农民实现其利益的前提下运行的。并且由于政府的决策并非完全理性，所以这种"自上而下"的决策机制并不能真正反映农民对基础设施需求的偏好，政府所提供的基础设施也并不一定能满足农民的需求。

基于以上思路，本章从决策的层面展开研究，在我国农村基础设施建设决策机制问题分析的基础上，认识到改革我国农村基础设施建设决策机制的必要性和迫切性，提出完善农村基础设施建设决策机制的对策和建议，使我国农村基础设施建设决策机制更加完善，改善当前我国农村基础设施建设的决策效率及效果，以期促进农村基础设施建设的可持续发展。

二 农村基础设施建设决策机制概述

（一）农村基础设施建设决策机制及其结构分析

决策是指个人或组织确定目标，择定行动方案并付诸实施的过程。它包含两个方面的含义。从动态上理解，决策是个动词，是一个分析问题、制定选择方案、解决问题的过程，它包括许多环节，绝不是一瞬间的活动。从静态上理解，决策就是名词，泛指所有各类的决定。[①] 农村基础设施建设决策属于国家公共决策的范畴。所谓公共决策是公共组织针对有关公共问题，为了实现和维护公共利

---

① 曲福田、盛邦跃：《行政管理学》，南京大学出版社，2003，第209页。

益而作出的行动或不行动的决策。公共决策是一种行政行为，它的本质是政府为市场和社会提供公共产品，因此公共决策的准则是公共利益最大化。机制一词，根据字典的解释，是指一个有机体的构造、功能及其相互关系，泛指一个系统的组织或部分之间相互作用的过程和方式。

通过以上分析，可以得出农村基础设施建设决策机制是由农村基础设施建设决策中各要素的相互关系、运行过程和运转方式所形成的相关规则与制度体系，是作为一个动态运行过程的决策结构、流程和方式及其制度化的组合。它主要包括决策责任机制，偏好显示机制，决策的程序和方法体系，信息沟通机制，公共参与机制，决策评价监督机制等（见图 5－1）。决策责任机制规定了农村基础设施建设决策主体及其各自所拥有的权力与承担的责任，它是决策制定执行的前提和基础。偏好显示机制反映了农村基础设施建设决策牵涉各个利益主体，反映自己需求偏好的制度，它是决定决策是否合理、是否反映民众需要的一个基础。决策的程序与方法涉及农村基础设施建设决策过程中一系列基本的步骤与流程，是决策过程科学化的表现形式，对决策结果有着非常重要的影响。信息沟通机制包括信息收集、信息处理及其过程中信息传达和披露的制度，它是保证民众的真实意愿能够及时顺利地反映给决策者，也能保证决策者的意图与目的能准确迅速地传达给民众的机制。公共参与机制是民众通过一定的途径和形式参与到决策过程中，包括民意代表机制、民意表达机制和公共舆论机制等保证公民能参与决策过程的机制。决策评价监督机制能保证决策符合民众需求，按既定要求执行，达到预定的建设目的。它包括决策前、决策中和决策后的监督。它们都有着本身的结构和规律，却有机的结合成一体，构成一个完整的农村基础设施建设决策机制。只有这些机制合理组合产生的效用得以发挥，才能保证农村基础设施决策顺利进行。从某种程度上可以说农村基础设施建设决策机制的运行就是上述这些机制在决策过程的不同阶段发挥各自作用的过程。

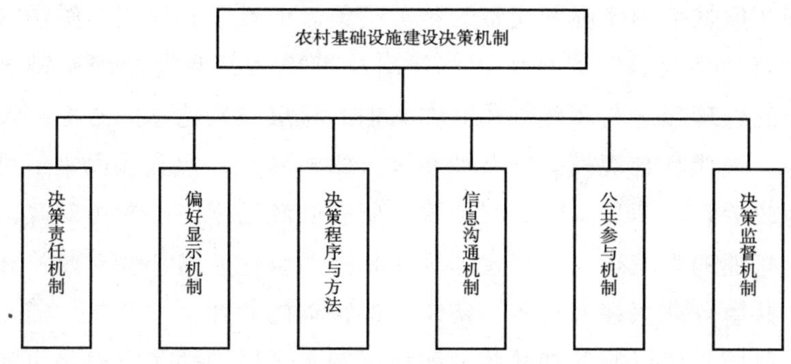

图 5－1　农村基础设施建设决策机制结构

（二）农村基础设施建设决策的理论分析

1. 农村基础设施建设精英决策理论分析

传统的精英决策理论是西方多元主义政治理论中精英阶层民主理论的观点。其基本观点是：社会中的权力集中在少数人的手里，虽然一个既定的精英层，其成员在不同的时期有所变化，但一个社会精英只可能被另一个精英取代，精英规则保持不变。那何为精英？简单来说，精英是那些“掌握控制权”的人，不仅在国家政府机关，也在国家范围内的经济、工业、学术、文化、大众传媒等其他制度领域中有重大影响甚至起决定作用的人物。① 20 世纪初，精英决策理论的代表人物维尔弗雷多·帕累托认为：一个社会的精英是那些自发的从社会中浮现出来的精英的总称。精英当然包括议员、官僚机构，但范围却远大于此，帕累托把精英分为一般精英与政治精英，政治精英就是那些作出的政治决策会对未来产生影响的人。② 著名学者拉斯维尔认为社会精英是那些在可以取得的价值中获得最多的人们。虽然各个国家的文化传统、意识形态和发展水平

① 魏淑艳：《中国的精英决策模式及发展趋势》，《公共管理学报》2006 年第 3 期。

② 约翰·麦克里兰：《西方政治思想》，海南出版社，2003，第 714 页。

不同，但权力的实际归属都为精英决策。而且以官僚制为鲜明特色的“行政型政府”是产生传统政府决策模式的政府组织基础，其政府的管理理念与实践都建立在韦伯的科层制理论基础之上。韦伯认为，现代社会规模的复杂性和极大的差异性，使直接民主不可能作为政治管理和控制的一般模式。所有的政治组织必然由对政治管理感兴趣的人管理，而管理国家更是一项事业，是那些对政治和其他公共事务感兴趣并具备一定才干的精英的职业。

我国是代议制共和政体，而代议制本身就表明了政府是由人民选出或是委托的精英组成，所以精英决策一直是我国传统政治特征之一。我国的精英集团，也可以称为精英阶层，存在于我国政治、经济、文化等方方面面。在政治领域，掌握权力的国家机关官员事实上已经成为政治精英，决策权仅限于决策者手中，社会力量对其影响很弱。建国初期，为了实现经济的赶超和决策的高效能，传统精英决策，即政治精英决策发挥了巨大作用。但随着我国经济和社会的进步，传统精英决策的弊端日益显露。就农村基础设施建设而言，其决策由政治精英作出，社会团体与公民影响决策结果的能力十分微弱，这样的决策结果只是反映了决策者的利益、感情和价值观，是决策者（政治精英）偏好的体现。农村基础设施建设的决策权掌握在少数政治精英手里以及监督机制不完善，很容易造成决策者专断，使决策结果偏离实际需要，造成农村基础设施建设的浪费，影响农村经济的可持续发展，因此传统的精英理论受到了多元主义等理论的批判。我国现在国民素质相对提高，民主法制思想广泛传播，传统精英决策理论指导下的“自上而下”政治精英决策模式已经不能适应我国经济社会的发展，应广泛吸纳不同阶层的社会精英参与其中，以此保证决策的科学性。

2. 农村基础设施建设决策的公共选择理论分析

公共选择理论是综合了政治学和经济学的一门交叉理论，研究的问题是公共选择问题。公共选择是指人们通过民主政治过程来决定公共物品的需求、供给和产量，是把个人的私人选择转化为集体选择的一种过程和机制，是对资源配置的一种非市场决策[①]。所以，公共选择的过程其实就是一种政治过程，它以经济学假设为前提，根据自由交易使双方都获利的原则，分析民众的公共选择与政府的决策之间的关系。公共选择理论认为，政治就像一个自由交易的市场，政府是供货商，提供公共产品和公共服务；民众就是这个市场的消费者，购买和消费政府提供的服务与产品。每一个人都是具有独立价值和利益的人，他们都会根据自己的利益需求来参与各项公共决策，以谋求实现各自的目标与利益。同样一个人，如果他在经济领域是自私自利的，那么他在政治领域中也不可能完全改变，不可能由于身份或政治角色的不同而变成一个大公无私的人。它的逻辑起点是“经济人”的概念，即“理性的、追求自身利益或效用最大化的人”。公共选择理论把政府机构看做由一个个“经济人”组成的，他们都有着自己的利益诉求，都需要与其他的团体组织或个人发生利益关系，因而他们都会通过自己的选择来实现利益的最大化。公共选择理论主要用来分析政府工作效率，以此来促进形成政府高效工作的规则体系这一目标，认为市场机制经常会失败，需要政府的干预来弥补市场经济的不足。可是官僚也是追求自身利益最大化的理性“经济人”，“政治人”与“经济人”一样，都是利己的、理性的、依据个人偏好的，以最有利于自己的方式进行活动。市场决策不好的问题，政府也未必能决策好，因为官僚有着“经济人”的特征。布坎南认为官员或政治家都有一种自发的倾向和动力去扩张政府行动的规模和范围，以获得自身的利益，这使得政府决策的结果偏离了公共利益的需求。正是这个原因，公共选择理论强调，不应把有关社会福利和保证平等的权力随便交给某个特殊机关或阶层，然后再等待这些机构或阶层的恩赐。真正好的做法应该是有一个硬性的约束机制并且由民众来真正掌握

① 李伟：《公共选择理论对我国改革和完善政府决策机制的意义》，《求实》2006年第4期。

其决策权，来制约这些特殊机构或阶层的活动。

在我国农村基础设施建设中，大部分的决策是由政府官员作出的，根据公共选择理论，这些政府官员在作决策的过程中也是“经济人”，一样追求个人利益最大化，因而可能因为自身的利益关系而越位，甚至产生腐败现象。尤其在我国现行决策程序与规则不够规范，决策监督机制不完善的情况下，很容易造成农村基础设施建设的决策不符合当地的实际需求。因此，要提高政府决策的效率，就要改革和完善我国决策机制的规则。公共选择理论分析了市场经济条件下政府与市场的关系，以及政府干预经济的局限性，这对完善我国农村基础设施建设决策机制有一定的借鉴意义，但公共选择理论是建立在西方市场经济和政治体制基础上，我们应根据我国实际情况选择性吸收与合理应用。

3. 农村基础设施建设决策的治理理论分析

20 世纪 90 年代以来，西方政治学家和经济学家纷纷引入治理理念，运用治理理念发展和完善各自学科，使治理概念逐渐被赋予极其丰富而全新的内涵，并逐渐发展成为一个包括治理、善治和全球治理等丰富内容的治理理论。治理理论的兴起是与政府的失效和市场的失效联系在一起的，是为了补充政府管理与市场调节的不足应运而生的一种社会管理模式。① 传统统治观认为，政府是国家和社会公共事务的唯一管理主体和权力中心，这样的定位必然导致政府角色出现“越位”、“错位”甚至“缺位”，行政效率日渐低下，政府权力的无限延伸，进而导致人们对政府合法性的怀疑。治理理论认为，政府在整个社会中仍然可以扮演重要角色，但治理理论强调政府并不是公共管理的唯一主体，政府、公民、个人、非政府组织都可以成为公共管理的主体，它们在共同的目标下参与决定公共政策和提供公共服务，共同承担公共事务治理责任。各种公共的和私人的机构只要其行使的权力得到众人认可，就可以成为社会各个

① 李景鹏：《中国走向“善治”的路径选择》，《中国行政管理》2001 年第 9 期。

不同层面的权力中心。因为治理所依赖的组织基础不再是整齐划一的科层制组织，而是平行发展的、互动的、多样化的社会网络组织。并且治理理论超越了市场与政府之间的惯性思维模式，它承认了政府存在的必要性，同时又强调政府作用的有限性，认为政府应扮演“有限政府”的角色，并突出强调了公民社会的作用。治理理论主张分权和参与式管理，强调政府与社会通过互动合作，通过协商、伙伴关系等方式来实现对公共事务的管理，无论是政策制定还是政策执行过程，参与和互动都是保证政策有效性的基础。在现代国家，公共政策是政府治理的一个基本和主要的手段和工具，政府工具的选择就是政府公共政策的选择，所以公共决策机制的科学合理与否直接关系到政府治理的效果。按照治理理论的观点，政府公共决策机制改革与发展的核心内容就是切实扩大民众参与，充分考虑到社会各方的利益诉求，并对民众的利益诉求作出切实的回应。农村基础设施建设的决策不能真正反映农民的实际需求，也不能满足农村社会发展的需要，造成了资源的极大浪费。基于此，用治理理论来完善农村基础设施建设的决策机制，由相关多个利益主体共同参与决策过程，在协商对话达成共识的基础上来对农村基础设施建设的决策产生影响，以此来保证决策的正确性和科学性。①

三　农村基础设施建设决策的影响因素及发展趋势

（一）农村基础设施建设决策机制变迁的影响因素分析

1. 政治因素

新中国成立后，中国共产党对民主政权的建设极为重视，人民

① 石路：《政府公共决策与公民参与》，社会科学文献出版社，2009，第35～56页。

获得了从未有过的民主权利，但是由于各种原因，我们仿效苏联建立起了高度集权的政治体制，没有建立起一套完整的科学的农村基础设施建设决策机制，在决策系统中缺少民众参与的渠道与制度保障。在这种特殊体制下，农村基础设施建设决策机制是自上而下的中央集权式的统治性政府决策模式，这使得政府的权力全部集中于个人，个人专断与个人崇拜开始滋长起来，严重地干扰了农村社会的正常秩序。直至改革开放以后，邓小平发表了《党和国家领导制度的改革》重要讲话，拉开了中国政治体制改革的序幕。随着改革的深化，党的“十四大”提出要加速建立一套民主科学的决策制度。之后，党的“十五大”提出了实施依法治国、建设社会主义法治国家的重大决策，为我国发展民主政治提供了法律保障。它要求政府机关的各项重大决策活动必须在法律规定的范围内进行，要求中央和地方政府机关依法行政，依法决策，在有关农村基础设施建设的决策中处理好职、责、权、利的关系，建立和健全各级行政首长负责、专家论证和农民参与三者相结合的政府决策机制，并逐步建立起决策失误责任追究、决策项目论证、评估和公示等制度。只有这样才能保证农民参与到农村基础设施建设的决策过程之中，防止农村基础设施建设决策失误带来的重大损失。2002年党的“十六大”第一次完整系统地提出改革和完善决策机制问题，即要把改革与发展的重大决策同立法结合起来，逐步形成了解民情、充分反映民意、广泛集中民智的决策机制，推进决策科学化与民主化，提高决策水平和决策效率；各级决策机关要完成重大决策的规则与程序，建立社情民意反映制度，建立与群众利益密切相关的重大事项——社会公示制度和社会听证制度，完善专家咨询制度，实行决策的论证与责任制度，防止决策的随意性。之后，党的“十七大”进一步推进政治体制改革，加强制度建设，实现社会主义民主政治的目标已经成为广泛共识。要求在农村逐步形成深入了解农民实际情况、充分反映农民意愿、广泛集中农民智慧的农村基础设施建设决策机制。

回顾中国社会主义民主政治的发展历程，其道路并非一帆风顺。由于中国民主政治建设所处的特定环境，大多数情况下，民主政治建设局限于政治生活领域，缺乏社会基础支持环境。从长远看，除了在国家体制层面，我国还要从社会层面广泛发动社会组织和社会力量参与到民主政治建设过程中。没有一个国家的政治制度变革可以在短时间内完成，与该制度相应的社会基础的建立和完善需要相当长的时间。①

2. 经济因素

新中国成立后，中国经济发展经历了从计划到市场的转变，中国的经济体制在所有制的结构、分配原则和形式、经济调控方式等方面都产生了很大的变化。经济体制和经济政策的变化，深刻地影响了农村基础设施建设决策机制的形成与发展。计划经济时期，所有农村基础设施建设决策都是听从政府的安排，即"自上而下"的决策规则，社队控制了所有的生产和生活资料，农民对农村基础设施建设既没有需求的冲动也没有决策的权力，所有决策权都集中于社队或社队以上的各级政府机关。随着改革开放的推进和市场经济的发展，经济全球化和市场经济体制的建立促进了我国农村基础设施建设决策机制的变革。

首先，经济全球化与市场经济创造了以自由和平等交换为基础的社会经济活动，造就了多元的利益主体与利益结构。市场经济的特征是市场主体具有平等性与自主性，并且承认各自利益。因此，这种具有平等、自主、竞争等属性的市场经济必然打破传统的计划经济。经济结构的变迁造成利益群体的多元化，使得公民意识开始觉醒，政府在制定政策或作出农村基础设施建设的决策时，面对的不再是过去那种整齐划一的利益无差别的被动接受者，因此必须建立一个能整合利益主体不同需求的农村基础设施建设决策机制，充

① 石路：《政府公共决策与公民参与》，社会科学文献出版社，2009，第127~129页。

分体现民意。

其次，随着市场经济和全球化的发展，政府开始感受到经济发展带来的压力，需要做出自我调整，即推动政府职能转变。政府从计划经济管理方式向市场经济管理方式转变，建立服务型政府，除了继续做好经济调节和市场监管的工作外，更应注重履行社会管理和公共服务职能，提高公共服务水平，促进经济与社会的协调发展。随着计划经济时代资源计划配置功能的逐渐减弱，市场资源配置的功能逐渐增强，政府在决策时的立足点发生变化，更加尊重市场经济的内在规律与作用，为市场经济作用的有效发挥创造条件。

最后，市场经济的发展要求完善了农村基础设施建设决策机制，形成了从决策咨询、制定到评估、监督等一系列完善的机制。这样的农村基础设施建设决策机制才能适应新形式下农村社会的全面发展，保证民众真正参与到决策过程表达自己真实意愿，避免决策的失误。①

3. 文化因素

任何政治体系以及其中的政治活动都处在一定的文化氛围之中，并受这种文化氛围的熏陶和影响。② 决策文化在政府决策的过程中发挥着特定的导向作用、控制作用和调整作用，并对决策制度、决策方式等存在一定的影响。政府为实现农民利益和农村社区全面发展而做出的农村基础设施建设决策活动，除了受到政治条件和经济条件影响以外，还与决策主体的决策文化，即决策意识、决策心理、决策习惯、决策道德等有关，因为无论何种决策最终是由人来决定的，所以也可以说，农村基础设施建设的决策过程就是决策主体适应决策客体的需求，以特有的文化禀赋，坚守一定的决策原则的政策制定过程。我国现今决策文化一方面在积极进行自我调

---

① 石路：《政府公共决策与公民参与》，社会科学文献出版社，2009，第 130～133 页。

② 陶东明、陈明明：《当代中国政治参与》，浙江人民出版社，1998，第 142 页。

整与变革，另一方面旧的决策文化依旧顽固存在。

此外，近30年随着家庭联产承包责任制、改革开放搞活政策和市场经济体制的推行，中国农村社会的政治文化建设正处于特定阶段。快速的人口流动以及网络化和信息化的发展一定程度上开阔了村民的视野，丰富了村民的政治阅历，降低了村庄传统政治文化的合法效力。由于村庄现代政治文化的建设还不到位，已有的现代政治文化功能尚未发挥主要或重要作用。在许多遥远的乡土社会，还没有形成现代的政治意识和政治概念，在现代政治语言包罗的还只是乡土家族文化和亲缘文化内容的条件下，难免使村民在政治生活的具体实践中陷入进退维谷、迷惑徘徊的境地。[①] 目前农村政治文化的现状决定着农村无法充分参与农村基础设施建设决策。

首先，我国现在农村基础设施建设决策中民主性与专制性并存。随着民主政治的发展，民众权利意识增强，平等观念日益深入人心，民众参与决策的能力与热情有所提高。同时，一些地方官本位的家长制长官意识在传统的决策文化中根深蒂固，在一些地方仍然存在一言堂的决策局面。

其次，我国农村基础设施建设决策中封闭性与开放性并存。由于我国长期受自给自足的小农意识的传统观念的影响，安于现状、求稳怕乱的文化心理普遍存在，农民对社会发展的适应性较弱，表现出明显的封闭性。但具有开放性特征的市场经济，要求与之相适应的决策文化也必须具有开放性的特征，这也使得我国决策文化的开放性得到进一步增强。

最后，农村基础设施建设决策中经验性与科学性并存。我国传统决策文化强调决策者的决策经验，从而忽视制度的设计与机制的完善，只注重经验和方法，往往以决策者的决策经验为基础。科学决策则注重从决策机制、决策过程、决策分类等方面进行决策，这

① 戴玉琴：《基于村民自治视野下的农村政治文化转型特征论析——以江苏为分析案例》，《求实》2008年第10期。

与现代市场经济相适应。

4. 技术因素

改革开放以来，我国与世界的联系日益紧密，信息化时代科学技术的发展对传统的政府决策方式产生了巨大的冲击，同时也为政府决策方式的变革提供了新的技术手段和技术支持。传统的农村基础设施建设决策机制中，政府与社会的关系处在明显的不平衡状态，其中一个重要的原因在于政府掌握着绝大部分的信息和社会资源。然而信息技术的快速发展、互联网的迅速普及使得传统政府管理的有效性受到质疑。传统管理模式下的政府无法应对不同利益主体多元化的需求，改革农村基础设施建设决策方式成为适应信息化时代到来的必然选择。此外，民主和自由的发展，激活了人们要求平等享有并行使合法权利的公民意识，提高了人民参政议政的能力与热情，在客观上也促使政府有关农村基础设施建设的决策必须满足人民的实际要求。而不断升级的信息技术和日益发达的网络正在成为民众广泛、便捷参与决策的有效途径。

（二）不同时期农村基础设施建设决策机制研究

1. 计划经济时期的农村基础设施建设决策机制

受社会历史条件的限制，新中国成立之初不得不继承旧中国政治经济极其落后的局面，面临现代化发展的多重目标，同时兼顾来自多方面的巨大压力。在此情况下，需要一个强有力的政府承担起民族复兴和现代化建设的双重任务。高度集权的苏联模式取得了举世瞩目的巨大成功，给新生的社会主义新中国的建设提供了最好的范例。所以成立之初的新中国选择了一个具有全能色彩的统治型政府，建立起一套高度集中的计划经济体制，政府成为包揽一切的“全能人”。政府对全社会经济活动从政策的制定、执行到监督，对社会管理从宏观、中观到微观，对社会生产活动从投资到生产、流通以及消费，进行全面的管理和控制。

在农村基础设施建设决策方面，计划经济时期实行人民公社政社合一、党政不分的政经统管制度，即农村集体经济组织和国家政权的农村基层组织合二为一，使得农村政治结构、经济结构、文化形态实现了前所未有的解体与重构，同时也将自己的意识形态理念渗透到以往任何政权都没能完全渗透的农村社区的末梢。人民公社体系垄断了所有的资源和权力，决定了计划经济时期以政府计划安排和上级决策为主的“自上而下”的农村基础设施建设决策机制，担任着政社合一的双重角色，决定了对农村基础设施的需求主要由人民公社内部解决，农村基础设施建设的主体和决策者是政府和社队集体。其中主要是农村集体经济组织凭借着高度的集中制原则统一地安排一定种类、一定数量的农村基础设施，而资源的分配、投向和使用方式由政府意志决定。由于在人民公社这种严密的组织形式下，农民由个体的人变成了国家的人和社会的人，不仅失去了对生产资料的所有权，也丧失了对一部分生活资料的拥有权，甚至对附着于自身的劳动力也失去了支配权。这样，由于农民没有任何经济的自主权，也缺乏对农村基础设施建设的主动需求。这一时期的公社集体资金和国家财政资金一样，实行政治顺从型的决策机制。农村基础设施建设决策中，以集体利益高于农民个人利益为根本出发点，忽视农民的个人需求和偏好，是强加于农民的约束型的决策机制。①

这种决策方式下的决策文化具有明显的集权性，具体表现为：首先，决策的个人权威性。一项决策最后是由个人拍板还是集体决定体现了两种截然不同的决策文化。在高度集权的计划经济体制下，农村基础设施建设的决策往往被看做领导者的特权，一切重要的事务最终都由领导者作出决定。其次，决策的个人经验性。计划经济体制下的中国基本上处于农业社会阶段，在决策文化方面，不可避免地带有一些经验决策的特征，主要表现为，决策者主要根据

① 朱金鹤：《中国农村公共产品供给：制度与效率研究》，中国农业出版社，2009，第66～70页。

自己的学识才能、价值观念、经验教训等具体条件进行决策。虽然科学决策中并不排斥经验决策，但如果个人的权威性与经验性相结合，就会导致决策的局限性，造成决策失误。最后，决策过程的封闭性。计划经济体制蕴涵的是高度集权性的决策文化，很容易造成决策的过程不透明，导致封闭性的决策。在决策过程中，政府与民众之间缺乏必要的信息沟通与交流，农村基础设施建设决策因此被看成政府的内部事务，广大人民群众被排除在决策过程之外，民众的意愿无法表达。一言以蔽之，计划经济时期的农村基础设施建设决策机制是自上而下的、普遍的行政性决策，行政动员明显，指令计划性很强，受政治利益的影响很大，政府和集体组织是唯一的决策主体（见表5－1）。作为政治产物的人民公社制度，虽然能调动广大农民投入到辐射范围远远超过乡级行政区的庞大的农村基础设施建设工程，动用农民自身和集体经济的力量实现农村社区成员的最低生活保障，但这种“自上而下”的农村基础设施建设决策机制不是在利益的组织化的基础上农村社会发展的自然结果，使体制维护的成本与机会成本不断攀升，农民的生产积极性与主动性严重受挫。

表5－1　计划经济时期农村基础设施建设决策机制的特点

农村基础设施建设种类	决策规则	决策主体	决策需求	决策特点	决策中农民参与方式	决策监督
制度内建设	自上而下	政府、社队集体	上级政府或计划安排	强制性	被动	无

2. 家庭联产承包责任制时期的农村基础设施建设决策机制

十一届三中全会以后，中国农村确立了以家庭联产承包责任制为主的农村经济体制。这一创举打破了计划经济时期对农村生产力的禁锢，将家庭经营引入农业生产之中，克服了原来体制僵化等缺陷，释放了改革前积累的生产要素能量。同时，人民公社有效运营所依赖的相关制度，如政社合一的组织体制、按工分进行分配的分配体制、集体所有的财产体制等逐步瓦解，从而使原先的农村基础设施建设决策机制不再适用。于是在人民公社废除后，乡和镇成为了农村最基层的行政区划，在乡以下实行村民自治。乡镇政府建立在原人民公社的基础上，村则建立在原来生产大队的基础上，这样农村基础设施建设的职责也自然而然地继承延续下来。但是，乡镇政府不再拥有像人民公社时期巨大的资源调动能力，农村公共事业的发展在深度和广度上都有了巨大的扩展，这不仅表明国家对农村社会治理深度的扩张，同时也表明国家对农村基础设施建设“自上而下”的决策机制的现代化整合。美中不足的是国家这次整合仅局限于农村社会有限的资源，缺少在国家层面大量的资源支持和利益诱导，社会管理体制高度行政化与公共财政缺位。这些因素共同决定了这一时期农村基础设施建设决策机制与程序仍然是强制性的与政府主导的。

高度行政化的社会管理体制决定了农村基础设施建设必然采取“自上而下”的决策方式。村民自治这一全新的农村治理模式并未从根本上改变决策权高度集中的状况，乡镇政府和村民自治组织只不过是压力型政治体制中农村基础设施建设“自上而下”决策机制链条中的一个环节而已。在压力型行政体制下，上级行政机关把制定好的经济发展硬性指标用行政命令的方式层层分配下去，到达市、县、乡、村，再将细化的指标落实到每个村民身上。而在经济发展指标中涉及农村基础设施建设的决定，建设的数量、建设程序更是习惯性地由政府机关以政策规定的形式下达，不仅带有很强的指令性，且对不同发展地区、不同类型、不同条件的农村基础设施经常按统一的要求执行，并且将这些指标任务的完成情况作为考核和评价官员的标准，并据此对官员进行升迁和贬职。此外，国家通过乡镇政府对农村基础设施建设的总量与类型更多地是以政策和文件的形式予以规定，使农村基础设施建设决策带有很强的强制性、主观性、指令性和统一性特征（见表5－2）。[①]

① 朱金鹤：《中国农村公共产品供给：制度与效率研究》，中国农业出版社，2009，第71～75页。

表 5-2　家庭联产承包责任制时期农村基础设施建设决策机制的特点

农村基础设施建设种类	决策规则	决策主体	决策需求	决策特点	决策中农民参与方式	决策监督
制度内建设与制度外建设并存	自上而下	各级政府	上级计划安排	强制性指令性	村民自治	不足

由于文化素质不高、民主意识不强、村民自治制度不完善、制度惯性等原因，农民被排斥在农村基础设施建设决策、运作和监督之外。在各级政府关于农村基础设施建设的实际决策过程中，农民很难表达自己的利益诉求，决策制定者基本感受不到农民利益集团带来的压力。而数量庞大的基层政府利益集团除了追求经济目标以外，还追求政治目标，因此会在不同决策制度与规则的博弈中作出最有利于自己的选择。不难看出，利益集团悬殊的力量对比使农民的话语权严重弱化，在农村基础设施建设决策过程中没有实质性的参与决策权，农村基础设施建设的决策不是基于农民意愿的正式表达，而是由来自农村社区外部的行政指令决定。

3. 税费改革后农村基础设施建设的决策机制

中国农村税费制度改革始于20世纪90年代初期，目的是解决农村税费制度的缺陷，即农民负担沉重的问题。这一时期，中国政府对决策民主化、科学化探索的实践迅速发展，以科学理性、平等协调为特征的决策理念开始渗透到社会生活的方方面面，农村基础设施建设的决策机制也不例外。在国家进行农村税费制度改革以前，农村基础设施建设的内容和先后顺序，农村基础设施的使用和保养，农村基础设施建设投资成本的分担问题，都是由乡镇政府机关或者更上级的政府部门来决定。农民作为农村基础设施实际上的需求主体，却在决策中变成了旁观主体、服从主体。一直被许多学者诟病的“自上而下”的农村基础设施建设决策机制在农村税费制度改革后出现了一定程度的改革和创新，即有关于村级农村基础设施建设相关事务中实行“一事一议”决策机制，这在一定程度上体现了“自下而上”的决策特点（见表5－3）。

表5－3　税费改革后农村基础设施建设决策机制的特点

农村基础设施建设种类	决策规则	决策主体	决策需求	决策特点	决策中农民参与方式	决策监督
制度内建设与制度外建设并存	自上而下为主	上级偏好和民主选择并存	农民需求与上级安排并存	指令为主较为民主	一事一议	强化

但是“一事一议”并没有在根本上动摇“自上而下”的农村基础设施建设决策机制。农村基础设施建设的资金筹集采用“一事一议”的形式，每一项收费都会有特定的用途，这就相当于在实践中默许了基层乡镇政府能够为某项特定的农村基础设施建设向农民收取一定费用。由于基层政府追求的目标与农民的实际需求有时不可能完全一致，为了达到基层政府的目标，农村基础设施建设的决策程序是“自上而下”，即农村基础设施建设在很大程度上取决于“上级政府”的偏好，由“上级”来对农村基础设施建设的种类和数量作出决定。从这种意义上来说，“一事一议”并没有使农村基础设施建设“自上而下”的决策机制发生实质性变化，只是农村基础设施建设决策机制的渐进性、边缘性的制度创新，是在“自上而下”的农村基础设施建设决策机制的前提下对过去全面控制的决策权的下放和让渡，是在不改变基层政府及其上级政府决策权的同时满足农民参与决策过程的民主愿望的一种折中。①

4. 农村基础设施建设决策机制的发展趋势

在中国的制度和社会文化下，政府决策表现出以第一领导为中心的规则，即“领导中心的决策模式”。新中国成立的60多年间，

① 朱金鹤：《中国农村公共产品供给：制度与效率研究》，中国农业出版社，2009，第79－83页。

表面看政府决策模式好像是不同的。实际上，中国政府决策模式是内在稳定的。不同历史时期的差异在于决策的聚合论证的范围和程度有所不同，这是因为决策模式有其历史原因、制度基础和历史功效，故这样的领导方式自然而然的延续下来。“领导中心模式”的有效性是以各级领导人对组织愿景的高度认定和共享为前提。中国的改革开放已经使中国从政治主导型社会转变为经济主导型社会，这样的现实变化使领导中心模型在纵轴关系上无法使诸多层次的下级领导人与最高级领导人高度统一，出现纵轴上端可能统一、共享的愿景，而下级则可能愿景失落，这样就降低或失去了组织的有效性。①

目前，我国对农村基础设施建设的决策也逃不出这种“领导中心的决策模式”。长期以来，我国农村基础设施建设决策机制更多地体现“自上而下”的特征，其决策模式是传统的政治精英决策模式，以压力型行政体制为基础，主要表现为管制型政府行政建制，政府以完成上一级的任务指标为手段。这种传统的“领导中心”的农村基础设施建设决策机制在运行过程中，是假设政府官员比农民自己更加了解农民的实际需求，所作的决策能够很好地代表农民实现其利益与愿望。这种假设明显无视各级政府机构和官员对自身利益的追逐，很容易导致农村基础设施建设的不足或是农村基础设施的决策与实际需求不符，甚至产生农村基础设施的地域差距。并且由于农村基础设施具有多层次性，不同种类的农村基础设施的最佳决策主体不同，因此农村基础设施建设的决策权应该在不同决策主体之间进行最佳配置。农村基础设施建设决策涉及农村基础设施的权威性分配，直接关系到农民的切身利益，所以其决策的制定必然需要民众的广泛关注和积极参与②。

---

① 景怀斌：《政府决策的制度——心理机制：一个理论框架》，《公共行政评论》2011 年第 3 期。

② 金鹤：《中国农村公共产品供给：制度与效率研究》，中国农业出版社，2009，第 251 ~ 255 页。

改革农村基础设施建设决策机制，首先就是要使“自上而下”的决策权力与“自下而上”的自治性决策权力相互作用，实现以民生为导向的农村基础设施建设的多中心决策，旨在改变传统“自上而下”决策机制中政府与民众之间“主动”与“被动”的关系，让民众拥有表达、参与和选择的权力。它与传统的“自上而下”的决策机制相比具有显著的差异（见表5-4）。从表中我们不难发现：以民生为导向的农村基础设施建设的多中心决策机制更符合群众利益。从计划经济时期、家庭联产承包责任制时期到税费改革时期，农村基础设施建设决策机制从根本上没有发生大的变化，都是“自上而下”的决策方式，建设什么样的农村基础设施由政府官员决定，由于体制、文化、个人素质以及政府官员不可避免的“经济人”的特性等各方面原因，政府官员不能充分表达民意，这就导致建成的农村基础设施不符合农民生产生活需求，导致决策失误以及资源浪费。而以民生为导向的农村基础设施建设的多中心决策机制，保证了农民参与决策过程，强调了农村基础设施的消费者（农民），在决策中的参与度，使决策者了解来自农村一线的实际情况与需求，避免了决策的失误。除此以外，以民生为导向的农村基础设施建设的多中心决策机制，其主体不仅包括传统的政治精英（政府官员），也吸纳了很多社会精英的参与，比如专家、学者、社会组织、媒体等，他们在农村基础设施建设决策机制中全程参与决策前的偏好表达、决策听证咨询、决策信息沟通、决策监督等各个方面，这些人员的参与增强了决策前信息搜集的完整性与

表5-4　传统的“自上而下”决策机制与民生导向的多中心决策机制的比较

两种模式的决策机制	决策主体	决策方法	决策原则	决策目标	理论依据
传统“自上而下”的决策机制	政府官员	内输入型（决策者自身价值观与经验）	政绩导向 利益导向	保守谨慎	精英决策理论
民生导向的多中心决策机制	官员、农民、社会精英等	外输入型（民众的广泛参与表达）	以人为本 民生导向	公平正义	治理理论

全面程度，保证了“自下而上”的决策信息渠道的顺畅，提高了决策的准确性和农民的满意程度，也对决策合理合法的制定与执行进行了全面监督考察。

四　农村基础设施建设决策机制的实证研究
——以肥西县为例

为了解和掌握农村基础设施建设决策的现状和问题，在查阅相关资料的基础上，走访了与农村基础设施建设相关的部门和单位，并于2009年5月、2010年7月两次深入安徽省肥西县对6个乡镇进行有关农村基础设施建设决策情况的调研，详细了解了农村基础设施建设的决策现状以及存在的问题。调查内容包括人员基本信息、农村基础设施建设现状、农村基础设施建设的决策过程等基本内容，收集到大量的实际材料。

（一）肥西县农村基础设施建设的基本状况

肥西县位于安徽省中部，江淮之间，巢湖之滨，是“合肥副中心”西南组团的核心地区，总面积1961平方公里，人口88.9万，辖14个乡镇、两个合作园区。肥西县作为省城近郊的农业大县，县委、县政府把农业和农村各项事业的发展作为全部工作的重中之重，综合实力已经连续六年跻身全省十强，中部百强。

为了加快肥西县国民经济的发展进程和挖掘发展潜力，县委、县政府千方百计加大对农业和农村基础设施建设的投入，积极组织和争取上级资金支持，取得了明显成效。据不完全统计，改革开放30多年来，全县投入农村水利建设资金7.8亿元，群众投工投劳24000万个，完成土石方21000万立方米。新建扩建塘坝13000口，打抗旱井10000眼，渠道整治、泵站技改等各类水利工程2400处，圩堤除险加固150公里。新增蓄水1.2亿立方米，改善灌溉面积80万亩，改善防洪面积15万亩，改善除涝能力4万亩，解决中低产田20万亩，增加旱涝保收农田10万亩，解决35万人农村饮用水困难。2009年，滨湖泵站技改、磨墩水库除险加固等大型水利基础设施建设完工，丰乐河综合治理工程全面启动，病险水库除险加固38座，建自来水厂11处、农村人饮工程37座、新农村集中供水工程7处，改造农村危桥15座，解决农村安全饮水8.6万人，安全饮水人数覆盖率为85%，荣获全省第十四届农田水利基本建设“江淮杯”银奖。新修“村村通”公路269公里，累计建成通村水泥路1028公里，新修“村村通延伸工程”1000公里。先后投入电气化建设资金6530万元，建改了10KV线路740公里，台区1050个，农村电网网架有了极大的改善，14万户农民实现了电气化生活，农村生产生活条件明显改善。2009年全县共投入3800万元，全面完成了中小学危房改造，新增4个社区卫生服务中心和6个社区卫生服务站，新建9个乡镇综合文化站，建成农家书屋95个，落实农村低保29795人。并且从2010年开始，全县开展了一系列小型农田水利基础设施建设项目规划，即实施丰乐镇安淮项目区、官亭镇金郢项目区建设，上派镇金岗项目区和花岗镇芮店项目区建设。这些基础设施的建设完工，保障了农村和农业的持续发展，给农村和农民带来极大的实际效益（见表5－5）。本次农田水利基础设施建设通过实施综合治理，建立起了适合肥西县特点的农田水利体系，这些项目的实施在改善劳动条件、提高农业生产力质量和生产力水平，促进农业产业化和农村经济的发展，支持社会主义新农村建设等方面起到了积极作用。

总的来说，近些年来肥西县的农村基础设施建设取得了显著成就，但也存在许多问题。比如，随着农村税费改革的不断深化，特别是取消“两工”和农业税、农村事务实行“一事一议”后，农民投工投劳建设农村基础设施的积极性降低，基层政府组织农民开展农村基础设施建设的难度增大，而农村基础设施建设投入不足就会影响农业综合生产能力的提高，进而影响农村社会的全面发展。

表 5-5 小型农田水利工程建设综合效益汇总

年份	规划总投资（万元）	改造后全县有效灌溉面积（万亩）	改造后全县节水灌溉面积（万亩）	改造后旱涝保收面积（万亩）	年新增供水能力（万立方米）	改善灌溉面积（万亩）	年新增节水能力（万立方米）	年新增粮食生产能力（万公斤）	年新增经济作物产值（万元）	农民年均增收（元）
2009	6634	138.39	45	119.5	1250	4.05	675	610	425	115
2010	7340	138.7	49.9	123.91	1270	4.09	680	615	440	120
2011	7708	139	54.8	128.54	1285	4.15	688	625	455	125
合计	21682	416.1	149.7	371.95	3805	12.29	2043	1850	1320	360

注：本表中所规划综合效益是指规划实施后，农田排灌体系得以完善、排灌能力提高，所带来的综合效益，不是各项工程主要效益简单的叠加。

数据来源：《肥西县小型农田水利重点县建设方案（2009～2011）》。

（二）农村基础设施建设决策机制的案例分析

农村基础设施分为制度内农村基础设施（政府投资的农村基础设施建设）和制度外农村基础设施建设（以民间投资为主的农村基础设施建设）。

1. 制度内农村基础设施建设决策机制分析——以滨湖泵站工程为例

（1）工程概况

滨湖泵站排灌区属长江（巢湖）流域，位于肥西县东南面，东临巢湖，南以丰乐河、杭埠河为界，与舒城县、庐江县隔河相望。滨湖泵站灌排区外河（湖）圩堤全长129.375公里，其中派河大堤19.32公里，丰乐河堤69.6公里，杭埠河堤10公里，巢湖大堤30.455公里。经过多年建设，目前防洪标准达到了二十年一遇。滨湖泵站分为三十二联圩站、蒋口河站、刘河站、中派站、神灵站、西大圩站、新仓站、派河站、永丰站和滨湖站共10个站，滨湖泵站总控制面积319.89平方公里，其中排灌结合区面积214.01平方公里，单灌面积105.88平方公里，形成了以电力排灌站为主体的排灌工程体系，共同承担受益区的灌排任务。有柿树、花岗、丰乐、三河、上派、严店6个乡镇和包河区、经济开发区的部分地区，总人口26万人，其中农业人口22.2万人。它为保障肥西县农业的稳产、高产作出了重要贡献。但是，一些泵站和部分机组由于运行年久，设备严重老化、土建水毁严重，泵站装置效率低下，存在安全隐患，亟待更新改造。

（2）工程决策的基本过程

第一，工程意向形成阶段。根据水利部《泵站安全鉴定规程》规定，泵站投入运行后25年，应进行一次全面安全鉴定。2008年8月，根据安徽省水利厅和排灌总站的工作安排，确定对滨湖泵站进行安全鉴定，肥西县水务局组织专门工作小组，并将工作任务具体落实到肥西县机电排灌管理站。自8月开始，全面启动滨湖泵站的安全鉴定工作，准备工作由此开始。通过调查发现，由于滨湖泵站大多建设于20世纪六七十年代，多数建筑物已使用30年以上。建筑物和机电设备均存在老化严重问题，特别是当年安装的许多电气设备已经淘汰，技术落后，安全隐患比比皆是，因机组从未按运行规范要求大修，只能勉强维修，带病运行，尽管加强了安全运行管理，但事故的发生率仍有所增加。机组效率和机组投运率都很低，机组振动、噪声超标，水泵汽蚀严重，出水流量不足，影响了该站效益的发挥。该站的现状与该站所承担的地区排涝重任已不相称，进行更新改造已是当务之急。于是肥西县水利部门根据滨湖泵站现场调查报告，向安徽省水利厅提交了滨湖泵站改造的项目申请书。安徽省水利部门接到申请，组织10余名专家审查后，2008年11月，原则上批准了这个方案。

第二，可行性研究论证阶段。方案获批标志着此工程项目从意向形成阶段转向了可行性研究论证阶段。安徽省水利部门一方面邀请有关专家重新对滨湖泵站进行现场实地考察，经充分讨论，结合《泵站安全鉴定规程》的要求，确定了现场安全检测的项目、内容以及各个项目的检测单位、检测要求和完成时间等。另一方面根据肥西县水利局提交的现状调查分析报告中提出的工程问题，拟定现场安全检测的工程和机电设备项目，并委托安徽省泵站检测所、安徽省水利水电勘测设计院岩土工程质量检测所进行现场安全检测。

2009 年 1 月，受安徽省水利厅委托，安徽省江淮泵站安全鉴定中心组织有关泵站工程专家对安徽省肥西县滨湖泵站进行了安全鉴定。专家组通过现场查看、听取汇报，审阅了《滨湖泵站现状调查分析报告》、《滨湖泵站现场安全检测报告》、《滨湖泵站工程复核计算分析报告》，并进行了认真讨论，得出鉴定结论：滨湖泵站中，部分泵站建筑物主体结构存在混凝土碳化，结构强度低，无抗震构造措施，电气设备老化，各机房金属结构均存在锈蚀严重、变形、断裂等问题，大多设备均为 20 世纪六七十年代“三无”产品，属报废或淘汰设备，土建毁坏严重，泵站装置效率低下，存在安全隐患，急需更新改造。

安徽省水利厅根据现场调查和在结构检测中发现工程存在的问题，拟定工程复核计算项目，并委托安徽省水利水电勘测设计院对滨湖泵站进行工程复核计算。据现状调查、安全检测、复核计算的结果，邀请有关专家讨论，填写《安全鉴定报告书》，对滨湖泵站做出总的安全评价，并对更新改造工作提出指导性意见，拟定工程项目具体建设方案。最后，在汇集各方研究资料的基础上，编写了《滨湖泵站工程现状调查分析报告》。

第三，工程的综合评估和立项审批阶段。2009 年 3 月，安徽省水利部门召开了关于滨湖泵站工程论证的汇报会，邀请了几十位专家组成专业评审组，他们中的多数未参加原来的论证工作。专家组听取了关于《滨湖泵站工程现状调查分析报告》的汇报和各方面的论证意见，对其可行性进行再次审查。讨论得出预审意见，即《滨湖泵站工程现状调查分析报告》，其研究深度已经满足可行性研究阶段的要求，可以作为决策的依据。最后，审查组一致通过了对滨湖泵站工程可行性研究报告的审查意见，认为滨湖泵站工程建设是必要的，技术上是可行的，同意拨款修建。此表决标志着工程项目完成了立项审批，也完成了决策阶段的全部工作。

（3）经验总结

第一，工程项目决策过程清晰。滨湖泵站工程在农村基础设施分类中，属于由政府投资建设的制度内农村基础设施建设，所以它的决策机制完全由政府主导。可以看出，滨湖泵站工程的决策由需求单位的申报开始，通过专家与专业机构分析研究，然后经由评审组进一步评审、论证，最后才由上级行政单位作出决定（见图5－2）。项目决策过程的第一层次是对选择的工程项目是否符合当地经济社会发展实际的可行性论证，第二层次是对滨湖泵站工程具体建设方案的可行性论证。从工程申报到最后决策阶段，每个阶段都有不同的主体参与。

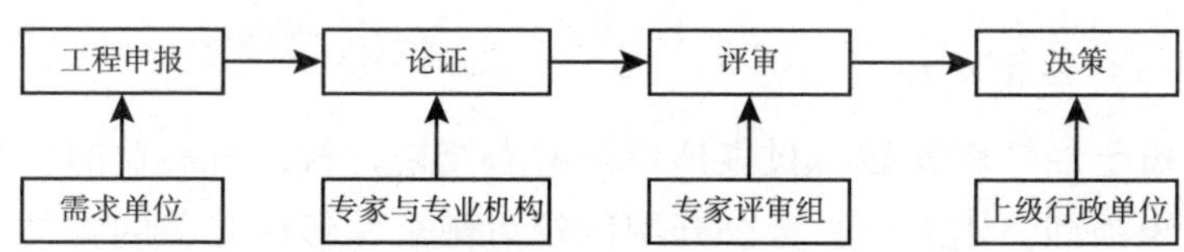

图5－2　滨湖泵站工程决策流程

第二，可行性研究及评估论证充分。对滨湖泵站工程的可行性分析以及对项目的详细评估论证提高了工程建设的有效性，减少了盲目性，同时也减少了项目投资的风险，有利于形成一套系统完善的建设管理制度和决策风险防御机制。

第三，决策程序中加入了信息反馈机制。在滨湖泵站工程的整个决策过程中，特别是在工程的可行性论证阶段和决策前的评审阶段，成功地运用了信息反馈机制，保证了滨湖泵站工程建设决策信息传递的双向沟通，这一做法有利于承担决策任务的政府组织掌握其所需的相对全面的信息，使决策过程的每一个阶段都能及时得到信息，随时修正决策中的偏差，实现了动态的信息沟通交流，从而保证决策效果。

2. 制度外农村基础设施建设决策机制分析——以木兰村公路建设为例

(1) 木兰村基本情况介绍

三河镇木兰村位于肥西县三河镇东北部，2006 年，该村在充分尊重民意的基础上，通过宣传引导、依法登记、招标承租，大胆创新土地流转模式，成立了全省第一个土地流转经营专业合作社，农民不仅每年获得稳定的土地租金收入，还可以外出打工经商，或是就近从事二、三产业，所以该村农民的年收入在全县处于比较高的水平。而另一个属于“留守村”的高店乡高升村经济相对较弱，村中没有任何企业，村民年收入很少。农村基础设施建设除了很早以前省级拨款筹建的现已需要维修的道路外，无其他基础设施而言。现分别以两村修路为例来分析制度外农村基础设施建设决策机制。

(2) 决策流程

由于经济较发达，村集体经济财力充裕，村民对利益的自我表达意识强烈，木兰村村务公开制度较为健全并形成完善的党员议事会制度。由于修建村级道路涉及村民的根本利益，由村党委员会、村民委员会、村集体经济组织、1/10 以上村民、党员或 1/5 以上村民代表、党员代表联名提出的议题、议案，统一由村党组织受理，并召集村两委联席会议进行初步讨论，研究提出具体意见和建议，形成议题、议案后提交党员议事会进行讨论、决议。在党员议事会决议、决定后，由村两委按职责分工组织落实；按照法律规定，需要提交村民会议或村民代表会议讨论、决定的，经党员议事会充分讨论，提出意见和建议后，由村两委提交村民会议或村民代表会议进行讨论、决定，最后公示（见图 5 - 3）。

高升村由于经济相对落后，在修建村级道路的决策过程中，村民几乎没有机会表达自己的意见。只有当上级有一定比例的基础设施项目拨款，需要开村民大会讨论农民出力或是分摊集资时，才会召开村民大会或是村民代表大会。究其原因，是由于村集体经济薄

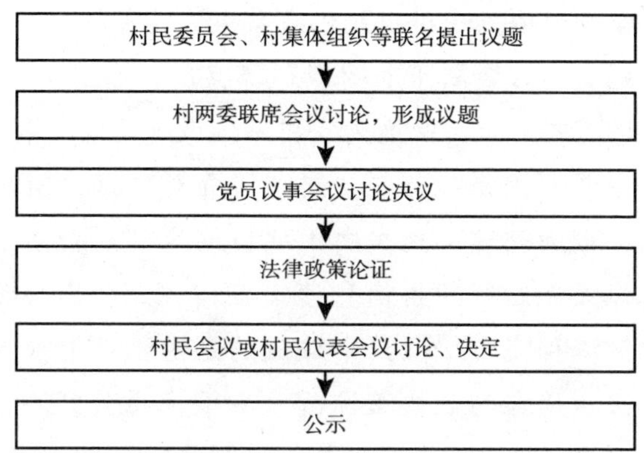

图5-3　木兰村农村基础设施建设决策流程

弱，农民的表达意识不强烈，基本上没有利益诉求，村民参与村民代表大会的积极性不高，村民自治组织在强势政府面前显得软弱无力，在与政府博弈的过程中没有话语权，处于明显的劣势。其决策过程如图5-4所示。

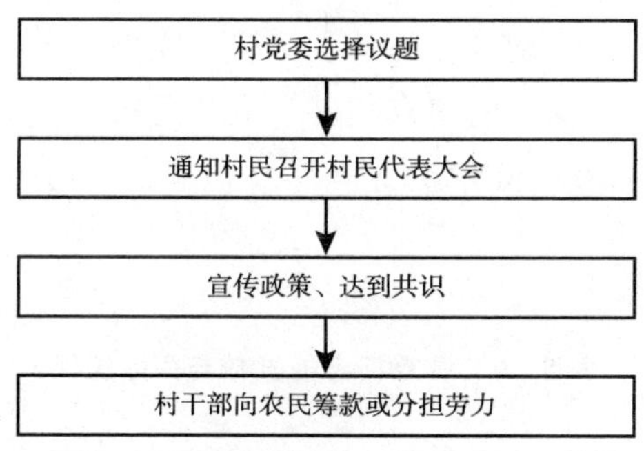

图5-4　高升村农村基础设施建设决策流程

综上所述，制度内农村基础设施建设往往由国家财政投资，其基本上由政府单位牵头组织调研，并进行可行性论证、综合评估，最后确定项目。整个决策过程由政府主导，能参与决策过程的只有部分农村社会精英、专家、学者以及专业组织等，农民被排除在决策过程之外，决策过程缺乏社会监督，这种情况下，虽然制定的决策也具有科学性，但其决策机制仍有着可以完善的空间。制度外农村基础设施建设的资金属于非财政预算支出，需要民间通过捐助、集资或摊派的方式筹集。制度内农村基础设施建设决策机制更加正规和系统。主要原因是：首先，国家层面对大型投资项目较为慎重，所以程序较为完整。其次由于项目的全部经费由上级财政投资，下级单位只需做好项目信息搜集工作，无须担心资金筹募问题，所以决策流程完整。但其中缺憾的是由于是上级财政全额拨款，民众无法直接参与到决策流程，决策信息公开不足。相比之下，制度外农村基础设施建设的决策机制民众参与度高，但决策程序缺少统一和规范，受到诸如经济条件、社会或政治风气等因素的影响，仍然存在诸多问题。

（三）农村基础设施建设决策机制的问卷调查分析

课题组对农村基础设施建设决策机制的社会调查采用的是问卷调查与入户访谈结合的方式，共发放400份问卷（见表5－6）。问卷调查的内容包括被调查者的基本情况、收入情况、农村基础设施项目的决策情况、民众的满意程度、决策的影响因素等。本次受访对象主要集中在20～50岁的青壮年，他们占所有受访对象的比例为91.8%。

表5－6　调查问卷的发放与回收情况

单位：份，%

调查人员	发出问卷数	问卷回收率	有效问卷率
乡政府人员	200	100	92.5
民众	200	94.5	84

1. 农村基础设施建设决策程序与过程的调查

本次调查的对象为长期生活在农村的农民以及基层政府工作人员。通过此次调查发现，很多人虽生活或工作在农村，但对农村基础设施建设的决策过程却不十分清楚。农民群体对农村基础设施建设的决策过程不是很了解的人数占到44.5%，完全不了解的人数占19.4%，可以说农民中有一半以上不了解农村基础设施建设的决策过程。被调查的农民群体了解基础设施建设政策的主要方式依次是通过基层政府宣传、报纸电视等媒体、跟熟人聊天等等。所以，我们应该加大宣传力度，让农民了解其政策，并参与到过程中来。与对农民的调查相比较，乡镇政府人员中有81.7%的人对农村基础设施建设的决策机制都很了解，这与他们在基层工作的经验有着直接关系。

2. 农村基础设施建设决策过程透明度的调查

决策过程透明度是影响农村基础设施建设决策机制民主化、公开化的一个重要因素。但现今农村基础设施建设的决策过程客观上还存在着透明度不高、程序不规范等问题。据调查，认为现行农村基础设施建设决策过程很透明的乡镇政府人员占11.2%，而被调查农民中认为其透明的只占9.2%，超过一半的被调查者认为农村基础设施建设的决策过程不透明。

其中，决策信息的公示频率能在一定程度上反映出农村基础设施决策过程的透明程度。60.5%的农民认为政府只有特别重大的事情或特别重要的信息才会公示，认为经常公示的农民只占到18.7%。而认为决策信息经常公示的乡镇政府人员占38.3%。由此看出，农村基础设施建设决策信息公示的频率没有满足农民的需求，而且政府人员与农民缺乏沟通，存在信息不对称现象。所以应继续加强农村基层民主建设，使农村基础设施建设的决策过程民主化、公开化、透明化，并且加强政府与农民的沟通。在对影响农村基础设施建设决策过程透明度的因素调查中，认为完善的责任追究机制是主要影响因素的人数占得比重较大，依次为完善的过程监督、完善的绩效评价、完善的责任追究。

3. 农村基础设施建设决策影响因素的调查

农村基础设施建设决策结果的正确性受很多因素影响。调查发现，38.9%的乡镇政府人员认为决策人员素质是影响决策正确性的最重要因素，其他的影响因素依次是决策体制、决策程序和决策监督。农民中有41%的人认为决策程序是影响决策的重要因素之一，其他的影响因素依次为决策人员素质、决策体制和决策监督。而影响农村基础设施建设决策的因素分别是客观经济条件、农民实际的需求和农民的自身利益。

4. 农村基础设施建设农民参与决策的调查

在目前“自上而下”的农村基础设施建设的决策机制中，农民虽然是农村基础设施的主要“消费者”，但他们参与决策的积极程度却不高。据调查，一半的乡镇政府人员和半数以上村民认为在基础设施建设的决策过程中农民表现得比较被动。而阻碍农民参与农村基础设施建设决策的原因有很多，82.3%的乡镇政府人员认为是农民缺乏表达意识，缺少表达渠道。

5. 农村基础设施建设决策机制满意度的调查

调查发现，农村基础设施建设基本能够满足农民生产和生活的需要。通过农村基础设施建设决策满意程度的调查，我们发现乡镇工作政府人员要比农民对设施建设决策的满意度高。37.8%的乡镇政府工作人员觉得非常满意，只有7.5%的农民对农村基础设施建设的决策满意。

通过以上的调查分析，我们可以总结得出当前农村基础设施建设决策机制的大致情况。政府工作人员与村民之间缺乏沟通，信息对称性差；农村基础设施建设仅仅只能基本满足实际需求；基层农村基础设施建设决策形式主要由村委会或上级政府决定；决策过程中信息公开制度虽然建立，但公示频率较低；民众普遍认为决策程序、决策监督、决策评价、决策责任机制完善与否直接影响决策过程的透明度；决策程序和决策者素质是影响农村基础设施建设决策正确性的重要因素；客观经济条件是影响决策者制定决策的首要因素，等等。并且大部分农民缺乏对农村基础设施建设决策程序规范的必要了解，决策参与积极性不高，因而对农村基础设施建设决策机制的满意程度较低，究其原因，是农村基础设施建设决策机制的不完善造成的。

（四）农村基础设施建设决策机制问题分析

1. 农村基础设施建设决策前偏好显示机制缺失

有效的农村基础设施建设决策前的偏好显示机制能充分反映农村基础设施建设相关利益主体的需求，是作出决策的前提和基础。而偏好显示机制的缺失，会使农村基础设施建设的决策结果难以有效地反映农民意愿。现阶段我国农村基础设施建设决策机制还是以“自上而下”的决策机制为主，再加上缺乏决策前偏好显示机制的运用，很容易使农村基础设施建设的决策结果偏离农民实际需求，造成农村基础设施建设的结构失衡。由于我国农村基础设施的“消费者”（农村社区居民）缺乏有效的表达自身对农村基础设施的需求意愿的适当渠道，农村基础设施建设的数量、种类基本是由各级政府在没有农民参与的情况下决定的，农村居民往往只能被动接受政府提供的基础设施，同时被动地承担一些相应的费用。一般来说，各级政府机关和村委会的决策很难与村民的需求达成一致。由于地方政府官员是追求自身利益最大化的理性“经济人”，尤其是基层政府部门，在经济利益的诱惑下，或是政绩考核的压力下，政府官员与公众的利益不一致，易引发农村基础设施建设与农村居民实际需求脱节。[①] 农村基础设施建设的服务、受益对象是农村居民。公共性是农村基础设施建设的属性之一，它要求各级政府在农村基础设施建设决策的过程中强调民众的参与性，重视公众价值，而现行农村基础设施建设的决策机制很容易造成农民自我价值的边缘化，忽视农村基础设施建设实际“消费者”的真实意愿。

---

① 陈小安：《农村公共产品供给决策机制：现状、问题与对策》，《西南民族大学学报（人文社科版）》2005 年第 4 期。

2. 农村基础设施建设决策程序不完善

决策程序是任何决策活动都必须具备的基本步骤。分析现阶段许多农村基础设施建设的决策过程，尤其是政府投资的大型农村基础设施建设项目，许多因决策失误而付出惨痛的经济代价和社会成本。究其原因，不难发现，决策程序具有较大的随意性。规范的行政决策程序，可以使农村基础设施建设决策减少随意性和盲目性，使民众参与、专家咨询适时适度地介入决策过程，从而提高决策效率。每个农村基础设施建设项目都会或多或少地对当地农村社会的发展产生影响。制定规范的决策程序，使得农村基础设施建设决策者在作决策时照章办事，可减少决策的失误。近年来，我国一些地方在农村基础设施建设的决策过程中出现了可喜的进步，这是与遵循决策的客观规律、采用科学的决策程序分不开的。但是，仍有一些地方政府决策中的观念或技术手段较为落后，使有关农村基础设施建设的决策还不够完善。

3. 农村基础设施建设决策信息系统低效

长期以来，我国农村基础设施建设决策的传统就是“自上而下”单向决策信息沟通与传递。现在虽已初步建立了信息双向沟通机制，但政府信息系统收集民情、民意和吸纳民众参与到决策过程的渠道不畅，影响了群众公共利益的实现。事实上，有关农村基础设施建设决策的信息只有经过政府的信息传输通道才能真正进入决策中枢，这种信息传递通道具有单一性和垄断性，不能保证政府收集决策信息的全面和准确；同样，农村基础设施建设决策的相关信息也不能迅速准确地传达到基层，也就不能保证信息双向沟通的顺畅。农村基础设施建设决策信息搜集能力弱，信息收集低效、甚至失真。这有多方面原因，一是我国政府系统的信息工作起步较晚，现代化水平不高；二是信息搜集工作制度不健全，信息调查机构缺乏主动搜集信息的动力机制；三是信息搜集方法不够科学。现在大多数的信息调查机构仍采用召开座谈会或填写统计报表的形式了解情况、搜集信息，虽然这种信息搜集方法效率高、易于操作，但常因所选的参加座谈的人员代表性不够或是填写信息时虚报和漏报，而导致信息片面和失真。[①] 农村基础设施建设决策信息的不准确、不全面会导致决策者在作决策时由于不能掌握全面的信息而造成决策失误。

4. 农村基础设施建设决策农民参与积极性不高

农民参与农村基础设施建设决策的积极性不高，主要有三方面原因。一是由于农民长期受封建文化的影响或自身文化素质不高，缺乏主动参与意识和利益表达意识，在关乎他们切身利益的事情上，农民本应积极主动地表达自身意愿和要求，但现实恰恰相反，存在农民利益表达的客观必要性与主体表达意识的缺失之间的矛盾。农民对于不符合他们实际利益需求的农村基础设施建设听之任之，对于他们急需的农村基础设施建设也不积极争取，渐渐地形成了一种消极适应的思维方式。二是由于农民没有正当的利益表达渠道，没有形成强有力的利益表达集团。虽有村民自治组织，但其却成为乡政府的政策执行组织。我国有着世界上最庞大的农民数量，却没有一个最基本的农民利益的表达组织，没有自己的组织就缺乏自身利益的代言人，也就不能对农村基础设施建设决策产生强大的影响力。三是由于基层政府对表达自身权益的农民态度冷漠、冷淡，对农民反映的真实意见不予积极解决，长此以往，降低了农民参与农村基础设施建设决策的积极性。

5. 农村基础设施建设的决策监督机制和责任机制低效

我国农村基础设施建设决策监督系统经过几十年的建设之后，已初步形成一套较为完善的具有我国特色的决策监督机制，既有内部监督又有外部监督。但是，无论从理论上还是从实践上讲，决策监督不力的现象仍相当严重，表现为结构不够合理、配置不够科学、程序不够严密等。我国农村基础设施建设决策的监督主要是内

① 陈小安：《农村公共产品供给决策机制：现状、问题与对策》，《西南民族大学学报（人文社科版）》2005 年第 4 期。

部监督，但各个部门的责任不明确，使得决策中监督往往只是走过场，起不到实质的监控和督促作用。农民本应该是决策监督主体，但由于农民对农村基础设施建设的需求缺少话语权，被排斥在农村基础设施建设决策过程之外，自然不能有效地参与到农村基础设施建设决策监督过程中来，决策监督机制难以实际发挥监督、反馈、控制和协调的作用。

除此之外，村民自治中的民主监督还没有将群众性的特点有效地发挥出来。原因就在于监督主体制约权力的能力比较弱：一是不能将法律赋予村民的民主监督权利，用具有操作性的刚性法规确定下来，形成一种被赋予法定权力的制约力；二是村民即便知道权利被侵害，也没有强力的自救渠道；三是村民的民主监督缺乏国家机关的有力依托。实行民主监督需要有强有力的组织者，一方面，管理者很难从村民自治的理念出发，自觉推行村务公开，实现管理的公开化，提高管理的透明度；另一方面，普通村民因不直接参与管理，缺乏权威的管理信息来源而道听途说，导致信息失真。由于监督主体难以及时、准确、完整地掌握信息，会使民主监督的有效性大打折扣，或者是捕风捉影的监督造成干群之间的对立，或者滞后的、零碎的监督无法有效地制约滥用的权力。虽然有些地方实行了政务、财务、村务公开的社会监督形式，但由于公开的时机、场合和形式具有很大的随意性，加上缺乏专业知识和缺少激励机制，这种非职业性的社会监督很难具有约束力。在缺乏有效监督的情况下，瞒报、虚报、漏报的现象时有发生，这样获得的信息更容易导致决策失误。①

我国农村基础设施建设决策的问责机制尚不健全，还没有一部法律对决策的权责作出过明确规定，且民主监督不到位，而一旦决策失误，领导者往往倾向于推卸和逃脱责任。

---

① 于水：《农村公共产品供给与管理研究——从农村基础设施建设决策机制考察》，《江苏社会科学》2010 年第 2 期。

五　农村基础设施建设决策机制的完善

（一）基本原则

1. 科学性原则

农村基础设施建设决策机制的科学性原则是建立在决策的一般性原则之上，在所有决策过程中都必须遵循和坚持的原则，否则，决策就有可能失误。农村基础设施建设决策包含以下具体原则。

（1）集团决策原则

农村基础设施建设决策的发展，是从个人决策走向集团决策的过程，这是现代决策科学化的一个标志。现代化的农村基础设施建设决策是一个复杂系统，尤其是一些大型的农村基础设施建设项目，任何一个领导者的个人经验和知识都是有限的、不完善的，因此任何一项有关农村基础设施建设的决策，都不能由某一个领导者独自说了算，必须在民主集中制的基础上由决策集团作出。它不仅包括传统的政治精英（政府官员），也吸纳了很多社会精英的参与，比如专家、学者、社会组织、媒体等。除此之外，还要让农村基础设施建设的主要“消费者”——农民参与其中，并且充分发挥专家咨询等辅助机构的作用，让他们也参与决策过程并帮助决策者进行决策。

（2）信息充分原则

农村基础设施建设决策必须建立在掌握充分决策信息的基础上，决策者必须在决策中掌握相当全面和准确的信息。信息是决策的基础，只有掌握较为充分的信息，决策的结果才有可能正确。在现代的社会中，像过去那样“拍脑袋”想想就作出决策是不行的，这种不科学的决策方法必然会导致农村基础设施建设决策结果的错误。因为农村基础设施建设有时所涉及的内容非常广泛，比如水利设施或是农村电网建设等专业性较强的领域，若收集的信息不完整或是不准确，就会导致决策失误。因此，在进行农村基础设施建设决策时，就要求尽可能全面地掌握各个方面的信息。信息越全面、越真实可靠，决策的依据和基础就越坚实，结果就越具科学性。

（3）可行性原则

可行性原则要求一项正确的农村基础设施建设决策必须在现有的客观条件下执行。因此，农村基础设施建设决策者制定出的每一项决策都应该从现实条件出发，分析现有的人力、物力、财力、科学技术水平以及决策过程中可能产生的种种变化，分析决策真正实施后在经济上、社会上可能产生的利弊，经过慎重论证，周密审定和评估，最后确定方案，这样作出的决策才会有较大的把握，不能只是考虑需要而忽视它的现实可能，更不能片面地、孤立地只考虑有利因素。农村基础设施建设的决策者应从系统的角度去把握农村基础设施建设决策中的各个方面以及它们相互之间的关系，这样作出的决策才不会出现以偏赅全的片面性错误。

2. 价值性原则

农村基础设施建设决策应该是科学性与价值性的统一，因此农村基础设施建设的决策过程不但要遵循科学性原则，同时也要遵循价值性原则。价值性原则包括以民为本的原则和体现民众意志原则。

（1）以民为本的原则

以民为本的原则要求我们在农村基础设施建设的决策过程中，必须把农民利益作为决策的出发点和归宿。农村基础设施建设的决策者因具有“经济人”特性，同样追求个人利益的最大化，但农村基础设施是一种公共设施，它的决策者应该是“公共人”，所以对于具体的个人来说，他可能既是“经济人”同时又是“公共人”。作为“经济人”，在作决策时就有可能以自己的利益来作出判断选择，作为“公共人”，就必须以民众的利益作为决策的标准。而农村基础设施建设决策者所行使的权力属于公共决策权力，只能用于维护民众的利益，在有关农村基础设施建设决策过程中理应坚持以民众的公共利益为本，把农民的利益放在第一位。

（2）体现民众意志原则

该原则要求决策部门在制定有关农村基础设施建设的决策时必须建立在民主的基础上，使农村基础设施建设的决策充分体现民意。农村基础设施建设中的公共利益说到底就是农民的共同利益，农民的公共利益理所当然由农民集体维护，所以，农村基础设施建设的决策必须充分体现农民的共同意愿。而只有通过民主决策才能保证做到这一点。现代公共管理理论认为政府应该充当更积极的角色，因为“政府离客户越近，越能针对当地的需求和利益对服务进行调整”①，在农村基础设施建设决策过程中，为了能使决策结果真正体现农民的意愿，必须真正发扬民主。这里的民主强调的是在决策过程中，坚持广泛的民众参与，让农民的意见得到充分的表达，同时决策机关也能最大程度的接受农民的意见，充分考虑农民的需要和愿望，这样才能保证农村基础设施建设的决策结果真正体现民意。

（二）对策建议

1. 完善农村基础设施建设决策偏好显示机制

正确的农村基础设施建设决策一定是体现民意、符合民心和维护民利的决策。农村基础设施建设的消费者（农民）和提供者（决策者）之间存在着信息的不对称现象，造成决策者可能无视消费者的需求，建设的农村基础设施就无法满足消费者的需要，无法实现农村基础设施的最优建设。现行农村基础设施建设“自上而下”的决策机制是导致农村基础设施建设效率低下的重要原因，②

---

① Robert J. Spitzer, *The Politics of Gun Control* (New York: Chatham House, 1995) pp. 44 - 47.

② 王满船：《政府决策机制及其内涵》，《国家行政学院学报》2003 年第 6 期。

因为这种“领导中心的决策模式”忽视了农民需求对基础设施建设的导向拉动作用，也忽视了政府官员非理性的建设行为带来的低效率，这些都导致了现在的农村基础设施建设不足，使得农民对农村基础设施建设的需求无法表达和满足，而农民却是农村基础设施的最直接的使用者和消费者，也是受益者，所以在决定建设农村基础设施的种类、数量、方式时，农民理应成为决策者之一。因此，必须改变这种单一的“自上而下”的农村基础设施建设的决策机制，建立起以民生为导向的“自下而上”与“自上而下”相结合的多中心的决策机制。

在“领导中心的决策模式”中，国家的相关体制和制度决定着决策的性质和政策方向，而领导者个人则对具体决策的问题、取向、结果有极大的控制。一方面，在中国政府的决策活动中，第一决策人虽身为一方“诸侯”，在政策上有很大的自主裁量权，但他不能凌驾于制度之上，其决策在根本上不能与制度冲突。另一方面，这一政府决策模式不是完全制度化的，第一领导人也有突出作用。第一领导人有极大的决策主导性或在符合上级政策下的决策自主权，特别是大区域的政府领导人，往往对一个地区的决策有很大主导作用。第一领导人的信仰、价值观、性格，对于决策问题、决策方式、决策落实具有明显作用。

当前中国社会结构和社会心态发生了变化，在农村基础设施建设决策中应把决策的过程、权力、程序等分解，打破领导中心的政府决策机制，这样分层决策模式即中央和大区域政府仍可采用现有决策模式，而基层政府应采用分中心的决策模式。两种途径分别为基于传统观念认为人性善的领导人愿景培育和基于现代政治观念的对第一领导人三元权力分解—制约的制度设计。[①] 所以在农村基础设施建设的决策中，基层政府应引入社会力量的参与，以民生为导

① 景怀斌：《政府决策的制度——心理机制：一个理论框架》，《公共行政评论》2011 年第 3 期。

向，增强农民的政治参与意识，充分发挥其能动性，真正实现多元的决策。

其中最重要的是与农村基层民主制度建设相结合，建立需求偏好表达机制，使每一个农村社区内的大多数居民对农村基础设施的需求偏好得以表达。要推进基层民主制度的发展，完善村级“一事一议”制度。自从农村税费改革后，我国开始在农村实行“一事一议”制度，这种制度可以看做是“自下而上”的农村基础设施建设决策的一种初级形式。但是，目前农村基础设施建设中的“一事一议”制度在实际运行中却存在一些困难，主要体现在农民需求的多样性、分散性造成整合不同的需求所花费的成本过大，最终难以形成一致意见，使“议而不决、决而不行”的现象严重，[①]造成农村基础设施建设决策的低效率。因此，必须对现行的“一事一议”制度进行改革，增强“一事一议”制度在农民关于农村基础设施偏好显示方面的作用，除此之外，还要积极拓展其他农民需求表达的渠道，保障农民需求偏好的显示。还要建立有效的农民需求识别机制。对所有的原始需求信息进行分类和鉴别，按照需求迫切性的原则进行排序，剔除不合理需求，识别农民的真实需求。[②]

2. 建立健全农村基础设施建设决策程序

决策程序是一切事务决策过程必备的基本步骤或是必经阶段，决策的民主化、科学化首先要解决的问题就是决策的程序化。任何一项科学合理的决策制定，都必须经过一定的步骤或过程，比如发现问题、确立目标、方案设计、评估论证、决策实施等。美国公共政策学家林德布洛姆曾说过，决策是一个非常复杂的分析和政治的过程，其过程本身就存在无序性。中国长期以来实行的农村基础设

① 曾福生、李燕凌、匡远配：《农村公共产品供求均衡论》，中国农业出版社，2006，第75页。

② 吕健丞、李兴华：《基于农民需求意愿的农村公共产品供给决策制度创新》，《农业科技管理》2008年第5期。

施建设决策机制是传统的“自上而下”的精英决策机制，这使得决策的无序性更为突出，这种无序性表现为农村基础设施建设决策的随意性和偶然性，即决策的无程序性。现实中表现为决策结果随着决策者个人因素的变化而变化，造成决策失误。如果决策程序规范完善，决策就不会因为某个决策者的个人意志而变化，人格化因素对决策的影响力减弱，决策的科学性就会增强。[①] 因此，建立科学的农村基础设施建设决策程序至关重要。

程序的合法化可以最大限度地保障民众参与决策的权利。知情是民众参与农村基础设施建设决策的前提，决策程序中的公示环节是对民众知情权的维护和尊重。农村基础设施建设决策关系到农村社会大多数人的利益，政府不能在相关利益群体未参与决策意见的情况下，作出影响其权益的决策，必须及时向民众公示决策信息。而农村基础设施建设决策的听证环节，集思广益听取有关团体、专家、当事人的意见，可以有效地扩大决策参与、增加决策的透明度。听证制度所具有的重要功能是促进决策的科学化和民主化发展，听证制度的确立增加了民众直接或间接参与决策过程的渠道，增加民众参与决策的范围，实现了农村基础设施建设决策在参与主体上的多中心格局，不再是过去那样只有政府一家决策，而是由多家或是整个社会进行决策。但我国目前的听证制度处于初步尝试阶段，存在着诸如具体制度建设落后导致的听证效能和透明度太低等问题，需要我们扩大听证范围，完善决策听证制度。决策的咨询制度也是决策科学化的重要保证，政府作为农村基础设施建设的主要决策部门，其决策往往会涉及各个专业领域，所以一些重大农村基础设施建设项目的决策方案离不开专家的咨询论证，专家团队进行深入的调研和论证后，为政府决策部门提供多种有价值的解决方案或是对策建议，最终由政府部门择优选择，这样的最终决策能比较

① 林德布鲁姆：《政治与市场：世界政治—经济制度》，三联书店，1994，第185页。

充分地反映社会各方面利益和意愿，也有利于民众通过决策咨询机构有序参与到农村基础设施建设的决策中来。[①] 然后，根据咨询和听证得出的建议和方案，进行仔细的审查，对各种方案的得失利弊进行全面衡量和判断，得出最终决策。一项农村基础设施建设项目经过严格规范的决策程序考察，必然能够提高决策效率，减少决策失误，保证决策的科学化和民主化。

3. 建立健全有效的农村基础设施建设决策信息沟通机制

信息是决策的生命，信息搜集的片面与失真容易导致决策制定的盲目性，有效的决策信息对科学的农村基础设施建设决策具有十分重要的意义。

首先，完善农村基础设施建设决策信息收集机制。信息的交流与沟通建立在完善的信息收集机制之上。多渠道、多角度、多方位的网络信息收集机制是当今发达的信息社会对农村基础设施建设决策机制的要求。一项决策活动，实际上就是各方面信息的搜集、处理、反馈和传递的过程，所以信息沟通贯穿于政府决策活动的始终。在传统的“自上而下”的农村基础设施建设决策机制中，农民对农村基础设施建设种类和方式进行投票表决，就被看做表达需求意愿的过程。但是农民也可能存在一定程度上的非理性，在对农村基础设施建设项目进行表决时，在那些可能暂时侵犯其个人利益但能长期受益的项目上，如果按自己真实的偏好进行投票就会出现不利于自己的结果，于是他们可能会隐瞒自己的真实偏好而投反对票，这就导致了决策的效率低下。所以，政府应努力搭建一个便于政府与民众平等交流的平台，使民众的决策参与权不再仅限于投票，而是可以与决策者平等对话，发表自己的看法，真正地参与到农村基础设施建设的决策中去，力求以信息的真实性和完整性来保证政府关于农村基础设施建设决策的正确性。

其次，健全农村基础设施建设决策信息披露机制。只有实现决

① 石路：《政府公共决策与公民参与》，社会科学文献出版社，2009，第291页。

策信息的公开和透明才能最大程度地压缩不公正的空间，才能吸纳和集中各方面的意见和建议。要使农村基础设施建设的决策公开透明，就必须让尽可能多的农村居民知道了解决策信息，这样才能有效保证农村居民参与决策。满足农村社区居民的知情权，为其提供充足的决策信息，是促使和保证农民参与到农村基础设施建设决策过程中的先决条件，而信息公开的程度和获取信息的途径直接影响公民参与的广度和深度。所以，应加强村务公开制度的实施力度，使公众能尽早知悉农村基础设施建设决策的项目、决策意图、决策目标、决策措施等程序并及时有效的作出反馈，使政府信息披露制度规范化、法制化。

4. 激发农民参加农村基础设施建设决策的积极性

传统农村基础设施建设决策机制具有典型的体制内决策的特征，农民因为处于体制之外，既无权直接参与也没有参与决策的话语权。农民是农村基础设施建设的主要消费者，他们在农村基础设施建设决策过程中的参与缺失是农村基础设施建设决策机制存在的主要问题。要保障农民参与到农村基础设施建设决策过程中，不仅需要建立起需求偏好表达机制，还需要提高农民参与的积极性。

首先，增强政府人员的公共服务意识和农民的政治参与意识。一方面各级政府决策主体要把体现农民的利益作为决策的基本宗旨，虚心听取农民反映的实际问题或真实意见，主动积极地解决，最大限度地调动农民参与农村基础设施建设决策的积极性、主动性和创造性。另一方面要通过各种途径引导和启蒙农民的民主参与意识，引导他们积极参与农村基础设施建设决策活动，对基础设施建设决策的过程和结果进行监督，通过积极推动公民社会的建设，增强农民参政议政能力。

其次，完善村民自治制度，健全村民自治组织参与民主建设的体制和机制，使其成为能真正代表农民意愿的村民自治机构。村委会的负责人应由本村村民选举产生，而不是由上级组织安排，通过选举的制约来保证村委会把本地村民的利益放在首位。

最后，通过培育农民新型社会化组织来扩大农民正当利益的表达渠道。应当鼓励和支持乡镇以上的农民协会，使农民的社会组织成为联系政府与农民的桥梁。农民只有通过自己的组织，才能不断增进对农村基础设施建设决策机制的参与度，成为影响农村基础设施建设决策机制的重要力量。

5. 完善农村基础设施建设决策监督机制和责任机制

决策监督机制是指对决策主体在农村基础设施建设决策过程中行使权力和履行义务的情况进行及时和必要的督促和检查的程序与环节。孟德斯鸠曾说过："一切有权力的人都容易滥用权力，这是一条万古不易的经验，有权力的人们使用权力一旦遇有界限的地方才休止。"[①] 农村基础设施建设的决策主体也避免不了具有"经济人"的特征，制定决策时会利用手中的权力追逐个人利益的最大化，这就影响到决策的科学性和价值性原则，必须完善决策的监督和责任机制。现阶段我国农村基础设施建设决策的监督主体主要为：权力机关的监督、上级政府的监督、政府自我监督、社会监督。前三种监督方式都属于广义政府的内部监督，即权力型监督。我国内部监督虽然体系完善，但监督作用不强，经常受制于监督客体，权威性不强。这种情况下，社会监督在很大程度上弥补了内部监督机制的不足，是我国农村基础设施建设决策监督机制中最直接有效的监督形式。所以，我们一方面应加强政府内部监督，使行政决策权和监督权相分离；另一方面，要强化社会监督的外部监督作用，同时村级自治组织也要强化村民代表的监督作用。社会监督的主体可以是农民、普通社会公民、大众传媒、社会团体等等，要最大限度地调动整个社会参与到农村基础设施建设决策监督机制中来，形成"民生导向"和"自下而上"的农村基础设施建设决策监督机制，才能最大限度地约束和制约滥用决策权力的行为，保证决策的科学化，保障群众的利益不被侵害。

---

① 孟德斯鸠：《论法的精神》，商务印书馆，1978，第154页。

有了完善的农村基础设施建设决策监督机制，就要求决策部门和决策主体的权责一致，对于因农村基础设施建设决策失误造成的对公共利益和农民合法权益的损害，要进行责任追究。建立决策问责机制是防止违规决策、随意决策、盲目决策的重要措施。首先，建立权责一致的农村基础设施建设决策体制，使决策主体具有相应的权力、责任，这是建立决策问责机制的前提和基础。其次，建立有效的农村基础设施建设决策评价体系。农村基础设施建设决策实施的效果如何，不仅需要政府的自我评价，还需要人民群众的广泛参与，建立一个独立于政府又服务于政府的决策评价系统，由民众按照严格科学的评价程序和方法对政府农村基础设施建设决策的绩效进行评估，会更加公正和科学。最后，建立健全农村基础设施建设决策责任追究制度。决策者如果决策失误就应承担相应的责任，直接责任、间接责任和相关责任等都要以具体的制度规范说明，并且，在责任追究制度上，还应充分发挥民众对政府决策的监督制约作用。[①]

① 石路：《政府公共决策与公民参与》，社会科学文献出版社，2009，第291页。

第六章
农村基础设施建设执行机制研究

农村基础设施建设的执行直接影响农村基础设施建设的绩效。当前农村基础设施建设执行机制中存在着一些不容忽视的问题，部分基层执行人员政治意识差，能力不足，执行效率低下；资金来源多元化，给资金的统筹安排、统一使用造成困难；法律制度不完善，导致农村基础设施建设的执行行为不够规范，执行机制运行不畅；执行缺少规划性、程序化和防范意识，执行行为比较随意；农村基础设施建设执行项目监管的监督主体单一，监督力度不足，很多工程项目质量不合格。完善的农村基础设施建设执行机制是农村基础设施建设的有效供给保障。

一　农村基础设施建设执行机制的研究现状分析

现有研究中有关农村基础设施建设问题的文献较多，但涉及农村基础设施建设执行机制的研究较少。相关研究集中在以下几个方面：

（一）农村基础设施的执行主体

执行主体是农村基础设施建设执行机制的重要因素之一。执行主体对执行结果的影响尤其明显，他们通过自身的行为对执行活动产生直接影响。目前国内关于执行主体的研究主要集中在两个方面，一是对基层政府部门及其工作人员的研究，二是对农民的研究。

首先，在对政府及其工作人员的研究中，很多人认为基层政府及其工作人员由于受多种因素的影响，其职能及职责发生了异变。Wilson 和 Goggin 认为政府应该尽力为农民建设各种设施，以使农民的生活更加舒适和便捷。[①] 但是长期以来受“大政府、小社会”观念的影响，在政绩考核、职位升迁及经济利益的驱动下，基层政府及职能部门已经演变为拥有相对垄断权力和相对独立利益的行为主体，政府公务人员基于维护部门或个人的利益，往往会利用掌握的公权力，采取目前普遍存在的一种政府决策、职能部门执行的自上而下的模式。[②] 基层政府的执行人员在政策执行中发挥主观能动性，是最能影响政策执行结果的因素，也是提高政府政策执行力的关键。因此，政府公务人员应该具备良好的素质，包括较高的思想政治觉悟、较高的管理水平和执行力以及依法行政的能力。村委会的组织力量在减弱。人民公社解体后村委会的行政职能大大减弱，加之税费改革后村级财政吃紧，村委会目前基本上只起到宣传上级政策、完成上级常规任务的作用。为村民主动服务，改善村容村貌等组织工作已经被排除在外了。

其次，农村基础设施建设执行机制中农民的执行主体地位被忽视了。农村基础设施建设是一项民生工程，其建设执行的关键在于符合民意，而农民的有效参与是保证农村基础设施建设执行符合民意的关键。民众的参与性被忽视是造成民生工程不合民意、社会效益低甚至有违民意的重要因素之一。通过塑造新的农民自

---

① Wilson. R. & Goggin. G. , *The future of consumer access and equity in Australian telecommunications communications. Redfern* (NSW: Regent Printing, 1993).

② 吕玉辉：《农村基础设施建设中的公众参与》，《财会研究》2010 年第 9 期。

主自愿投工投劳建设基础设施的新机制来加强农村基础设施建设的供给。重点是要把握“一个核心、两个关键”。一个核心是将农民投工投劳的积极性、主动性调动起来，引导农民自主自愿投工投劳；两个关键是突出投工投劳的重点，建立新的运行管理模式。进一步说，就是要严格把握原则，规定限额，突出重点。做到量力而行，共同受益，民主决策，自愿互利，严格规范。不能把农民投工投劳变成新的农民负担或第二个“两工”[①]。考虑农民意愿、承受能力和建设任务的用工需要，每个农村劳动力每年投工投劳不超过一定数额的标准工日，农民投工投劳重点主要是所在村的基础设施建设。

（二）项目招投标研究

目前，在农村基础设施建设项目招投标活动中存在较多问题，严重影响了执行机制的顺利运转，因此一些学者就这一问题进行了研究，包括对招投标原则、招投标中的问题和原因等的研究，并提出了一些应对策略。如建设工程招投标工作的原则，认为建设工程的招投标活动应当遵循公开、公平、公正和诚实信用的原则，认为这是保障招投标活动规范、有序进行的核心内容，是招投标活动的基本原则。项目招投标过程中还存在投标人走关系、跑门路或当“托儿”陪标，评标委员会与投标人之间权钱交易、暗箱操作、内定招标人等违法违规现象，并对其原因进行了详细分析，即建筑市场“僧多粥少”、建筑法规不完善、主管单位监督不力。

针对这些问题，众多学者提出了不少对策建议。在项目招投标活动的监督方面，我国目前的监督机制无法对招投标程序进行有效的监督，如能有独立的第三方社会专业机构实施监督，使每一个环节都能做到公开、透明，不仅能提高招投标的可信度，阻止腐败行

① 两工是指义务工和积累工，于 2003 年取消，取而代之的是“一事一议”酬劳制。

为的产生，而且可以对我国以行政监督为主的招投标监督机制作适当的补充，实现监督机制的多元化。与此同时，加强招投标审计是加强内部控制、规范工程管理、提高投资效益和反舞弊的客观要求。此外，应加强标文件和现场踏勘疑问的澄清、标底、评标、定标等环节的审计工作。

（三）农村基础设施建设执行监督激励研究

农村基础设施建设执行主体和执行资金等是农村基础设施建设项目实施的重要保障条件，而激励和监督系统的构建是农村基础设施建设的助推器。根据 Richardson 的观点，到 20 世纪 90 年代末期，世界各国的政策制定者将会竞相在一个相对自由无限制的环境中提供公共服务。[①] 在这种自由开放的执行环境中，监督和激励目标可以得到有效的实现。Cooke & Kothari 指出有些尖锐的批评家认为可共享的积极主动性的发展存在这样一种倾向，即由于政府官员权力继承导致的权力不公平、不合理的运作，使专制具有潜在可能性。[②] 构建有效的监督和激励制度可以使权力的运作更加公平合理，防止专制的产生。

合理有效的监督机制是农村基础设施建设执行机制与制度正常运作的重要保障，这就需要构建一个“统筹规范 + 全方位监督 + 绩效考核”型的监督机制。通过人们监督意识的提高，合理整合农村基础设施建设的投入资金，防止贪污浪费，发挥有限资金的最大经济效益。明确资金配置，规范资金运行过程，包括项目的立项、选择、实施、竣工、后续管理等，避免任何环节上的漏洞所造成的资金流失。加强基层政府对公共资源使用的监督，积极发挥各级人民代表大会及民间组织的监督、检查作用，顺畅监督渠道，同

① Richardson. E. *Telecommunications economics and policy issues* (Canberra: Australian Government Publishing Service) 1998.

② Cooke. B. & Kothari, U. (Eds.). “Participation: The new tyranny?” *Zed Books* (2001a).

时加强政府部门内部的审计监督作用。[①] 进一步加强对农村基础设施建设资金使用的监督，在农村基础设施供给中引入竞争机制。在资金的筹集、使用过程中，实行财务公开制，定期向群众公布收支情况，增加资金使用透明度。加强人民代表大会、政府及新闻媒体的监察、监督作用，保证资金不被滥用；在农村基础设施建设执行中，通过实行公开招标，引入竞争机制，不仅可以保证资金的合理利用，防止暗箱操作，还可以降低生产成本，提高资金的使用效率。[②] 有人提出实行干部评议制度的改革，建立地方政府内部的自我约束机制。完善农民对基层政府农村基础设施建设的社会约束和监督，完善各级人民代表大会与各级政府间的相互制衡。从工程建设的角度看，规划合理、施工有质、管理有度需要一套完善的工程建设管理制度，组建一个完整的质量监督体系也是必不可少的。要进一步完善和落实农村基础设施建设领导责任制，形成主要领导亲自抓，分管领导具体抓，部门协调合力抓的格局。要加强检查考核，定期开展检查评比，做到按月督查、按季通报、半年考评、年底奖惩。

（四）农村基础设施建设执行机制的政治法律制度

政治制度是农村基础设施建设开展的一个重要背景。政治制度的优劣往往对执行力、执行效率具有巨大的影响，其对执行结果的影响有时甚至是决定性的。法律制度是农村基础设施建设的一个有效依托及有力支撑。法律制度的完善与否对各级政府尤其是基层政府执行的积极性等方面有着重要的影响。在法律制度方面，相关文献着重于研究当前法律制度的缺失、不明确的问题。我国农村基础设施建设法律法规的缺失这一实事本身就是农村基本公共服务的供

① 乔玉萍：《我国农村公共产品供需失衡成因及对策探析》，《理论新探》2009 年第 4 期。

② 杨国永、许文兴等：《福建沿海地区农村基础设施供给方式创新研究》，《福建农林大学学报（哲学社会科学版）》2007 年第 6 期。

给不足。其主要表现在对政府提供公共产品与服务范围、责任、方式、监督的法律缺失是造成我国基层政府事权、财权不对称的原因；我国中央支农资金的转移支付临时应对性强，缺乏长远规划与资金转移的稳定性。

在政治制度方面，相关文献的观点主要集中于政治体制和相关机构及其职责设置的不合理性所带来的农村基础设施建设执行效率低下等弊端。政府层级过多，高成本、低效率的弊端日益凸显，政府对公共产品的需要无法得到满足。应撤销市、乡两级政府行政机构，减少政府和财政层级，规范公共产品建设的委托代理行为。应深化基层政府的政治体制改革，现行政治体制和多重委托—代理关系中，存在无效代理链条，基层领导人的“个人偏好”与农民的“需求偏好”不对称，造成虚假供给、供需错位、结构失衡、劳民伤财等问题的产生。为了完善农村基础设施建设执行机制，必须建立一种切实可行的可监督性政治制度，使得各相关利益方的利益得以确保。[①] 农村基础设施建设执行制度的建设需要从四个方面入手。第一，按照基础设施的类别、层次，科学合理地划分市场与政府在提供基础设施方面的职能边界、职责和义务范围；第二，通过进一步调整和理顺各级政府的财政分配，合理划分、科学确定农村基础设施建设的事权和财权，使两者相统一、相对称，建立权责对称、层次分明、建设科学、结构合理的农村基础设施建设执行机制；第三，建立和完善省级政府对下级政府的财政转移支付制度；第四，通过制度安排，优化投资结构，突出重点。[②]

（五）农村基础设施建设执行资金监管

农村基础设施建设的资金使用效率影响农村基础设施建设执行

---

① Harvey. F., US National Spatial Data Infrastructure (NSDI): thelocal government perspective. “GIM International 15 (2001).

② 那小红、吴红卫：《浅谈新农村建设基础设施的供给》，《经济师》2006 年第 11 期。

的结果。在目前的农村基础设施建设执行机制中，执行资金的使用和管理、监督等都存在着较多的问题，执行资金截留、挤占、挪用和贪污等监管不善是导致农村基础设施建设执行低效率的重要原因之一。目前关于执行资金监管的研究集中在两个方面：一是执行资金的统筹，公共财政观念滞后，财政资金投入分散，财政支农资金管理混乱等。要推进公共财政体制改革，优化资金支出的结构，改变传统资金投入方式，强化对财政支农资金的管理和监督。二是要建立城乡统筹的公共财政体制，完善对农村基础设施建设的长效投入机制。逐步建立和完善城乡一体化的公共财政体系，分门别类的逐步实施投入计划，各级财政认真调查研究，设计好总体规划，制定建设与发展目录；深入基层，查清当前农村基础设施最迫切的需求，按照把握重点、抓住难点、找准切入点、消灭盲点的思路，主次有序，实事求是地解决突出问题，制定科学的财政预算，将有限的资源用到适当的地方；对农村基础设施建设项目实行项目管理、单独核算、专款专用；实行量力而行的“一竿子插到底”政策，尽量不要求下级财政建设项目的后续资金配套，以免造成新的财政缺口及债务；按照责、权、利相适应的原则，深化财税体制改革，确保责权相当。

当前农村基础设施建设执行机制研究分散，不够深入。我国农村基础设施建设执行机制的研究目前还未形成系统，角度单一而且分散，有待于进一步发展。

二　农村基础设施建设执行机制概述

（一）农村基础设施建设执行机制内涵界定

政府的主要职能是提供公共产品和公共服务，目标能否顺利达成，关键看行政执行。执行力是行政管理工作的重要组成部分，是行政工作的综合体现。执行力是政府工作的生命力，对于地方政府而言，“三分战略，七分执行”，如果没有科学的执政理念和强大的执行力，任何决策和计划都不可能得到贯彻落实。2006 年，温家宝总理在加强政府自身建设推进政府管理创新电视电话会议上的讲话中强调：执行力是政府工作的生命力。如果执行力弱，政令不畅，有令难行，甚至有令不行，政策落实就可能出现“雷声大雨点小”的状况，也会使政府的公信力受到损害。[①] 提升政府行政执行力，坚持依法行政的原则，将法律贯穿整个行政工作的全过程。建立执行力的责任考核和奖惩制度，并将其作为对公务员提拔的主要依据，杜绝形式主义的产生。

农村基础设施建设执行机制是一个整体的运行系统，主要由项目招投标、项目施工、建设监管、资金监管、执行结果验收等若干个环节构成。每个环节的顺利运转以及各环节之间的统筹协调共同保障了农村基础设施建设执行机制的健康有序运行。农村基础设施建设执行机制是相关执行主体依据决策目标，发挥自身优势，综合运用人力、物力、财力等资源，保障农村基础设施建设决策落到实处的静态与动态相结合的运行系统。这一运行系统包括农村基础设施建设项目的招投标、建设施工、竣工验收以及资金支付等环节。

（1）农村基础设施建设执行项目的招投标

首先聘请专业的设计机构或专家进行图纸设计，制定施工方案；编标，即专业人员编制资格预审文件、招标书等相关招标文件；发布招标公告等信息；出售、接收和评审资格预审文件；根据资格评审结果发布投标邀请函；出售招标文件并进行现场勘查、招标文件答疑等活动；组织投标，接收投标文件；评标，由评标专家组按照既定的规则根据投标资料进行评定；最后是确定中标单位并

---

① 张春燕：《提高领导干部行政执行力问题研究——以吉林省为视角》，《行政与法》2010 年第 5 期。

发布公告。

（2）农村基础设施建设执行项目的施工

此环节包括施工现场管理、合同管理、执行资金监管和建设监理等。实施的质量将决定整个农村基础设施项目建设执行结果的质量。

（3）农村基础设施建设执行项目的竣工验收

由建设单位组织专家进行验收，验收应严格按照国家规定的建筑质量相关指标进行。验收不合格的要限期整改，验收合格的即可在办理其他各项相关手续之后交付使用。

（4）农村基础设施建设执行项目的资金支付

资金支付方式、方法一般都会有合同规定，按照规定要求进行操作即可。在现行的农村基础设施项目建设执行中，资金一般都是按照合同规定分期支付的，最后一笔资金会在项目竣工验收一年后进行清算，以留有时间检验项目质量和进行资金审计。

农村基础设施建设执行环节是相互衔接、密切相连、缺一不可的，任何一个环节出现问题都会导致执行机制的运行障碍。因此，不仅要保证各环节的顺利进行，还要保证它们的有效衔接，以共同促进农村基础设施建设执行机制的顺利运行。

（二）农村基础设施建设执行理论

1. 农村基础设施建设执行的委托代理理论

委托代理理论是制度经济学的理论之一，指一方主体根据明示或隐含的契约，指定或雇佣另一方主体代替其做出一些行为。前者称为委托人，后者称为代理人。现代意义的委托代理概念最早是由罗斯提出的："如果当事人双方，其中代理人一方代表委托人一方的利益行使某些决策权，则代理关系就随之产生。"这种委托代理关系起源于"分工"的出现。分工导致了专业化，当专业化产生以后，财产的所有者由于知识、能力和精力等因素的限制直接影响了所从事的经营和生产，导致经营者的财富难以增加。因此，委托人在追求利益最大化的动力下，将他们的权利委托给具有专业知识的有精力也有能力代理行使好被委托权利的代理人，从而达到双赢的效果。农村基础设施建设的执行其实就是一种委托代理关系，农民群众及政策制定机关是委托人，而负责执行政策的基层政府及其他执行主体则是代理人。明确了这一委托代理关系有利于认清基层政府的角色，明确基层政府的职责，矫正执行过程中存在的一些问题，提高基层政府的执行效率。

2. 农村基础设施建设执行机制的集体行动理论

奥尔森是集体行动理论的代表人物，其理论主要基于“经济人”和“理性个人”的假设。没有限制的个人自利是难以促进集体利益的。在集体行动中，个体单独利益永远是其采取行动的动机；在个人理性自利的前提下，人们不会自动去做能够增进集体利益的行为。奥尔森认为，并非所有的集体行动都不可能达成，一个人是否会参与集体行动并采取合理的行动，是理性分析和选择的结果。[①] 这一理性体现在对个人获益度、效益独占的可能性以及组织成本这三个方面的比较中。外部强制与利益机制是促使个人采取合理行动以及促进集体利益的外因。理性的个人如果没有足够的动力刺激或外在强制，而要他采取集体行动去谋求集体利益是很难实现的。集体行动与争取利益的能力不仅和集团的规模成负相关，而且还会受到集团的异质性影响。集团的规模、性质和争取集团利益的能力有着显著的关联。集团规模越大，个体越多，个体的份额就越小，每个人认为自己的影响和贡献对组织都是微不足道的，其自发参与行动的动力都是缺失的，这就使得团体的公共产品的建设难以

① 曼瑟尔·奥尔森著《集体行动的逻辑》，陈郁等译，上海人民出版社，1995。

达到最优水平。[①]

集体行动理论为基层政府的农村基础设施建设的执行力研究提供了理论基础，也为完善农村基础设施建设执行机制中的相关制度提供了一个思路。集体行动理论表明：要从个人理性转向集体理性需要一个制度化的过程。必须通过完善相关法律、政治制度来强制和约束自利的个人采取集体行动，以增进集体利益。

三　农村基础设施建设执行机制的运行系统

（一）外部运行环境系统

1. 政治法律环境

农村基础设施建设执行机制的顺利运行离不开政治环境的支持。最近几年，中央十分重视“三农”问题，出台各种措施促进农业、农村和农民的发展，这为农村基础设施的建设创造了良好的政治环境。但是我们仍需看到现实的政治环境中存在着阻碍农村基础设施建设执行机制运行的政治制度，包括纵向上的各级政府间的权力划分不明确和横向上的各部门机构间的职能配置交叉重叠。此外，地方基层政府权力的扩张也是阻碍农村基础设施建设执行机制运行的政治因素之一。农村基础设施建设给政府的监管工作带来了一定的困难，上级政府组织对人力、物力和财力很难做出全面的监管，有时还会难于控制，同时给基层政府变相执行上级政策提供了机会，使其可以在失范的行为中谋取自身利益的最大化。基于这种情况，地方政府应加强层级结构改革，理顺其在纵向和横向上的结构和职能，使基层政府的各项工作能够科学、高效、统一地完成。

---

① 曼瑟尔·奥尔森著《集体行动的逻辑》，陈郁等译，上海人民出版社，1995。

农村基础设施建设执行机制的运行离不开法律范畴，各项执行程序只有在法律规定的范围内进行，才能保障农村基础设施建设执行机制的运行秩序，否则就会混乱一片，执行行为难以有效落实，执行结果质量堪忧。法律环境严密还是松散，将决定执行结果的质量。严密的法律环境对执行机制中的各项细节都有明确规定，基本不会有漏洞存在，违法违规现象很难有机可乘，有利于促进执行机制中各环节的有序开展，形成一种良性循环。而松散的法律环境中，法律制度不完善，规定不明确，各项工作难以落实，不当执行行为得不到有效监管和处罚，不法分子伺机钻“法律空子”，扰乱执行机制运行秩序，致使执行结果的质量难以保证。近几年来国家对农村基础设施建设很是重视，制定了大量的法律法规，在2006年和2007年达到了一个高峰（见表6－1）。在当前农村基础设施建设执行方面，法律制度建设已经取得了较大的进步，每一项执行环节中都基本做到了有法可依。但相关法律法规还不够完善，执行过程中的各个环节中都有很多内容规定不明确，或没有相关规定，对执行机制中各方的某些行为难以形成有效的制约，致使执行机制运行过程中经常会出现串通投标、资金被挪用、贪污受贿、项目建设执行“虎头蛇尾”等现象。因此，还需要不断完善有关农村基础设施建设执行的法律制度，使执行机制在严谨周密的法律环境中健康有序地运行。

表6－1　涉及农村基础设施的法律法规的数量

单位：件

年份	地方法规规章	部门规章	行政法规	国家法律	司法解释	合计
2000	6	1	3	0	0	10
2001	5	3	2	1	0	11
2002	13	1	1	1	0	16
2003	49	2	2	0	0	53
2004	68	3	4	0	0	75
2005	100	4	5	0	0	109
2006	242	23	9	1	0	275
2007	189	13	3	0	0	205

2. 社会文化环境

城乡二元社会结构造成了城市与农村发展的不协调。国家财政主要投向城市基础设施建设而忽视了农村基础设施建设。近几年，国家对农村基础设施建设的重视促使了农村基础设施建设快速发展，但是仍然无法摆脱二元社会结构的影响。基于此，国家可以从两方面入手来解决问题。一方面，应该尽量减小二元社会结构对农村基础设施建设的影响，增加对农村基础设施建设的资金投入；另一方面，政府应该大力发展农村经济，提高农民收入，从而促进农村基础设施建设的执行。

3. 经济环境

经济环境对农村基础设施建设执行机制的影响是十分显著的，市场经济可以通过价格机制和公平自由竞争，促进农村基础设施建设执行整体水平的提高，有利于执行主体利用经济法律手段、行政手段以及其他的经济参数调节农村基础设施建设的供给情况。从目前的农村基础设施建设的现状来看，市场经济体制较成熟的区域，其农村基础设施建设执行较领先，反之则较落后。因此，国家应大力完善农村市场经济体制，应尽可能多地为农村提供致富的途径和方法，创造有利于农村经济发展的良好环境，而不只是仅仅增加支农资金。

4. 科学技术环境

近年来，随着科学技术的进步，农村基础设施建设的执行管理也逐步向科学化、制度化、现代化发展，许多新的项目管理方法都相继问世。各级政府应及时掌握市场动态，对经济信息进行快速模拟分析，以更好更有效地进行农村基础设施建设。农村基础设施建设的及时性有赖于对先进的通信技术和电子计算机的运用，执行主体应努力采用现代化市场的一些数字模式和理论以提高农村基础设施建设执行的效率。

（二）内部影响因素

1. 执行主体

农村基础设施建设执行涉及财政、水利、建设、交通等相关主管部门以及村委会、农村社会组织、个人等。政府作为农村基础设施建设执行机制中的执行主体拥有政治上的优势，对各方面的政策法规、当地的基本情况以及农村基础设施建设的执行程序等比较熟悉，是农村基础设施建设执行机制中最主要的执行主体。但是单纯的以政府机构为执行主体存在着诸多弊端，必须将农民和农村社会组织也纳入其中。农民和农村社会组织的参与有利于监督执行机制中各方行为以及政府和农民之间的沟通。

2. 组织结构

为了保证农村基础设施建设执行机制的高效运行，应理顺组织结构，明确规定执行过程中的执行方、施工方、监督方以及他们各自的职责权力。执行方肩负主要责任，负责整个执行过程中的规划和管理工作；施工方是指通过项目招投标活动确定的对项目工程进行建设施工的承包单位；监督方承担监督职责，对执行过程中的各方行为进行监督，使其在法律范围内开展活动，以确保农村基础设施建设执行机制的顺利运行。然而，在实际的农村基础设施建设执行机制中，基层政府部门承揽了大部分的权力，他们往往既是投资方、执行管理方，又是监督方，各相关政府部门之间缺乏有效的沟通机制及统筹协调机制，各自为政、多头管理现象严重，各部门之间职责交叉混乱、界限不明，最终导致执行机制运行过程中问题难以发现，责任难以追究。

3. 执行目标

农村基础设施建设的执行应该设立明确的执行目标，以保证执行过程符合原定计划。执行目标的设立应根据具体的基础设施项目和具体的环境情况来确定，应该具有可行性。但是，一个好的执行目标都应该对大致的时间安排、具体细分的目标的衔接、具体细分目标的执行人以及未完成目标后所应受的处罚作明确细致的规定。这样就能更好地刺激执行人员严格按照执行目标来行动，以避免失范行为的发生，促使他们积极主动地提高自己的执行效率。

4. 执行资金

在目前的农村基础设施建设执行机制中，由于监管机制的不到位，资金的使用效率十分低下。财政拨款以及地方上的配套资金难以及时且足额地到位，而执行过程中由于没有严格的资金预算和监督审查，资金往往去向不明，基础设施建设的执行难以保证。资金是农村基础设施建设执行的重要保障。没有资金的保障，农村基础设施建设的执行过程就难以为继。农村基础设施建设应建立专门的资金账户，实行独立监管。这样不仅能够催促相关资金的及时到位，而且也利于监督资金的使用情况。

5. 激励与监督制度

有效的激励监督机制是农村基础设施执行机制顺利进行的重要保证。农村基础设施建设的执行要求每一个人员都有明确的职责，一旦执行结果出现了差异，则能够快速地查找出相关责任人。但是，我国目前的激励监督机制中，各方激励与监督都难以到位，各种失范行为得不到及时的制止。应通过建立正激励制度完善农村基础设施建设执行制度，强调第三方监督以增强监督效果。

四　农村基础设施建设执行机制的现状与问题

（一）执行主体的现状与问题

1. 基层政府的行为缺乏强有力的政治法律制度的约束

法律制度和政治体制是农村基础设施建设执行的重要制度保障。国外相当重视法律制度对保障农村基础设施建设的作用，制定了许多法律，而且十分详尽，公共产品供给行为大都有法可依。在农村基础设施建设方面，许多国家都以法律的形式对农村基础设施建设的各个方面作出了严格的规定。从美国、日本和欧盟的经验来看，其涉及农村基础设施建设的每一项措施无不是以法律的形式确定下来的，其供给执行也皆有法律和制度的保障。此外，由于许多国家司法独立，这些法律制度能够得到很好的贯彻执行。因此，国外的农村基础设施建设大都取得了良好成果。

我国政府虽然制定了一些涉及农村基础设施建设的规范性文件，但大多都没有溯及对执行主体责任的追究，对执行主体缺乏强制约束力。现阶段，执行主体缺乏压力和动力的驱动，在履行职能时容易敷衍了事，执行效率低下。受国情影响，我国司法部门的独立性还不能像西方国家一样，司法监督的功能大打折扣。

公共选择理论认为，政治领域的人也是“经济人”，任何政府都是由人组成的，政府职能也是由人去完成的，他们不可避免地带有“经济人”的性质，以追求自身利益最大化为目标。[①] 在现行的政治体制和多重委托—代理关系中存在着无效的代理链条，主要表现为基层领导人的“个人偏好”与农民的“需求偏好”不对称，从而导致一些虚假供给、供需错位、结构失衡、劳民伤财现象的发生。这就使得我国本就不够完善的法律法规又得不到良好的执行，造成我国农村基础设施建设较为落后和质量低下。我国应加大法律制度和政治制度建设，从而形成对执行主体的保障与制约作用。

2. 农民缺乏参与执行的意识、能力和渠道

一些西方国家十分重视农民的教育问题，建立培训农民的专业性机构，扩大财政支出，增建配套设施，使得农民能够有机会学习各种科学文化技术，提高他们的自身素质以更好地适应社会发展。如法国农业部建立了一批全国性的农业研究机构和农业学校，从事农业人才的培养，政府确立了以公立私立共同办农业教育的体系，逐步实现了农业教育的系统化和规范化。在农村基础设施建设的执行过程中，农民在基础设施建设中的主动参与意识与行为对促进和建设十分显著。一旦发现基础设施建设出现偏差或不符合公共利益时，农民会积极利用各种方法进行纠正。农民的这种监督对执行主

① 竺乾威主编《行政学》，复旦大学出版社，2003。

体形成很大的约束力，能够迫使他们提供既高效又符合农民利益的基础设施。

在我国农村基础设施建设中，农民既缺乏参与农村基础设施建设的积极性，也缺乏参与到执行机制中的途径。农民在基础设施建设执行机制中的主体地位被忽视了，农民的意见往往不被重视，很多基础设施项目的执行结果难以令人满意。

基础设施建设既涉及经济发展，也是一项民生工程，农民的有效参与是保证农村基础设施建设符合民意的关键。在我国目前基础设施建设中，民众的参与性被忽视，民生工程不合民意，社会效益低甚至违反民意。基础设施建设过程中信息公开的内容有限，存在着诸多缺陷，如形式上公开多，实质上公开少；结果公开多，过程公开少；原则方面公开多，具体方面公开少；公众被动接受的多，主动参与的少；公开政府正面信息多，负面信息少。[①] 农村基础设施项目建设执行过程缺乏透明度，给农民的监督造成困难。即使农民参与了监督，他们的监督也处于低层次上，他们对监督方式、监督内容、反映渠道等缺乏了解，而且农民的利益表达在基层不受重视，各部门相互推诿、拖延、不予理睬，得不到反馈，[②] 这对执行主体构不成约束力。我国拥有世界上人口最庞大的农民阶层，但却没有农民协会这样一个最基本的农民利益表达组织，农民缺少自己利益的代言人。[③] 因此，在我国农村基础设施建设的执行过程中，农民的作用是很有限的。

政府滥用权力导致行政不作为或乱作为。一些地方政府和政府职能部门采取有令不行、有禁不止，推诿扯皮、逃避执行，断章取

① 张磊：《市政基础设施政府监管与社会监督中的问题》，《合作经济与科技》2010 年第 8 期。

② 于水：《农村公共产品供给与管理研究——从农村基础设施建设决策机制考察》，《江苏社会科学》2010 年第 2 期。

③ 任勤：《完善和创新农村公共产品的需求表达机制与决策机制》，《福建论坛（人文社会科学版）》2007 年第 9 期。

义、选择执行，照搬照抄、机械执行，阳奉阴违、虚假执行等作法，造成政府执行力低下。像国家土地整治项目，每整治1亩国土，国家补助4000～5000元不等，这些项目的操作一般都是由龙头企业将农民“不规则”的承包地、山林等“流转”过来，每亩地每年以50元左右的租金从农民手中租过来，简单整理一下，即可变成茶园或者苗圃或者果园等。龙头企业每亩一次性投入不到1000元，但可以领取国土整治项目补助资金4000～5000元/亩。这种做法既赚了国家的钱，又赚了农民的钱。在这个过程中如果官商黑结合，必将导致政府执行力和公信力大打折扣。①

受知识水平、思维意识和个人能力等条件的限制，农民对工程勘察设计技术、工程计量、识图和概预算编制等项目工程建设方面的基本理论和实践知识不了解；对监理程序、审计方法、财务管理等知识不熟悉；对法律体系、宏观经济社会效益、绩效考核的方式方法等不清楚，难以对农村基础设施项目的建设执行进行有效的监督和管理。大部分农民的知识文化水平低，意识上受传统思维的限制，视野较为狭窄，对基础设施的项目工程建设管理也缺乏经验，很难对农村基础设施项目的建设执行进行有效的监督和管理，使得农民难以融入农村基础设施建设执行主体的队伍。

3. 政府监管部门多且缺乏统筹

农村基础设施建设执行过程涉及部门过多，部门之间缺乏沟通，各自为政，交流信息的主动性差，没有一个有效的机制来统筹协调部门间工作，造成农村基础设施项目建设执行过程中多头管理现象的存在。农村基础设施建设涉及发改委、财政、新农办、农业、林业、交通、广电、环保、建设、国土、水利等多个政府部门，各部门在农村基础设施建设中各自承担了农村基础设施建设的

① 张春燕：《提高领导干部行政执行力问题研究——以吉林省为视角》，《行政与法》2010年第5期。

相应职能，但由于缺乏有效的协商机制，各部门之间只是各行其是，缺乏统一的领导和工作部署，在计划、资金、物资等资源配置上，不均衡、重复建设、连续性不强等问题普遍存在。

（二）项目招投标环节的现状与问题

1. 有关农村基础设施建设执行项目招投标的法规还不完善

随着《建筑法》、《招标投标法》等相关法律法规的出台，建设工程招投标方面基本能够实现有法可依。但现有的招标投标相关的法律法规、规章以及管理办法等文件，分别由人大、各级政府行政主管部门制定，涉及不同的执法主体和监管单位，受部门利益影响，造成实际工作中的政出多门、条块分割、部门垄断，甚至出现下位法与上位法冲突和抵触问题，降低了法律的约束力，致使执行不到位。①

2. 农村基础设施建设项目招投标中存在诸多违法违规行为

农村基础设施建设项目投资大、利润回报多，许多项目承包商在经济利益的驱使下弄虚作假，为了中标不择手段，做出一些违法违规行为，严重干扰了项目招投标的正常秩序，破坏了平等的竞争关系。具体表现在五个方面：一是明标暗定，即在农村基础设施建设项目的招投标过程中，招标方虽然表面上有“招投标项目审批表”、“村民代表大会公决书”、“招标公告”等招标文件，但实际上已经“内定”了承建单位。通过在招标过程中透露标底或者邀请那些资质、业绩等无法与选定单位相比的企业来竞标的方式，使“内定”的承建单位“一投即中”。二是围标，即在项目招投标过程中，投标人联合其他建设单位一起参与投标，以增加中标的概率。即使不中标，作为事件相关人，也会拿到一定的好处。三是串标，即投标方与招标方或投标方之间相互串通，骗取中标的行为方

① 罗鹏程、崔三敏、刘青民：《暗箱操作见怪不怪——工程招投标之乱象》，《施工企业管理》2010 年第 6 期。

式。一些项目经理为了能够承建项目，积极拉关系，通过贿赂、走后门等不正当方式与招标方串通投标。串标会导致围标和陪标等现象，串通投标的企业会串通投标报价，目的不在于中标，而在于抬高标的价格，使相互串通的中标企业获得更多的利润。四是挂靠投标，在现行的评标方法中，企业素质分占有较大的比重，因此公司资质等级越高、综合经济实力越强，得分也会相对越高，以这些公司的名义进行投标的小公司中标的机会越大。部分资质较差、不具有竞争实力的小公司为了能够承包项目，通过“挂靠”的方式，以竞争实力强的大公司的名义参与项目的投标。中标后，小公司向“挂靠公司”缴纳5%～8%的管理费，便可以以大公司的招牌施工。五是招标相关信息泄露，标底在招投标中占据着重要的地位，投标人为加大自身的中标几率，不惜花重金“收买”招标单位的工作人员，套取标底的相关信息。招标单位的工作人员在巨额利益的诱惑下将标底信息泄露出去。投标人则根据这些信息提前制定周密的、符合业主要求的竞标书，为其在竞标中取得胜利提供了有利条件。

3. 农村基础设施建设项目招投标监督

农村基础设施建设项目招投标，行政监督应居主导地位。在目前的投资体制和管理体制条件下，各有关部门既对本行业的招投标活动进行管理，又对具体招投标活动实施监督，甚至有的还是招投标活动的具体实施人。由于制衡机制缺乏，同一部门既是“运动员”又是“裁判员”，体制的缺陷带来了各种招投标腐败。特别是在“一把手负责”的实际管理体制下，这种监督在很大程度上依赖于部门领导的责任心和道德标准，容易受主观意识的影响，十分不稳定。

纪检监督作为党内监督的重要方式，在对招投标部门领导的廉政监督方面起到了一定的作用。但农村基础设施建设项目招投标活动的专业性使纪检部门监督作用的发挥受到了限制。另外，涉及农村基础设施建设项目招投标活动中的部门较多，拥有各自的职权范围，难以进行统一的纪检监督。

在农村基础设施建设项目招投标过程中，社会监督的作用较低。这一方面是由于项目招投标活动的信息较为封闭，农民群众或相关组织对众多的投标人不熟悉，对投标企业的资质、信誉和综合实力等不了解，对评标专家等的情况也不清楚。而且竞标、评标等环节基本都是封闭进行的，农民及相关组织等很难掌握情况，其与招投标双方的信息极不对称，社会监督的作用难以发挥。另一方面是由于招投标活动的专业性，农村基础设施建设项目的招投标活动涉及许多不同的领域，每个领域的项目工程建设都有各自的特点，并且都有很高的专业要求。农民群众和一些组织并不具有专业方面的优势，基于这种条件的限制，对农村基础设施项目招投标活动的社会监督十分有限。

（三）项目建设监管环节的现状与问题

农村基础设施项目审计重在检查项目建设执行过程中资金使用和相关经济活动的真实性与合法性，对项目的实施进行内部控制，保证项目按照预定目标顺利建设，是执行机制中项目监督的一种重要手段。审计职能的有效发挥受法律法规、审计人员素质水平、审计结果的处理等因素的共同影响，任何一个因素的异常都会影响审计结果的质量。近年来，我国在基础设施项目审计工作中已经取得了很大的进步，但仍然存在着许多问题。

第一，关于基础设施项目审计的法律体系还不完善。一方面，在实践中《审计法》与《民法》、《合同法》存在法律适用上的冲突，对一些相关方面没有明确规定。《审计机关国家建设项目审计准则》虽然规定审计机关对基础设施建设项目的建设程序、合同管理、材料采购、资金使用、招标投标、工程结算和决算、工程质量、单位资质等方面进行审计监督，却因审计准则的法律效力较低，对其他相关方面缺乏明确的规定，极易导致审计工作与其他法律法规的冲突，给审计实践带来较大的困难。农村基础设施建设项目审计法律冲突，最为普遍的要属农村基础设施建设工程款引发的纠纷问题，法院在审理施工单位和乡镇政府、村委会等建设业主之间的工程款纠纷案件时，不依据审计结果，而仅仅依据《民法》、《合同法》等来进行判决，这严重制约了审计结果的运用及执行。另一方面，审计机关的执法主体资格存在争议。如被审计机关查处违法财务行为时，农村基础设施建设项目的审计机关是否有处罚权，是否可以根据《建筑法》、《招投标法》、《合同法》、《土地管理法》等相关法律规定进行处理和处罚，以保证审计结果的有效性，《审计法》以及一些相关方面的法律法规都没有给出明确的规定，这就给审计工作造成一定的困难。

第二，审计人员素质水平有待提高。农村基础设施项目的建设执行是一个复杂的过程，其中涉及较多的专业性和技术性问题，从事这些项目审计的人员除了要具备财务审计方面的专业知识外，还应对工程技术和施工要求等知识有相当程度的了解，才能保证对项目工程审计的质量。农村基础设施建设的审计部门拥有专业的财务知识，却对工程结构、施工技术、工程造价控制和施工标准等都不熟悉，致使财务之外的审计工作难以完成，审计质量也难以达到标准。农村审计人员的思想意识水平也需要提高，他们大多还留存着传统的思维习惯，知识老化，工作方式单一，缺乏综合分析能力，缺少学习新知识的主动性，已不能满足经济社会快速发展新形势下的要求。

第三，审计方式方法单一，难以确保农村基础设施项目的综合效益。农村基础设施项目建设的审计过程，主要停留在财务审计阶段，即只注重执行资金的开支、拨付等环节的审计，而项目的经济性、项目的社会效益和执行机制中监管活动的成本—收益等方面的审计被忽略了。这不利于对农村基础设施建设项目综合效益的考察，注意力集中在财务方面，而忽视了对项目社会经济效益等的关注。另外，在审计方法上，单纯的定量审计方法已经不能适应基础设施项目建设发展的要求，需要运用多学科、多领域的技术方法来综合分析，并根据不同的农村基础设施项目工程选择不同的审计方案。

第四，农村基础设施项目审计的独立性较差，容易受多方影响。农村基础设施建设执行机制、项目审计的独立性较差，与现行的政治体制相联系。项目审计部门与审计的委托者和被审计者拥有平级的或上下级的隶属关系，有着相关的利益联系，因此很难保持独立性，容易受到行政上或私下的干扰，严重影响审计结果的可信度。审计过程一旦受到影响，资金安全和使用效益便得不到保障，同时也为一些不法分子窃取或浪费农村基础设施建设资金提供了机会。

（四）执行资金使用与监管的现状及问题

1. 执行资金来源多元化、分散，增加了监管的成本，降低了效率

农村基础设施建设执行资金来源多样。一是财政性资金，包括各级政府财政资金以及一些相关主管部门的专项支农资金等，这些资金分属于财政部门、发展与改革委员会；二是配套资金，包括上级给的配套资金和当地政府自筹的配套资金；三是村集体资金与农民自筹资金，有些农村基础设施建设资金来源于村集体，村集体资金不足时需要农民自筹资金，农民自筹资金由县或乡镇统一收取，统一安排；四是捐赠资金，包括企业捐赠资金、组织捐赠资金和个人捐赠资金，这些捐赠资金来源多样，捐赠对象分散，缺乏有效的监管，是执行资金中最容易流失的部分。不同来源的资金由不同的部门分配监管，不同形式的资金有不同的管理要求和监督制度，增加了执行资金统筹的难度。多元化来源、多头管理给项目审计和执行资金的监管造成了困难，加大了项目审计、资金监管的工作量和难度，继而加大了项目监管系统的成本。

2. 自筹执行资金不足，影响项目建设质量

部分执行资金由于不是财政专项拨付资金，需要地方自筹，经常出现金额不足的情况，为农村基础设施项目建设执行资金的

规模留下了缺口。执行资金筹集不足，其原因包括项目概算不足，对农村基础设施项目预算资金需求数额初始估计不足，导致建设执行资金超支，而原定筹集的执行资金不足以弥补这一缺口；项目建设过程中建设业主或施工单位随意变更设计、用料等情况导致建设执行成本增加。有些农村基础设施项目在执行之前没有做好前期工作，边设计边施工，执行计划变更性较大，导致成本增加、超支严重，有些不法承包商在项目招投标过程中，为了骗取中标，使用弄虚作假的手段，使部分材料的价格标的略微高于市场价，再令部分材料的价格标的极低，以拉低总体价格达到中标的目的，但是在以最低价中标后，却极少使用其定价极低的材料，而是大量使用高价的材料，造成整体建设成本的增加和执行资金的不足；资金不能及时、足额地到位，受县、乡、农村经济发展的影响，配套资金有时很难筹集，农业税费取消后，一些经济条件好的村庄受政策影响较小，但对于既无企业、土地经营水平又不高的村庄来说，只能靠政府的转移支付作为农村基础设施建设执行资金的主要来源。筹集资金任务难以完成，执行资金迟迟无法到位。执行资金在转移拨付过程中被层层滞留、挤占或挪用，资金筹集不足，影响到执行资金的有效配置和使用，不仅容易拖延农村基础设施项目建设工期、项目建设预定计划的实现，而且会影响项目建设质量。

3. 资金监管与其他职责界限不明

农村基础设施建设执行机制基本采用的是“谁决策谁执行，谁出资谁监管”的方式，即项目决策、项目执行、执行资金的使用与监督三者合一。从农村基础设施项目的决策到项目建设实施、资金支付，再到项目验收、监督管理等一整套环节基本都是由一个部门或系统负责的。主导部门或系统的权力过大、权责不清，容易造成“重建设，轻管理；重资金分配，轻资金监督”的现象，也为各种违法违纪行为的产生提供了机会。现行的执行机制，资金的监管力度较弱，容易造成执行资金的流失，在经过层层的转移之后，资金很容易被人为地滞留、挤占、挪用，甚至是贪污，直接降低资金的使用效益，对各种铺张、浪费的现象难以有效抑制。

4. 执行资金纵横跨度大且不利于监管

从纵向上来说，农村基础设施建设大部分执行资金来自中央财政和省级财政，而资金的最终支付却多发生于乡镇一级，中间资金转移的层级过多，跨度较大，只要一个层级的资金监管出现问题，就会影响整个执行资金系统的运行；从横向上来说，农村基础设施项目开始建设后，从向建设施工单位拨付首批执行资金开始，到项目竣工验收一年后全部付清余款为止，中间经历了较长的时间，整个建设执行过程中涉及的部门和运行环节都较多，只要有一处出现问题，资金就很容易流失。不管从纵向上来看还是从横向上来看，如此大跨度的运行增加了执行资金的监管难度，增加了资金监管、审计的工作量，从纵横两方面拉长了监控的距离，而且增加了资金系统的运行成本。执行资金的监管效果也受到影响，多环节的监管很容易导致资金的使用方向偏离预定轨道，增大资金流失的几率。

（五）监督与激励系统的现状及问题

1. 监督系统的现状与问题

执行机制运行过程中的监督多为封闭性或半封闭性监督。农村基础设施建设执行机制，监督系统的实际透明度和公开度还不高。行政性监督是贯穿于执行机制的最主要监督，其他形式的监督更多地被排除在执行机制的监督系统之外。这是由监督系统的封闭性或半封闭性特点决定的。监督的封闭性是由信息只能部分公开决定的，部分公开信息的原因主要有：一是受执行机制各环节的专业性和特殊性的限制，有些信息在活动进行之前需要保密；二是相关资料繁多且专业化程度较高，乡镇政府或村两委受传统思维习惯的影响，有选择性地进行信息公开。

执行机制中的监督具有明显的事后监督的特点，缺乏完善的全程性追踪监督。农村基础设施建设监督系统中涉及的监管部门较多，各有各的职责，而全程性追踪监督的制度和技术都还不完善，农村基础设施项目监督系统缺乏连贯性，只是就具体环节或事件进行单独的监督，协调性较差。在某一环节中发生的一些违法违规行为具有了较好的隐蔽性，很难被其他环节的监督所发现，大大降低了监督的有效性。建立一个实时的、全程性的监督系统是十分必要的。

执行机制中普遍缺乏强有力的第三方监督。执行机制的运行过程，发挥监督作用的主要是当地政府、财政部门、建设部门等，政府部门既是农村基础设施项目的主要投资者，又是管理者、监督者，权力的过度集中导致监督权的膨胀，而其他监督方则被排斥在强势的监督权之外。忽视外部监督权而过分扩张内部监督权的监督机制难以实现有效监督。因此，建立强有力的外部监督，使之与行政监督相互制衡是完善现有农村基础设施建设执行机制中监督系统的当务之急。

2. 激励系统的现状与问题

政府中的个人也是“经济人”，都天生地追求自身利益的最大化，但政府公共部门的性质决定了政府不能如企业一样以盈利为目的，对政府及官员的物质激励就变得十分有限，他们常被置于“公仆”的地位而不能明显追求自身经济利益，这就使他们的自利动机受到了限制，迫使他们通过其他渠道或采用其他方式来实现自己的利益。有些政府人员通过贪污受贿寻求经济利益；有些则大搞“形象工程”或“政绩建设”以获取升迁；还有些则态度消极，工作不负责任，敷衍了事。对建设施工企业和监理企业等也是如此，遵守各项法规规定要耗费大量的成本，而且得不到有效的激励。而违法违规的成本却很小，且能够得到丰厚的收益，相当多的建设施工单位和监理企业等铤而走险，才出现了招投标中的各种骗取中标、哄抬标价的行为，也出现了建设施工过程中各种弄虚作假的行为。应建立完善的激励制度，奖励在农村基础设施建设执行机制运行中表现出色的组织和个人。

五　农村基础设施建设执行机制的实证研究
——基于江苏省的调查

本研究所用数据资料来源于2009年5月对常州市溧阳市、南京市溧水县、无锡市宜兴市、张家港、太仓等地区和2010年6月对盐城市响水县和宿迁市沭阳县两地农村的社会调查。2009年在苏南地区进行的社会调查主要采用问卷调查和入户访谈相结合的方式。2010年在苏北地区的社会调查主要采用了座谈会、问卷调查和入户访谈相结合的方式。两次调查共发放问卷1000份，收回有效问卷873份，采用的问卷从基本事实（如年龄、身份等）、农村基础设施建设执行主体、影响农村基础设施建设执行的因素、农村基础设施建设执行机制中的各环节等方面设计问题，比较全面地反映了农村基础设施建设执行机制的概况。

（一）苏南地区农村基础设施建设执行机制的实证研究

1. 苏南地区农村基础设施建设执行模式分析

苏南地区农村经济较为发达，农村基础设施建设资金充足，建设项目类别多，目前已取得了相当大的成就（见表6－2）。苏南地

表6－2　2009年江苏省部分区域部分生活资源享有情况对比

统计类型＼地区	苏南	苏北
户均享有卫生厕所率(%)	93.89	50.5
人均住房面积(平方米)	53.33	37.79
人均日生活用水量(升)	116.18	52.92
人均年生活用电量(度)	387.62	204.03
户均互联网覆盖率(%)	34	7

区的农村基础设施建设执行过程注重农民的利益需求，基层政府与农民之间沟通联系通畅。以修建道路为例，基层政府主管道路工程建设的整个过程，通过招投标制度确定施工单位，验收建设结果，拨付资金，并对整个过程进行监督（见图6－1）。同时，基层政府并未忽略农民的地位，与农民进行信息沟通，这种沟通是双向的、互动的，这有利于农民利益需求的上达，农民也会对道路修建的整个执行过程进行监督，并且会将监督的结果反馈给基层政府。农民参与项目监督，同时也是对政府施政的监督，双重监督的压力是基层政府规范自身行为、谋求公共利益的动力，促使基层政府关注农民的利益需求，有利于促进民主制度的建设和发展。

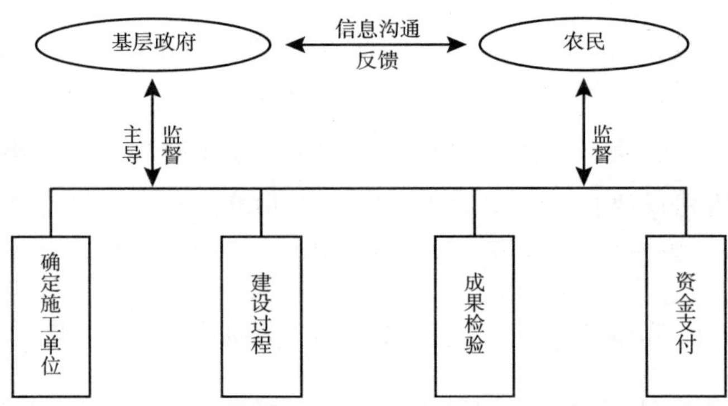

图6－1　苏南地区农村基础设施建设执行机制运行模式

2. 苏南地区农村基础设施建设执行机制现状

（1）经济发展和财力充足是保证农村基础设施建设顺利执行的重要因素

苏南地区的经济较为发达，能够为农村基础设施建设提供充足的资金，从而为执行机制的顺利运转提供保障。苏州市古里镇小康村是新农村建设示范村，位于古里镇南省级东南开发区内，由原南滃、北滃、大滃、珠泾四个行政村整体拆迁后合并而成。按照高起点规划、高标准建设的要求，镇村两级累计投入资金近6亿元用于新村建设。对新村建房实行“八个统一”，完善新村基础设施及公路建设配套设施，实现三线入地，雨污分流，道路硬化，环境美化。一个整体规划规范有序，富有现代气息的社会主义新农村已初现端倪。小康村已成为全市农村居民集中居住区建设的亮点。在访谈中，我们得知，政府出资补贴农民按照新村标准建新房，每户大约补贴 15 万元。如此大数目的补贴资金让农民拆迁建新房的积极性高涨，资金的及时足额到位使整体的拆迁工作顺利进行。因此，经济发展和财力充足是保证农村基础设施建设顺利执行的重要因素。

（2）基层政府与农民之间有着良好的信息沟通

基层政府与农民之间的有效互动对基础设施建设执行机制的健康运行有巨大的推动力。两者之间的信息交流，一方面有助于基层政府了解农民的真实意愿，检验自身在执行过程中的行为；另一方面有利于农民对基层政府的执行行为进行监督，了解执行机制运行过程中的各种信息，也为农民及时反映基础设施执行过程中出现的各种问题提供了一个有效的途径。在苏南地区，首先，农民主要是通过基层政府的宣传来了解基础设施建设过程中的各项政策规定，是基层政府向农民公示公开信息的一个具体体现，43.3%的被调查者都表示主要是通过基层政府的宣传来了解基础设施建设的各项政策和规定；其次，通过报纸电视等媒体的宣传以及同熟人聊天等其他方式了解相关政策的，其比例分别为 13%和 6.5%。农民会主动与村委会、基层政府进行沟通，通过农民代表来表达其真实意愿，农民代表多为德高望重或有一定威信值得信赖的人。

（3）基层政府执行人员的素质得到普遍认可，同时也影响着其执行能力的高低

基层政府执行人员是农村基础设施建设执行机制运行的内部环境系统中的一个重要因素，其素质的高低影响着农村基础设施建设执行结果的好坏。调查问卷的统计数据显示，苏南地区的执行人员在执行过程中体现出来的素质得到较高评价，46.8%的人认为当地

执行人员的素质是比较高的，做事比较“懂规矩”，54.2%的人对农村基础设施项目相关政策的执行表示肯定。

（4）农村基础设施建设执行，农民表现出较高的积极性

农民作为农村基础设施的主要受益目标群体，在执行机制运行过程中的表现对执行结果必然产生相应的影响。苏南地区的调查显示，农民对农村基础设施建设执行过程还是比较关注的，只有农民关注农村基础设施建设项目的执行，才会主动地去了解项目执行中的各种信息，包括执行人员的执行行为是否合乎规定，是否符合农民的利益，执行资金的使用是否有效率，项目的监管是否严格等，这样才能更好地监督农村基础设施建设项目的执行情况。在被调查对象中，57.8%的人主动关注村委会公布的关于农村基础设施项目建设情况的信息。苏南农民在农村基础设施项目建设执行中表现积极。

（5）项目施工方的确定方式

项目施工方的确定方式是影响农村基础设施建设执行过程公开性和透明度的重要因素。在苏南地区，基层政府能够依法办事并采用公开招投标的方式来确定农村基础设施建设项目的施工单位，体现公开透明的民主气息，而农民也能够信得过基层政府。在随机访谈的50位农民中，大部分的人都相信村委会和乡镇政府在基础设施项目的招投标过程中能够做到客观公正，其透明度和公平性是较高的。也有少部分人认为招投标过程中存在“水分”，一些基础设施项目是通过私人关系或贿赂得到的。总体来看，当地农民还是认可这一竞标方式的，这种做法效果较好，能够较好地抑制当地领导私人利益的膨胀，有利于找到资质较好的施工单位，体现较高的程序性和公平性。

（6）基础设施项目建设过程中的管理监督分析

基础设施项目建设实施环节是农村基础设施建设执行机制的中间环节，这一环节执行的好坏直接影响到执行结果的质量。很多问题都会在这一环节中体现，比如说项目建设中的偷工减料问题，项

目资金的挪用问题，项目的监督管理等问题，在项目建设实施过程中的管理监督是否严格有效，直接决定了项目执行的结果。在苏南地区的实地调研中发现，当地政府及有关部门对基础设施项目建设实施过程的管理和监督比较严格，各有关部门会按照法定程序定期对项目的建设实施状况进行监督检查，发现不合标准会立即要求施工方进行整改；农民也会由农民代表组成专门小组，对项目的实施情况进行监督；在基础设施项目的监理监督方面，还会聘请监理单位进行工程监理，涉及政府财政拨款建设的项目，财政审计部门会通过财务审计方式从经济效益的角度进行监督。各监管方在农村基础设施建设执行机制中发挥的作用是不同的，基层政府及相关主管部门和上级政府派出的监管人员是最主要的监管方，实际监管权力最大。农民与农民代表起到了一定的监管作用，监理企业的监管作用相对较弱，37.2%的被调查对象认为其在建设监管中发挥了作用。

（7）基础设施项目执行资金的使用与监管

基层政府所出资金通常占据了全部执行资金的绝大部分，农村基础设施建设资金来源较为单一，便于统筹。燕子口村是溧水县洪蓝镇的一个新村，在该村村民居住集中区的建设中，基层政府投入了大笔资金来完善当地的基础设施建设，交通道路设施、饮水设施、电网系统等都由政府出资建设。在村民的新居建设中，政府也给予了较大比例的资金补贴，每户补贴额大约为新居建设总额的50%。资金来源较为单一，方便执行主体进行统筹预算安排，便于对资金的使用进行监督管理。执行资金都由政府部门进行管理，在资金支付环节中也由政府部门统一支付，政府部门还拥有对执行资金进行监督的职能。

3. 苏南地区农村基础设施建设执行机制的问题

（1）组织结构不完善，基层政府部门职能交叉，农民参与缺乏制度保障

虽然在苏南目前的农村基础设施建设中，执行的结果比较令人满意，但是其中仍然存在一些问题。执行机制中的组织结构还不完

善，农村基础设施建设的执行过程涉及多个政府部门，这些政府部门的职能相互交叉、界限不明，造成各自为政、多头管理和重复管理等现象。另外，农民更多的是一种自发性的参与，缺乏制度保障。农民的组织化程度不高，带有一些随意性的特点，对农村基础设施建设执行过程的监督还没有形成一种长期运行的、相对稳定的模式系统。

（2）项目招投标程序公开透明度较低

在苏南地区，基层政府采用公开招投标的方式来确定农村基础设施建设项目的施工单位，这种方式得到了当地大部分农民的认可和信任。如在调查的各地区随机访谈的50位农民中，大部分的人都相信村委会和乡镇政府在基础设施项目的招投标过程中能够做到客观公正。虽然这一方式得到普遍认可，但在实际的运用过程中，项目招投标程序的公开透明度还是比较低的。农民基本参与不到项目的招投标过程中，之所以认为这一过程存在客观公正性，更多的缘于对当地政府的信任。随机访谈的50位农民，绝大部分没有参与到项目招投标过程中。

（3）执行机制中激励制度不完善

在苏南地区的农村基础设施建设执行机制中，当地政府更注重监督与处罚，忽略了对激励制度的制定。执行各方处在监督的压力下开展工作，很少能够发挥主观能动性。如果只有监督没有激励，就会缺少主动性，履行职能也只是被动地完成工作任务，难以进行工作创新和效率提高。农村基础设施建设执行机制的激励措施还不够明显，效果还不显著，发挥作用的范围还比较小。因此，应大力加强执行机制中的激励制度建设。

（二）苏北地区农村基础设施建设执行机制的实证研究

1. 苏北地区农村基础设施建设执行流程

苏北地区农村基础设施建设执行模式是政府主导型执行模式。政府占据着绝对主导性地位，既是项目投资者，又是建设管理者，还是监督者，多种角色重合，大权在握。农民的被动地位、话语权和表达的途径都有待进一步提高，执行的相关规定和流程不很熟悉，再加上受文化水平和专业知识所限，农民监督很难落到实处。基层政府与农民之间的沟通存在单一性，两者之间缺乏良好的互动。以修建道路为例，如图 6－2 所示，基层政府主导道路工程建设的整个过程，通过招投标制度确定施工单位，验收工程质量，余款结付，并对整个过程进行监管。其中几乎看不到农民的身影，农民在执行过程中的参与更多的只是停留在一种形式上，没有实质性的内容，无法向基层政府反馈具体信息。

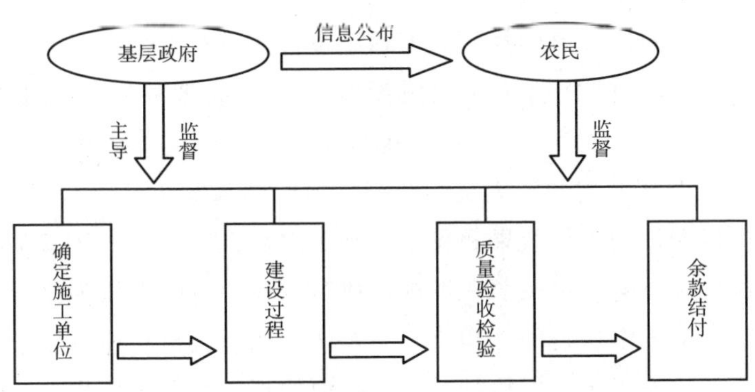

图 6－2 苏北地区农村基础设施建设执行机制运行模式

2. 苏北地区农村基础设施建设执行机制运行现状

(1) 经济发展状况是影响农村基础设施建设执行可持续发展的重要因素

经济发展状况影响了当地农村基础设施建设执行的持续性和稳定性。在实地调研中发现，一些未完工的基础设施建设项目因为缺乏资金而被迫停工；有些预定的基础设施项目执行目标也因为资金短缺而缩减为原来的一半；有些项目因资金缺乏而使用低劣的原材料，严重影响了基础设施的工程质量。在对苏北地区农民的访谈中，50% 的人认为经济基础差，资金筹集量大，影响了农村基础设施建设的项目数量和质量。

（2）基层政府与农民之间的信息沟通呈现单一趋向

纵观农村基础设施项目建设执行机制模式尚属政府主导型模式。从项目施工单位的确定、项目建设过程中的监管到执行结果的验收再到资金的拨付等环节，基层政府几乎全权负责。基层政府与农民之间的信息沟通存在单向性，基层政府会向农民公示公开一些相关信息，但并不注重农民信息反馈。对农民来说，基层政府所公示公开的信息只是执行机制中的部分信息，并不能掌握基础设施项目执行的整个过程，对基层政府的执行情况不熟悉。调查显示，23%的农民对基层政府的执行情况尚不熟悉。

农民对基层政府的执行既不熟悉也无法进行有效监督。17.8%和44.3%的农民分别认为农民没有监督权或者只有形式上的监督权。

（3）基层政府执行人员的执行能力得到基本认可

执行人员的工作效果和成绩得到了多数人的肯定，10.2%的人认为执行人员会严格按照政策规定执行，40.2%的人认为执行人员是按照政策规定执行的，30.8%的人认为执行人员在项目建设执行时会参考政策规定，但执行时则以当地的现实情况为依据，13.7%的人认为执行人员在项目建设执行中较为随意，不注重政策规定的要求。

（4）农民参与农村基础设施项目执行的积极性不高

农民受历史文化因素的影响，臣民意识比较严重，对公共事务缺乏足够的关心和参与；现行的政府主导型模式，农民参与基础设施项目的执行积极性受到抑制。农民参与农村基础设施建设的消极态度不利于乡村民主的建设和社会经济的发展，这既存在着体制上的问题，也有农民自身的原因。42.9%的农民表现为参与农村基础设施的积极性不高，从而也影响了农村基础设施建设的数量和质量。

（5）项目施工方的确定方式

在苏北地区，农村基础设施建设项目施工单位基本是通过招投标的方式确定的，但是苏北地区农民对这一方式普遍不够信任，他们认为其中存在很大的“水分”，无法完全相信招投标过程中的客观公正性。基层政府认为在农村基础设施建设项目的招投标过程中能够依法办事，本着公开、公平、公正为民服务的原则，加大程序公开，信息透明，民主执法，成效还是显著的。而农民因为就业的快速人口流动且缺乏主人翁意识，不关心农村基础设施建设，部分农民还表现出抱怨心态，不利于对农村基础设施建设的参与及执行。

（6）农村基础设施项目建设管理监督

对响水县陈家港镇和沭阳县章集街道实地调研发现，政府相关部门对农村基础设施建设的执行会按照法定程序定期进行监督检查，发现不合标准的会立即要求施工方进行整改；在基础设施项目建设的监理监督方面，会聘请监理企业来进行工程监理，财政审计部门会通过财务审计的方式从经济角度进行监督。农民在项目执行过程中的参与度不高，缺乏参与到项目实施过程中的途径，对基础设施项目建设执行的过程不了解、不熟悉，也没有管理项目建设的权力，对项目建设实施过程的监督无法落到实处。

（7）基础设施项目执行资金的使用与监管

苏北地区农村基础设施建设执行资金通常需要多渠道筹措，造成执行资金来源多样性，不利于资金的统筹安排，给执行资金的监管造成一定的困难。往往资金不足的部分由社会组织和个人捐赠，甚至是边建设执行，边筹措资金。

3. 苏北地区农村基础设施建设执行机制的问题

（1）政府过于强势，农民的主体地位被忽视

基层政府大权独揽，决定着执行过程中各个环节的大小事务，农民被排除在执行机制之外。农民在执行机制中的主体地位被忽略，缺少参与到执行机制中的途径，他们的意愿也得不到重视。农民具有较大的被动性，很少自发地参与到基础设施建设的执行机制中，对乡镇政府和村委会存在一定的疏离和不信任感。由于组织化

程度很低，凝聚力不强，不利于参与农村基础设施的建设。

（2）项目招投标过程中存在着围标、串标、非法挂靠等违法违规现象

在对一些当地政府相关人员的访谈中发现，随着苏北地区农村基础设施建设力度的加大，项目招投标中的一些问题也日益突出。在项目招投标活动的实践中，一些投标单位善于钻营，投机取巧，使出浑身解数来串通建设业主或评标专家，使其能够中标，以小投入来换取大利益。还有些投标单位极力拉拢其他施工单位，采用陪标、围标或非法挂靠等手段来骗取中标或哄抬标价。项目招投标中的违法违规行为严重干扰了招投标市场的正常运行，损害了招投标制度的公平公正性，影响项目执行结果的质量，给项目招投标活动的监管造成了困难。

（3）建设施工环节中的监督方式较为单一，缺乏激励措施

农村基础设施建设执行机制中的监督方式较为单一，地方政府及相关主管部门是项目执行中最主要的监督方。虽然也会聘请外部的监理企业进行监督，但监督力度不大，这是由政府对监理企业的放权程度较低造成的。农民组织化程度较低，受到基础设施项目建设执行过程中的专业性所限，基本无法进行监督。农村基础设施建设执行机制中缺乏有效的激励措施，难以激发个人或组织的主观能动性。

（4）执行资金来源多样，缺乏有效监管

农村基础设施建设项目的执行资金的使用和监管过程存在问题。

第一，执行资金来源多元化，不利于统筹安排和监管。用于农村基础设施建设执行的资金有多种来源且流动渠道不一致。执行主体很难做出统一的预算安排，多为分笔使用，增加了执行主体的工作量。不同来源资金的管理制度不一样，支付渠道、方式也不同，很难保证资金的规范、有序运行，使一部分资金有机会游离于监管之外，加大了资金监管的成本。

第二，执行资金的使用和监管过程中缺乏民主监督。农村基础设施项目建设执行，资金的使用和监督权都掌握在政府和相关部门手中，监督方式单一。虽然乡镇政府和村委会会公布基础设施项目建设的资金使用情况，以方便农民了解信息并进行监督，但从现实情况来看，这种监督方式的作用微乎其微。乡镇政府和村委会公布的信息并不完全，农民对具体细节不够了解，也无法验证其真实性，无从监督，农民的监督权力不大，缺乏监督渠道，一些工作人员和村委会人员意识不足，对待农民态度冷漠，农民的监督意见得不到重视。

六　完善农村基础设施建设执行机制

（一）农村基础设施建设的执行主体

1. 提高基层政府执行人员的执行力

首先，提高基层政府执行人员的政治思想水平。增强责任意识和为人民服务的意识，使其意识到农村基础设施建设与农民群众的利益密切相关，意识到所做工作的重要性。鼓励执行人员深入到农民群众中去，多与农民进行沟通交流，了解农民群众对基础设施建设的需求。同时，基层执行人员要注意自律，面对农村基础设施建设执行过程中出现的各种诱惑，要坚守立场，不能为了私欲而让不法分子有机可乘，降低农村基础设施项目建设执行的质量。

其次，农村基层执行人员要不断提升自己的知识水平和执行能力。农村基础设施项目建设执行具有较强的专业性，涉及面广，要求基层执行人员了解相关的专业知识，扩大自身的知识面，通过自学、培训或再教育等形式不断吸收先进知识，做到与时俱进，适应农村基础设施项目建设执行的新要求。同时在项目执行过程中，要注意积累经验，不断提高自身的管理水平，使自己具备较强的组织能力、沟通能力和协调能力，最终提高农村基础设施建设中的执行能力。

2. 加大农民的参与度，落实执行主体地位

首先，重视农民的主体地位，增强其话语权。农村基础设施建设与农民群众的利益密切相关，农民有权参与到执行过程中，对基础设施的执行状况提出建议。在实际的执行过程中，农民的话语权一直以来受到压制，基本上都由乡镇政府或村委会说了算，农民的主体地位得不到落实。乡镇政府要增强农民的话语权，下放权力，在执行过程中与农民建立合作关系，使农民参与到执行机制的各个环节的监管活动中，共同促进项目执行的效率；农民要积极进行话语表达，主动地寻求各种途径参与到农村基础设施项目建设执行的实践活动中，通过实质性的参与来增强其话语的影响力。

其次，提高农民的组织化程度，增强其对农村基础设施项目建设执行的监督实力。农村基础设施建设执行机制，农民表现为“一盘散沙”的状态，农民精英大多在外打工，农民缺少强有力的诉求代理人。应创新农民参与的模式，提高农民的组织化程度，建立诸如农民协会之类的组织，用集体的力量来弥补个人力量的不足，提高其整体诉求的影响力。利益需求表达的有效渠道是通过组织完成的，组织化程度越高，需求表达力度就越有效。

3. 增加执行过程的透明度，提高基层政府与农民之间的沟通程度

基层政府执行人员要主动融入到农民群众中去，加强与农民的交流。乡镇政府和村委会人员与农民的交流不能仅仅是“摆摆姿态、做做样子”，要能真正了解农民的所思、所想，重视农民的意愿和建议，认真解答农民群众对基础设施项目建设执行中的疑惑，积极采纳农民群众的建议，及时处理农民群众所反映的问题，从而激发农民参与农村基础设施建设的热情，形成“参与——反馈——再参与”的良性循环。农村基层政府要加大执行过程的透明度，及时公开各执行环节中的相关信息，让农民群众及时、全面地了解农村基础设施建设执行中的各方面信息，做到信息对称，促进农民对项目执行过程监督的有效性。

农民要积极参与到基础设施项目的建设执行中去，加强与基层政府的联系。农民要意识到农村基础设施的建设执行关系到农民的切身利益与农村的长远发展，农民要通过农民组织等渠道增强自身的话语权，切实保障农村基础设施建设执行机制的健康顺利运行，用实际行动来维护自身的权益。农民应加强与基层政府的联系，要求政府及时公布执行过程中的各方面信息，公开执行程序，监督政府行为，积极反映问题，并监督基层政府的解决措施。

4. 完善执行机制中的组织结构

（1）农村基础设施建设执行机制中特设管理机构的设想

农村基础设施建设执行过程涉及多个部门，多头管理、各自为政的现象十分严重，有时不同部门之间的计划、政策规定等存在冲突，不仅降低了各部门投入的效益，也不利于项目执行的顺利进行。要建立一个农村基础设施建设执行机制的特设管理机构，将各部门的政策规定、管理职能和资金等各种信息和资源进行汇总，统筹安排各种资源，全权负责农村基础设施项目的建设执行。这一特设管理机构可以从相关部门中抽取人员组成，实行矩阵式管理模式，人员仍隶属于原单位，但是在农村基础设施项目建设执行过程中不受原单位的管理，只受命于特设管理机构，特设管理机构的领导应由上一级政府派遣熟悉相关方面情况的人员来担任。农村基础设施建设执行机制的特设管理机构的主要职能包括以下几个方面。第一，负责项目的招投标。第二，监管执行资金，如督促各来源执行资金的落实，统筹资金配置，监管执行资金使用支付情况，追加资金与余款转移处理等工作。第三，项目执行现场监管，主要有项目合同管理、日常管理、项目进度管理、突发问题处理以及项目验收和后期绩效评价等。第四，协调职能，特设管理机构成立后，各部门不再单独进行农村基础设施项目的建设执行，而是将政策、人员等各种资源移送到特设机构，自身作为监督方参与到执行机制的运行过程中，全程监督所投入资源的使用和管理情况。特设管理机构负责协调各部门工作，当各部门的政策规定等出现冲突时，由特设管理机构进行协调处理，统筹安排。除了协调各部门之间的工作外，特设管理机构还要协调政府部门、村委会、农民之间的关系，加强各方的沟通与联系。第五，信息收集与公开，包括政府部门的政策规定，监督审计数据，项目承包单位、监理单位等企业概况，农民的需求意见和一些反馈信息等，特设管理机构都要收集，并做好信息公开工作。

（2）特设管理机构与农村基础设施建设中相关机构的关系

在现行的政治体制下，农村基础设施建设执行机制中的监督管理职能被多个政府部门所分割。为了消除这种政出多门、执行效率低下的现象，就要改进现有体制，将多个政府部门的监管职能合并，建立一个综合性的、集多种职能于一身的协调管理机构，优化执行流程，提高执行效率。特设管理机构涉及各政府部门的利益重新分配，需要不断地进行调整。农村基础设施建设执行过程中涉及范围大，与农民利益密切相关，特设管理机构即使具有了必要的管理权力后，也不可能解决所有的问题，因此需要在保有相对独立性的基础上，与其他政府部门建立良好的合作分工关系。为了解决特设管理机构与被管理机构的矛盾，制约特设管理机构的行为，避免其为被管理机构所俘虏而导致管理失灵，需要各监管部门对其进行监督。

（二）创建公正透明的项目招投标制度

1. 健全农村基础设施项目招投标方面的法律法规制度

进一步加强对《招标投标法》、《建筑法》等相关法律的贯彻实施力度，建立健全地方法规和规章制度。针对新形势下农村基础设施建设招投标领域中出现的各种新问题，对现有的法律法规做出修改，不断完善对农村基础设施建设执行项目招投标过程中的各种细节和具体操作方面的规定，明确各方的职责和权力，使之能够对招标投标双方的行为进行有效的规范，并为农村基础设施项目招投标过程中的监督、管理和处罚等行为提供法定依据。

2. 对项目工程招投标实施有效监督

（1）政府部门要加大监管力度，严格贯彻执行“问责制”

鉴于实际上实行的“一把手负责”的管理体制，应重点加大对农村基础设施建设执行的主管领导和主要责任人的责任追究，并加重处罚力度。对与投标企业有串通行为的个别领导和人员要记录在案，存入档案，禁止其再参与到项目招投标中。用严格的制度来约束相关人员在项目招投标活动中的行为，使其认真履行职责，并加强行政监督的有效性。政府部门要适当放权给其他监督方。农村基础设施建设执行项目招投标过程中出现的一些不规范行为大多是与程序不透明、信息不公开密切相关的。政府部门应切实提高程序的透明程度和信息的公开程度，让农民群众能够了解招标投标双方的信息，见证整个招标投标活动的流程，以便于监督政府和村委会。

政府部门应切实维护农民群众在招投标过程中的监督作用。完全公开农村基础设施项目招标、投标双方的各方面信息，使农民群众充分掌握情况，避免传递中的信息失真。农民在监督过程中如不能及时、准确、完整地掌握信息，就会使民主监督的有效性大打折扣，或者是捕风捉影的监督造成干群之间的对立，或者滞后的、零碎的监督无法有效地制约滥用的权力。① 公开项目招标投标过程中的一切程序，使农民群众可以动态地掌握招投标进程中的各种情况，允许农民群众在项目招投标各环节中查看相关文件（法律、法规要求保密的除外）、询问、质疑、旁听等，使农民群众能够真正地进入农村基础设施项目的招投标监督中，有效地行使其监督权利。

（2）纪检监督

为防止和杜绝各种违规行为，纪检干部要实行有效的干预，对那些有明招暗定嫌疑的行为，纪检监察应拒绝签字，做到纪检监

① 卢福营：《现阶段农村村级社区公共决策探析》，《社会科学》2002 年第 7 期。

察、审计、财务联手，招标与结算若没有纪检监察的签字和审计盖章，财务将不予报账。利用其党内监督的优势，重点监督项目招投标中相关主管领导和责任人的行为，一旦发现问题马上检查处理，不给违法违纪行为留有余地，加大处罚力度，增加违规成本，以反面激励的方式迫使其遵守规则，认真履行职责。

3. 建立科学的农村基础设施项目招投标体系

（1）建立国家基础设施建设预选承包商制度

借鉴香港特别行政区的经验，“政府投资工程预选承包商委员会”实行每年一次的集中、透明、规范的资格预审；集中资格预审的条件公开、程序公开、结果公开，全过程接受监督，产生政府投资工程预选承包商名录。国有资金投资工程应在预选承包商名录内选择投标人或承包人，保证工程承包商的资质条件、施工能力和信誉等。基础设施建设预选承包商制度的建立，可以由中央政府联合省级政府相关部门组成一个“国家基础设施建设预选承包商委员会”，在中央政府的领导和监督下，由各省级分委会定期对省级所属区域内的建设施工企业进行资格预审。审查其资质和施工能力等各方面条件，严格把好建筑企业的准入关，对那些不符合条件的、信誉差的建设施工企业要坚决取缔，将各方面条件都优秀的建设承包商选入政府投资基础设施建设预选承包商名录中，并规定所有政府或村集体投资的农村基础设施建设项目均应在基础设施建设预选承包商名录内选择投标人或承包人。整个过程必须全程公开，公开资格预审文件，公开资格预审承包商及其基本情况，公开资格预审程序和结果等方面的信息，以供外界监督。“国家基础设施建设预选承包商委员会”应对预选承包商名录内的承包商进行动态追踪管理，一旦名录内的承包商出现串标、非法挂靠或在建设施工过程中弄虚作假影响项目工程质量等违法违纪行为，应及时将其清除出预选承包商名录，以保证预选承包商名录的可靠性。

（2）建立国家基础设施项目评标专家库

基础设施领域内的优秀专家数量有限，且较有名气的专家为大家所熟悉，因此在评标之前，投标人有可能猜测出评标的专家组成员，并在评标之前对其进行“公关”，影响评标过程中的公平公正。建立国家基础设施项目评标专家库是十分有必要的。第一，根据基础设施建设项目的领域分类，对不同专业领域的专家进行归类，并保证每一基础设施领域内的评标专家库中的人数超过评标专家组规定人数的若干倍。每次组建评标专家组时，由专家库管理部门，按照农村基础设施建设业主的要求从专家库中随机抽取不同领域的专家，并负责联系确定被选专家，但对农村基础设施建设业主则要保密，有效地防止在评标之前业主与专家进行串通，防止政府、业主与项目承包商进行串通，以避免行政主管部门的寻租行为。第二，评标专家库应同时吸收基础设施方面的专家和经济方面的专家，以保证基础设施建设项目的科学性和经济性。组建评标专家组时选取一定的经济管理方面的专家，可以从经济角度、财务角度和管理角度等方面来评价农村基础设施建设项目的经济性，弥补基础设施领域专家的不足，降低农村基础设施建设的成本。第三，为评标专家库中的每一位专家建立一个诚信记录。对于那些在评标过程中，出现泄露信息，与建设业主或施工企业相互串通等违法违纪行为的专家，要立即从评标专家库中剔除，禁止其再参与到评标之中，通过加大违规成本来约束评标专家的行为。

（3）完善并推广网络电子评标法

随着计算机、通信技术的高速发展，通过网络实行远程电子评标成为可能。目前网络电子评标法还未普及，技术发展和系统构建还不够成熟，需要政府的大力支持和完善。尽快完善相关配套法律法规，确立电子评标的合法性地位。我国现行的《招标投标法》的第三十条规定了投标文件必须是密封的书面文件，对电子文件无法律约束力，部分地区在处理纸质标书和电子标书不一致的情况时，往往以纸质的为准，造成电子评标的严肃性受到了质疑。因此，需要尽快完善相关规定，确立电子标书的合法性地位，并利用先进的电子网络技术确保电子标书的安全性。统一网络电子评标的程序和标准，以利于监督管理。评标是一项相当复杂的工作，规定细则多，工作量大。而网络电子评标是一个新生方法，缺乏监管经验，需要统一评标过程中的规范、标准和程序等，防止各个地方规定的差别化，以提高电子评标的工作效率，增强相关部门监督管理的效果。大力完善相关技术手段，确保网络电子评标系统的顺利运行。目前，网络电子评标还处在探索阶段，一些技术手段还不成熟，需要大力发展相关技术，以此来完善网络电子评标过程中的电子标书制作系统、语音视频沟通系统、网络协调监管系统等方面，从而使网络电子评标能够得到顺利的实施。

实行网络电子评标法有利于节约社会成本，投标方再也不需要重复打印投标文件，只需要在指定网络系统内提交电子版文件即可，既缩减了投标文件制作成本，又节约了人力资源，提高了工作效率。网络电子评标法有利于政府相关部门的统一管理，因为要实行电子评标首先就必须统一电子招标文件和投标文件的格式，才能使用网络系统内的软件进行操作。众多的农村分属于不同的行政区域，农村基础设施建设的招投标活动往往受到多个层级法规的限制，既有法律方面规定，也有来自省级或市县级的有关规定，而不同行政区域关于当地招投标活动的要求是不一样的，导致了农村基础设施建设招投标活动的千差万别。实行网络电子评标法后，各地农村基础设施建设的招投标活动就可以统一起来，不管是文件的格式还是评标标准和评标程序都有了统一的规定，给行政相关部门的宏观管理带来了便利。网络电子评标法能够有效地杜绝农村基础设施建设项目招投标活动中的各种违法违纪行为。电子技术的发展使网络电子评标能够实现远程操作，这样评标过程就可以避免乡镇政府或村委会的干预，而直接在省一级范围内集中进行。一项农村基础设施建设项目可以由省级专家库管理部门集中抽取评标专家，并单独联系确定被选中专家，专家是否被选中只有自己知道，在评标时由省一级有关部门（根据选择的专家库而定）直接监管专家组之间的视频会议，直到评标过程结束，确定中标人之前，基层政府和村委会都不参与其中，这样就能够有效减少农村基础设施建设项目招投标过程中人为因素的干扰。评标专家组在保密的状态下由省级有关部门集中监管，增加了评标过程的程序化和透明度，能够有效防止招标方、投标方和评标专家三者之间的相互串通，既提高了工作效率，节约了招投标成本，也增强了相关部门的监管力度。

（三）加强项目建设施工过程中的监管力度

1. 完善农村基础设施项目建设中的审计制度

（1）完善农村基础设施项目审计的法律体系

建立一个科学合理的协调机制来减少不同法律法规之间的冲突。农村基础设施建设项目审计法规与其他法律法规之间存在冲突，这种矛盾和冲突一般要在实际的具体案件中才能清晰地显现，农村基础设施建设项目审计对象的特殊性决定了审计结果的运用以及执行都受到了较大的制约。农村基础设施建设项目审计法规冲突问题的有效解决需引入司法机关裁决机制。由全国人大在充分征求司法机关、审计机关、基础设施建设相关主管部门和政府建设业主、施工单位等利益相关方意见的基础上，出台一部专门的协调基础设施建设项目审计法规冲突的法律规定，由司法机关来裁决法律冲突，有利于基础设施项目审计法律法规体系的完善，增强审计工作的执行力。加大基础设施审计执法主体的衔接度。农村基础设施建设项目审计，由于审计机关和相关基础设施建设管理机关对审计结果的处理和处罚职权范围划分不清，相互推诿，以及一些审计问题的处理案件移交程序复杂、手续繁多，使得许多审计问题难以落实。加强审计机关与其他基础设施建设管理机关的衔接。农村基础设施建设项目审计，审计机关应切实加强执法意识，在基础设施项目审计法律法规授予的职权内充分行使审计权力，加强与其他农村基础设施建设管理机关的联系和沟通，建立联席会议等协调机制，及时就农村基础设施建设方面的审计问题提请有关机关做出处理或处罚。

（2）大力提高农村基础设施建设项目审计人员的素质

注重内部已有人才的培训和再教育，通过举办各种不同的培训，使农村基础设施建设审计人员能够快速地转变观念，更新知识，提升技能水平。完善农村基础设施建设审计人员的激励机制，促使审计人员积极主动地学习有关基础设施方面的专业知识，并取得专业资格证书，以提高审计队伍的素质水平。注重引进外部新生力量，审计机关应适当增加农村基础设施建设审计人员的编制，用于引入外部专业人才，尤其应重点引入既熟悉财务审计又懂得工程建设的新型复合式人才，以改善农村基础设施建设项目审计队伍的专业结构，提高审计的质量。与外部审计机构建立合作关系，扩张审计人才网络。审计部门与相关民间审计机构建立长期的合作关系，在人手不够或其他必要情况下，委托聘请相关技术人员参与农村基础设施建设项目的审计工作。

（3）优化农村基础设施建设项目审计方式

农村基础设施建设项目审计方式较为单一，主要为财务审计，缺乏专业施工过程的绩效审计，且多为事后审计，发现问题时损失已造成。要切实改进农村基础设施建设项目的审计方式。做好审计规划，开展事中审计。在农村基础设施建设项目开始之时就应该做好项目的审计规划，根据建设项目的特点将项目划分成若干个子项目，对各个子项目阶段的审计工作进行计划，并及时完成，做到事中审计与事后审计相结合。做好专项审计工作。由于农村基础设施建设项目的特殊性，项目审计除了要进行财务审计之外，还要根据建设项目的流程，从不同的方面进行审计监督，应积极开展专项审计工作，比如对招投标的审计、对施工管理的审计、对档案管理的审计等。开展专项审计工作既扩大了农村基础设施建设项目的审计范围，又加大了对建设项目中一些重要环节的监管力度。按照农村基础设施建设的流程对项目进行全过程的动态跟踪审计，包括从项目招投标、项目施工、工程监理直到项目竣工验收等一系列过程进行审计跟踪，通过对每一流程中的重要项目内容和数据分析、计算、确认等进行动态跟踪审计，来保证农村基础设施建设项目的审计工作得到有效的执行。

（4）充分运用先进的审计方法，切实提高农村基础设施建设项目审计的质量和效率

采用先进的基础设施建设项目审计的相关软件，充分利用计算机审计的快速、高效、精准等优点来辅助项目审计工作的进行，以提升农村基础设施建设项目审计的质量和效率。对农村基础设施建设项目相关数据资料和审计部门审计系统要联网建设，有效减少审计人员的工作量，有利于随时性审计和远程性审计的实现。

（5）改革相关规章制度，确保农村基础设施建设项目审计的独立性

审计部门与被审计部门从属于同一个体系，项目审计工作往往容易受到上级部门的非正常干扰，项目审计缺乏规范性，审计结果不公开，难以问责相关责任人，致使项目审计流于形式。审计部门应独立于被审计部门之外，在人事和资金上不受其制约，完善农村基础设施建设项目审计制度，规范项目审计操作程序，审计结果直接提交被审计单位的上一级相关部门进行处理，使审计工作对乡镇政府和村委会具有有效的监控力。

2. 由专业化的建设监理企业来承监农村基础设施项目的建设执行

专业化的工程建设监督管理，能够有效地控制项目工程的投资，使之按预定的步骤进行，以保证项目建设工期，在监理过程中还会以其专业化的素质水平及时发现项目施工的不合理之处，检验施工原料、施工人员等是否符合相关规定，能有效地提高项目执行结果的质量。

（1）政府主管部门加强引导

政府建设行政主管部门要切实履行自身行政职能，引导建设监理行业的健康有序发展，加强对建设监理市场体系的建设和管理。

要严把行业准入关，根据国家相关部委制定的关于建设监理企业资质管理的有关规定，进一步健全行业市场准入机制，从严审核监理企业在各专业、各级别资质的申报，切实做好监理企业资质年检、升级工作，做好监理从业人员资格考试和登记注册工作，加大对违规行为的处罚力度。① 行政主管部门应进一步规范建设监理行业的市场秩序，坚决打击各种虚假、恶意的招标、投标行为。在实际的项目工程建设中放权给建设监理企业，使其不仅有发言权更有确实的监督权。建设行政主管部门要学会运用市场的手段来调节约束建设监理企业的行为。

(2) 各地的监理协会充分发挥自身的统筹协调功能

监理协会除完成常规的专业培训考试组织等工作外，还应更多地深入市场，深入企业，深入工程项目，详尽调研，为企业成员提供更为实际、更为有效的服务，为企业排忧解难，充当他们的坚实后盾；要把组织监理企业相互交流、互动学习作为一项常态化工作来开展，并定期或不定期组织企业与省内、国内乃至国外优秀的监理企业代表进行交流。② 有效弥补政府管理职能的不足，规范监理市场的秩序，促进行业整体性进步。

(3) 监理企业增强自身发展意识

监理企业严格遵守国家法规和行规，树立良好品牌意识，通过诚信务实的从业态度、精益求精的专业技术和系统化、精细化的服务为社会提供高品质工程，提升社会对监理的认同。监理企业应紧紧抓住大力发展新农村建设的机遇，立足长远发展目标，切实制定有利于自身发展壮大和人才储备的发展战略。提升企业的业绩和技术实力，规范企业管理制度，以优质的服务提高企业的综合竞争能力；注重吸引监理行业内的优秀人才加入企业，以合理的报酬机制

---

① 沈志献、陈俊飞、黄清叶：《论加大基础设施投入形势下监理行业的发展》，《广西大学学报（哲学社会科学版）》2010 年第 1 期。

② 沈志献、陈俊飞、黄清叶：《论加大基础设施投入形势下监理行业的发展》，《广西大学学报（哲学社会科学版）》2010 年第 1 期。

和有效的竞争激励模式来留住人才，以多种方式的培训提高企业员工的业务水平和综合管理能力以及职业道德水准，将企业员工打造成一支技术精、素质良的优秀建设监理队伍。

（四）加强执行资金的专项管理

1. 加强执行资金的集中统筹，确保执行资金及时、足额到位

农村基础设施建设项目执行资金来源多样、管理分散，既增加了执行资金监管的成本，也加大了执行资金监管的难度。应从执行资金的源头上加强管理，实行“专项资金”集中统筹管理。具体操作中可以由中央财政部门依靠现代化的网络技术，通过银行系统，开设国库“专项农村基础设施建设项目执行资金”账户，将用于某一农村基础设施建设项目的所有资金（既包括各级政府的财政拨款、相关主管部门的专项支农资金和地方配套资金，也包括村集体和农民的自筹资金以及社会捐赠资金等）都集中划归到国库的专项账户中，进行集中管理、统筹安排、统一支付。建立国库“专项农村基础设施建设项目执行资金”账户，可以有效防止项目执行资金来源分散、多头管理给执行资金监管造成的困难。将所有的执行资金集中到一个账户中，使执行资金的流入和流出只能经过这一个账户，可以解决当前农村基础设施建设中执行资金账户重复和分散的问题，使财政部门能够掌握单个农村基础设施建设项目执行资金的全部情况，便于资金收支的管理和监督，降低了执行资金监管的工作量，使各资金监督方的监督有了明确的方向。

通过国库“专项农村基础设施建设项目执行资金”账户，确保农村基础设施建设项目的执行资金及时、足额地到位。通过国库“专项账户”资金收入记录可以清晰地反映各个不同来源资金的流入情况，从而可以了解哪部分的执行资金没有及时到位，下一步的工作便可以有针对性地开展。对于各级财政资金没有到位的，应督促财政部门及时拨付；但也要根据配套资金的落实情况来定，对于

那些配套资金不到位的，财政资金也不予拨付，配套资金到位比例不符合要求的，要严格督促其尽快落实，督促无效果的，要严格查处相关责任人。对于村集体和农民自筹资金不足的，要尽力鼓励其拓宽筹资渠道，做好思想教育工作，采取科学合理的措施（如“出工代出资”等）来帮助他们筹集资金。对于社会捐赠资金要及时转移到国库“专项账户”中，以防止因长期滞留而导致资金被挪用、挤占或贪污等现象。对于农村基础设施建设执行过程中，在建项目的概算超支，需要追加财政性资金投入的，必须经过财政部门参与审查，确定要追加的财政性资金的来源后，才能追加投资，否则财政部门有权停止国库“专项账户”的资金拨付。

2. 依托现代化网络技术，实行国库统一支付

通过银行系统开设国库“专项农村基础设施建设项目执行资金”账户，将各种来源的执行资金统筹到一起，专款专用。按照农村基础设施建设项目施工合同的要求进行分期支付或竣工结算时，由项目施工单位列出资金清单，提交资金支付申请，经过乡镇政府或村委会等建设业主以及财政部门、审计机关、监理企业等项目相关监管机构的审核盖章后，由该项目的国库“专项农村基础设施建设项目执行资金”账户直接打款到施工单位的账户名下。执行资金不再经过层层转移，经由乡镇政府或村委会来支付，而是由国库单一专项的账户直接结算，大大缩减了农村基础设施建设项目资金转移的纵向跨度，优化了执行资金支付的流程，有助于提高农村基础设施建设执行资金的监管效率，有利于实现对农村基础设施建设执行资金的流量和流向进行实时的全程控制，将传统的对建设单位或建设项目承包商进行的事后监督方式，转变为全程的、动态的监督。由国库“专项账户”统一支付给建设项目承建单位，有效减少了执行资金的拨付层级和人为滞留时间，增加了资金支付效率，从源头上杜绝了各级政府和村委会对执行资金的截留、挤占、挪用或贪污等行为，有效预防腐败行为的发生，为农村基础设施建设执行资金的监管提供了便利条件。

（五）完善监督与激励系统

1. 监督系统的完善

完善相关法律制度建设是完善监督系统的基础。有了法律制度的规定才能赋予监督行为以合法性，使监督管理工作有法可依、有据可查，才能查处违法违规行为，规范农村基础设施建设执行过程中各方的行为，使执行机制顺利运行。农村基础设施建设执行机制中应用的相关法律制度不够完善，有些内容缺乏明确规定，有些规定已经不再适应现实需要，有些法律法规脱离实际，缺乏操作性，在实际的农村基础设施建设执行过程中难以得到实施，例如在农村基础设施建设执行过程中，监管机构众多，多头管理、职责交叉，造成重复监督与监督空白的现象。为了使农村基础设施建设执行过程得到有效监管，完善法律制度建设工作包括两点内容。一是针对被监管者，规范农村基础设施建设执行机制运行过程中各级政府及相关主管部门、建设承包商、村委会及农民等各方的行为而制定的法律依据，确保执行机制的顺利运转。二是针对监管者，确保各监管机构能够严格按照法律法规的规定来行使监管职责，防止其滥用职权。

完善法律制度建设应重点完善领导责任制和问责制。博弈论大师泽尔滕从"小偷与守卫"的博弈中提出了"激励的悖论"，阐述了政策的目标与结果之间的一种意外关系，即直接打击违法违规行为并不能长期有效遏制其发生，应严加处罚责任领导，谁主管，谁负责，建立可操作的领导责任追究制。这一制度能够有效保证基层领导谨慎行使自己的权力，去除随意性，在农村基础设施建设执行机制的各环节中认真履行职责。完善问责制要扩大问责范围，目前的问责范围局限于贪污、受贿等层面，很少涉及执法不严、监督不力、渎职、不作为等领域。问责范围过窄导致部分乡镇级和村级干部实际上的权力运行处于无风险状态。基层人员抱着"得过且过"的工作态度，在农村基础设施项目建设执行过程中不认真履行职责、不负责任、敷衍了事，严重影响着项目建设的执行质量；问责制应当是对官员的失职行为或不当行政行为予以惩处的制度，目前的问责制只注重于追究责任人员的行政责任，忽略了其法律责任的追究。问责更像是一种政府内部的责任调查，但其结果处理仍然带有浓重的行政色彩。被问责的基层政府官员最坏的结果不过是受到“记过、降职、撤职”等行政处罚，甚至很多基层人员即使在农村基础设施建设执行过程中存在重大的失职行为，也是不了了之，项目执行过程中的政府人员往往有恃无恐。因此，完善问责制应该突破行政问责的局限，依法追究责任人员的法律责任，使问责能够取得实质性的效果。

程序公开、实时监督是完善监督系统的关键。农村基础设施建设执行机制中的监督重点已经从寻求具体的项目建设结果转移到强调程序的规范上来。监督过程更加注重程序性，并强调程序的公开透明度。监督过程的公开，有助于各监督主体全面掌握农村基础设施项目建设中的招投标、资金支付、审计监督等各环节的信息，使整个执行过程处于多层次的监督之下，能够有效防止不规范行为的发生。实时的动态监督可以弥补农村基础设施建设执行机制中现行事后监督的缺陷，对执行机制的整个运行过程进行全程性的追踪监督，及时发现各环节中的违法违规行为，及时纠正，避免造成不可挽回的损失，有效提高监督系统运行的效率。

独立的第三方监督是执行机制得以有效监督的条件。独立的第三方监督是指独立于被监督者，或与政府职能部门有清晰的职责界限的监督。构建独立的第三方监督要确保其拥有监督实权，可以避免受到政治因素的干扰。构建独立的第三方监督，明确其法律地位，增强其独立性，能够有效地制衡行政监督，避免行政监督部门因各项权力集于一身造成权力膨胀而带来的监督失效。

2. 激励系统的完善

政府部门应聘请独立的专业服务机构长期对农村基础设施建设项目进行抽检，从社会效益、经济价值、施工质量、监督管理等各方面综合考察，结合农民的意见进行评价，对表现出色的行政部门和企业给予一定形式的奖励。奖励过程中要注意方法得当，对不同的对象应采取不同的奖励方式和奖励内容，以确保激励措施能够发挥预期的激励效果。对政府人员可与其工作绩效考核相联系，将农村基础设施建设执行机制中政府人员的行为表现纳入绩效考核指标体系中，以激发其提高执行力的工作热情；对农民可给予其一定的物质奖励或政策优惠奖励，以增加其参与农村基础设施建设执行的积极性；对施工单位、监理企业、专业机构等建立全国诚信企业信息库，将其诚信行为、严格的管理和优质的服务等信息公布于众，并在行政许可、招标投标、名单选录、表彰评优等活动中给予优先权，以此来激励建筑行业、监理行业、专业服务机构内的企业加强行业纪律性，严格按照法定要求和程序参加农村基础设施项目的建设执行。

第七章
农村基础设施建设监督机制研究

党的十七大报告指出："要坚持用制度管权、管事、管人，建立健全决策权、执行权、监督权既相互制约又相互协调的权力结构和运行机制。"江苏省从制度改革和制度创新入手，着力构建"预算编制、预算执行、预算监督"三位一体的相互制衡机制，推进财政"大监督"格局的形成。同时在全省财政系统对财政监督工作实行由监督专职机构统一归口管理，统一组织协调，统一规范程序，统一处理处罚，统一经费管理。针对农村基础设施建设监督方面的突出问题，一些地方开展整合优化监督资源，开展了组织督察、民主监督的工作机制探索，主要包括组织督察、定位监督、综合评价、一线考评、量化实绩、连带奖惩等内容，将组织督察和各种民主监督形式有机结合起来，保证了基层监督执行力的提高。[①] 进一步加强授权财政监察组对省级财政项目资金立项申报进行事前审核，对省级财政项目资金拨付和使用过程中的事中监控，对省级财政项目资金使用绩效的事后检查，将财政监督贯穿于农村基础设施建设财政资金运行的全过程。[②] 在审计监督上，继 2006 年 6 月 1

---

① 杨福平：《完善基层权力制约和监督机制》，《求是》2008 年第 7 期。

② 傅道忠：《构建新型财政监督机制研究》，《理论探索》2007 年第 4 期。

日我国实施《中华人民共和国审计法》（简称《审计法》）后，《中华人民共和国审计法实施条例》（简称《审计法实施条例》）于2010年5月1日起施行。《审计法实施条例》的修订，对于完善我国审计监督制度，更好地发挥审计监督在维护财政经济秩序、促进廉政建设、推进依法行政等方面的作用，具有十分重要的意义。

监督权力执行的“三个脱节”问题成为我国农村基础设施建设监督机制亟待解决的问题：一是决策与执行脱节，正确的决策在基层得不到准确有效的实施，或者决策信息被曲解、扭曲；二是权力与责任脱节，有权无责或者权大于责，农村基础设施建设项目在出现施工责任或质量责任时，领导责任推诿，项目无人买单；三是做事与考核脱节，农村基础设施建设监督机制中绩效考核制度不完善甚至缺失，无法准确反映基层领导的工作实效、工作业绩。如何完善我国农村基础设施建设监督机制成为学术界值得关注的问题。

一　农村基础设施建设监督现状分析

（一）农村基础设施建设监督

在农村基础设施建设监督管理过程中，西方国家设立专门的基础设施维护委员会，提倡公民或社区以各种形式参与农村基础设施建设监督管理，鼓励公民、社区积极捐助农村基础设施建设资金。[①] 非政府组织作为农村基础设施建设资金的主要提供者，负责建设资金监督管理、科学组织与划拨，理事会主要负责协调和监督公民参与农村基础设施建设活动，以更好地监督和维护公共基础设施项目。[②] 我

---

① Ambe J. Njoh, “Municipal councils, international NGOs and citizen participation in public infrastructure development in rural settlements in Cameroon,” *Habitat International* 35 (2011): 101 - 110.

② N. Sang, “Improving the rural data infrastructure: the problem of addressable spatial units in a rural context,” *Land Use Policy* 22 (2005): 175 - 186.

国农村基础设施建设监督主体众多，各主体职能分工不明确，应理顺各监督主体之间的关系。在前期项目立项和招投标监管阶段，监督主体应公开项目的全部信息，包括项目的决策信息、招投标信息等。在项目立项时要严格审查项目设计以及立项资金的来源、使用和支付，在项目建设过程中、项目建设完成后的竣工验收都要有相应的主管监督部门贯彻好监督工作。

在农业基础设施项目建设监督管理阶段，上级财政部门应加强对下级财政部门基础设施建设资金的审计和监督，完善逐级拨付制度，确保农村基础设施建设资金及时足额到位。建立透明的县乡财政预算制度。县、乡的各项收入与支出均列入财政预算，并由县、乡人民代表大会审议通过。[①] 审计部门要加强预算和决算审计，对于预算和决算环节，各级政府必须严格执行审计制度，对发现的问题要及时加以纠正，防止挤占、挪用农村基础设施建设资金现象的发生。不能忽视农民在农村基础设施建设监督管理中的作用，政府要充分调动农户的参与意识，充分尊重农户的知情权、选择权、决策权、监督权和管理权，突出基层组织和农户在农业基础设施建设工作中的主体地位，实现项目全过程管理的农户“参与化”。[②] 有些农村基础设施项目就在村庄附近，当地居民既是基础设施的受用者也是建设者，所以相关施工情况和工程质量，如路面宽度、厚度、路基的情况以及路面铺沙石的情况，村民在得到充分了解的同时可以进行全程的监督。

（二）农村基础设施建设监督方式

通过文献研究发现，我国农村基础设施建设监督方式存在的问题主要有：专项检查和日常检查多；事后检查多，事前监督、事中

① 张珺：《中国农村公共产品供给》，社会科学文献出版社，2008，第 89 页。

② 刘天军：《农业基础设施项目管理研究》，西北农林科技大学博士学位论文，2008，第 130 页。

监督少；对农村基础设施建设资金投入来源检查多，对资金支出监督检查少；针对某一事项的专项检查多，全程跟踪监管少；重视微观监督，轻视宏观监督。

由于缺乏对基础设施建设资金的事前监管，地方政府只注重争取建设资金，忽视项目的可行性研究，对于项目的立项缺乏科学论证，在一定程度上影响了农村基础设施建设资金的使用效率。要想实现农村基础设施建设的有效监督，就应转变资金监督的内容、方式与方法。以用户效益函数为理论基础，建立回归模型，构建农村基础设施建设监督机制指标体系。① 由微观监督转变为宏观监督，由事后监督转移到对农村基础设施建设资金分配全过程的监督，由重收入监督转变为收支监督并重，由突击性监督检查转变为规范化的日常性检查。从根本上改变单一的事后检查型监督方式，采取事前预防、事中监管、事后评价以及全方位跟踪反馈等多种监督方法，形成日常监督与专项监管并存的监管新格局。

（三）农村基础设施建设资金监管

我国农村基础设施建设财政资金存在部门职能交叉，重复投入；财政资金用于基础设施建设的来源分散；部分农村基础设施建设项目的申报、审批程序不规范，资金安排随意性大等问题。加强农村基础设施建设财政资金的支出管理，建立农村基础设施建设财政资金预算、审计、分配、拨付、报账、竣工决算的全过程监督，构建适应我国农村特点的基础设施建设财政资金监督机制。基础设施建设财政资金要在公开透明的监督环境中运行，实行"阳光财政"，实施建设资金公示制度。② 目前，县级财政监督虽然在整个农村基础设施建设监管中发挥越来越重要的监管作用，但在实际操

① E. B. Barrios, "Infrastructure and rural development: Household perceptions on rural development," *Progress in Planning* 70 (2008): 1–44.

② 陈东平、韩俊英：《农村基础设施建设中财政资金的创新管理研究》，《中央财经大学学报》2008年第9期。

作中尚未对农村基础设施建设资金的使用过程进行跟踪监管。基础设施建设资金监管工作“重分配，轻监督，轻效益”的现象严重。因此，应充分发挥审计监督的作用建立农村基础设施建设资金审批制度和资金拨付责任追究制度。

按照农村基础设施建设资金监督管理的经验，各级政府及其下属职能部门应设立农村基础设施建设资金专用账户，设立专门机构，配备专职人员对账户进行管理。同时严格执行财务管理制度，确保建设资金专款专用和全程跟踪资金的使用过程，建立科学的绩效评估体系和绩效考核机制。

（四）农村基础设施建设监督法律环境

目前，我国尚未出台《农村基础设施建设供给法》、《农村基础设施建设供给监督制约办法》、《农村基础设施公共招标实施办法》等法律法规。各级政府对属于自己职责监督管理范围内的农村基础设施建设没有准确定位，具体细化规划制定缺失，仅仅依赖上级政府拨款，缺乏相对应的监督约束机制和绩效考核办法，基础设施建设资金拨付的高遗漏率加大了财政压力，农村基础设施建设总体处于比较混乱的状态。[①] 农村基础设施建设资金监督的法制法规建设滞后。迄今为止，尚没有一部完整的、权威性的对农村基础设施建设资金的监督职能、监督内容、监督程序和监督方式等作出专门性规定的法律。已有的关于财政监督和农村基础设施建设资金监督的规定和办法主要散见于财政法律法规中，相对应的条款也往往归于原则性，缺乏可操作性。财政监督在执法中存在着尺度偏松、手段偏软等问题，农村基础设施建设资金的监督地位得不到法律保障。[②]

---

① 刘天军：《新农村建设中农村基础设施建设的管理初探》，《经济问题》2007 年第 6 期。

② 傅道忠：《构建新型财政监督机制研究》，《理论探索》2007 年第 4 期。

一言以蔽之，农村基础设施建设监督贯穿于农村基础设施建设的整个过程中，有效的监督管理直接关系到农村基础设施建设项目能否按期投入使用，关系到农民的农业生产及日常生活，对社会主义新农村建设有着重要影响。目前对农村基础设施建设监督机制的研究较少，综合性研究不够，研究成果具有一定的局限性，有待深化。已有的研究成果，对加强农村基础设施建设监督管理的必要性、紧迫性研究，以及为什么要加强农村基础设施建设监督，提出由谁来提供农村基础设施建设监督管理责任等问题的论述。但是，对于哪类农村基础设施由哪些政府部门或社会组织负责监督建设，建设过程中的监督责任落实，出现问题谁来负责等基本理论问题方面的研究比较少。大多数学者的研究主要集中于农村基础设施建设财政资金监督管理机制、体制层面上，尽管少数学者主张对农村基础设施项目工程的建设实行全方位、跟踪式监督检查，但是，主要还是从建设资金运营的过程来把握农村基础设施建设监督机制，对项目立项、招投标决策以及建后维护管理等监管过程方面的研究比较少，从社会组织、农民协会等参与农村基础设施项目维护管理方面，探讨农村基础设施建设监督机制的更少。因此，农村基础设施建设监督机制研究有待进一步深化。以管理控制理论和公共利益理论为指导理论，在界定农村基础设施建设监督机制概念的基础上，分析农村基础设施建设监督机制的构成因素，结合江苏省的具体情况对农村基础设施建设监督现状进行对比分析，提出构建农村基础设施建设监督机制的对策建议。

二　农村基础设施建设监督机制概述

（一）农村基础设施建设监督机制的内涵界定

农村基础设施建设监督机制的内涵，学术界没有明确的定义。本研究认为：农村基础设施建设监督机制是农村基础设施项目建设监督主体依据国家相关法律制度或基于合同要求，对项目施工方和与项目相关联的人、财、物等进行依法审计督察的过程。强调相关监督主体对项目资金流向、项目流程的活动或行为所采取的具有肯定或否定意义的审核、监察、督导等一系列方式、方法，是农村基础设施建设中对资金运行的监督及建设后农村基础设施的使用、维护中的管理和监督的一系列问题。农村基础设施建设监督机制是一个由多个相互联系的要素组成的多重监督体系，包括信息公开制度、工作复命制度、责任追究制度、绩效考核制度等。从构成上来看，涵盖资金、工程项目、监督主体。农村基础设施建设监督机制包含对资金的监督、对项目工程的监督及对监督主体的监督三大部分。动态地看，即从整个工程建设流程来看，农村基础设施建设监督机制涉及工程项目的立项、招投标、项目预决算、项目建设、竣工验收及建后项目管理维护等各个过程的监督。完善的农村基础设施建设监督机制是农村基础设施建设顺利有效开展的有力保障。农村基础设施建设监督机制的有无、效用高低、构成要素是否完善等在很大程度上体现着农村基础设施、公共服务的真实绩效。能否急农民之所急，能否有效保障公共服务质量，能否及时调整公共服务趋向而使受益群体利益最大化，成为衡量农村基础设施建设监督机制是否完善的一个重要指标。农村基础设施建设责任监督机制的建立和完善是实现农村基础设施高效建设强有力的保障。

（二）农村基础设施建设监督机制的理论基础

1. 管理控制理论

现代行政管理学认为，要优化过程控制，实现有效的运行管理，执行者必须掌握有关控制的基本理论，其中关键的是适时运用反馈、目标管理等原理，对全过程管理进行有效控制。[①] 以管理控制理论视角，监督就是多过程管理的控制，农村基础设施建设监督

---

① 杜栋著《管理控制论》，中国矿业大学出版社，2000，第96页。

机制包括项目立项监督、招投标监督、项目建设监督、项目验收监督及项目管理维护监督等各阶段的监督工作。管理控制理论的核心是寓管理于控制中，在执行过程中检查可能出现的偏差，查找原因，采取措施，确保执行准确有效。

农村基础设施建设监督机制，即运用控制理论，将监督纳入控制网络中，使执行的各个阶段相互衔接，科学系统地对全过程管理进行有效控制。管理控制过程一般包括三个基本步骤：确定控制标准，根据标准衡量执行情况，纠正实际执行情况偏高或偏低标准的误差。在决策前实施监督，能有效控制决策错误。决策过程中实施监督，提前排查，预测可能出现的问题，杜绝执行过程中出现目标偏离的现象，提高执行效率。决策执行过程中实行监督，对管理中出现的问题查明原因，究其责任，总结经验。在监督管理工作中，为适应多变的建设环境，监督主体调整监督形式，采取最恰当的监督方式和监督方法，确保执行准确有效。

2. 公共利益理论

监管是约束农村基础设施建设项目政府监管职责，保障农村基础设施建设绩效的制度安排。政府监管的目的是督导农村基础设施项目建设，维护农民群众的切身利益。即当存在信息不对称、不完全竞争、垄断、不确定性及农民基础设施供需矛盾时，由政府进行农村基础设施建设的宏观调控，监督管理行政主体和其他社会主体的基础设施建设行为，核查农村基础设施建设资金层级划拨，监督基层建设资金是否足额到位，保护农民公众的利益。[①] 这既是传统的政府监管理论，也被称为“公众利益理论”。

为确保农村基础设施政府监管的效率，必须建立完整的农村基础设施建设监督机制。如果没有及时建立相应的农村基础设施监督管理机制以确保农村基础设施建设的正常运行，那么因政府监管不

① 仇保兴、王俊豪：《中国市政公用事业监管体制研究》，中国社会科学出版社，2006，第19页。

力带来的损害公众利益的事情就在所难免。农村基础设施建设监管旨在维护民主、透明、公开的决策与执行环境，制约政府相关人员“暗箱操作”行为，依据农民真实需求实施建设项目，为民谋福利，实现农民利益的最大化。

由于不完全竞争、信息不对称、供需不平衡等制约因素的存在，必须建立完善的农村基础设施建设监督机制，明确监督主体实施监管行为。

（三）农村基础设施建设监督机制的构成要素

1. 监督主体

监督主体是监督行为的执行者，由于农村基础设施建设的参与者众多，为实现监督主体的有效监督、整合监督资源，必须建立起多层次、全方位的监督主体体系。农村基础设施建设监督主体包括政府监督机构、财政部门、审计部门、投资主管部门、各级人大、建设行政主管部门、农村基础设施建设项目专门监管机构以及社会监督力量。以下简单介绍各监督主体的职能（见图7－1）。

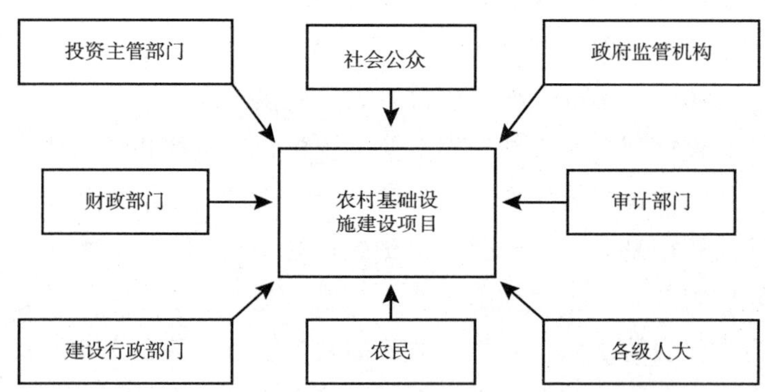

图7－1　农村基础设施建设监督主体体系结构

①政府监督机构。由政府承建部门牵头，从社会选聘一些政治、经济、技术和法律等方面的专家参与政府监督管理，组成最具

权威的农村基础设施建设的政府监管机构。农村基础设施建设项目专门监督机构的职能在于监控农村基础设施建设的市场环境，促进农村基础设施建设活动公平、公开地开展。

②财政部门。财政部门主要负责审核农村基础设施建设项目的投资预算。

③审计部门。审计部门从农村基础设施建设项目立项、项目招投标到竣工验收都参与其中。审计部门着重对项目建设阶段已使用的建设资金进行审核，监督检查资金使用是否合法。针对财政资金，审计部门审查工程有无立项、立项资金是否符合立项标准，监督检查招投标过程以及监督审核财政资金的来源、使用与支付情况。

④各级人民代表大会。侧重对农村基础设施建设财政资金预算和决算的审批。

⑤投资主管部门。对投资规划安排、项目实施的可能性、资金拨付及时性、资金到位性等进行监管。

⑥建设行政主管部门。进入施工阶段，农村基础设施建设行政主管部门委派工程监理代表建设部门行使工程监理权力。在项目开工、建设、竣工各环节，安检部门、消防部门、质检部门、人防部门、规划部门等相关部门积极配合建设行政部门定期定时对工程进展进行督促检查，施工单位定期向建设行政部门汇报最新建设进展。

⑦社会公众。政府部门采用信息技术，通过电子政务网，公开政府行政决策事项，包括决策依据、程序、标准、结果，项目招投标信息，项目建设进展，经费标准等，让社会公众能充分了解项目整个建设进展，更好地参与到项目的监督管理。

⑧农民。对于与农民利益密切相关的农村基础设施建设项目，村委会选择监理人对项目建设进行全程监督，以公路为例，其监管范围包括砂浆的混合比例、路宽与承载力等。

我国农村基础设施建设监督主体多、职能交叉现象严重。项目决策制定者与项目监督人角色趋同，监督主体对项目建设盲目乐观，对项目进展、建设实绩缺乏客观实际评价，对可能出现的隐患很难作出理性判断。财政监督、审计监督、社会监督、人大监督职能划分不明确，监督内容重叠，也易形成监督缺位。审计监督主要是事后监督；人大监督内容比较宽泛，主要对财政预算和决算进行审查和监督，政府预算决算及其执行的合法、合理状况是审核重点；财政监督难以跟踪监督财政资金运行全过程，监管力量稍显薄弱；社会监督缺乏群众监督平台，难以成为舆论监督的重要监督力量。

2. 监督客体

我国农村基础设施建设监督机制的监督客体是为农村经济、社会、文化发展及农民生活提供公共服务的农村基础设施。[①] 农村基础设施根据服务性质的不同大致可以分为生产性基础设施、服务性基础设施、流通性基础设施三种类型。生产性基础设施可以为农业生产提供必要的物质条件的生产性基础设施，包括农用土地、水土保持及田间道路建设及农田水利设施等，服务性基础设施为农村提供包括农村金融、信贷和保险支持及农村信息在内的服务性基础设施，以及由农村交通运输设施、通信设施和农业生产资料与农产品的销售设施构成的流通性基础设施。生产性基础设施和流通性基础设施进行的监督管理可操作性更高，与农民关系密切的农村基础设施建设项目，农民关注度高，更容易参与到其建设管理和维护的过程中。有些农村公共产品，如农村信用社，农民缺少对它的了解，一定程度上成为农民参与信用社监督管理的一道屏障，对于“要参与什么样的监督、采取什么样的监督方式、如何进行监督”，农民没有明确的概念。

3. 监督方式

监督方式是监督主体开展监督工作采取的与工作性质相适宜的方法、手段。普遍的突击检查监督、事后检查监督多，日常性检查

① 叶兴庆：《论农村公共产品供给体制的改革》，《经济研究》1997 年第 6 期。

监督、专项检查监督少，过程监督缺失。突击性检查监督要融入日常监督中，做好财政资金管理、预算和使用的日常性监督管理工作。专项检查监督针对特定项目进行专项检查和调查研究，深化监督管理力度。财政监督管理工作应转变监督方式，寓监督于管理中，使日常监督管理与专项监督管理相结合，不断提高监督管理水平。我国审计监督主要是事后监督，明确建设项目审计的具体范围，加强专项审计调查。我国农村基础设施建设监督呈现事后监督多，事前、事中少的现象。缺乏事前监督，审计监督只注重对建设资金的审核，造成项目立项、招投标过程监督检查缺位。财政监督要发挥日常检查监督与事前、事中检查监督优势，加大日常监督检查的事前、事中检查力度，逐步控制事后监督检查的覆盖范围。我国应该建立财政预算支出的申报、拨付到使用全过程的跟踪检查机制，包括对建设项目资金立项申报的事前监督，建设资金拨付与使用过程的事中监管及建设资金使用效益的事后检查，将日常检查纳入监督机制轨道上，扩大专项监督检查与日常监督检查覆盖面。

4. 监督法律制度

农村基础设施建设监督工作需要完善的法律环境来保障，各项监督性法律法规的制定能有效制约、规范监督主体的管理活动，督促监督项目实施者依照监督细则、监督标准、监督方式和方法行使监督权力。法律监督制度的颁布与实施令监督主体的监督行为处于可量化的、有形法制框架下，更好地发挥审计监督、财政监督在维护农村基础设施建设资金运行秩序、使用效率等方面的作用。

改革开放以来，我国相继颁布《中华人民共和国预算法》、《中华人民共和国审计法》、《中华人民共和国审计法实施条例》等法律法规，使农村基础设施建设资金监督管理处于一个规范的管理环境。农村基础设施建设监督法律法规中可执行的监督处罚手段尚欠缺，且针对性不强，执行度不够，法与法之间关联性、协调性不高。我国应尽快出台农村基础设施建设监督的相关法律法规，对农村基础设施建设监督的内容、方式、监督主体职责、监督权限、监督程序、监督法律责任等作出明确具体的规定，将农村基础设施建设监督的信息公开制度、责任追究制度、信息反馈制度、绩效考核制度等落实到农村基础设施建设监督法律法规中，真正做到监督工作公开、公平、公正，使监督管理工作有法可依，有据可考。

（四）农村基础设施建设监督机制的监管目标及内容

1. 农村基础设施建设监督机制的监管目标

现阶段我国农村基础设施建设监督机制监管目标取向不明确，监督检查工作没有量化的指标评价，必须要准确定位农村基础设施建设监督管理的目标，才能保障农村基础设施建设监督工作保质保量地进行，保障公众的相关利益，促进社会主义新农村建设。我国农村基础设施建设监督管理的方式可以概括为：高效监督、法制化监督、全程监督、阳光式监督。所谓高效监督，即充分利用市场的力量，通过科学的方法、手段，合理组织监督活动，达到“低监督成本，高监督效率”的目的。法制化监督，即在国家法律法规的大环境下，通过制定一系列农村基础设施建设监督的法规、制度，将农村基础设施建设监督活动纳入法制约束下，一方面增加了监督管理活动的权威性，另一方面也使监管工作更加规范。全程监督，不仅对农村基础设施建设过程进行监督，还需要对农村基础设施前期的立项进行严格的审查和评定，监督管理还应该介入基础设施建设完成投入使用的过程中。阳光式监督，即透明监督，监督管理部门实行信息公开、政务透明的监督管理，允许公众参与到基础设施建设的过程中。通过信息公开、公众听证、财务公示等方式，将监督管理部门置于公众监督之下，真正做到监督活动的公开、透明。

2. 农村基础设施建设监督机制的监管内容

目前农村基础设施建设监督机制存在监督越位、监管缺位两大问题。通过全生命周期监管，能有效解决监督越位和监管缺位的问题，确保农村基础设施建设的全方位监管（见图 7－2）。

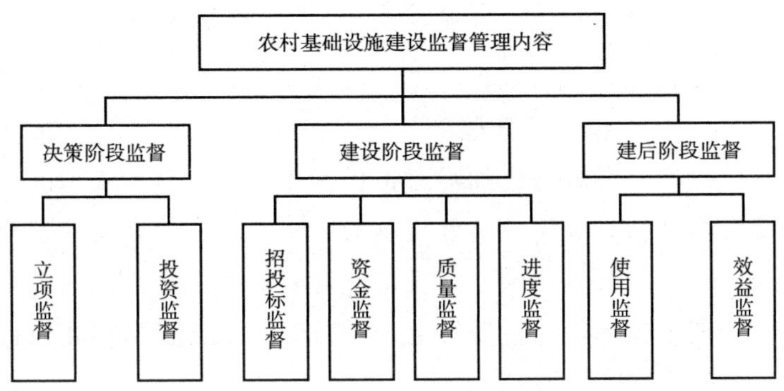

图7-2 农村基础设施建设监督管理内容体系结构

(1) 决策阶段监督管理

①立项监督管理。立项监管是整个农村基础设施建设监督工作的首个阶段，是难点也是重点。农村基础设施建设项目的立项以农民的需求为立项依据，立项的监督审核工作即是对项目的可行性研究，即通过规范化的评估程序、可行性的研究办法，对立项进行评估。① 评估指标要严格遵守国家的建设标准，可行性研究除技术可行外，还要进行社会效益、经济效益、政治效益、生态环境效益等各项效益评估。评估检查要做到从公众利益需求出发，综合各项指标体系，评定基础设施建设项目是否满足立项的标准，根据实际情况确定哪些建设项目可以建设，哪些不能建设或当前不适合建设，减少评估中的随意性和主观性。

②投资监督管理。政府对农村基础设施建设的数量、结构、规模、发展速度等进行规划管理，通过对专项规划的科学指导完成对农村基础设施的筹资、建设和营运等监督检查工作，避免农村基础设施发展过快造成资源浪费，或基础设施建设滞后导致农民需求得不到满足的问题发生。投资监督主要审核评估重点发展的农村基础

① 刘天军：《农业基础设施项目管理研究》，西北农林科技大学博士学位论文，2008，第116页。

设施建设项目计划，引导并监督政府和社会的资金支付行为。监督方式主要为对项目计划进行审批，对项目投资的数额设定限制等。

（2）建设阶段监督管理

①招投标监督管理。加强对招投标工作的监督检查力度，不仅是完善农村基础设施建设监督机制的内在要求，也是发展社会主义市场经济体制的客观要求。招投标监管要加强对招投标的各个环节监管，规范招投标行为，实行全过程监管。具体包括强化执行合同管理、加强合同变更管理等。

②资金监管。资金监管是农村基础设施建设监督重要的一个环节。资金能否及时、足额到位直接影响整个建设工程的进程管理。资金监管要实行全过程的监督。

第一，事前监督。建立和规范资金管理制度，监管资金从分配、划拨到支付的整个流程。使资金的使用、管理更加公开化、透明化，从源头上遏制资金“暗箱操作”行为。

第二，事中监督。财政部门和审计部门负责对建设资金的核查与审计工作，严格审计基础设施建设资金的渠道来源、用途，监管资金分配、资金拨付、资金到位的情况，检查资金是否及时到位，项目工程是否偷工减料，发现问题及时督导相关部门采取措施加以纠正。

第三，事后监督。事后监督是对已竣工的基础设施的监督检查。监督内容包括：项目是否依合同如期完成，经济效益和社会效益有没有达到预期标准；对工程决算进行审核，检查是否存在工程超支、工程质量不达标等问题。

③进度监管。因为农村基础设施与农民的生产、生活密切相关，所以一般对农村基础设施项目进度都有严格要求，尤其是农田水利建设项目，如果农田水利基础设施项目不能如期投入使用，将会严重影响农民的农业生产。在农村基础设施建设阶段，必须严格做好进度监督管理工作，确保农村基础设施建设项目按时保质地完成。

④质量监管。农村基础设施建设质量监管是对正在建设的基础设施质量进行监督管理，通过质量监督指标检查项目建设的实际情况，查找建设项目是否存在质量问题，并分析导致质量问题的原因，制定相应的措施排除已出现的质量问题或预防隐患的质量问题出现，使建设项目保持持续的高质量水平。具体到监督管理工作中，应整治和规范基础设施项目建设的建筑行业秩序；进一步完善项目监理制，强化监督监理职能，提高监理工作水平；加强施工管理，保障施工建设质量；加强质量监督机构的监督作用，政府做好质量监管工作。

（3）建后阶段监督管理

农村基础设施建后阶段又称农村基础设施建设项目后续管理阶段，是指项目竣工、验收、交付使用后，项目正常营运并发挥效益的全过程管理。

①使用监督。农村基础设施建设项目经验收，最终使用权归使用者所有。在项目的建后阶段，各种建设资金从项目中撤离出来，政府及相关部门的管理角色也发生改变，由以管理为主转变为以引导为主。项目管理的重点从项目建设中脱离出来，转变为对农村基础设施的建后管理维护。农民和村级组织等成为农村基础设施的受益群体，直接参与到农村基础设施建后监督管理中，成为项目后续阶段的管理主体。

②效益监督。农村基础设施项目建设完成后，需要对项目的执行过程、社会效益、作用进行系统、科学、客观的评估，即为项目的后续评价。项目后续评价主要通过农村基础设施的投入运营实践，评定基础设施建设项目的预期目标是否实现，项目的主要效果是否达到预期水平。项目后续评价是农村基础设施建设监督管理工作中的最后一个环节，也是最重要的环节之一，通过建立项目实际成果和效益的各项指标，采用验收评估制和责任追究制，将农民生产增收、生活富裕、民主满意度等相关指标纳入考核内容，用项目完成指标的程度来评定项目的决策、执行和管理的各环节。同时，

发挥建后监督管理的农民主体地位，建立农民参与式管理维护农村基础设施的制度，让农民广泛参与到项目运营和监督管理中，确保农村基础设施能长久持续地发挥作用。

三　农村基础设施建设监督机制现状与困境

（一）农村基础设施建设监督机制现状

我国农村基础设施建设项目普遍存在投资效率不高、使用效益偏低的问题。1996～2001年全国基本建设投资项目失误率平均为43.55%，电力、自来水的建设为45.53%，交通运输和邮电通信为45.12%[①]，失误率均超过了全国平均水平。我国农村基础设施建设项目由于事前监管不到位、项目决策机制不健全、招投标执行不严格、建设管理不完善以及工程质量缺陷等原因，存在资金拨付使用监管不到位、农村基础设施项目建设和使用效率不高等问题。

1. 农村基础设施建设投资决策监管现状

（1）农村基础设施建设投资总量分析

农村基础设施投资比重在1996年到2000年的“九五计划”时期再度攀升，计划完成后农业基本建设投资额由“八五”时期的257.93亿元增加到1150.50亿元[②]。如图7－3，2003年投资额出现下降趋势，农业基本建设增长大幅跌落，以30%环比增长为基准点，1990～2003年13年中，5年高出基准点，8年农业基本建设增长低于或等于30%，其中2003年出现负增长，可见我国农业基本建设投资环境具有极大的不稳定性。从内部结构分析农业

① 《中国统计年鉴》（1997～2001），中国统计出版社，1997～2001。

② 董志凯：《我国农村基础设施投资的历史变迁》，《中国经济史研究》2008年第3期。

基本建设投资，水利基本建设投资在农业基本建设投资的比重一直保持在60%左右，可见农村基础设施建设投资大部分都致力于水利基础设施的建设，而对于农村道路、饮水、电网、通信、沼气等基础设施建设的投资力度相比较薄弱。根据《农业法》规定，财政每年对农业基础设施投入的增长幅度应高于其经常性收入的增长幅度，但由于国家投资结构和投资重点很难转移到农村基础设施上，加上缺乏必要的监督检查和有效的执行措施，国家对农村基础设施建设的投资也表现出较大的不平衡性、不稳定性（见表7-1）。

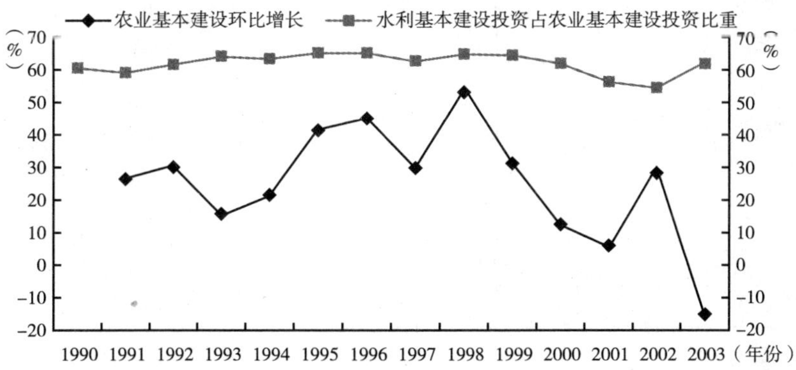

图7-3　1990～2003年农业基本建设环比增长

数据来源：《中国农村统计年鉴2009》，国家统计局农村社会经济调查司编。

（2）农村基础设施建设决策现状分析

目前，我国农村基础设施建设决策是自上而下的，上级政府通过对村庄公路通行里程、村村通自来水户数等指标，明确各类基础设施建设的决策目标和执行任务，对农村基础设施建设项目决策进行监督考核。[①] 农村基础设施建设项目的决策建立在农村基础设施

① 樊丽明、石邵宾：《新农村建设中的公共品供需均衡研究（中英文版）》，中国财政经济出版社，2008，第61页。

表 7-1 我国农业基本建设投入状况

单位：亿元，%

年份	农业基本建设投资	农业基本建设同比增长	水利基本建设投资	水利基本建设投资占农业基本建设投资比重
1990	67.2	—	40.7	60.6
1991	85.0	26.5	50.2	59.1
1992	111.0	30.6	68.3	61.5
1993	127.8	15.1	81.6	63.8
1994	154.9	21.2	98.2	63.4
1995	219.1	41.4	142.5	65.0
1996	317.9	45.1	206.6	65.0
1997	412.7	29.8	258.8	62.7
1998	637.1	54.4	411.7	64.6
1999	835.5	31.1	536.5	64.2
2000	940.0	12.5	580.1	61.7
2001	993.4	5.7	558.8	56.3
2002	1291.6	30.0	703.8	54.5
2003	1097.7	-15.1	680.9	62.0

注：由于资料统计口径原因，以农业基本建设数据对农村基础设施投资进行分析，以下相同。

资料来源：《2009 年中国农村统计年鉴》。

需求优先次序的基础之上。完善的需求表达机制是决策必不可少的依据，即要有畅通的农村基础设施需求表达平台。农民对农村基础设施的需求表达渠道分为正式和非正式两种。农民直接向村组织或基层政府反映对农村基础设施的需求意向，在正式通道表达无效的情况下，农民通过上访等形式重申对基础设施的需求意愿。在农民需求偏好表达出之后，政府通过实地调查、农户访谈、专题访问等途径甄选表达出来的农村基础设施需求偏好，剔除不真实的需求。不同地区农民对基础设施的需求不同，即使同一地区，不同农民对基础设施的需求表现也有所差异，政府需要对总体的农村基础设施需求偏好进行汇总，得到农村基础设施建设的优先次序。政府决策是在农民表达需求、农民需求甄选、农民需求汇总的“三步走”后作出的，正是“需求发现”的前期工作，保障了农村基础设施建设决策的“民生导向”。农民需求表达的三步骤有效地融入了农村基础设施决策监督工作之中，理论检验、实地测试政府初始决策是否合理，调整和引导使政府决策的重心转移到农民实际需求上来，保证农村基础设施建设的终极目标。农村基础设施建设的农民需求表达，使得农村基础设施建设监督工作方式更灵活有效，保障前期决策回应性与及时性（见图7－4、图7－5）。

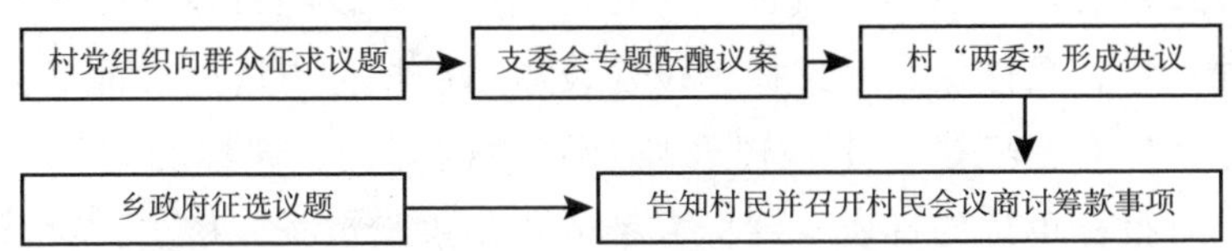

图7－4　苏南某村1农村基础设施建设项目决策流程*

＊于水：《乡村治理与农村公共产品供给问题研究》，《江海学刊》2006年第5期。

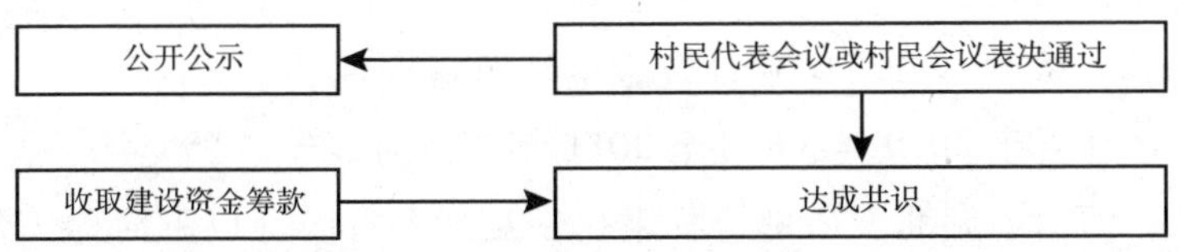

图7－5　苏北某村1农村基础设施建设项目决策流程

资料来源：2010年7月对江苏苏北地区的陈家港和沭阳部分地区的调查。

2. 农村基础设施建设的监管现状

（1）农村基础设施建设招投标监管管理现状

据国家计委1995年对全国基本建设大中型项目预算检查，发现没有招投标的工程，项目实际超出预算的比例平均达到91%。2000年全国建筑工程项目实际招投标率仅达63%，从对78个国家重点建设项目的调查发现，真正达到公开、公平招投标的不足10%，[①] 项目招投标监管工作面临极大挑战。

随着《中华人民共和国招投标办法》的颁布及地方相继出台的法律法规，我国已经形成了一个比较完整的招投标法律体系，招投标监督管理工作在法制化管理的环境中有效开展。农村基础设施招投标监督管理的目的主要是：监督农村基础设施建设工程招投标当事人、中介机构的招投标活动，是否符合国家法律和相关法规的规定；监督检查招投标活动是否公平、公正、公开。我国招投标的监督管理实施备案审核制，实行“备案+登记”的监督管理体制。建设行政管理部门具体负责对农村基础设施建设项目招投标的监督管理工作，具体负责对招标单位建设项目的招标申请进行批复，对招标文件和标底进行审核以及监督管理的开标、评标和定标等工作。对投标单位的资质、评标专家的资格进行审查并核实，对合同备案并对合同进行跟踪管理。[②] 现阶段农村基础设施建设工程招投标阶段的监督管理工作仅限于招投标报名阶段、开标阶段、评标阶段、定标阶段的监督管理和备案后评标报告、中标通知书、合同资料的审核，以及对于建设单位违法和规避监督管理的检查查处。

（2）农村基础设施建设资金审计监督管理

审计署于2010年11月至2011年2月对辽宁、黑龙江、安徽、山东、河南、湖北、云南、甘肃、宁夏9个省区（以下简称9个省区）2009年至2010年农业基础设施建设资金管理使用情况进行了审计，重点审计了大型灌区续建配套与节水改造等12项涉及农田水利建设内容的专项资金，抽查了40个县、市、区（以下简称县）和388个项目。审计调查发现上述9个省区有2.09亿元（占388个项目投资总额的3.43%）项目建设资金未专款专用，而是用

① 张伟：《城市基础设施投融资研究》，高等教育出版社，2005，第276页。

② 鲁业鸿、陈建平：《加强工程招投标的监督管理》，《基建优化》2005年第10期。

于出借、偿还世行贷款和弥补办公经费不足；少数申报单位和施工单位通过重复申报、虚报支出等方式获取项目建设资金 967.35 万元（占 388 个项目投资总额的 0.16%），主要用于抵顶应配套资金和其他水利项目建设；21 个县的 36 个项目主管部门、施工单位违规招标和转包分包项目工程，涉及资金 2.61 亿元（占 388 个项目投资总额的 4.28%）；占应配套资金的 32.40%。其中，40 个县的 39 个项目缺少配套资金 1.59 亿元，占应配套资金的 56.38%；9 个省区有 47.63 亿元农业基础设施专项资金闲置。

第一，财政支持农村基础设施建设资金投入渠道多，资金分散，难以形成资金合力。财政支持农村基础设施建设资金由各级财政部门拨付，除此之外，县级以上各级农业、林业、水利等主管部门拨付财政资金到县级各对口部门，形成资金渠道多、投入分散的局面。这种同类性质的基础设施专项资金被分散在不同部门管理，不利于基础设施建设资金的统筹使用和财政部门监督管理。[①] 农业局、水利局各部门之间以及各部门内部机构之间在基础设施建设资金的分配上没有形成有效的协调机制，部门与部门之间缺乏协商合作，各自为政，同一类型的农村基础设施建设资金分割安排和主要管理责任不清的交叉重复现象严重。

第二，资金挤占、挪用现象普遍，基础设施建设资金到位率低。财政转移支付农村基础设施建设专项资金的拨付中普遍存在着多头审批、项目重复设置、层层截留等现象。[②] 基础设施建设资金和基础设施建设项目随意性强，资金用途随意更改的现象时有发生；投资决策合理性不高，基础设施决策、执行、资金支付、监督管理四者基于一身，责权不明，为各种挤占、挪用基础设施建设资金留下很大空隙。国家支持农村基础设施建设资金有相当一部分用

① 骆永民：《城乡基础设施均等化供给研究》，经济科学出版社，2009，第 145 页。

② 温思美、张乐柱、许能锐：《农村基础设施建设中的财政资金管理研究》，《华南农业大学学报（社会科学版）》2009 年第 1 期。

于各级农业对口事业机构和人员的支出，地方政府也将相当一部分基础设施建设资金用于表彰政治绩效的“政绩工程”，这样真正用于农业、农村和农民的建设资金大大减少，很大程度上影响了农村基础设施建设的顺利进行。

长期以来我国农村基础设施建设普遍存在只重视农村基础设施建设，忽视农村基础设施工程管理养护的现象。认为项目开发好了，效益达到了，农村基础设施建设的任务也就达到了，造成了基础设施重建轻管的建设局面。工程管理养护直接影响到基础设施后期的效益发挥。农村基础设施项目管理养护同农村基础设施建设同等重要。从财政资金在农村基础设施建设过程的运行来看，农村基础设施建设项目管理养护工作表现出“低效能”现象。一方面，实际建设过程中，重视基础设施建设过程而忽视建设完成项目设施的维修保养、经营管理是导致这一现象的主要原因。另一方面，农村基础设施建设贴近基层生产、生活，与农民的切身利益密切相关，因此建设时农民出工出资，建成后管理权交由经营者，其他参与管理者从监督管理职能中撤离。在基础设施项目建设完成后，资金也逐步从项目中撤离出来，造成项目维护管理的资金短缺。

（3）农村基础设施建设进度监督和质量监督管理现状

农村基础设施质量监督管理体制未能发挥完整的效能，建设、工程监理以及项目质量检测机构的质量监察工作不规范，监督措施不完善。农村基础设施施工质量的检测只停留在目测阶段，监测人员仅凭工作经验得出质量检查结果。在高水平、精确监测仪器的使用以及专业质量监测人员的配备上，表现出极大的匮乏。质量监督管理活动缺乏强有力的人和物的保障。建设单位工程建设程序执行不严格、工程监理单位不能发挥监管职责，导致执行不到位、监管不严格，直接影响基础设施建设工程质量水平。

根据2010年7月开展的针对江苏省苏北地区农村基础设施建设状况的调查，某村饮用水管道改造工程，通过招投标的方式，村组织经承建自来水相关部门同意将建设工程外包，但由于监督管理不利，施工方未经协商私自变更合同对铺设饮用水管道的有机环保管道要求，并使用对人体有害的黑色塑料管道，导致施工出现严重问题，百姓纷纷上访，拒绝配合饮用水管道的改造，工程不得不搁置，严重影响了工程进展。该事件对当地相关部门造成了严重经济损失，对农村饮用水基础设施的进一步发展带来了不小的阻力。

3. 农村基础设施建后监管现状

自 1980 年以来，我国约有 100 万公顷的水田因轻视灌溉设施的养护而导致生产能力下降，而世界范围内约有 60% 的基础设施需要养护才能保证正常运转。可以看出，基础设施的维护管理对基础设施效能发挥具有极其重要的作用。我国财政对农村基础设施建设的资金投入表现出极大的不稳定性，长期以来，农村基础设施建设项目养护资金紧缺。

在广大农村地区，没有专门的养护维修队伍对农村基础设施进行维修、养护和监管，很多路段因为长久损坏得不到维修，影响道路正常的通行使用。由于缺乏必要的维修养护资金，农村道路只能靠当地民众以沙土填坑，对损坏的路段进行简单的垫修。地方政府官员为突出表现其政绩，资金支持易倾向于“看得见”的农村基础设施建设，忽视农村基础设施的维修、养护和管理。广大农村地区，居民居住较分散，增加了农村基础设施维护管理的资金成本，而由于基础设施的维护管理所创造的政绩不明显，地方政府很少将较大的财政资金用于农村基础设施维护和管理。在通信养护方面，农村电网、电话、宽带得不到及时维修也已经是普遍存在的现象。自来水管网养护情况亦不乐观。根据课题组 2009 年对江苏省农村基础设施建设状况的调查，发现已安装的自来水管道因长时间得不到维修养护，管道已经不能正常输送水源，很多管道已形同“摆设”。这些村庄重新开始铺设管网。很多农村地区因维修资金和维护人员的缺乏，为防止供水设施的超负荷运行，采取限时定时的供水方法，严重影响了当地农民的正常生活。

综合分析可以得知，农村基础设施建后管理养护力度“低效”

的主要因素：农村缺乏建后管理养护资金的筹资机制对农村基础设施进行养护；农村缺乏专门人员和专门监督和管理机构对基础设施进行维护；基层政府对农村基础设施的监督维护的意识不强；农村的地理特征及农民的生产生活习惯成为基础设施易损坏的隐性因素。

（二）农村基础设施建设监督机制困境

1. 农村基础设施建设决策监管困境分析

农村基础设施决策的合理性来源于决策给予民众基础设施需求满足程度以及回应民众需求的及时性、有效性。总体而言，我国农村基础设施建设决策更多地体现“自上而下”的特征，基层民众的利益需求缺少需求表达机制来保障，利益群体对农村基础设施需求得不到满足。美国城市基础设施建设项目决策最大的特色是市民“参与式监督”决策过程，整个决策过程比较公开透明，基础设施项目的决策过程如下：第一，各基础设施建设主管部门提出下一年度基础设施建设项目计划，对基础设施建设项目的初选名单进行民意调查，充分尊重民众的需求意愿。1997 年芝加哥市进行的一次民意调查的结果表明，居民对基础设施建设的需求程度从高到低依次是人行道道路铺面、公共图书馆（分馆）、污水处理系统、小街巷内的道路铺面、市容美化。这些意见在基础设施建设安排进度上都得到了反映。第二，主管部门汇总部门意见及民众建议后，正式提出立项申请。第三，举行公众听证会，会上由主管部门提出立项的依据，公众可针对立项依据提出建议，公众听证会一般要举行多次。第四，立项申请送交审定。立项申请送交基础设施建设委员会审定，委员会属市长任命制，成员构成有社区代表（占成员多数）、市财政局、市政工程局、规划局及建筑师代表。委员会职能也包括收集公众意见、召开听证会。第五，经委员会审查的项目名单交还各主管部门，针对项目中的问题（特别是技术问题）召开内部听证会，结果上报基础设施委员会。第六，基础设施委员会修改项目名单，上报市长和市议会。第七，项目公布（见图7-6）。

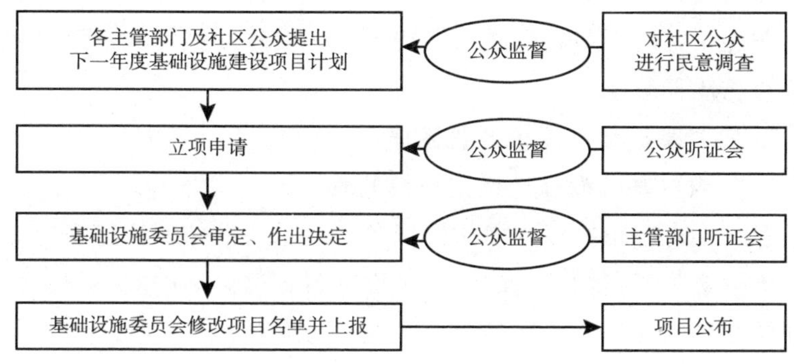

图7-6　美国农村基础设施建设项目决策流程

对比美国“参与式监督”决策过程与我国农村基础设施决策过程，可知我国农村基础设施建设决策仍有不足和待改进之处。当前我国需求表达机制不健全，民众对基础设施需求缺少表达沟通渠道，农民对基础设施的需求意愿和需求偏好往往难以实现。传统农村基础设施建设中，农民承担大部分基础设施的建设责任，诸如以“以工代赈”的形式通过支付劳动力支援农村基础设施建设。但农民对于农村基础设施的真实需求往往难以表达，农民成为政府基础设施建设决策的被动接收者和被动执行者。农民文化素质参差不齐以及组织化程度偏低，农民对基础设施需求科学表达的意识和能力有限，不仅使农民的基础设施需求偏好表现出一定程度的局限性和非理性，而且阻碍了农民以代表形式参与基础设施建设决策、表达基础设施需求以及与基层政府就基础设施建设谈判的能力。农村基础设施建设的决策权集中于中央政府、各级地方政府。决策权的垄断，造成农民基本丧失基础设施建设的需求表达权、参与决策权和民主监督权，最终导致决策不科学、不合理。精英决策取代公众参与，政府规划代替公众意愿，忽视广大民众的基础设施需求意愿，导致政府提供农村基础设施建设与民众的基础设施需求偏好的不匹配，造成农村基础建设的决策低效率。随着新农村建设中财政资金支持农村基础设施建设的快速增长，政府和社会越来越关心和重视农村基础设施建设的效率问题。基础设施建设效率提升的关键点是准确把握农民对于基础设施的真实需求，实现基础设施建设与农民需求的总体平衡。

2. 农村基础设施建设监管困境

（1）农村基础设施建设招投标监管困境

第一，规避招投标弄虚作假现象。对于一些依照法律规定必须实行招标或公开招标的基础设施建设项目，受到某些利益驱使，招标方往往采取各种方式规避招标或规避公开招标。例如，将基础设施建设项目采取分段建设、分期实施或化整为零，使基础设施建设项目达不到法定招标的规模要求。对于依法定需要公开招投标的建设项目，只在很小的范围或内部系统发布招标公示；有的只对部门工程如地基基础进行招标，剩余项目采取直接发包的方式。[①]

第二，招投标难以贯穿基础设施建设项目监督管理的全过程。选定项目法人没有采用招投标方式。我国基础设施建设项目的法人由政府指定产生，法人实体一般由政府离休人员组成，难以做到政企分离。由于政府部门的行政干预，项目法人自主行使管理监督权力受到一定程度的限制。设计单位的选取未采取招投标的方式。我国农村基础设施建设项目的设计单位由政府部门指定，这就容易造成投资失控甚至质量失控问题。监理单位的选择上也未采用招投标的方式。我国基础设施建设主管部门对项目监理认识不充分，没有意识到工程监理工作的实践意义，现阶段也只是迫于上层领导的压力，随意指定一个项目监理。工程监理在这种情况下，很难全方位地履行监督管理职责，监理质量得不到切实的保障。

第三，地方保护色彩、行业分割问题比较严重。政府部门为保障公平、公开、公正的招投标竞争环境，对地方保护色彩浓烈、行

① 张伟：《城市基础设施投融资研究》，高等教育出版社，2005，第277页。

业分割内容的政策法规进行清理，虽然取得了一定成效，但仍未彻底解决地方保护、行业分割的问题，一些地方、行业仍以各种方式设置招投标障碍，对本地区、本行业以外的参加招投标的单位采取限制手段、排斥策略。

（2）农村基础设施建设资金监管困境

第一，农村基础设施建设资金监管不力。财政支出农村基础设施建设资金的监督机制不健全，建设资金监督主体之间关系不能理顺，一个完整的基础设施资金监督管理体系的监督主体应包括：财政机关、审计机关、各级人大、社会民众等。我国各监督主体的监督工作分工不明、监督内容多重复，造成多头检查、重复监管。各级人大主要侧重预算审批和决算审批，监督内容较其他监督主体的监督工作略显粗略；审计监督基本上属于事后监督，在事前监督和事中监管环节未能发挥审计的监督检查作用；基础设施资金监督难以贯穿基础设施建设资金运行的全部过程，监督力量不够；社会监督缺少必要的监督渠道难以形成有效的监督力量。农村基础设施建设资金监督方式不规范。重视突击检查、专项性检查和事后监督检查，忽视日常过程监督管理，发现问题不能及时解决。

第二，农村基础设施建设资金的投入绩效评价机制缺失。有效的资金投入绩效评价可以帮助基础设施建设部门了解项目实施结果反馈有效信息，通过与预算目标进行比较，明确基础设施建设项目的实际资金总额，作为政府编制相同类型农村基础设施财政预算的重要参考。然而，当农村基础设施投入到较为偏僻的农村地区，受地域、交通的影响，实地统计、检查、评估工作很难进行，当地居民因缺乏自主评价的能力以及反馈渠道的缺失，使得资金投入绩效评价工作难以进行。

3. 农村基础设施建后监管困境

农村基础设施建设完成后，建设者、管理者以及资金从项目中撤离，形成维修养护资金的缺乏，已建公共基础设施由于管护责任不落实，缺乏后续投入和维护管理，老化失修严重，难以长期发挥效益。[①] 政府部门忽视对项目的维护更加剧了农村基础设施建后监督管理的困境。

第一，缺乏专门的维修养护资金维持农村基础设施的正常运转。在农村基础设施建设过程中，基础设施管理维护是至关重要的一个环节。而以目前我国基础设施运营的状况来看，尚缺乏专门的基础设施管理养护资金。[②] 农村基础设施由于农村特定的地理环境以及生产方式，比较容易发生损坏，但由于我国没有专用资金账户用于基础设施养护管理，维修和养护这些受损的基础设施因而很难得到政府财政的及时有力的支持，因此大量农村基础设施因为缺少资金进行维修养护而不能正常使用甚至荒废。

第二，缺少专用的农村基础设施维护管理人员。农村基础设施之所以很难进行维护和管理，缺乏专业技术管理人员对农村基础设施进行经常性的维护是一个极其重要的原因。我国农村通信网络、电力基础设施都配有专门人员进行维修管理，但自来水设施以及农村公路设施方面却缺乏专业人员进行维护。对苏北某镇农村基础设施建设的调查发现，该镇在政府“要致富，先修路”的号召下，加大资金投入，下大力气实施修建通村、组道路，在全县率先实现了村村通、组组通的道路格局。全镇共投入资金达460万元，修建完成公路总里程达43千米的村组道路，形成1条环镇公路、12条村主干道以及6条环村干道，以乡为中心，向村庄辐射，村村相连的乡、村、组道路网初步建成。县乡公路局缺少对农村公路的维修养护工作的规划、落实，没有足够的财力和人力承担整个乡镇的公路维护管理工作。没有专门的公路维护管理队伍，公路维修养护资金筹集不到位，部分乡道和村道因年久失修而形成道路坑洼，影响路段的正常通行。

---

① 于水：《我国农村公共产品供给实证研究——以江苏苏南、苏北地区若干行政村为个案》，《南京社会科学》2008年第1期。

② 骆永民：《城乡基础设施均等化供给研究》，经济科学出版社，2000，第150页。

（三）农村基础设施建设监督机制困境的成因

1. 项目审批层次多、项目建设监管无力

财政支持农村基础设施建设资金涉及农村基础设施建设的方方面面，包括生产方面的农村中低田改造、电网改造，生活方面的自来水“村村通”、道路“村村通”。农村基础设施建设资金归口不同的政府职能部门根据所管辖区域内的农业生产情况，制定相应的农村基础设施建设规划，确定农村基础设施建设重点和实施进度。财政支出农村基础设施建设资金要进行层层审批，形成错综复杂的建设资金申报和审批程序。而财政支持农村基础设施建设的主要内容也往往局限在分配资金、下达指标，重视资金分配、忽视资金管理等方面。政府职能部门也因利益需求的不同，农村基础设施建设管理工作的重点有所差异。基层政府关注点在财政申请能否得到上级部门的支持，上级政府关注点则聚焦在项目是否符合法律规范，这样，农民对农村基础设施的真实需求就被遗漏掉了。结果是，农村基础设施建设资金的配套性差，资金的综合效益难以有效发挥。

我国农村基础设施建设项目审批手续复杂，程序较多，项目审批的制度化、科学性、公开性不够，项目审批随意性、盲目性严重。多层级、多部门的资金管理影响了资金拨付的时间，这就为截留、挤占和挪用资金提供了条件。项目实施过程中，财政支持农村基础设施建设资金来源于上级政府，基层政府很难对资金进行严格有效的监督管理，上级政府也不能对项目进行实时实地的监督和检查，而基层各职能部门之间各自为政、相互之间缺乏协调配合，使项目工程计划下达、资金拨付和项目建设出现严重脱节。[①] 在项目建设上，缺少对基础设施的材料采购、建造标准、施工过程等过程

① 王万山、庄小琴、郭金丰：《社会主义新农村建设研究》，中国农业出版社，2005，第197页。

监督，农村基础设施建设普遍存在重视基础设施建设、轻项目维护管理的现象。

2. 基础设施建设资金监督薄弱，监督与管理脱节

（1）基础设施建设资金各监督主体未形成监督合力

我国农村基础设施建设资金监督主体主要由审计机关、财政机关、各级人大、社会公众组成，这些监督主体共同构成我国基础设施建设资金监督体系。各监督主体在基础设施建设监督中拥有相同的监督地位。在现行财政监督法律体系不健全的情况下，法律对农村基础设施建设资金监督的职责权限、监督范围和监督内容、监督程序和方式等都未作出详细规定。[①] 由于缺乏相应的法制、制度的约束，各监督主体即根据各自监督范围的法律规范开展资金监督工作，按照不同的监督方式和监督程序运行监督管理工作，相互之间既保持合作，又相互竞争，这种时而合作时而竞争的博弈行为，在一定程度上限制和影响了农村基础设施建设资金监督管理工作的质量和效率。

（2）基础设施建设资金监督手段落后

在现代化信息社会，为提高建设资金监督管理效率，基础设施资金监督必须采用科学化方式及时、快速地了解和掌握资金运行情况。但我国基础设施建设资金监管有相当一部分地区仍处于手工查账阶段；基础设施建设部门和相关单位之间未实现普遍联网，基础设施建设监督机构不能及时了解和掌握基础设施建设资金状况；部门之间各自为政、不能进行有效协调沟通，同一农村基础设施建设资金形成财政部门之间重复检查的对象，降低了监督管理的效率，增加了监督检查的成本。资金监督检查大多以专项性和突击性检查为主；监督管理多属于事后检查监督，少事中、事前检查；集中对某一事项监督检查多，全方位全程跟踪检查少。

---

① 胡建国：《新形势下建立健全财政监督机制的次优选择》，《经济导刊》2010 年第 3 期。

（3）资金监督与资金管理相脱节

财政监管的目的即是使农村基础设施建设资金拨付、分配、使用的全过程处于政府相关部门的监督管理中，以求达到基础设施建设资金使用的最佳绩效。实现建设资金使用的最佳状态，就要将基础设施建设资金监督与基础设施建设资金管理有机结合起来，即实现监督与管理的合作，寓监督于管理中。但目前我国没有建立起农村基础设施建设资金监督机构与会计业务相关机构的信息沟通机制以及互动监督机制，基础设施建设资金管理与基础设施建设资金监督相脱节，从根本上加大了农村基础设施建设资金监管的难度。基础设施建设资金监督严重滞后于基础设施建设资金管理，为农村基础设施建设资金管理中建设资金截留、挪用提供了很大的空隙。

（4）农民参与基础设施建设资金监管受限

农村基础设施建设资金透明度低，增加了公众参与基础设施建设资金监督的成本，公共决策排斥公众广泛参与。对大众而言，农村基础设施建设决策和监督管理仍然充满神秘。农村基础设施建设项目进行民主决策在很大程度上缺少群众基础，基础设施建设决策依旧在幕后进行。农民难以了解基础设施建设资金的运营情况，客观上不利于监督作用的发挥。[①] 大量的农业报告、农村统计数据和分析报告未能及时公开公布，只是以内部文件的形式发布，大大降低了农村财政透明度。

3. 政府监管主体职能定位不清晰，社会辅助监管主体缺乏

我国政府监督管理农村基础设施建设，存在着决策与监督不分，执行机构与监督机构不分的情况，真正适应市场化运营的独立、公正、公平的监督主体体系还未形成。我国已经建立起来的监督管理机构，除政府监管职能外，也都身兼宏观调控、微观管理的经济职能。行政机构在进行基础设施建设监管时，受到宏观调控和微观管理政策的影响，政府监管地位和职能会发生变化，政府监管

① 于水：《试析农村基础设施建设的监督》，《管理观察》2008 年第 12 期。

偏离其自身政策目标现象时有发生。我国社会化辅助监管主要以政府行政管理、行业管理为主，多渠道的辅助监督组织缺少。

4. 权责不明，投入和管理主体缺位、错位

农村基础设施建设完成，在投入运营过程中，投入和管理主体缺位、错位，权力责任不明确，是农村基础设施运营管理效率低的一个重要原因。以苏北某镇小型农田水利基础设施建设为例，有55.6%的村基层组织负责人表示，80%的农田渠道损坏的主要原因是农村基础设施建设和维护管理责任不清，建设和管理主体缺位；基础设施维修养护资金的缺乏也是渠道使用寿命减少的一个重要原因。35.25%的村级负责人表示，由于农村基础设施建设和管护主体不明确，机井设施的输水设备改造工程因建设资金“无人负责、无处筹集”而难以进行，造成机井使用寿命得不到有效的保障，由于输水设施落后，浪费水现象非常严重。50.81%的村庄负责人表示，中小型塘坝因利润小很难实现承包外租，未承包出去的塘坝由集体统一管理或村民小组管理，由于建设和维护责任的遗留问题，建养责任不清，有人用无人管现象比较突出。村基层组织、村民缺乏基础设施维修养护资金，已损坏的农村基础设施因维修不及时，损失严重，使用寿命和使用效益大大缩减。

四　农村基础设施建设监督机制的实证研究
——基于江苏省若干地区的调查

江苏省苏南、苏北地区经济发展不平衡，农村基础设施建设情况也有所不同。结合农村基础设施建设监督机制的构成要素，设计农村基础设施建设监督管理的调查问卷，对苏南、苏北地区分别进行专项调查。本次调查选择江苏省苏南地区的常州溧阳、无锡宜兴的若干行政村，苏北盐城响水陈家港镇、宿迁沭阳县的若干行政村为个案。

本节从民主水平、资金监管方式、农民参与建设方式、农村监督机构设置和农村会计制度五个方面设计调查问卷，在实践中探索农村基础设施建设监督机制的制约因素，发现问题并提出对策建议。

（一）江苏省农村基础设施建设监督机制经验总结

1. 沭阳县实施农村道路改造经验

2002年在沭阳新农村建设过程以交通为代表，加大资金投入，大力实施通村道路建设。2003年至2009年底，沭阳县农村公路建设总里程为1456.35公里，总投资约5.14亿元。2009年度全县在农村公路建设中共投入资金1.8亿元，完成公路总里程107.61公里。

（1）实行“申报公示制”和“招标公示制”，接受群众监督

实行农村公路建设的“申报公示制”。以村为单位将村级道路建设项目以书面形式向镇政府提出申报，在申请获得批准后，镇政府根据申报项目的大小安排落实建设资金，同时将各村的项目申报情况以及落实情况公示，接受群众监督；实行一事一议财政奖补项目招标公告的公示制度。发布工程项目的概况，提出申请人应具备的主要资格条件，制定和公示评标、定标办法以及评标细则，使招投标更加透明化、公开化，接受群众的监督。

（2）实行绩效考核制，激发干部群众的积极性

将农村公路示范路建设作为干部绩效考核的指标，把道路修建作为干部评优评先的依据。要求全体乡镇场（社区）干部广泛发动群众、筹集资金，年内至少要创建1条示范路，实行农村公路建设与管理养护、质量进度与资金补助、计划安排和干部评优三者相挂钩。实行群众奖励制度，奖励修路积极分子。根据每年农村道路的修建成效，评选道路建设的积极群众，以镇党委、政府的名义予以表彰奖励，营造“人人参与道路修建、个个争当修路模范”的建设气氛。

（3）成立理事会，积极推进道路建设监管

各村成立农村道路理事会，理事会成员经农民推选，由群众威

信较高、能力较强的老党员以及退休干部构成，其职责是负责村、组道路建设的宣传、协调、组织和建设工作。一是为筹集资金做宣传。理事会成员组建募捐组，倡导村民集资捐助农村道路建设；走访社会企业和个体商户，积极争取社会力量的支持，设立“捐资修路光荣榜”，张贴所有集资捐赠者的名字，有效解决了集资难的问题。二是履行村民监理代表职责，监督管理农村道路建设。参与监督建设项目的公开招标过程，对道路的建设质量实施严格监督，做到发现问题立即解决，对影响道路建设的人或事，敢于批评指正，保证道路工程顺利进行。三是实行阳光透明的财务管理。村委会将农村道路的建设资金的管理权与使用权委托理事会管理，实行村委会指导下的理事会监管模式。道路建设资金由理事会专人管理，对于每一项资金的支出须经集体讨论、集体表决后才能获得批准，并定期向村民公示道路建设资金的使用情况，接受村委会以及村民的监督。

（4）落实管理养护责任制，保障村民的道路受益权

做好农村公路的管理和养护工作，采取招投标的方式委托第三方管理，对损坏的道路及时修复；管护资金按照“受益—养护—管理”的模式筹集，实行乡（镇）村双向资金管理，即乡、村主干道的维护管理费用由乡、村财务共同支出，村级道路从村财政收入中支出。成立农村公路管理养护专项基金，杜绝资金挪用，解决农村公路建而不养、通而不畅的问题。

2. “参与式”建设城乡安全饮水工程经验

无锡宜兴市“城乡百万安全饮水工程”，启动于 2007 年，项目将实现“区域供水、百万宜兴人民全部喝上横山水”的目标。项目包括丁蜀上坝村、大港村及岾亭蒋墅村等边远农村的横山水扩面工程、山区安全饮水改造工程、城乡入户支管网改造工程以及二次供水改造工程。截止到 2008 年，政府财政资金累计投入 5 亿元，区域供水环网工程已完成 82 公里，其中丁蜀至大浦、鲸塘新建标段已经竣工；镇区和农村主管网改造已完成 352 公里；宜城、杨

巷、新建高塍等镇的入户改造已完成 1.2 万户。建成后，横山原水供应能力将提升至 30 万吨/天，满足氿滨水厂供水范围内 70 万人所需的优质原水供应，全市安全饮水工程将得到全面优化。项目采用参与式管理，即在项目计划和项目建设的整个实施过程中都有农民群众参与项目决策、项目建设以及项目后期管理。

（1）实地调查

技术人员和农民一起对村庄进行实地勘察，分析社区的地理条件和自然资源情况，由社区党支部组织社区农民就饮水管道建设的可行性展开讨论，使社区农民充分认识饮水工程项目的社会效益。

（2）民主决策项目实施方案

村委会组织部分文化水平较高、拥有一定专业技能的党员和村民，成立村民代表决策咨询机构，分别设立项目可行性研究、项目建设、招商引资、项目后期养护等决策咨询小组，保障村民参与社区事务管理权和决策权。社区村民在技术人员的指导下，对社区的土地、水资源、自来水管道等村集体资源进行综合评价，依托农业发展模式和种植结构选择适合村庄发展模式的饮水输送系统。社区党支部通过定期召开村民代表大会，实施社区事务听证制度，使社区村民参与到饮水工程的优缺点以及管理运行方式讨论与决策中，在作出初步决策后，及时掌握村民对村务决策的反映，针对村民的反馈情况进行决策再研究和再完善，村民的合理化建议得到采纳，形成农村饮水设施的最终决策方案。

（3）组织制定运行管理制度

社区农民选举村民代表成立农村基础设施建设项目管理委员会，负责建设项目的建后维护和管理。管理委员会的具体职责是制定饮水设施的管理制度，如村庄的供水结构、饮用水的收费标准以及系统的管理养护等，并组织专业维护队伍对饮水管道设施进行管理养护。

宜兴参与式发展建设城乡安全饮水工程的实践，农民参与式决策和管理项目方式极大地提升了农民群众对基础设施建设项目建设和监督的积极性、主动性以及责任感。农民对村庄资源和待建项目有了全面的认识，提高了农民自主管理社区基础设施的能力。特别是在决策环节上，实行民主决策，社区农民以民主听证的方式参与到项目的决策中，使广大社区群众真正拥有了基础设施项目建设监督管理的“主人翁意识”，保障农村基础设施长期高效地发挥效益。

（二）农村基础设施建设监督机制的问卷调查

此次调查共发放问卷1000份，其中苏南、苏北各500份，收回有效问卷989份。问卷采用SPSS和EXCEL软件统计分析，并对问卷结果进行描述和分析，分析农村基础设施建设监管中存在的问题，提出对策建议。

1. 苏南、苏北地区农村基础设施建设决策流程

苏南无锡市宜兴后洪村集体经济发展较快，已建立较健全的村民自治组织和利益诉求机制，实行村民参与集体决策的方式，决策民主、透明。村民能充分表达自身基础设施建设需求。苏南后洪村基础设施项目建设的决策流程，村党组织向村民征求建设项目，村“两委”联席会议讨论形成决议，召开村民会议或村民代表会议表决，最后将项目决定公开公示。苏北地区农村基础设施项目的修建是在“村村通工程、道路硬化工程”的政策背景下进行。项目决策权掌握在政府以及村干部手中，建设项目并不能真正反映出村民的真实需求，以苏北下辛村为例，村民自治组织机构设置不完善，村民代表大会在号召村民出资、出力时才召开，致使村民参加村民代表大会的积极性严重受挫。农村基础设施项目建设的决策流程，乡政府选择建设议题，召开村民会议讨论商议筹款事项，村干部向村民收取建设筹款。

在对苏北地区的调查中，被调查村庄总数超过46%的农民表示对基础设施决策过程不清楚，如图7－7所示，现行农村基础设施决策机制实行“自上而下”的决策模式，不能切实反映农民群

众的真实需求，农民很难参与到基础设施项目的决策过程。由于缺少信息反馈的平台，农民只能被动地接受政府的项目安排。

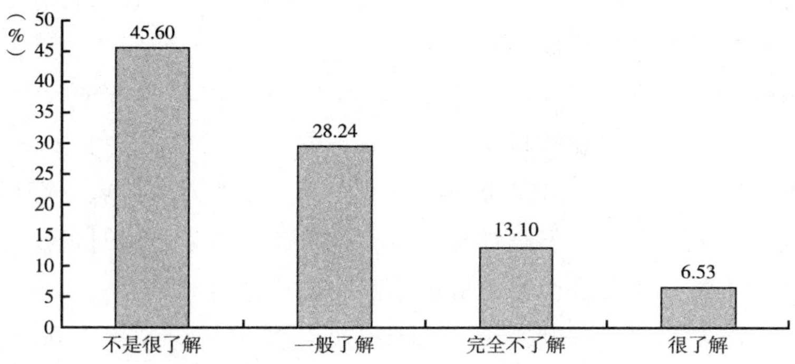

图 7－7　农民对基础设施决策过程了解程度

数据来源：课题组 2010 年 7 月对江苏苏北陈家港和沭阳部分地区的调查分析。

2. 苏南、苏北地区农民参与农村基础设施建设监管

我国普遍存在民主监督意识薄弱的问题，地区经济发展水平不平衡，民主意识、监督意识不同。苏南地区的农村一般都成立民主监督小组，监督村集体项目决策流程，审核建设资金的使用情况。农民以听证代表的身份参与到农村基础设施建设项目的决策过程，村两委广泛听取党员和村民的意见，对村民反馈的意见村委会举行干部会议进行讨论。在苏北大部分地区，经济发展水平低，农民在基本农业生产得不到保证的前提下，参与基础设施建设监督管理的意愿低，民主缺乏，容易滋生村干部的腐败和责任的推卸。

3. 苏南、苏北地区农村基础设施建设资金监管

苏北地区农村基础设施建设资金的管理中，农民一般不能直接介入资金的监管过程，因此农民很难了解基础设施建设资金的使用情况和结余情况，财务核算透明度低，农村建设资金的会计核算缺乏有效监督。苏南地区，一般都设有民主理财小组，负责对村级财务进行审核监督，并定期向村民进行公布公示。民主理财小组参与财政预算整个过程，参与预算的制定和核算，审核监督基础设施建设资金的每项支出。无锡市宜兴后洪村对村级财务实行公示制，设定每年1月20日、4月20日、7月20日和10月20日为村务公开日，召集村两委全体成员、民主理财小组成员，总结上季度全村工作情况，并安排下季度的具体工作。对本季度财务收支进行审核，每张单据、发票都要经村两委会全体人员审核通过，并签字盖章。所有开支的凭证一个月结报一次，民主理财小组对当月收支账目进行逐项逐笔审查，对不合理开支给予拒接，对于审核通过的加盖民主财务监督专用章，由出纳员向镇财政部门进行结报。对出纳员资金进行必要的严格控制，规定最大限额为2000元，超过2000元的大额取款必须先填写银行取款报名单，经由书记、村主任共同签字后，交联村干部、区域负责人审批同意后方可取款。

（三）农村基础设施建设监督机制存在问题

1. 重资金争取和分配，轻监督和管理

根据中华人民共和国审计署审计结果公告2008年第6号（总第30号），对50个县中央支农专项资金审计调查结果，有的地方对农村基础设施建设项目只重视争取和分配建设资金，对于监督和管理环节略显疏漏。中央支持农村基础设施建设专项资金的分配机制，容易导致地方政府只注重争取建设资金而疏漏监督和管理责任。

根据课题组2009年对常州市溧阳县、无锡市宜兴县、苏州市张家港和太仓4个地区的调查结果，如图7－8所示，在农村小型农田水利设施项目资金的使用监督上，45.4%的村庄由村民主理财小组实施监督，28.9%的村庄由乡（镇）财政部门实施监督，只有2.6%的村庄选择外聘专业审计部门或机构进行监督，但仍有23.1%的村庄没有建立独立的监督机构。在村庄内部道路的建设和维修资金的使用审计监督方面，由村民主理财小组负责建设和维护资金审计监管，占调查对象总数的47.6%。由乡（镇）财政部门

负责的，占调查对象的29%。另有23.4%的村庄没有专门的监督部门进行村内道路建设及维修资金的使用监管。农村基础设施建设项目筹资使用的监管只注重内部监管，忽视外部监督的辅助作用，20%的村庄在农村基础设施建设资金的筹资监管方面仍处于真空状态。

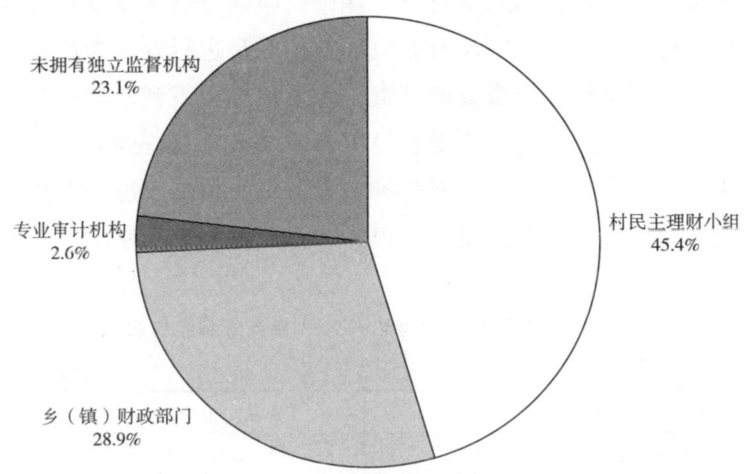

图7－8　农村小型水利设施资金使用监督管理

资料来源：根据课题组2009年5月对常州市溧阳县、无锡市宜兴县、苏州张家港和太仓地区的调查研究。

2. 重项目建设，轻设施维护

农村基础设施建设普遍存在重项目建设、轻建后维护的现象。农村基础设施进入后续管理阶段后，政府忽视对基础设施的管理维护，基础设施建设者、管理者以及资金从项目中迅速抽离，导致维修养护资金的严重匮乏。主要表现在：缺乏专门的维修养护资金维持农村基础设施的正常运转；缺少专门的农村基础设施维护管理人员对设施进行专业维护，农村通信和电力设施都配有专门的管理维修人员，由专门的管理部门负责，但自来水、农村公路、环保等设施却没有专门的维护人员。据世界银行一项对发展中国家政府投资基础设施的调查，除去非效率因素，因政府忽视基础设施维护导致每年政府要额外增加150亿美元的投资。从表7－2可以看出，农民对电力设施项目维护的满意程度高达95.3%，对灌溉设施维护服务满意程度其次，而对自来水管道维护服务的满意度低于37%，调查中，36.5%的农户填报没有专门维修人员且维修不及时。以农村自来水管道为例，国家支持农村基础设施建设资金投资农村自来水设施改造工程，但却因没有专门的维护人员进行设施管护，没有专门机构负责维修养护资金的筹资，管道损坏得不到及时修复，最终成为摆设。农村公路由于受农民生产模式及自身特性的影响，极易发生损坏，损坏后因缺乏专门维护人员对受损路段进行维修、养护，很多地区的农村公路路段因损坏严重而不能正常使用。

表7－2　现有农村基础设施维护公共服务的满意情况调查

单位：%

被咨询问题	满意	不满意
对电力服务是否满意	95.3	4.7
对自来水设施维护服务是否满意	36.5	63.5
对村内道路维护是否满意	46.8	53.2
对灌溉设施维护服务是否满意	71.6	28.4

资料来源：2009年5月课题组对常州市溧阳县、无锡市宜兴县、张家港和太仓地区农村基础设施建设的调查结果。

3. 法律法规建设不健全

我国法制建设滞后，尚未出台诸如《农村基础设施供给法》、《农村基础设施建设监督管理办法》、《农村基础设施建设公共招投标实施办法》等配套的法律法规，有关农村基础设施建设监督的规定主要散见于诸多财政和审计法规中，相应的条款大都为原则性的，缺乏实际操作性。农村基础设施建设处于国家“大一统”的阶段，各级地方政府不能有效地进行农村基础设施建设管理监督权的职权定位，不能有效制定具体的建设规划，没有相应的监督约束机制和监督处罚办法，建设资金在拨付中挤占、挪用现象严重，资金使用率不高。应在现有基础上制定颁布农村基础设施建设监督管理办法，对农村基础设施建设的监督内容、监督方式、监督程序、监督权限和责任等作出详细的规定，对中央政府和各级地方政府所属职权范围的农村基础设施建设进行明确细分，实现基础设施建设机制的法制化。同时出台《农村基础设施建设监督管理办法》相关的配套制度，进一步规范监督管理行为，统一监督管理执行程序。

江苏省农村基础设施建设监督管理经验表明，加强农村基础设施建设监督管理，要狠抓落实民主决策、民主管理和民主监督，通过实施村务民主决策制、村级事务听证制、村级财务公示制和干部绩效考核制等制度，对重大村级事项做到事前公开，让农民参与农村建设和发展项目的讨论、决议，监督项目决策的制定和项目执行过程，使广大农民群众真正拥有项目管理的知情权、参与权、监督权。

一是规范程序。规范村级重大事项的决策程序，实行重大村级事务评议制度。凡是涉及村务的重要决定或是与农民群众切身利益密切相关的事项，都要提请村民会议或村民代表会议决定。具体决策程序是：首先由村两委会领导班子提出初步方案，由村两委联席会议拟订出具体方案，然后交村民会议或村民代表会议进行讨论论证，广泛听取党员群众意见建议；规范村级党内重要事务的决策程序，召开党员大会讨论并决定村级党内的重要事务。

二是健全制度。实行村“两委”工作目标责任制和村级财务公示制。每年村两委会领导班子及成员在村党员大会、村民会议或村民代表大会上进行述职总结，结合自身的岗位职责，提出任期目标以及年度工作目标；健全完善民主理财制度和集体资产管理制度。按照村两委集体研究，经民主推荐、民主选举程序，选举产生村民代表成立村民主理财小组。实行村级财务村两委审批、会计人员记账、民主理财小组审核，民主理财小组定期公布财政收支情况，对村级财务事项进行事后监督和检查。

三是强化监督。实行村级财务公示制，接受群众监督。深化党务、村务公开制，凡是有关法律法规和政策明确要求公开、与党员群众切身利益密切相关以及群众关心的事项都要进行公开公示；定期开展村两委会领导班子及成员述职评议，村两委会班子及成员分别向村党员大会、村民会议或村民代表会议汇报任期和年度工作目标的完成情况，接受农民群众评议。由村民党员、村民小组长和群众代表组成评审小组，根据村班子和村干部办事原则、遵规守纪、项目效率、工程质量和工作实绩 5 个方面进行百分制评分，实行评审结果与干部的绩效考评挂钩制；严格实行村两委领导班子成员经济责任审计制度，由镇纪委负责组织实施村两委班子成员的经济责任审计，责任审计结果要求在一定范围内进行公布公示；加强日常村级财务工作监督，全面建立村委监督小组或纪检小组对村务、财务进行公示前的审核检查，履行村级财务监督职能。

五　我国新型农村基础设施建设监督机制构建

（一）完善农村基础设施建设项目招投标监管

招投标制度在西方发达国家有着很广泛的应用，瑞士政府的公共工程部，是国家基础设施建设的主管部门，负责项目审批，项目资金的筹集，项目的建设、验收以及建后的维护管理。政府在选择项目设计单位、项目施工单位时严格采用招投标办法，在项目监管上，对政府出资建设的每个基础设施项目都有专人负责，实行责任追究制，一抓到底。[①] 为了更好地创造农村基础设施建设公平、公正的竞争环境，应不断完善招投标制度，避免交易过程的“暗箱操作”。农村基础设施建设的监管必须设有专门机构监督整个招标

① 张伟：《城市基础设施投融资研究》，高等教育出版社，2005，第 274 页。

过程，审核招投标文件，包括招标通知、标书、资格评标文件、评标报告及授标通知等。

1. 完善工程项目招投标监督体系

建立项目立项评估责任追究制度，改变现行的项目立项体制，实行由使用部门提出立项申请，财政部门进行资金审核，社会中介机构进行立项评估，最后经人大部门审批；建立有明确责任追究制的公正评估体系，将评估结果公开公布，接受社会公众的检查监督。

（1）实行各种形式的公示制度，增强项目招投标过程的透明度①

公开招投标信息，使参加招投标的企业对建设项目有更多的知情权、参与权、监督权；项目建设中标人、投标的价格、监理单位要及时公示，设立监督电话和监督信箱，接受群众对招投标过程违纪行为的监督；借助媒体及时报道建设企业的资质情况、招投标过程以及项目质量安全检查情况等，增强社会监管的力量。

（2）改革监督方式，强化责任追究

改革招投标管理制度，逐步推行网上招投标。为了避免招投标工作中的弄虚作假、暗箱操作等问题，可采用网上招标、网上评标的方式，通过互联网随机抽取本地或异地的评标专家对招标人的资质及招标活动进行评标，对结果进行公示；建立招投标的责任风险制度，明确规定领导和直接工作人员的责任及其奖惩办法；加强监督检查，建立责任追究机制。监督检查部门要加强对招投标工作的检查力度，对招投标中出现的弄虚作假、滥用职权、排斥潜在投标人等行为，要追究领导或相关负责人的责任。

（3）建立全过程控制格局

监督机制要提前介入，监管范围要扩大，监督管理贯穿从项目

① 魏萍：《严格程序突出重点有序介入——企业招投标监督办法研究》，《中国监察》2004 年第 11 期。

立项到项目建设完成的全过程；监督管理兼顾场内与场外，内外结合，内外并重。对于履行工程招投标合同过程中出现纠纷、争议的监督管理活动，可以借鉴工程招投标过程的历史状况和历史经验来处理；对出现的问题进行总结，用于指导日后的招投标工作。实行全过程监督，确保项目顺利完成。监督检查要覆盖项目招投标的全部过程，即做好以下监督管理工作：检查招标计划和招标程序，制定招标计划及招标程序是否完整；监督招标人的招标行为以及评标委员会的评标行为，查处招标人及评委会成员的招投标违法违纪行为；核查投标人投标文件是否盖章、是否密闭完整，评标方法是否公开、公正、公平；检查招投标双方是否按照招标文件及相关文件的规定签订书面合同，有无违背合同规定的行为。

2. 加强项目招投标法制建设，规范招投标行为

2000 年 1 月 1 日《招标投标法》的颁布实施，在规范招投标活动及各方主体的行为，营造公平、公开、公正的招投标环境，发挥了非常重要的作用。地方政府及其相关部门通过制定一系列配套法律法规和规章制度，行政监管部门通过下发大量文件，强化对招投标活动及监督主体行为的监管。目前招投标活动监督监管的措施还不够完善，新问题仍然层出不穷，应该针对新问题、新漏洞，制定更加完善的规章制度，遏制现实中出现的规避监管的行为，形成切实有效的招投标监管。

2006 年 9 月 1 日，江苏省南京市颁布实施《南京市政府投资项目招投标监督管理办法》，该办法对招投标的监督管理职责和方式、监督管理内容和要求、责任追究都作了明确规定。2005 年 3 月 21 日，江苏省常州市建设工程招投标办公室颁布实施《关于制作常州市建设工程投标报名卡的通知》，对投标单位的固定投标人数、投标报名、投标资格审查都作出了明确规定。

为杜绝基础设施建设招投标的借资质投标、围标现象发生，严格招标文件的审查、招标信息发布，规范评标环节，我国应制定颁布《农村基础设施建设工程招投标实施条例》，改革现有招投标地方性政策文件，招投标活动遵循公开、公正、公平的原则，接受监督主体、社会各界的监督。任何单位和个人有权对农村基础设施建设项目招投标活动中违法行为进行监督和举报，真正做到有法可依、有法必依。各监管主体应理顺关系，协同合作。发展和改革部门负责政府投资农村基础设施建设项目招投标工作的指导和协调工作，行政监察机关负责对参与政府招投标活动对象进行检查监督，审计部门负责对政府投资农村基础设施建设项目的审计监管。

3. 加强项目招投标审计监督

加强项目招投标、资金管理、工程质量的全过程监督，充分发挥审计部门对农村基础设施项目资金的监督管理作用，有效防止违反基础设施财政资金违法违纪行为的发生。国家审计机关对招投标工作实施全过程审计监督，能有效解决我国农村基础设施项目招投标中存在的问题。招投标审计监督为审计部门对招投标工作中的招标、标底、开标、评标、定标进行监督。一是招标审计，招标审计主要对招标企业的招标能力和条件，招标方式的合法性、技术性，招标审批权限及审批程序竞相审计监管。二是标底审计，主要审核招标文件、设计图纸和相关资料是否规范，标底价格是否合理。三是投标审计，主要审查监督投标单位资格以及投标书的可行性。四是开标、评标、定标审计监督。开标审计的审计标准包括：评审小组结构组成及人员资格是否合理，邀请公示部门进行公示；评标审计重点审计监督评标条件，定标办法是否可行、合理；定标审计是在签订建设合同后，对招标单位与中标单位是否遵照合同行为实施的审计监督。

4. 发挥工程监理作用，强化监管职能

我国农村基础设施建设对项目监理缺乏足够的认识，往往是迫于上级检查的压力，随意指定一个监理单位甚至根本没有工程监理，在这种情况下，监理单位就很难履行监督管理工程质量和进度的职责，监理质量也就得不到保障。当前需要抓好项目工程监理这一环节，具体即是采用招投标制度选择监理单位，采用招投标制度产生监理单位，主要分两个阶段进行。一是资格预审查阶段，审查监理单位的资质。二是资格终审阶段，主要对项目监理机构审查，包括项目监理机构的组织形式和规模以及监理人员构成。三是监理招投标，通过监理单位对工程质量、进度控制、管理的监理规划以及监理实施细则，了解各监理单位的监理工作范围、监理工作内容、项目监理机构的人员配备计划、项目监理机构的人员岗位职责、监理工作程序、监理工作方法及措施等，选择最优项目建设监理单位。

（二）完善农村基础设施建设资金监管

农村基础设施建设资金运营监督是整个农村基础设施建设监督机制的重要方面，并可以从两个方面对其进行完善。

1. 完善农村基础设施建设资金的使用和管理

完善农村基础设施建设资金的使用和管理能有效提高资金的使用效率，应采取以下几项措施：首先，大规模或全国性的农村基础设施建设项目的建设资金由国家财政资金承担，规模较小或覆盖范围较小的农村基础设施建设项目主要由地方自筹资金建设实施。不管是国家财政资金还是地方自筹资金，资金使用管理方式都采用项目管理的形式。其次，财政部门和国家发展和改革委员会负责安排农村基础设施建设项目，拥有建设资金的使用权。国家发改委内部可设立农村基础设施建设项目评审委员会，拥有对地方政府上报的农村基础设施建设项目进行评定的审批权力，每年年初地方政府在初步审核本省（直辖市）管辖范围内当年基层政府上报的农村基础设施建设项目之后，汇总农村基础设施建设的预审项目，上报给国家发改委项目评审委员会。项目批准立项后，地方基层政府负责建设项目的招投标工作，选聘有资质的承建单位，将承建企业经省级发改委上报给国家发展和改革委员会农村基础设施建设项目评审委员会。财政部门与国家发改委将建设资金直接拨付给建设项目承建企业，各地方政府筹集用于农村基础设施建设的自筹资金使用与管理亦可效仿中央政府的模式。[①] 再次，建立农村基础设施建设资金自筹机制的平台。要健全和完善法制建设，增强中介组织在筹集建设资金中的纽带作用，将中介组织的建设和发展纳入到法制模式；农业部建立“农村基础设施自筹资金信息网”，统一公布公益性机构、社会企事业单位等给予农村基础设施建设资金支持的状况以及农村基础设施建设资金的支出项目名单，定期公布农村基础设施建设资金的使用情况和建设情况。基层政府以县为单位将农村基础设施建设项目通过网络将项目信息发布，公益机构、社会企业参与基层政府的基础设施项目审核工作，并与基层政府实施联合立项，共同担负起招投标监督管理工作。最后，设立农村基础设施建设资金的专门渠道，确保资金足额到位。农村基础设施建设的财政资金和地方自筹资金应由政府和第三方部门监督管理，资金直接经金融机构到达承建企业或直接到农民手中。随着国家对基础设施建设投入的重点转向农村，农村基础设施在全国范围大规模兴建，应建立一支庞大的农村基础设施建设项目的专家队伍和建设资金的监管队伍，互相协作、协调监督，形成第三部门与政府共同监督管理基础设施建设资金的新格局。

2. 提高建设资金系统配置，加强县级财政制度建设

农村基础设施建设涉及农业、水利等诸多部门，有效整合农村基础设施建设资金，对于增强基础设施建设资金的投入力度，提高资金投资的效益，起到了积极的推动作用。由于农村基础设施建设资金渠道纷杂、拨付层次多，中央政府不能全方位全过程监督资金的流向和资金划拨，县级政府成为整合农村基础设施建设资金的主体。由于农村基础设施建设各主管部门之间缺乏沟通，农村基础设施各项目之间缺乏配合，资金使用的整体效果较差。县级政府应建

---

① 王万山、庄小琴、郭金丰：《社会主义新农村建设研究》，中国农业出版社，2005，第199页。

立农村基础设施项目协商机制，合理安排农村基础设施建设项目和建设资金。通过成立工作小组、召开协商会的形式，统筹农村基础设施建设主管部门的工作重点，形成兼顾各部门整体发展的建设规划。依据拟定的建设项目和建设资金向上级政府申请农村基础设施建设资金。在安排农村基础设施建设资金时，省级地方政府应根据审批标准决定建设资金，充分尊重基层政府的建设规划，对如何实施基础设施建设项目不应予以干预。对于当前许多支持农村发展的建设项目，如农村沼气、农村小型水利设施等，项目审批权限和建设资金分配权限都集中在中央政府。由于决策链过长、信息传递失真、信息流失过多，项目审批最后仅限为程序合法性审批，项目内容的审批成为盲点。项目审批制度实际上演变为在资金约束条件下，个人主观评定项目内容、依程序而非依项目分配资金的一种形式。另外，农村基础设施建设资金的层层拨付分割模糊了各级政府使用和管理资金的责任，导致项目建设实施的监督管理缺乏，项目实施效果不理想。大量基础设施建设项目的审批权集中在中央政府，使得县级政府统筹农村基础设施建设资金，发挥建设项目的协同作用方面面临很大的阻碍。

县级财政支持农村基础设施建设的运行状况和建设资金的使用效率，决定农村基础设施建设的效益。针对当前县级财政普遍存在的预算编制粗略、执行不到位、监管薄弱、资金使用率低，要以民主理财和法制理财为重点，加强并完善县级基础设施建设资金制度。预算编制科学化。县级人大常委会要设立预算工作委员会，加强收入管理，实现收支并重，增加预算收入的准确度。建设项目决策环节，对各种备选建设方案进行认真比较评价，作出最优决策。预算执行动态化。在预算执行过程中，出现以下情况均要上报人大常委会，经人大常委会审核批准后方可执行。因建设支出超出预算需要变更或追加项目预算的。预算执行要遵循决策、执行、资金监督管理相分离的原则，使监督主体从决策、执行职能中脱离出来，遏制农村基础设施建设资金运行过程中挤占、挪用等现象的发生。

预算监督切实化。完善领导责任追究制度，充分发挥人大的预算监督和检查作用。在预算执行过程中，人大应组织代表对农村基础设施建设项目进行实地考察，对于发现的问题，应立即督促相关部门进行整改，追究领导或直接责任人的责任。重视舆论和社会监督的作用，针对群众反映的问题，人大要进行严格调查和认真核实，发现问题督促相关部门进行整改和完善。提高农村基础设施建设资金透明度，实现资金阳光透明，鼓励社会公众参与分析和评估农村基础设施建设资金支出绩效，真正实现预算制度和农村会计制度改革，推动财政支持农村基础设施建设的科学决策、民主执行、透明监督。

（三）完善农村基础设施建设养护监管

世界银行2004年6月15日发布的《改革基础设施：私有化、监督和竞争》提出“有效的监管”是正确实行基础设施改革最关键的促进条件。报告指出，监管可以为维护投资者和消费者两方面的利益提供可信的承诺，对于吸引长期私人资本以满足基础设施服务的需求是十分重要的。[①]

农村基础设施建设进入后续管理阶段后，各种资金逐步从项目撤离，各级政府及相关部门的职能从以管理监督为主过渡为以引导监督为主。项目管理的重心从项目建设监管转移到项目建后管护，农民以及村组织成为项目后续管理阶段的监管主体。农村基础设施因其自身性质及地理环境的影响，更容易受到损坏甚至最终荒废。保证农村基础设施的长效运转，既要构建农村基础设施市场化维护管理的新机制，设立农村基础设施项目专门的管理养护专用账户，也要组织专业人员进行农村基础设施维护管理工作。

1. 构建农村基础设施市场化运行管理机制

目前，农村基础设施后期维护管理存在很多问题，基础设施项

① 袁蓉君：《世界银行认为监管对公用事业改革至关重要》，2004年6月17日《金融时报》。

目运行管理缺少养护资金和管护费用，影响基层政府和当地农户对基础设施项目的建设供给和管护服务，农村基础设施扩大再建设面临极大的阻碍。应引入市场竞争机制，加快农村基础设施产权制度改革，建立农村基础设施管护的长效机制。推行市场化运营和管理，允许农民投资建设农村基础设施项目，对农村基础设施建设项目实行项目投资、建设、受益、养护连带责任制。开放农村基础设施建设权，充分调动企业、农民投资农村基础设施建设的积极性。对已建成的农村基础设施，譬如受益主体比较明确、可以实现经营管理的小型农村基础设施，以小型水库为例，村委会通过竞价拍卖、租赁承包、股份合作、户联村补等形式将水库的经营管理权甚至产权转让给农民，按照“谁投资、谁受益、谁管护”的原则[①]，农民以承包人身份定期对责任管护范围的农村基础设施进行管理维修，基层政府或村委会依照书面的责任管理合同对承包人或租赁人基础设施维护工作定期支付劳动报酬，有效解决了农村水利基础设施管理和维护的资金问题。通过拍卖、承包等市场化方式，农村基础设施的产权和经营管理权逐步量化、明晰，基础设施实现有偿使用、有序管理。农村基础设施管理维护责任制的落实，对监督产权人使用、管理、维护、补偿农村基础设施起到了积极的推动作用，彻底解决了当前农村基础设施建设无人管、损坏无人修的问题。对农村基础设施产权卖断的所得资产，村委会集中用于农村公益基础设施建设，实现当地农村基础设施的配套协调发展。

根据 2010 年 7 月对江苏省无锡地区农村基础设施建设与管理的调查研究，总结出江苏省小型农田水利设施市场化管理经验。对建后投入使用的农田水利设施，采用租赁、拍卖、承包的方式将项目的经营使用权交付农民用水协会。农民用水协会主要负责组织协

① 刘天军：《新农村建设中农村基础设施建设的管理初探》，《经济问题》2007 年第 6 期。

会成员对协会的水利设施进行日常的管理养护。合理配置水资源，督促科学灌溉、节水灌溉。负责水费的财务管理工作，进行水利设施的可循环经营管理，实现协会水利设施的再建工程。农民用水协会的工作方式，主要通过对农民用水户收取水费，所得经费用于日后水利设施的滚动管理养护，避免了经费在向村级组织申报的批复过程，工程正常运转所需经费无人买单的局面，提高了水利设施工程的运营效果。

农民用水协会作为农民自主管理农田水利设施的有效组织形式，实现了农民自主参与农村水利设施管理维护工作，成功地将市场竞争机制引入到农田水利设施的监管活动。农民用水协会的建立在村组织与农民之间搭建了一个信息交流的平台，使农民在基础设施建设、财务管理中拥有绝对的知情权、参与权，极大地带动了农民参与基础设施建设的积极性。

2. 设立农村基础设施管理维护专用资金账户

从目前农村基础设施的整个运营过程看，缺乏专门的维护管理资金来维护农村基础设施的正常运转。县乡财政经费经常不足，农村基础设施管理养护资金常被截留、挤占和挪用，应将各部门各级政府用于农村基础设施建后维护的资金以法律形式加以确定，从法律层面上保证管理维护资金的专款专用，即建立农村基础设施管理维护的专用资金账户，以法律条文的形式明确中央政府和各级地方政府在农村基础设施后续管理阶段供给养护资金的权力和责任，并严格按照职责进行层级划分，保证农村基础设施管理维护资金的及时、足额到位。

设立农村基础设施管理维护的专用资金账户，用于农村基础设施维护的费用支持。如前文所述，农村基础设施建设资金因建设主管部门多，造成“资金划分不清、监督管理低效”，为避免维护资金陷入同建设资金一样的困境，专用的维护资金账户应明确划分管理主体，专用账户尽可能地划归于各个建设项目，直接服务于各个建设项目后续维修养护工作。账户管理使用权要最大限度直属于各个农村基础设施建设部门，本身具有专门管理部门的农村基础设施项目除外，如农村水利设施、通信设施和电力设施。专用账户应当在农村基础设施建设项目投入之时开始筹划，在项目建设完成前落实专用账户的管理部门以及管理人员，有效保障农村基础设施不因维修管护资金的缺少而导致荒废。

3. 建立农村基础设施维护专业管理小组

农村基础设施很难进行管理维护的一个主要原因就是没有专业的技术人员对基础设施进行日常维护管理，基础设施因缺乏日常管护使用寿命下降，易损坏、易荒废的现象严重。目前，农村通信和电力设施都配有专门的管理维修人员，由专门的管理部门负责，但自来水、农村公路、环保等设施却未拥有专门的维护人员。以农村自来水设施为例，国家支持农村基础设施建设资金投资农村自来水改造工作，但却因缺乏专门的维护人员，管道长期得不到养护，损坏后维护资金筹集久不到位，管道得不到及时修复，最终成为地方政府徒有其名的政绩项目。农村公路由于受所处的地理环境及农民生产模式的影响，较易发生损坏，没有专门维护人员对受损路段进行及时的维修、护理，较多区域的农村公路路段因损坏严重而不得不弃用。

在自来水设施维护方面，通过收缴水费的形式，农户上缴所得的水费用于成立自来水维护专项基础资金，负责对自来水管道进行日常养护和维修。在设备需要定期维修或出现故障、设备损坏的时候，该专项资金用来支付专业技术人员的管道维修费用。

在农村公路维护方面，县级公路局作为农村公路管护的主管部门，应该承担起行政区划分范围的所有农村公路养护工作。因地理条件不易于县公路监管的农村公路，县级公路局可将其维护管理权力下放给乡镇公路管理部门，并督促乡镇公路管理部门成立专业的公路养护队伍，担负起农村公路的管理维护职责。同时，县级公路管理部门定期对县级公路和乡镇公路、村级公路的维护人员提供技术培训、技术指导，发放补贴，保障农村公路维护人员对农村公路维护管理工作的积极性以及技术储备。

在环境设施维护方面，以垃圾站为例，垃圾站坐落于两个或多个村庄交界地段时，在维护资金充裕的情况下，可以采用多村庄联合维护的方式，雇佣更多的保洁人员，购置多种环保工具，最有效地实现人及资源的有效配置，“人尽其责、物竭其能”，实施多村庄的规模化运行。对于垃圾站使用权仅限一村庄的情况，以雇佣村内劳动力的方式实现对设施的维护管理。在维护管理资金不足的情况下，要充分激发村民的维护意识与积极性，组织村民实施环境设施管理维护工作，必要时将环保设施的维护管理工作轮流下放分配给农民。

4. 增强农民维护农村基础设施的法制教育

广大农村地区农村基础设施被破坏、被盗取的事件时有发生。受教育水平低的影响，农民对当地农村基础设施维护管理意识低，农民保护基础设施的法制观念极其匮乏。因此，加强农民维护农村基础设施的法制教育成为农村基础设施后续维护管理阶段的最后一项保障措施。

宣传普及国家关于农村基础设施建后维护管理的法律法规，经常性地开展维护法规的学习宣传活动，为农民印制通俗易懂的法制小册子。村委会可以利用广播、电视媒体等宣传手段，向农民宣讲农村基础设施维护管理的法规条例，培养农民的监督管理意识，号召农民自主监管，积极参与农村基础设施维护管理工作。严格法纪，严肃惩处破坏基础设施的行为。村委会明令规定村民有举报妨碍基础设施维护管理行为的义务和责任，建立奖惩分明的举报监管机制，由驻地乡镇派出所负责群众举报以及立案侦查。对于举报的农村基础设施破坏案件，一方面，对举报人给予直接奖励并加以鼓励；另一方面，对被举报人则严格惩处其破坏基础设施的行为。以上措施的实施能够促进构建并完善群众积极参与、农民广泛监督的监督维护管理机制。

（四）农村基础设施建设制度监管

农村基础设施建设项目的监督管理工作涉及农村基础设施建设生命周期的各个阶段。科学完善的规章制度是农村基础设施项目建设高效运行的基础，加强项目建设的监督管理是保障政府执行效率的重要手段。因此，要建立健全农村基础设施建设监管的规章制度，完善决策民主、行为规范、公开透明、廉洁高效的农村基础设施建设监督管理机制，加强农村基础设施建设项目立项、资金、工程、质量监督管理，提高监管执行力。

1. 信息公开与反馈制度

信息不公开容易引起信息不对称，导致农村基础设施建设资金被挪用、截留。因此，要提高决策过程、执行过程的透明度，严格执行信息公开制度，在农村基础设施建设的项目立项、审批、招投标、项目建设、项目后期管护各个阶段，各级政府都要将建设资金的使用信息和项目执行信息公示。政府公开基础设施建设项目公务信息。逐步健全政务公开制度，通过政务公告栏、政府公报、政府网站以及新闻媒体等渠道向社会公众公布农村基础设施建设计划。推行阳光政务，严格依照相关程序公示政府在农村基础设施建设项目的决策事项，包括规范性文件、建设项目招投标、建设资金审批等；还应以附件文件的形式公开决策依据、执行程序、决策结果，逐步加大基础设施建设资金审计、绩效审计的审计范围，接受社会公众监督。公开建设项目资金信息。建设资金信息的公示，为上级政府监督和审核各级政府提供资金的支配、使用情况提供监督检查依据。上级政府公布建设资金的总投资信息、资金拨付情况，下级政府公布建设资金的具体投资项目信息，资金的最终用途将接受社会公众的监督。公开建设项目监督信息。建立方便群众监督的平台，避免监督责任不明造成的责任推诿现象，在项目建设前期确定建设项目的监督机构、监督负责人以及监督电话并将这些信息向公众公示。

发达国家一般拥有完善的信息举报系统，农村基础设施建设拥有广泛的社会监督基础，政府的基础设施建设项目透明度很高。社会公众可以通过信息举报系统或其他监督举报途径将基础设施建设中的问题反映出来。我国目前普遍存在纠错不及时和纠错不力的现象，农村基础设施建设资金运行经常会发生预算执行高出预算支出、基础设施建设资金违规使用的情况，应该对政府投资农村基础设施建设项目的整个决策过程和执行过程进行全方位跟踪式监管，将监督检查结果及时向有关部门报告，根据监测到的信息，及时对出现的问题采取有效措施，实现出现错误及时更改、及时补救。建立信息反应敏捷的监督反馈机构，负责纠正农村基础设施建设的决策、执行偏差问题，做到有错必纠，违法必查，提高建设监管的效能。建立完善的信息反馈渠道，政府和各部门设立信息监督电话或者设置农村基础设施信息反馈专栏，便于民众及时向有关部门反映农村基础设施建设和使用过程中出现的诸如建设资金不足、建后无人管护、损坏无人修理等问题。

2. 工作复命制度

农村基础设施建设与农民的生产、生活密切相关，项目工期进度要严格按照建设合同的规定，确保建设项目依工程日期建设完工。建立农村基础设施建设监督机制的工作复命制度，约束建设主体、施工人员以及监督主体的基础设施建设与监督行为是加强农村基础设施建设监管的有效途径。任何工作不管完成与否，相应的工作执行人和负责人都要在规定的时间期限内向上层主管领导汇报工作进展，保证基础设施建设的各项任务都有专人落实，执行情况都有信息回馈。在遇到执行受阻，执行中遇到困难而无法正常完成的情况，执行人必须及时向领导反馈，通过公开、透明的方式解决建设中的疑难问题。农村基础设施建设任务完成时，相应执行人要即时向上层领导复命，提交汇总工作进展表，以便于上层领导灵活调控农村基础设施建设的工期进度以及任务安排。工作复命制度是农村基础设施项目高效建设、如期投入生产的重要的制度保障，是保障执行命令、提升执行力、提高监督管理效率的重要手段。

3. 资金审批、拨付责任追究制度

我国在基层干部任期审计、离任审计中存在审计漏洞，干部政绩考核、晋升与政府基础设施建设项目未实现绩效挂钩，造成“政绩工程”越来越多，建设资金浪费现象严重。应建立农村基础设施建设的责任追究制度，追究政府相关人员监管不力造成的建设资金截留、建设项目低质量的责任。严格实行基础设施建设资金审批、拨付责任追究制度，加强对农村基础设施建设资金的审批程序、拨付程序的监管。在农村基础设施建设资金的分配拨付中，实行农村基础设施建设资金拨付使用的层层负责制以及资金使用主体承诺责任制，对建设资金的分配拨付实施严格的监督审核和签字认证，强调领导签字负责制，明确建设资金预算审批方、拨付方、资金使用方及其资金流程经办人的权限、职责和责任。在农村基础设施建设资金使用上，建立财政、审计和使用部门三者之间相互监督约束机制，可以有效保证建设资金的使用范围、支出用途和支出金额的合理性，对于发现的拨付过程中出现的问题及时给予纠正，避免资金浪费造成的基础设施建设各个阶段资金的非正常投入。

责任追究必须从项目立项开始，事后监督为管理者提供关于建设项目设施运行的真实信息，为项目决策者和执行者提供了项目建设的经验，通过对发现问题的纠错以及对相关责任人的问责追究，对农村基础设施建设管理监督人起到预警作用。

4. 绩效考核制度

改革考核评价体系，建立健全干部绩效考核体系。将政府监督和群众监督、定期考核与日常考核有机结合起来。坚持公开与效率原则，明确责任主体及其责任内容，建立主体明确、层级清晰、责任量化的岗位工作责任制度。科学制定和细化考评内容，拟定量化考核标准。开展建设项目实地监督考评工作，将群众评价作为干部绩效评定的一项重要指标，实行工作绩效的量化制，既看建设项目实际完成情况，又看群众认可情况，并将工程实现效果记入干部绩效档案。制定“领导干部工作绩效考核办法”，建立数字化绩效档案，干部实际工作绩效通过各项工作指标和统计数字来体现，定期对干部绩效公布公示。通过绩效考核，可以比较客观地反映出政府部门及其工作人员的实际工作效果。

第八章 农村基础设施建设保障机制研究

党的十六届五中全会提出了全面建设社会主义新农村的重大历史任务，并强调要按照生产发展、生活宽裕、乡风文明、村容整洁、管理民主的要求，扎实稳步推进社会主义新农村建设。2007年10月，胡锦涛总书记在党的十七大报告中再一次强调，要统筹城乡发展，推进社会主义新农村建设。社会主义新农村建设是一个涉及农村政治、经济、文化、科学、教育、卫生、社会保障、生态环境、人民生活等多个方面的系统工程，其成败事关全面建设小康社会和现代化建设的全局。2008年中央“一号文件”特别提出了要“切实加强农业基础建设”，这也是2008年和今后一个时期“三农”工作的总体要求。我们必须下大决心，下工夫把农业的基础夯实做强，打造强化农业基础的新环境；保障主要农产品基本供给和农村基础设施建设的新环境；加强农业科技和服务体系建设。农村基础设施是社会主义新农村建设的一个基础性的，促进政治、经济、文化、社会等有效开展的物质平台。但是，农村基础设施仍然存在供给不足以及供给不平衡的现象。农村基础设施供给不足和供给不平衡，不仅影响了农业生产水平的提高，而且严重制约了农村经济的发展、农村社会的和谐和农民收入水平的提高。因此，加大我国农村基础设施供给力度，促进农村基础设施的供给平衡，就成为新农村建设的重要内容。农村基础设施建设的关键一环便是要有一个科学、有效、长期稳定的保障机制。因此，本章着眼于对农村基础设施建设保障机制进行研究，以期对我国农村基础设施建设和新农村建设提供一个可操作性的理论分析框架的依据。

本章之所以要研究农村基础设施建设保障机制，还基于以下判断。一是农村基础设施建设总体投入不足。农村基础设施建设投入资金主要来源于政府的财政支农支出和财政转移支付。二是农村基础设施建设投入存在着波动。从财政支农支出占财政支出的比重以及财政支农支出的年际增长率来看，呈现较大幅度的波动，农村基础设施建设稳定投入的长效机制还未建立起来。三是农村基础设施建设资金投入使用效率低，决策机制和监督机制不完善，造成我国农村基础设施建设离需求相差甚远。

一　农村基础设施建设保障机制研究的现状分析

由于目前学界没有对农村基础设施建设保障机制开展单独性研究，因此本书在对农村基础设施建设资金来源、法律保障、制度保障和监督保障机制方面进行综述的基础上，提出农村基础设施建设保障机制的研究思路。

（一）农村基础设施建设资金来源研究

关于农村基础设施建设资金来源，马凯认为属全国性的农村基础设施应由中央政府供给；属地方性纯公共产品性质的农村基础设施应由地方政府供给；具有外溢性的地方性的纯公共产品性质的农村基础设施则由中央政府和地方政府或各个受益的地方政府共同提供；属于地方性准公共产品性质的农村基础设施，既可以由地方政府供给，也可以由市场供给。① 必须多方筹集建设资金，多渠道增

① 马凯：《“十一五”规划战略研究》，北京科学技术出版社，2006，第1022页。

加对农村的投入，逐步建立合理、稳定和有效的农村基础设施建设资金投入机制。要建立城乡统筹的公共财政体制，改革财政资金投入方式。塑造社会集资机制，吸引社会各界投资农村基础设施建设。从总体上看，用于农业方面的投入仍然不足，特别是直接用于生产的项目所占比例不大，且分散在多个部门、多个渠道，如农业基本建设投资（含国债投资），农业综合开发资金，以工代赈资金，财政扶贫资金和财政部门直接安排支持农村生产、扶持农业产业化、农村小型公益设施建设资金等。一方面要深化财政管理体制改革，要进一步调整和理顺各级政府的财政分配关系，合理划分、科学确定农村基础设施供给的事权和财权，使两者相对称、相统一。根据受益范围的大小，合理划分全国性、区域性、地方性农村基础设施的界限，并由相应层级的政府予以提供。进一步建立和完善政府间特别是省级政府以下财政转移支付制度。加快建立财政投融资机制，并采取积极的政策措施，引导社会资金投入。每年从财政增量中安排，逐步累积，增大盘子。在公共财政增加投入的前提下，为了加大政府支持新农村建设的效应，可以利用财政资金与金融资金相结合的方式，建立财政投融资机制。逐步形成政府投资引导的多渠道、多元化投资体系。投入到位是加快农村水利基础设施建设的重要保障。明确政府的投资领域，加大财政支农力度。扩展市场运作空间，争取社会投入。充分利用现有政策，动员群众投入。

（二）农村基础设施建设法律保障研究

目前我国指导 BOT 项目工作的主要文件是对外经贸合作部于 1995 年发布的《以 BOT 方式吸收外商投资有关问题的通知》和国家计委、电力部、交通部于 1995 年 8 月联合下发的《关于试办外商投资特许权项目审批管理有关问题的通知》。此外还有《境外进行项目融资管理暂行办法》、《指导外商投资方向暂行规定》等由我国各相关部、委和局颁布实施的部门规章。这些法规构成了我国有关 BOT 方式的法律保障体系，为保证我国 BOT 项目的运作起到了一定的指导作用。但目前我国调整 BOT 方式的法律制度仍然很不健全，尚未形成有利于 BOT 项目实施的法律环境。尚未出台诸如《农村基础设施建设供给法》、《农村基础设施建设供给监督制约办法》、《农村基础建设公共招标实施办法》等法律法规。[①] 农村基础设施供给处于国家“大一统”的混乱模式，各级政府对哪些属于自己职责范围内的基础设施建设没有定位，也没有具体的规划，一味依赖上级拨款，缺乏相应的监督制约机制和绩效考核办法，拨款的“漏损率”过高，进一步加大了财政压力。所以，应当确定各级政府在提供公共产品时的职责，并予以明确的界定。可采用列举的方式，明确的界定各个供给主体的责任以及相互之间的协调性、层次性。在规定保护农民的合法权益的同时，明确规定保护出资人的利益，明晰建成后的农村社会公共产品产权关系。从而进行产权保护和制度激励，为市场提供农村公共产品创造良好的环境，保证私人投资的积极性。国家还应尽早出台《农业投资法》，约束各级政府、投资者和农民消费者的行为，从法律上为新农村建设提供制度保障。

（三）农村基础设施建设制度保障研究

按照制度经济学理论，只有在产权明晰和产权变更时投资不受损失的条件下，投资主体才可能对基础设施进行投资。产权界定不清可使供给受到抑制，因此，应按照“谁投资、谁管护、谁受益、谁所有”的原则，加快农业基础设施产权制度改革，清晰归属，明确权责，鼓励民间资本介入农业基础设施建设，保护民间资本投资者的合法权益。要推进公共财政体制改革，为农村基础设施建设做好制度保障。根据公共产品的受益范围和层次，合理界定各级政府的事权支出责任，不断改变县乡政府过多地承担农村公共产品供

① 刘天军：《新农村建设中农村基础设施建设的管理初探》，《经济问题》2007 年第 6 期。

给的现状。因为基层政府了解和熟悉基层情况，在进行农村基建投资项目的安排时，应遵循“基层优先”的原则，基层财力有困难的，上级政府必须给予必要的扶持。按照财权与事权相统一的原则，结合各类税收特点，科学合理地划分各级政府的收入范围。[①]进一步加强农村基础设施的组织领导，农村基础设施建设涉及农业、林业、国土资源、交通、通信、水利、电力、计划、财政、教育、文化、卫生等众多部门，涉及规划编制、可行性研究与论证、项目申报与衔接、项目资金争取、配套资金筹措、项目实施及竣工验收等诸多环节，是一项复杂的系统工程。实行农村基础设施建设领导责任制，完善组织领导机制，要加强部门间、上下级间的协作与配合，应当建立一个整体联动的机制，形成良好的工作氛围。

（四）农村基础设施建设监督保障机制

应该规范管理和科学实施农村基础设施项目，农村基础设施项目必须在项目建设所在地进行公告、公示，接受当地群众监督。各级政府及下属职能部门应该设立专门机构，配备专职人员建立专门的农村基础设施建设资金账户，实行专门管理，严格执行财务管理制度，确保专款专用。进一步加强对农村公共财政资金的管理和监督的研究，对受益的农村基层政府和提供各种公共服务的行政事业主体制定严格和科学的管理监督制度。加强对农村公共产品供给资金的使用与管理进行研究，在供给资金的筹集和使用过程中，要实行财务公开制，发挥人民代表大会、政府及新闻媒体的监察与监督作用。在资金的使用效率的问题上，建立健全项目执行及资金使用的激励、奖惩及风险机制。根据执行情况对一些单位实行奖励或惩罚。建立农村基础设施承建项目单位投资风险的约束机制，通过签订项目责任合同，使项目建设单位承担建设风险并按建设质量给予奖惩。农村公共产品供给资金的监督管理，要建立专门的支农资金

① 梁红梅：《产业经济学导论》，中国人民大学出版社，1985，第184页。

管理机构，严格实行资金的专项管理，跟踪资金的使用过程，还要建立科学的绩效评价体系和考核机制。财政部应积极完善逐级拨款制度，加强对下级财政部门资金的审计和监督，确保项目资金及时足额到位。在加强预算和决算审计方面，各级政府在预算和决算中都必须严格审计制度，对发现的问题要及时纠正，防止挤占、挪用及虚假储备现象的发生。不断提高农民的参政和监督意识，积极发挥人民群众的监督检查作用。村民委员会要建设成为一个真正的村民自治组织，真正对村民负责，使多数人的需求意愿得以体现，从而确保农村公共产品供给决策程序由“自上而下”向“自下而上”转变，增加农村基础设施有效供给。

随着政府投入农村基础设施建设的比重逐渐增大，对于农村基础设施的研究也在进一步深入，一些学者从公共财政学、管理学角度，运用公共财政等理论范式对农村基础设施的理论界定、制度安排与管理发展进行了一系列研究，并取得了一定成果。但从总体上来看，单一公共财政学视角的研究较多，政府行为多视角、跨学科的综合研究还不够。因此，本章运用公共产品供给、公共财政等相关理论对我国农村基础设施建设的保障机制进行理论与实证分析，并为研究我国农村基础设施建设的保障机制提供一个理论分析框架。旨在通过建立一个科学有效的保障机制，解决我国农村基础设施建设投入、决策以及运行、监督等问题，同时为我国农村基础设施建设提供政策依据，确保农村基础设施建设的有效投入，提高农村基础设施的供给效率和水平。

二　农村基础设施建设保障机制的理论

（一）农村基础设施建设保障机制的本质、功能

1. 农村基础设施建设保障机制的本质

农村基础设施建设保障机制是确保农村基础设施建设的运转和

发展，而建立起来的一套多层次、多结构的工作系统。它主要包括农村基础设施建设资金保障、农村基础设施建设运行保障、农村基础设施建设经营管理保障、农村基础设施建设组织与制度保障、农村基础设施建设法律保障、农村基础设施建设监督保障等工作系统。农村基础设施建设保障机制主体主要分为行政主体与非行政主体。行政主体主要指各级政府行政管理机构，非行政主体主要指村集体、企业以及农户个人。随着市场经济的发展，各类行政主体也发生相应的变化，国家作为政策及各类法律法规制定者，负责全国的宏观指导，而地方作为政策的执行者，主要提供良好的政策环境。而农户个人、企业等非行政主体是农村基础设施建设保障机制的有力补充，行政主体与非行政主体的和谐发展是农村基础设施建设保障机制的基础。

2. 农村基础设施建设保障机制的功能

农村基础设施建设保障机制的内涵揭示了农村基础设施建设保障机制的功能，即保障农村基础设施的供给数量和质量，具体包括效率保障功能、效果保障功能（如质量、需求满足程度）以及（人力、物力等）资源配置功能。

（1）效率改进功能

农村基础设施建设是与农业生产、农民生活、农村发展密切相关的各类基础设施，是支撑农村经济社会发展的物质基础，也是衡量农村发展水平的重要方面，而建设农村基础设施必须根据投入产出基本原理才能达到有效目标。要产出就需要投入，投入产出技术是一种现代化的管理方法。这项技术或这种管理方法是由美国经济学家华西列·吴·列昂节夫（Wassily · W · Leontief）于20世纪30年代首先提出的，它既能用于整个国民经济部门，也可用于各个经济部门、企业和地区。农村应用投入产出技术有广阔的前景。投入指的是生产物品和劳务的过程中所使用的物品或劳务。投入的另一个名称叫生产要素，可以被划分为三大基本范畴：土地、劳动和资本。而农村投入主要有农村公路、农村卫生设施、农村教育设施、农村文化体育设施、农业水利设施、农产品流通设施等。农村基础设施建设比较有成效的国家是国家决策者应用投入产出基本原理和系统方法、选择方法，兴建与发展农村基础设施的。[①] 因此，通过农村基础设施建设能维系农村投入与产出的依存关系，而农村基础设施建设保障机制能提高农村投入与产出的效率。另外，农村基础设施建设保障机制既是农村基础设施建设专业化、规模化的基础条件，又能够促进农村基础设施建设产业化和市场化发展，从源头上促进我国农业产业结构升级，为第一产业经济增长与农民增收提供长远保障与动力支撑，会孵化出越来越多的社会部门和生产部门，直接和间接地促进社会分工的发展，这正是基础设施作为基础产业所特有的功能，农村基础设施保障机制既有利于提高基础设施建设效率，也有利于提高整个社会的劳动生产率。

（2）资源配置功能

萨缪尔森认为在生产的高效率已经得到满足的条件下，资源配置的帕累托最优是在假定所有其他消费者的效用水平一定条件下，找出能使某一个消费者效用最大化的配置，即私人物品对公共产品的边际替代率之和等于其边际转换率。农村基础设施建设保障机制首先对配置劳动力，增加社会就业具有特殊的作用。如在农村基础设施建设中实行“以工代赈”，既可以加快农业基础设施的建设步伐，解决资金不足问题；同时，可以消化一部分农村剩余劳动力，提高农村富余劳动力的使用效率，从而为转移农村富余劳动力拓宽了就业领域。一个国家通常在经济不景气或出现经济危机时，加大对基础设施建设可以起到扩大内需，刺激经济增长，摆脱危机的特殊功效。农村基础设施保障机制具有安定农村资源的作用，或将社会其他部门的资源输入到农村，以保证农业扩大再生产的正常运转，阻止农业比较利益的下降。另外，政府或社会公共部门通过农村基础设施保障机制，还会聚集、动员和转移闲置农业资源，促进社会资源优化配置。

---

① 陈厚基：《农业基础设施建设》，中国农业出版社，1992，第 70 页。

（二）农村基础设施建设保障机制的理论分析

1. 农村基础设施建设保障机制的平衡发展理论分析

平衡发展理论主要代表人物有罗森斯坦·罗坦、纳克斯等人。最早提出平衡发展理论的是努尔克塞，他认为：经济发展应注重产业平衡发展，各产业以相等的增长率增长并按比例发展。他强调产业间的关联互补作用，主张在区域间或区域内部均衡部署生产力，实现产业和区域经济的平衡发展。后来纳克斯提出了“贫困恶性循环”理论与打破低水平恶性循环的平衡增长理论，认为落后国家存在供给不足循环和需求不足循环，要打破恶性循环，只有在各部门中平衡地进行投资，使之互相形成需求，才能造成有效需求，促进资本进入，获得经济增长，推动区域经济均衡发展。平衡发展理论对于指导我国新农村建设具有积极作用。我国的统筹发展战略思想与平衡发展理论的核心相似。长期的城乡隔离导致我国经济发展和社会发展不平衡、城市发展和农村发展不平衡。只有从宏观上、战略上重视工业与农业、城市与农村的统筹发展，强调工业反哺农业、城市支持农村，实现工业和农业两大产业、城市和农村两大区域之间的平衡发展，才能缩小城乡差距和消除二元结构，推动经济社会持续发展。而农村基础设施建设保障机制则是通过法律制度保障，引导多元主体把各类资金投入到农村基础设施建设中，为农业生产和农民生活提供良好的基础设施，为农村发展和农民生活水平的提高打下坚实基础，从而平衡农村和城市的发展。

2. 农村基础设施建设保障机制的治理理论分析

治理一词源于古希腊语，原意是控制、引导和操纵。长期以来，它与统治一词交叉使用。20 世纪 80 年代，西方经济学家针对现代企业制度中存在的所有权与控制权分离以后所产生的委托—代理关系中激励不足而导致相关利益受损而提出的一个制度安排，通过利益相关者共同参与并形成一种新的制约机制与激励机制。1989 年世界银行年度报告将治理作为分析和解释这一地区经济绩效比较好的一个概念，从而将治理引入国家层面。治理有两方面含义：一是技术层面的治理，强调建立发展的法律框架和培养参与能力，包括法治、改进政府管理、提高政府效率等。二是支持和培养公民社会的发展，特别是推动非政府组织的发展，提高公民社会对治理的参与度和责任心。

20 世纪 90 年代中期，西方国家提出的新公共管理理论——治理理论，强调“多中心治理”，要求人们重新理解政府，科学合理地界定政府、市场、社会组织与公民之间的关系，并通过合作、协商、伙伴关系等方式对公共事务进行有效管理。这对于农村基础设施保障机制建构有重要借鉴意义。治理理论崇尚一种“多中心治理”思想，强调在公共行政中多元参与型管理方式契合于农村基础设施保障机制上就是积极倡导改变过去由政府单一主导的保障机制，转而建立一种由政府、市场和社会共同参与的、协调有序的农村基础设施保障机制。另外，“治理理论不仅强调主体的多元性，同时也强调治理手段的多样化。”通过加大财政投入，完善相关法律法规，加强组织管理，推进制度创新及完善监管机制，形成多维治理途径的农村基础设施建设保障体系已经成为一种趋势。治理的最终目标是达到一种“善治”，即实现资源效益和公共利益的最大化。善治映射到农村基础设施建设上就是完善保障机制，突出保障机制的重要地位。

3. 农村基础设施建设保障机制的公共财政理论分析

1776 年，英国著名经济学家亚当·斯密所著《国富论》的出版标志着公共财政理论的诞生。他认为市场能够有效配置资源，供求双方在市场竞争的环境中，每个人各自理性地追求自身的经济利益，可以带来整个经济的高效率。约翰·穆勒、威克塞尔、林达尔都进一步发展了他的理论，公共产品理论的创立和福利经济学的兴起使得公共财政理论越来越丰富，职能范围也有所拓宽。此后，公共财政理论经过 20 世纪 30 年代、80 年代的不断发展，并随着许多经济学新领域的开拓，特别是随着宏观经济学和福利经济学的发展和成熟，财政理论经历了一个从公共财政学到公共经济学的发展过程。与传统经济学相比，公共经济学更注重财政收支对整个经济的影响。

从新农村建设的现实需要来看，其一，新农村建设的任务和目标都需要公共财政的支持。新农村建设的任务和目标是“生产发展、生活宽裕、乡风文明、村容整洁、管理民主”，其中，大部分属于纯公共产品或准公共产品，因此其所需资金原则上只能来自政府预算资金或预算外资金。而且，在一定意义上说，新农村建设本身在相当大的程度上就是一种社会公共需要，属于公共财政支出的范围，原则上其所需资金理应主要由政府财政提供。其二，新农村建设巨额资金需求需要公共财政大力支持。新农村建设是一项浩大、繁杂的系统工程，需要巨额、稳定的资金来源保障其运行。新农村建设主要靠农民的自力更生和农村的自我发展，但目前我国农业基础仍很薄弱，农民增收困难，农业和农村发展中仍存在许多问题和困难，仅仅依靠农民、农村自身力量建设新农村是远远不够的，对于广大农村特别是贫困地区来说甚至是不可能的，因此需要国家政策的大力扶持。其三，新农村建设需要财政体制保障。新农村建设这一全新战略的提出，标志着我国未来发展目标和取向上的重要转变，它要求财政体制与保障机制建设适应这种变化，进行积极调整。特别是当前我国财政分权技术性安排还存在着事权与财权不对称、政府间财政转移支付制度缺少透明度和公平性、财政支出责任划分不明确等问题，导致新农村建设中财政资金使用的低效率，阻碍了新农村建设的进行。其四，农村公共产品供给不足需要公共财政支持。由于我国长期以来是靠农业支持工业发展，农村支持城市发展，农村公共产品供给存在严重不足的情况。一方面造成农民生活质量下降，使城乡差别进一步扩大；另一方面，医疗、教育、养老由农民自己负担，造成农民负担加重，也从需求方面制约了农村消费品市场的发育。就农村公共产品供给主体而言，由于收入相对比较低的农民自我筹集资金的能力不足，社会筹集也存在一些问题，因而在今后很长的一段时间，公共财政必须加大对农村公共产品的供给。农村公共产品领域实现公共财政目的的“回归”，对于促进新农村建设具有重大意义。

三　我国农村基础设施建设保障机制的变迁

（一）人民公社时期的农村基础设施建设保障机制

1957 年 9 月 24 日，中共中央、国务院发出了《关于在今冬明春大规模地开展兴修农田水利和积肥运动的决定》，要求各地集中力量开展一个大规模的农田水利建设运动和积肥运动。截至 1958 年 1 月，投入水利建设的劳动力达到一亿。刘少奇在八届三中全会的工作报告中总结了这次兴修水利的成绩：“改造了低洼易涝耕地两亿多亩，改善了灌溉面积一亿四千万亩，控制了水土流失面积 16 万平方公里”，如此大的水利建设需要大量资金及大量劳动力的投入，还要考虑到地区间经济组织的利益，因此把不同地区的高级社合并为一个大社，并将所辖区域内的生产资料及各类组织统一于其中，实行统一领导、统一筹划，自然成为解决上述问题的办法。从 1958 年 8 月 29 日中共中央通过《关于在农村建立人民公社问题的决议》开始到 12 月 10 日中共中央宣布《关于人民公社若干问题的决议》，全国 74 万多个合作社迅速改组成了 2.6 万多个人民公社，参加公社的农户有 1.2 亿多户，占全国农户总数的 99%，全国农村在政治结构、经济体制乃至社会生活诸方面发生大变革。第一，人民公社取代了原来作为农村集体经济组织的农业生产合作社与原有的农村基层政权组织——乡人民政府，形成了“政社合一”、“三级所有，队为基础”的农村经济政治体制。第二，规模大，公有化程度高，集体财产无偿调拨给人民公社。第三，实行供给制与工分制相结合的分配制度。由此，农村中的经济合作组织体制长期被唯一的人民公社体制所取代，中国农民成为一个没有自由迁徙权，没有自由择业权的被动劳动者。

人民公社时期农村基础设施建设乡镇行政主体主要有农技站、农机站、水利站、经营管理站、供销合作社、卫生院等。其中，1958 年设立的农技站主要职能是农业技术推广及病虫害防治；1959 年设立的农机站主要职能是大型农业机械的管理、农业机械的维修与保养、农机安全使用监督；1961 年设立的水利站主要职能是水利工程建设、中小型水利设施管理；1958 年设立的供销合作社主要职能是化肥、农药专营，生产与生活资料供应，农产品统一收购；1962 年设立的卫生院主要职能是农村医疗保健、传染病防治、计划生育指导。总的来说人民公社时期建立的农村基础设施建设供给主体是基本健全的，对于推动农村经济稳定发展起了重要作用。如我国粮食产量由 1958 年的 2 亿吨增加到 1982 年的 3. 5 亿吨，增长了 75%，高于我国同期人口 56% 的增长速度。农田基本建设与农业机械化也取得重大进展，1982 年同 1957 年相比，农机总动力增加了 135. 9 倍，机耕面积增加了 12. 3 倍，灌溉面积增加了 0. 62 倍，农村用电量增加了 282. 5 倍。[①]

人民公社时期的农村基础设施建设财政保障机制主要是两个供给渠道，即制度内渠道与制度外财政渠道。所谓制度外供给是指在决策层面上，公社既是政权组织，又是经济实体，享有在辖区范围内对筹集的经费自主管理使用而不纳入国家公共收支系统的权力。所谓工分制下的双轨成本分摊，则是在操作层面上，公社筹集经费的方式以工分制为基础，物质成本由公积金和公益金支付，人力成本则以增加总工分数，从而降低工分值的形式加以弥补。从表8 - 1 和表 8 - 2 可以看出，国家用于农业的支出有所波动，且粮食总产量与农业的支出波动呈正相关。人民公社制度在农村基础设施建设中发挥了一定的积极作用，尤其是在农村水利建设、农村医疗方面体现的高效率，政府动员农民用劳动力要素最大限度地代替资本要

① 于辛逸：《试论人民公社的历史地位》，《当代中国史研究》2001 年第 3 期。

素，实现了农村基础设施建设的成本的降低。然而这种制度存在较大问题：其一，该制度较少考虑成本因素，造成了资源的错配与浪费；其二，政社合一、党政不分的政治结构造成了农村基础设施建设缺少有效的监督；其三，该制度忽视农民的真实偏好与产权，严重阻碍了社会主义民主政治的发展。人民公社时期国家对农业的财政支持主要用于兴修农田水利、发展农用工业、兴办农业科研与推广事业，其中支农工业投资如表 8－3 所示。

表 8－1　农村基础设施建设筹资渠道

农村基础设施项目	筹资渠道
社队兴办的小型农田水利工程	凡是社队有能力全部承担的，应自筹解决；困难社队，国家给予必要补助
所有水利工程	新中国 30 年兴修的水利工程，国家总投资共 763 亿元，而社队自筹及劳动积累，估计达 580 亿元
农村社队集体办学	集体负担为主，国家则给予必要补助，另由个人负担少量学杂费
教育部门举办的农村中小学	国家预算支出为主，社区集体支出一部分，个人承担少部分
公社卫生院	实行“社办公助”，主要依靠公社集体经济力量
大队卫生所	几乎完全靠集体经济投资维持
公社文化与广播事业	公社社有资金为主，国家预算内支出中适当补助

资料来源：程漱兰：《中国农村发展：理论与实践》，中国人民大学出版社，1999，第 269、292、295 页。

表 8－2　主要农作物产品产量

单位：亿斤

年份	粮食总产量	稻谷	小麦	玉米	大豆	薯类
1957	19505	8678	2364	2144	1005	2192
1962	15441	6399	1667	1626	651	2345
1965	19453	8772	2522	2366	614	1986
1970	23996	10999	2919	3303	871	2668
1975	28452	12556	4531	4722	724	2857
1978	30447	13693	5384	5595	757	3174

资料来源：根据国家统计局《中国农村统计年鉴（2007）》计算得出。

表 8－3　各个时期支援农业的工业基本建设投资额

单位：亿元，%

时　期	支农工业投资	化学肥料与农药工业	农业机械制造及修理工业	支农工业投资占全部工业投资比重
1958～1962 年	36.56	21.39	15.17	5.0
1963～1965 年	18.86	13.15	5.71	9.0
1966～1970 年	44.82	32.93	11.89	8.3
1971～1975 年	95.78	72.26	23.52	9.8
1976～1980 年	107.38	83.47	23.91	8.7

资料来源：根据 1950～1985 年《中国固定资产投资统计资料》，中国统计出版社，1988 年版整理。

（二）家庭联产承包责任制时期的农村基础设施建设保障机制

随着农村改革的启动，农村基础设施建设保障机制也相应地发生变化，国家出台了一系列法律法规有力地保障了农村基础设施建设，如 1982 年，国家农业委员会、农业部发布了《关于整顿社队财务的意见》，要求“各级政府必须把认真整顿社队财务，杜绝损失浪费和贪污，提高经济效益，作为当前农村工作的重要任务。”1983 年中共中央发出的《当前农村经济政策的若干问题》明确指出，联产承包制采取了统一经营与分散经营相结合的原则，使集体优越性和个人积极性同时得到发挥，指出了改革人民公社体制，实行生产责任制，实行政社分设，在农村允许资金、技术、劳动力一定程度的流动和多种方式的结合，加快农村建设，广辟资金来源渠道。1993 年全国人大通过的《农业法》规定：“农业的生产投入和农田水利建设等基本建设，国家应当给予扶持（见表 8－4）。”1996 年，国务院颁发《关于进一步加强农田水利基本建设的通知》，要求“各级水利部门要依法治水，加强水资源的统一管理，统一规划，统一调度，统一发放取水许可证”。1997 年中共中央、国务院颁布的《关于卫生改革与发展的决定》要求，必须对县、乡、村卫生组织建设实行目标管理，巩固与提高农村医生队伍，解决农村卫生人员待遇。

表 8－4　1978 以来农业支出占财政支出比重

单位：亿元，%

年　份	国家用于农业的财政支出	农业财政支出占国家财政总支出的比重
1978	150.66	13.43
1980	149.95	12.20
1985	153.62	7.66
1989	265.94	9.42
1990	307.84	9.98
1991	347.57	10.26
1992	376.02	10.05
1993	440.45	9.49
1994	532.98	9.20

注：用于农业的支出包括支农支出、基本建设支出、农业科技三项费用，农村救济费。

资料来源：根据国家统计局《中国统计年鉴（2008）》计算得出。

1991 年 12 月国务院发布《农民承担费用和劳务管理条例》其中的三项提留指向农民收取的公积金、公益金和管理费。公积金主要用于农田水利基本建设、植树造林、购置生产性固定资产和兴办集体企业。公益金用于五保户的供养和特别困难户的补助、合作医疗保健以及其他集体福利事业。管理费用于村干部报酬和管理开支。五项统筹则是指乡政府向农民征收的用于乡村两级办学、计划生育、优抚、民兵训练、修建乡村道路等民办公助事业的费用。农村基础设施建设资金中制度外筹资的对象由集体经济转向农户个人，经学者调研，从表 8－5 可以看出，对乡镇政府来说，制度外财政收入在其可支配总收入中占有极为重要的位置，对许多乡镇来说，制度外财政收入已成为其收入的最主要来源。由此可以看出制度外财政收入的膨胀导致农民负担非常重。在家庭联产承包责任制下，政府部门与农户成为两个具有一定独立利益的主体，不规范的公共产品制度外筹资方式直接与农户的经济利益对立，公共产品供求不均衡的严重后果因此凸现了出来。这种不均衡突出体现在许多通过收费而提供的农村基础设施并不是农民所需的；更有甚者，有许多收费并没有提供任何相应的服务，而是用于收费部门的私利。这使家庭承包制时期的公共产品制度外筹资方式与严重的农民负担问题紧紧联系在了一起。①

表 8－5　乡镇一级制度外财政收入占乡镇可支配财力的比重：若干个案

单位：%

个案地点(乡镇)	制度外财政收入比重	年份
北京某乡	77.4	1989
浙江某镇	72.5	1989
大连某镇	74.6	1991
湖南某镇	41.7	1991
湖北宜城县某镇	59.7	1992
广东江门市某镇	85.7	1993
温州乐清市某镇	63.2	1993
河北某乡(A)	45.1	1996
河北某乡(B)	43.6	1997
河北某乡(C)	45.9	1998
河北某乡(C)	59.6	1999

注：个案 1～4 中的比重，调研者未说明是占乡镇总收入的比重还是占乡镇财力的比重。

资料来源：个案 1～4：孙潭镇、朱钢：《我国乡镇制度外财政分析》，《经济研究》1993 年第 9 期；个案 5～7：樊纲：《论公共收支的新规范——我国乡镇“非规范收入”若干个案的研究与思考》，《经济研究》1995 年第 6 期；个案 8～11：林万龙：《家庭承包制的实施与中国农村社区公共产品供给制度变迁——一个关于宪法秩序如何影响制度变迁的案例研究》，《中国农村发展研究报告（NO.3）》，社会科学文献出版社，2002。

① 林万龙：《乡村社区公共产品的制度外筹资：历史、现状及改革》，《中国农村经济》2002 年第 7 期。

（三）税费改革后的农村基础设施建设保障机制

1994 年 6 月，中共中央办公厅、国务院办公厅转发《关于 1993 年度农民负担检查情况的报告》中指出一些地方和部门对减轻农民负担工作还存在着认识不足、工作不力的问题，一些地方还存在强收费的做法，所有这些都必须坚决纠正。由于我国的政府收入既有预算内收入，又有预算外收入，而预算外收入增长又快于预算内收入的增长，既有税收，又有收费，此外，还存在“乱收费、乱罚款、乱摊派”形成的“制度外收入”。由此可见我国的政府收入机制是不规范的，这违背国家预算的法治化原则。税费改革是治理整顿预算外资金、规范政府收入机制的一种有效措施，也是当前提高财政收入（指预算内）占 GDP 比重的重要途径之一。农村税费改革是我国农村历史上一场划时代的改革，充分体现了党对“三农”问题的“多予、少取、放活”的宗旨。

实施农村税费改革后，原来列入农民集资建设的项目，除农村义务教育经费，新的投入由县财政统筹外，农村道路、水利工程等基础设施建设几乎没有稳定性投入，因此中央加大了对农村的投入。2005 年 10 月，中国共产党十六届五中全会提出了建设社会主义新农村的重大历史任务，要求各级政府加强农村基础设施建设，改善社会主义新农村建设的物质条件。在税费改革之后，从预算内收入角度来看，乡镇收入非但没有减少，反而有所增加，而乡镇用于支持农村公共产品建设的资金却大幅下降了。从村一级来说，税费改革之后，各项集资被禁止，债务也要求被锁定，而税费改革对村级的补助主要确保的是村干部报酬，因此村级正常收入中也难以安排村公共产品的建设资金。为此，相关政策为村级公共产品的筹资安排了“一事一议”的筹资制度安排；县级以上各级政府的专项资金制度则成为了政府供给农村公共产品的主要形式。[①] 由于缺乏来自外界的有效制约与监督机制，县、乡政府在财力有限的状况下，或通过加重农民负担，向农民伸出“掠夺之手”，或大肆举债完成大量的面子工程、政绩工程，这不仅导致资源浪费，还形成数额庞大的乡村债务。

随后中央出台了一系列政策，有力地保障了农村基础设施的建设。1994 年 11 月，中共中央发出《关于加强农村基层组织建设的通知》，指出农村基层组织建设包括乡（镇）、村两级，重点要发挥当地优势，加快农民脱贫致富，完善经营体制，增强经济发展的活力，健全管理制度。1996 年 1 月国务院发出《关于进一步加强农田水利基本建设的通知》，指出按照“巩固提高，积极发展，加强管理，注重实效”的原则，实行山、水、田、林、路统一规划，综合治理，要落实和完善有关政策，加大投入力度。同年 8 月，国务院作出《关于农村金融体制改革的决定》，提出改革农村信用社管理体制，办好国有商业银行，建立农村合作银行，增设中国农业发展银行分支机构，逐步建立各类农业保险机构。1997 年中共中央国务院作出《关于 1997 年农业和农村工作的意见》，提出加强基础设施建设和科技推广，拓展农村经济发展领域，努力增加农民收入，加强基层组织建设、民主法制建设，促进农村经济和社会协调发展。2001 年 3 月国务院发出《关于进一步做好农村税费改革试点工作的通知》，指出在不增加农民负担的前提下，妥善解决村级三项费用开支，妥善解决取消统一规定的“两工”后出现的问题，保障农村教育经费投入，建立健全村级“一事一议”的筹资筹劳管理制度。同年 5 月，国务院转发《关于农村卫生改革与发展的指导意见》指出，农村卫生机构要以公有制为主导，鼓励多种经济成分卫生机构的发展，根据各地实际，乡镇卫生院可以由政府和集体投资举办，允许社会、个人

① 林万龙、刘仙娟：《税费改革后农村公共产品供给机制创新基于交易成本角度的探讨》，《农业经济问题》2006 年第 4 期。

投资举办医院和医疗诊所。村卫生室可以集体举办、村医联办，也可以个体承办。

四　农村基础设施建设保障机制的影响因素分析

（一）财政实力对农村基础设施建设保障机制的影响

地方基层政府财政能力的差异导致其农村基础设施建设的能力不同。由于农村地区大多数基础设施主要是由地方基层政府提供的，而地方基层政府的财政能力有所不同，提供的公共产品的质量与数量也就有所差异。一般而言，地方基层政府财政资源的获取能力越大，地方基层政府的财政能力越强，地方基层政府的财政支出也就可能增加，基层政府农村基础设施建设的能力也会越强。在经济发展落后地区，由于基层财政能力较差，农村基础设施建设通常处在较低的水平上。地区间农村家庭人均收入和村集体收入水平差距悬殊。20 世纪 90 年代以来，江苏农村家庭人均收入水平均有较大幅度的提高。从总体上看，农村居民人均纯收入增加，收入水平的差距却在扩大，根据调查情况看，处于发达地区的村集体，由于村办企业收入、土地收益比较好，一般都有较高的收入。贫困地区的村集体，由于收入来源渠道少、收入效率低等原因，往往村集体收入比较困难。江苏省区域经济差异对地区收入水平的影响，主要表现在：一是地区间财政收入差距扩大。1992 年以来，江苏省各市级财政收入都有大幅度的增长，但是地区财政收入差距也比较大，如表 8－6 所示，2004 年苏南地区农村人均纯收入已达 6544 元。苏中地区农村人均纯收入 4765 元，约为苏南的 73%。苏北地区农村人均纯收入 3906 元，约为苏南的 60%，苏中的 82%。数据表明：不同地方的农民对农村基础设施建设的供给能力存在较大差距。

表 8－6 江苏省分地区农村家庭人均纯收入的比较

单位：元

地区＼年份	2000	2004	2006	2007
苏南地区	4694	6544	8221	9293
苏中地区	3577	4765	5915	6698
苏北地区	3131	3906	4733	5352

资料来源：《江苏统计年鉴》（2001～2008）。

通过满意度调查，我们发现经济不发达地区农民对农村基础设施建设的满意度较低，因为在经济不发达地区乡村缺乏有效的经济实体和稳定的资金来源，地方政府和村集体没有充裕的财政来支持农村基础设施建设，农村基础设施建设的资金来源主要依靠省级政府投入，而政府的投入是有限的，是不能完全满足农村基础设施建设的需要。经济较发达地区，如江苏省苏南地区经济实力较为雄厚，除依靠省级政府财政投入外，地方政府及村集体也有资金注入。通过与江苏省常熟市辛庄镇农民的访谈，我们获知在医疗保险方面，农民每年交 300 元医疗保险，农民家庭支付 80 元，剩余的 220 元由常熟市和辛庄镇财政补贴。医生的收入来源是农民每人每年交的 8 元，其余资金全额由镇财政负担。小康村是苏州市新农村建设示范村，成立于 2005 年 3 月，目前已入住 2284 户，在册人口 8898 人。村民人均收入达 12500 元，按照高起点规划、高标准建设的要求，镇村两级累计投入资金近 6 亿元用于新村建设。对新村建房实行“八个统一”，完善新村基础设施及公建配套设施，实现三线入地，雨污水分流，道路硬化，环境美化。服务功能齐全、设施先进、管理科学的社区服务中心和行政管理中心，占地近 50 亩的大型集贸市场，先后获得了“省级卫生村”、“江苏省生态村”、“苏州市社会主义新农村建设示范村”、“苏州市绿色社区”等荣誉称号。

（二）二元经济结构对农村基础设施建设保障机制的影响

中国从农业社会向工业社会转型过程中，工业革命和工业化道路是产生城乡二元经济结构的外部环境。城乡分治的二元结构导致日益增长的城乡差距成为一系列社会矛盾的根源。刘易斯在《二元经济论》中指出：在以小农经济为基础的农业国家中，如果农业服务体系，农业道路、水供应等基础设施被提供出来，农业的生产率就会迅速提高，然而我们知道，在缺乏这些措施时，农业就有停滞的趋向。我们知道只有极少数国家已经采取了这些措施，实际上小农经济增长的失败很可能是抑制世界上绝大多数不发达国家工业部门扩大的主要原因。[①] 据《中国经济时报》记载，1952～1986年，国家通过价格“剪刀差”从农业中隐蔽地抽走了5823.74亿元的巨额资金，加上收缴的农业税1044.38亿元，34年间国家共从农业抽走了6868.12亿元的资金，约占这些年间农业所创造价值的18.5%。另据估算，在1978年之前，农民通过“剪刀差”每年向国家提供二三百亿元的贡献。即使是改革开放后的1991年，农民因“剪刀差”因素而减少的收入也有136亿元。建国初期我国城市与农村的人均收入差距只有不到2倍，今天最高与最低的差距已经拉大到10倍。在二元经济结构下，由于实行的是“以农补工”、“重城轻农”，优先发展城市的倾斜配置公共资源的战略和政策，所以，多年来中国的基础设施供给也一直实行的是与之相适应的城乡分割的“双轨制”，即城市实行的是以政府为主导的基础设施供给制度，而农村实行的是以村集体和农民筹资为主的“自给自足”型基础设施供给制度。

制度外农村公共产品供给成本增长过快导致农民负担的加重，如农村道路修建、农村校舍维修、水利设施维修等都由农民自愿或非自愿筹集资金来实现，导致农民的税外费逐年上涨，从而加重了

① 阿瑟·刘易斯著《二元经济论》，北京经济学院出版社，1989。

农民负担，降低了农民收入。村集体财力弱和农民收入少导致农民的投资能力不强，而农村基础设施的公共属性又制约了农民出资的积极性。

（三）制度对农村基础设施建设保障机制的影响

公共选择理论认为，政治领域的人也是“经济人”，任何政府都是由人组成的，政府职能也是由人去完成的，他们不可避免地带有“经济人”的性质，以追求自身利益最大化为目标。[①] 农村基层政府及其部门也不例外，在政绩考核和经济利益的驱动下，它们在农村基础设施供给方面的行为和目标有可能与农民追求的目标发生偏离。[②] 当前最突出的表现是：一方面，需要大量政府投资又不能短期见效，但符合农民长远需求的基础设施供给不足。另一方面，短期能凸现政府“政绩”的农村基础设施供给过剩。

农村基础设施建设制度是由基础设施的供给决策机制、资金投入和成本分摊机制、资金使用和管理机制等要素构成。人民公社时期，农村基础设施供给由公社集体统一组织和安排，政府是唯一的提供者，社员的个人利益基本上被抹杀，社员偏好让位于上级命令，陷入了集体失语的状态。农民仅仅是集体组织内的劳动者，几乎没有个人利益可言。提供什么样的农村基础设施，提供多少，都由上级政府“为民做主”，农村基础设施建设采取的是自上而下的“命令—服从”机制。公社解体后，农村实行家庭联产承包责任制，农民由社员变为“村民”，获得了自主的经营权，拥有了较多的民主参与权利。但农村经济体制的改革并没有触及农村基础设施建设制度的变化，政府依然是农村基础设施的供给主体，农村需要什么样的基础设施，主要不是由农民的需求决定，而是由政府或有

① 竺乾威主编《行政学》，复旦大学出版社，2003。

② 陈小安：《农村基础设施建设决策机制：现状、问题与对策》，《西南民族大学学报》2005 年第 4 期。

关部门根据自己的价值取向和偏好来决策，农民作为农村基础设施最大的消费者和投资者在基础设施供给决策机制中缺少话语权，不能有效表达自己的利益。这种“局外人”决策体制，最大的弊端就是忽视了农民的利益和真实的需求，导致基础设施供需结构失衡，公共资源配置的低效率。

五　国外农村基础设施建设保障机制的经验及启示

（一）美国农村基础设施建设保障机制的经验

美国农村基础设施建设的资金来源具有多层次性。[①] 美国的联邦和州政府负责全国受益或规模大的项目；地方政府则投资于规模居中的项目；规模小的由农场主个人或联合投资兴建，并在政府的依法监督下自行经营管理。

1. 注重法制建设，完善农村投资体制

国会立法是一个辩论和反复磋商的过程，是各种利益集团互相妥协的过程。各项农业法律不仅规定了政府对农业政策的基本取向，而且还规定了政府干预经济发展的基本权限，政府行为只能限定在法律规定的范围之内。1877 年，美国国会通过《哈奇法》，规定由联邦政府和州政府拨款，建立州农业试验站。1914 年，《史密斯—利弗法》、《合作推广法》，规定由联邦政府拨经费，同时州、县拨款，资助各州、县建立合作推广服务体系。1902 年美国国会通过的《开垦法》授权成立专门基金，用于建设水库、水坝及灌溉需要的水渠系统，成立了联邦中介信贷银。1933 年通过《农业信贷法》，成立了合作社银行。这些法律的颁布为农场主获得信贷支持提供了有力保障。1935 年美国政府在农村地区的开发建设方

① 黄立华：《美国农村公共产品的供给及启示》，《农村经济》2007 年第 1 期。

面颁发了《社会保障法》，开始施行社保制度。该制度就内容来看，包括养老、医疗、失业、残疾、生育以及社会救济等保险项目；就涉及范围而言，是一种连同农民在内的全民社保制度，即农民同城市居民一样能够享受到养老保险、医疗保险、房屋保险等社会保障公共产品。

2. 政府为美国农村基础设施建设提供资金保障

美国政府注重对基础设施的投资。农村基础设施建设因为投资大、收效慢，是政府投资的重点。以公路为例，美国政府在农村公路建设中负责起建设连接农村与城市覆盖全国的公路网，地方政府是投资兴建农村公路的主体，各地区以自己选定的项目为依据对部分或全部分配到的资金进行再分配，在现有筹资体系内创建新的种类，根据设计、施工和运营管理方面的已有经验和通用政策进行分配，其资金来源于政府财政拨款和税收，通常情况下是征收公路税。另外，在水利设施管理上，联邦政府在1933年成立了田纳西流域管理局，对该流域进行了综合治理，不仅控制了洪水，而且提供了廉价的电力，收到了巨大的经济和社会效益。美国政府对农业投资实行税收优惠，税收减免可达到应税收入的48%。农业投资被认为是农场主合法的“避税所”。2000年美国GDP达到99634.67亿美元，其中农业GDP为1594.15亿美元，第一产业约占1.6%。美国2000年对农业的总体投资达到了900.51亿美元，占农业GDP的56.49%。美国政府的投资力度一般都比较稳定，投资数量、投资方向都由各时期的《农业法》规定，对农业的投资一般不会出现大的波动，而且由于资金来源的稳定性与可靠性，各项目的投资既持续又稳定。

资料研究发现，美国的农村基础设施运营过程中，十分重视水利项目的运营成本的补偿，以保持水利项目的可持续利用。防洪和改善生态等公益性项目的维护运行管理费用主要由各级政府财政拨款或由保护区内征收的地产税开支；以供水和发电为主兼有防洪、灌溉等功能的综合水利工程，维护运行管理费用由管理单位通过征收水（电）费补偿并自负盈亏；灌溉工程在使用期限内，其运行管理费由地方政府支付，对于水利工程的折旧费，实施严格提取，并专门用于水利项目的更新改造和再投资。

3. 发挥组织优势

美国的农村合作组织包括农民自行组织或私人机构经营的各种农业合作社、专业技术协会以及各类农业公司。美国农场局联盟是美国最大的农民组织，主要职能是为农民提供各种保险业务；为农业提供各类专业技术服务；发布各种农业政策和相关农业信息，积极参与政府立法活动和院外游说，影响农业立法和农业政策。美国各种类型的合作社、协会和公司等农民合作组织，在联结政府与农民方面起着良好的中介作用，对保障本国农业经济运行起着积极的推动作用。农村金融除商业金融机构外，合作金融自成体系，但要接受农业信贷管理局的监督和管理并受联邦储备系统的宏观调控。由总统指定的三人董事会，在全国的 12 个农业信贷区各设有一个农业信贷委员会，根据联邦农业信贷委员会制定的方针政策，结合本区实际情况制定具体的方针政策，而农业信贷管理局负责具体执行、日常督促和全面协调，政府农贷机构直属于美国农业部，这种组织制度较好地保证了农村资金用于农村、用于农业，并根据不同阶段农业的不同发展目标，调节农业信贷方向和规模。

（二）日本农村基础设施建设保障机制的经验

1. 农民组织化程度高

日本农业协同组织是根据《农业协同组合法》由单独农户自愿联合的群众经济组织，是一个拥有强大经济实力的遍及全国的民办官助的经济团体，是代表农民利益的组织，是拥有巨额资金、大量经济管理人员和科技人员的经济实体。日本 3000 多个村，都建立了农协基层组织。日本农协形成了独特的组织体系、服务体系和运行机制，它是国家与农民之间必不可少的纽带和桥梁。农协的主要职能：一是进行本地区的农业长期规划以及对品种和栽培技术、生产的扶植等从生产到流通的系统指导。二是农协具有信用、保险服务职能。农协还开展各种保险业务，如火灾保险、汽车事故保险、定期生产保险等短期保险及养老、生命、健康、建筑等长期保险。三是农协具有社会服务职能，日本各地的农协一般都设有医疗卫生服务部门，以提供医疗保健服务。

2. 形成以政府为主导、社会多方参与的农村建设资金渠道

日本政府的农业财政制度有农田水利建设等“公共事业”补助制度，其工程费用的70% ~80%由各级政府以补助费的形式承担。[①] 农业合作组织支持制度，政府对于农业合作经济组织（主要是农协）的成立和运营给予补助，当农民合作组织的经营遇到困难时，政府通过财政或金融措施给予补助，使它们能渡过难关。农村的“国民健康保险”制度，其资金的主要来源为被保险人缴纳的保险费、国家和地方政府的财政补贴及该项基金的投资收益。农村基础设施建设投资比重有明显的提高，农村基本建设预算占农业预算的比重，由1980年的29.5%提高到1995年的49.1%。“关联对策”事业费的一半以上也用于这方面。如“第四个土地改良长期计划”（1993 ~2002年）的总投资为41万亿日元，主要包括农田水利、道路建设、国土保护、防灾、开垦和农地开发等事业。

3. 重视农业法规和政策的制定，以法律规范农村投融资活动

日本政府通过经济立法保证农村基础设施建设，根据农业发展各个时期的需要，通过经济立法把各种政策、目标和经济措施法律化。制定的法律既有延续性，必要时又及时进行修改。日本农业的立法是根据研究各个不同时期农业发展的目标和出现的问题，在广泛民主基础上确立的。日本在20世纪五六十年代制定了包括《农业法》和《农业基本法》在内的30多部农业法规，多次对《农业协同组合法》进行修改完善。1967年农水省把农业政策的基本目

① 王朝菜、傅志华：《“三农”问题：财税政策与国际经验借鉴》，经济科学出版社，2004，第65页。

标规定为：改善农业的基础条件，实现高效率的农业经营，稳定地向国民供给所需要的农产品。1968 年创设了综合资金制度，1969 年制定了《农振法》，1970 年再次修改了《农地法》和《农协法》，并创设农业人养老基金。1999 年又颁布了新的《食品、农业、农村基本法》，并制订出相应的实施细则和计划。又进一步制定了《食物、农业、农村基本规划》、《持续农业法》、《有机农业法》等扶持农业发展的法规。之后又陆续制定和修改了有关农业和区域发展的法律法规。日本通过制定《农业投入法》，在中央财政预算中设立“农业现代化资金”项目，强化财政对农业的投入，通过水利、道路、电力的建设，改善农业生产条件。

日本政府根据本国农业资源和农业生产的具体情况，确定了以土地改良和水利化为先导、以资金投放为保证的方针进行重点建设，迅速实现了农业生产的水利化，极大地提高了水稻单产和总产量。日本政府通过各种渠道用于农业的投资高达农业总产值的 15 倍之多。20 世纪 70 年代以来，日本对农田基本建设项目的财政投入占整个农田基本建设投入的 90%，对农业的稳定高产起到了重要的保障作用。[①] 2000 年前后，日本政府和地方政府的农业科研经费占农业国内生产总值的 2.2% 左右。

（三）韩国农村基础设施建设保障机制的经验

从 20 世纪 70 年代开始，韩国政府在农村发起了“新村运动”。新村运动的前 10 年是以农业、农村、农民为中心展开的，后来逐渐扩展到全国各条战线，号召农民发扬“勤勉、自助、合作”的精神，利用农闲时间，依靠自己的力量来改善农村生存环境和生产条件，进而向现代化生产方式和生活方式迈进。政府在不同阶段提供财政支持、管理和规划方面的帮助。

① 张存彦、刘宇鹏：《农业支持与农业保护的国际比较》，《农业经济》2003 年第 44 期。

1. 政府政策支持是韩国农村基础设施建设的保障

1970年7月修改的《农业基本法》包括改善和扩充卫生保健及交通、通信、电气化等文化设施和社会保障等政策。1998年12月修改的《农业农村基本法》包括了农村地区的开发、收入支援与附则等几部分。2003年修改的《农村振兴法》规定了政府对于实施振兴事业的地方自治团体、学校、民间团体或者个人，在认为有必要时可在预算范围内支给资助金或补助金。

2. 形成以政府为主导的农村基础建设资金渠道

政府通过强有力的行政手段，各级公务员以身作则，指导和带动农民建设家乡。政府在人、财、物的支援方面，没有采取平均分配政策，而是通过划分自立、自助、基础村的方式，奖励先进，鼓励竞争。在制定具体的开发项目方向时，政府把与村民生活息息相关的建设工程列为重点项目，如1970～1973年重点改善了公路、桥梁、饮用水，用电等基础设施与条件。1974年以后，重点扶持了能提高农民收入的特产作物、流通设施等项目。在“新村运动”中，韩国政府在资金动员上扮演着重要的角色。[①] 政府资助占总投资额的比例很高，只有1972年和1973年在20%以下，其他年份都在20%以上，最高达到59.2%。1973年和1974年，运用于生产型基础设施项目的资金数额较大，分别占当年总投资的64.3%和42.5%，1975年以后用于增加收入项目的投资则占很高比例。

3. 政府主导提供各种资源

韩国新农村运动的基础设施投资主要来源于中央政府的公共财政，20世纪70年代，韩国政府财力有限，政府不能拿出很多资金来支持农村发展，政府的扶持以实物的方式进行，但根据设施的规模和运营效益的不同，中央政府承担不同的比例。有学者认为韩国

---

① 尹保云著《韩国为什么成功：朴正熙政权与韩国现代化》，文津出版社，1993，第203页。

的基础设施建设采取群众建设国家补助的方式，这种方式具有以工代赈的性质。

韩国政府始终注意让农民自己办事、自己管事，发挥农民的主动性和积极性，政府确定若干项目，包括道路硬化、农田水利设施建设等，由村民讨论进行选择最急需的项目，并选举一个项目建设指导者。项目获得县级政府的批准后，政府给农民配套，政府通过发水泥、钢筋给予支持，极大地推动了农业基础设施项目的建设。我国与此相反，农业基础设施项目建设，是由各级政府进行决策，中央和省级政府审批后，提供资金，由基层政府给农民配套。为此，我国应借鉴韩国的做法，充分发挥农民参与农业基础设施建设的积极性。

4. 政府推进农民组织的运作机制

韩国政府采取一系列有效措施组织新村运动的运作。第一层次为设置专门的机构使总统的意志和中央政策能够落实到基层。第二层次进行分步推进，韩国政府在实施新村运动中，设立阶段性目标分步推进，以适应农村发展的阶段性要求。第三层次是项目带动，韩国政府实施一系列开发项目，以项目开发带动农民自发建设家乡运动，通过项目的实施凝聚村民，另外给予村庄均等发展的机会，并给予差等支援，以鼓励先进、促进后进，有效调动村民，最终使得低成本的新村运动获得巨大成功。

（四）国外农村基础设施建设保障机制对我国的启示

亚洲国家以改善农村基础设施，提供良好的人居环境，加快各类农协组织的发展保障农村基础设施建设的经验值得借鉴。欧美国家以强调法律对地方政府提供农村公共产品的责任与相应的决策权力，监督体系完善，地方政府依法对农村公共产品的供给负责，保证资金充足，因而其效率较高。国外相关经验对我国的启示如下。

1. 政府在农村基础设施建设保障机制中应占主导地位

由于建设周期长，资金回收慢，农村基础设施往往需要占用大量的资金，特别是一些大型的建设项目，如果没有政府的投入和补贴，分散的单个农业生产者是很难做到的。因此，发达国家和发展中国家政府十分注重以财政资金扶持农业基础设施建设，达到提高产量，稳定农业生产者收入的目的。同时这些国家的各级政府对提供的农业基础设施有明确的责任划分，例如，美国对凡属全国受益或规模大的，由联邦政府和州政府投资兴建，中型农业基础设施由地方政府投资，规模最小的由基层政府负责。除了政府财政的直接投入之外，许多国家还注重利用补贴和资助等方式对农业基础设施进行资金支持。我国应借鉴这些国家的做法，增加对农村基础建设的投资，将农业基本建设投资占基本建设总投资的比重提高并保持在10%以上，从而把大中型农业基础设施建设有效地承担起来，并将农业基础设施投资纳入公共财政预算，建立长期稳定的投资渠道，在构建公共财政框架体系过程中，把农业基础设施支出作为公益性支出的重点，加大投入力度。同时也应对中央、省、县、乡镇等各级政府在农业基础设施供给中的责任进行明确的划分。

2. 为农村基础设施建设提供健全的法律法规保障

发达国家和一些发展中国家的成功经验表明：完善的法律法规是农村基础设施建设得以实现的根本保证。美国和日本农业和农村的投入之所以能够稳定而可靠，一个主要原因就是美国和日本的农业投入是以法制化作为保证的，它不受时间和外界其他因素的干扰和影响，使美国农业投入稳定又持续。如果没有健全的法律法规，农业投入的对象、投入的规模、投入的目标就无章可循，必然出现财政投入的随意性、易变性和不稳定性，投入效益低下，政府财政投入不仅不能起到支持和保护农业发展的作用，而且容易导致农业发展的波动。因此，许多国家把农业投资纳入了法制化管理轨道，制定了完善的农业投资法律保障制度。如美国政府从产前、产中和产后三个环节实施农业立法政策，目前已经形成以《农业调整法》为基础和100多个重要法律为配套的一个比较完善的农业法律体系。与经济手段并行，日本也重视利用法律手段保障向农业的投资，自 1954 年以来，日本政府颁布了很多与农业有关的财政政策法规，如《农林中央金库法》、《农林渔业金融公库法》、《农业共济基金法》、《农业改良资金助成法》等 10 项法律，规范和调整国家对农业的投资政策。加强国家对农业的扶持和保护。并且这些国家的政策法规随着国民经济的发展也在不断的调整和完善，其宗旨都是努力加强对农业的支持，保持农业的稳定发展。政府主要依据法律法规进行投资，使得农业基础设施的政府投资有了根本的保障，促进了整个农业有序发展，非常值得借鉴。当前，我国除了《农业法》中对农业和农村的投入有几条宽泛性的约定，迄今还没有一部真正涉及保障农业农村投入的法律法规。除了必须根据“三农”需要，建立一套基于“三农”利益出发、与时俱进、动态的农业农村扶持政策，形成一个涉及金融信贷、生产与销售、税收与补贴等各个方面的旨在扶持农业的完整政策体系，全方位为农民提供适宜的、促进农业发展、农村建设、农民增收的公共政策服务。必须使农业农村的投入政策法律化，因为政策具有多变性、随意性，形式多样，会随着地区不同、时期不同而作出不同的调整，而法律却有着严格的制定和修改程序，更具有稳定性，能够在全国或特定的大多数地区实行。总而言之，只有使农业农村投入法制化，方能使农业农村的发展获得源源不断的资金支持。①

3. 组织创新为农村基础设施建设保驾护航

凡是农民生活需要的，日本农协都提供服务和指导。而中央政府则从财政和税收政策上支持农协事业，如对农协实行少交或免交所得税、营业收益税和营业税的政策，对农协中央联合会的事业费和一些项目给予补贴，目的在于使农协具有在全国农村开展实际服务工作的经济实力。韩国农协在农业生产、加工、流通、技术培训与推广等方面发挥自身的职能和作用，为调配和提供农业开发所需

---

① 毛燕玲：《非营利性农村基础设施融资机制研究》，南昌大学博士学位论文，2008。

资金，农协开设了中央会的银行业务、信托业务、国际金融以及以农民组合成员为对象的互助金融业务，为经营规模小的农户提供的信用保证业务等。农协中央会与一般银行不同，从非农部门和非组合成员中，集聚资金，贷给农业部门及农民，而基层农协则根据互助原则，从协同组合成员中集聚资金，贷给组合成员。在农协金融业中，基层农协的互助金融业发展最快，所占比重最大，在农业金融业中的作用也最大。

六　构建农村基础设施建设保障机制的基本思路

最近几年，农民生活水平有了明显提高，农村恩格尔系数由2002年的46.25%下降到2006年的43.02%。但农业和农村经济发展面临的一系列新情况、新挑战也不容忽视，城乡收入的差距仍在不断扩大，农业与其他行业相比效益偏低，经营规模小，资源约束性大，自我发展能力差，劳动力就业压力大，特别是在建立市场经济体制过程中，农业基础设施薄弱、综合生产能力不强的局面没有根本改变。农业缺乏自我调节的能力，存在很多不利于增强农业基础地位的因素；一家一户的小生产经营方式还不适应社会化大生产经济发展规律的客观要求，是造成农产品市场波动、振幅过高和生产起落的症结所在；农业生产组织化程度低所造成的产销脱节，相关产业不配套，积累水平低，这些都严重制约着农业的发展。加强农业基础建设，提高农业综合生产能力，有利于农业增产增收。因此，我们必须下大决心，下真功夫把农业的基础夯实做强，加快打造新农村建设新环境。

（一）划清政府责权，落实各级政府投入责任

农村基础设施建设资金要分类投入，属全国性的农村基础设施，应由中央政府供给；属地方纯公共产品性质的农村基础设施，应由地方政府供给；具有外溢性的地方纯公共产品性质的农村基础

设施则由中央政府和地方政府或各个受益的地方政府共同提供；属于地方准公共产品性质的农村基础设施，既可以由地方政府供给，也可以由市场供给。[①] 在建设资金来源上，必须多方筹集建设资金，多渠道增加对农村的投入，逐步建立合理、稳定和有效的农村基础设施建设资金投入机制。[②] 要建立城乡统筹的公共财政体制，改革财政资金投入方式，塑造社会集资机制，吸引社会各界投资农村基础设施建设。从总体来看，目前用于农业方面的投入仍然不足，特别是直接用于生产的项目所占比例不大，且分散在多个部门、多个渠道，如农业基本建设投资（含国债投资），农业综合开发资金，以工代赈资金，财政扶贫资金和财政部门直接安排支持农村生产、扶持农业产业化、农村小型公益设施建设资金等。这些不同渠道的投资分属于不同的部门管理，存在多头审批和条块分割、相互不协调的问题。因此，要加强政府支农资金的整合，做到统一规划，统筹安排，统一补助标准，加强监管，充分发挥资金的使用效益。建议水利部加快出台县级农村水利规划指南，以指导各地的规划编制和实施，为整合项目和资金提供依据。在财政资金管理上，首先要深化财政管理体制改革。通过进一步调整和理顺各级政府的财政分配关系，合理划分、科学确定农村基础设施供给的事权和财权，使两者相对称，相统一。根据受益范围的大小，合理划分全国性、区域性、地方性农村基础设施的界限，并由相应层级的政府予以提供。建立和完善政府间特别是省级政府以下财政转移支付制度。其次要建立财政投融资机制，并采取积极的政策措施，引导社会资金投入。每年从财政增量中安排一块，逐步累积，增大盘子。在公共财政增加投入的前提下，为了加大政府支持新农村建设的效应，可以利用财政资金与金融资金相结合的方式，建立财政投

① 马凯：《“十一五”规划战略研究》，北京科学技术出版社，2006。

② 姚学亮：《关于财政支持农村基础设施建设的思考》，《产业与科技论坛》2007年第11期。

融资机制。并且逐步形成政府投资引导的多渠道、多元化投资体系。资金到位是加快农村水利基础设施建设的重要物质保障。最后要明确政府的投资领域，扩展市场运作空间，争取社会投入。还可以充分利用现有政策，动员群众投入。

（二）推进农村基础设施建设的制度创新

有关农村小型水利基础设施建设研究表明，要深化改革农村基础设施管理体制与运行机制。要认真落实《小型农村水利工程管理体制改革实施意见》，努力保持农村小型水利工程管理体制改革与国有水管单位体制改革同步进行；努力保持小型水利工程建设与管理体制改革同时进行。做好灌区管理单位和小型农村水利工程的改革，通过承包、租赁、拍卖和用水户参与管理等形式，加强工程管理，落实管理责任，盘活存量，调动广大农民参与建设与管理的积极性。可以按照“谁投资、谁受益、谁所有”的原则，大力推进农田水利工程管理体制和运行机制的改革，从根本上解决长期以来农田水利工程权责不明、管理低效、投入不足、发展滞后等问题。一家一户的小微型农村水利工程实行自建、自有、自用、自管。联户或自然村兴建的小型农村水利工程要成立用水合作组织，协商解决出工、出资及水费计收等问题。跨村或跨乡的小型农村水利工程要按照受益范围组建用水合作组织，负责管理和维护。允许小型农田水利设施以承包、租赁、拍卖等形式流转产权，吸引社会资金投入，积极推进农田水利管理体制改革。另外，有学者认为建立与市场经济相适应的经营管理体制是有效增加农村基础设施供给，提高农村基础性投资的使用效率的一个重要途径。经营性或竞争性农村基础设施要逐步实行现代企业制度，按一般生产企业运作，企业应独立自主，自负盈亏，为农业生产提供的各种服务都要收费。非经营性或非竞争性基础设施实行以价值管理为主，以实物管理为辅的体制。所有农村基础设施要尽可能实行资本化和价值化管理，实现保值、增值。最后农村各类小型基础设施可改建成各种合作经济、股份经济、股份合作经济等形式，明晰产权，按企业化原则经营。

（三）加强组织管理，发挥组织在农村基础设施建设中的作用

加强和提高农民的组织化程度也是一个非常现实的问题。因为在一般情况下，势单力薄的单个农民不足以负担基础设施，无法形成规模经济与抵御风险的能力，只有提高组织化程度，农民才能在基础设施需求表达方面更富有权威性和代表性，才能在组织生产、监督检查等方面做得更有成效，主要措施有以下几个方面。

1. 坚持民办性质，减少行政干预，作必要引导

充分尊重农民的意愿，让农民加入自愿、退出自由；引导农民专业合作组织实行民主决策、民主管理和民主监督，走自主经营、自我发展之路，真正让组织成员增加利益，得到实惠；引导农民从实际出发，发展多元化、多形式的农民专业合作组织。

2. 必要的政策扶持

加快发展农民专业合作组织，必须给予适当的政策扶持，做到政府支持、政策优惠。因为农民专业合作经济组织不同于企业，也不同于公益事业，它必须通过自身的经济活动为广大成员服务，并要有一定的公共积累。政府的扶持主要应表现在两个方面：一是从宏观上为新型农村合作经济组织的发展创造良好的外部环境。在计划审批、工商登记、征占土地、资金投入、物资供应、产品销售、人员聘用等方面提供方便。进一步理顺管理体制，特别是打破条块分割和部门、地区壁垒，动员全社会支持农村合作经济组织的发展。二是政策扶持，对新型农村合作经济组织的发展给予财政、金融、税收等方面的支持。主要包括产业政策、资金政策和税费征收政策。

3. 政府服务要在示范推广上下工夫

农民专业合作组织的发展既离不开政府的支持同时也离不开政

府的社会化服务。政府要加强调查研究，总结典型经验，抓好示范推广，建立和完善多种形式的合作经济组织，有计划地开展对基层干部、农民专业合作组织负责人和农民的培训，提高农民专业合作组织的经营管理水平。苏南地区龙头企业主导下的农村合作经济组织发展模式也是一种良好的发展方式，具有很强的前瞻性和示范性。

4. 地方政府要处理好农村经济合作组织与农村基层组织的关系

村委会作为农村重要的基层组织将会长期存在，后农业税时代，村委会的职能面临很大的挑战，与此同时，发展的农村合作经济组织必将受到影响。要注意积极引导农民专业合作组织正确处理好与这些基层组织之间的关系，不能存在替代心理的误区。

5. 加强内部管理

农民经济合作组织要建立健全成员大会、理事会、监事会、财务部、技术部和营销部为一体的“三会三部”制度。成员大会为最高权力机构，由成员直接选举产生；理事会为执行机构，由成员大会选举产生；监事会为检察机构，由成员大会选举产生；三部为理事会下设机构，负责具体业务，其成员由理事会研究决定。另外，还应建立健全各项规章制度，加强组织的内部管理。诸如财务管理制度、成员管理制度、决算分配制度、民主管理制度等。

6. 合作经济组织要加强对成员的培训教育工作

农民专业合作组织作为市场经济中的新事物，其创建、运营和发展不同于一般企业，而农民通常都缺乏有关合作经济组织的知识，对其认识需要一个过程，而培训是加深认识的重要手段。目前各地的农民专业合作组织已经有了很大的发展，但是发展中的不确定性和不规范性问题普遍存在，导致农民专业合作组织广泛化，而真正意义上的农民专业合作组织发展乏力。这不仅直接影响到公共财政对农民专业合作组织的支持力度，并且也影响到专业合作组织的生存和发展。教育培训工作要解决的问题主要有：向农村能人普及合作经济基本常识，使其中的一部分人能够成为农民专业合作组织的领头人；培训县、乡、镇合作经济管理部门的工作人员，提高农村经济合作组织的管理水平；培训农民专业合作组织的负责人，使现有农民专业合作组织逐步规范运作。

（四）完善农村基础设施建设监管机制

农田水利基础设施建设的过程中政府的工作重点是健全农田水利建设的各项管理制度，既要加强建设管理又要加强建后管理。要严格按照规划要求开展工程建设，提高工程建设的质量；要将工程建设与产权制度改革结合起来，从建设时期就落实管护责任，确保工程建一处成一处，发挥一处效益；要坚持分级负责的原则，继续下放审批权限，有条件的地方，可以将审批权限下放到市、县；要加强资金监管，运用多种监督方式，强化监督检查，实行跟踪问效，确保农田水利建设的各项资金发挥应有作用。要从多方位加强对新农村建设的监督，财政部门、审计部门（主要指国家审计署及其特派机构）主要对各级政府和农村使用资金的合法性、合规性等进行监督检查。[①] 舆论的监督主要指通过新闻媒体对参与农村基础设施提供的各个主体形成一种无形的压力和动力。通过有奖举报等多种形式鼓励村民参与监督。构建“统筹规范 + 全方位监督 + 绩效考核”型的监管机制。[②] 加强支农资金管理，推进制度建设和管理改革，制定和完善支农资金管理制度和办法，规范支农资金管理；引进推广招投标、项目预算、集中支付、政府采购、报账制、公告制、专家和中介机构评估等科学管理措施，建立绩效评价体系和考核机制，提高投资效益。提高农民监督意识，积极发挥人民群众的监督检查作用，实行政务公开、事务公开、财务公开，定期向群众公布收支情况，并推行农村财务管理预决算制度，由民主

---

① 李燕：《完善北京市农村基础设施提供机制初探》，《现代财经》2008 年第 2 期。

② 于水：《我国农村公共产品供给实证研究》，《南京社会科学》2008 年第 1 期。

理财小组参与编制预算，搞好财务收支事前监督，预算执行情况及时公布，接受群众监督。

随着农村基础设施占整个政府支出的份额逐渐增大，作为公共财政资金的分配者，政府必须不断加大财政转移力度，为社会主义新农村建设提供资金支持。要牢固树立公共财政的理念，各级政府必须加大对农业和农村的投入力度，扩大公共财政覆盖农村的范围，这是我国社会主义市场经济发展的必然要求，而不只是一种权宜之计。加大各级政府对农村增加投入的力度，扩大公共财政覆盖农村的范围，是进一步推动我国全面建设小康社会和构建社会主义和谐社会的强大引力。要进一步创新财政体制，改革和整合政府对“三农”资金投入的管理体制，减少和归并管理部门和管理层级，减少人员经费和行政运转费用。在直接增加新农村建设的财政投入的同时，要充分利用市场的力量，通过财政贴息、政府担保或其他形式的机制、体制创新，建立合理的利益诱导机制，引导部分金融信贷资金和社会资金参与到农村基础设施建设中来。

各级政府要充分尊重农民意愿，善于发现和保护农民在新农村建设中的积极性，通过加强农村基层民主、搞好村民自治、推动村务公开等，培育农民的主体意识，确立农民的主体地位。可以通过引导和帮助农民建立农民组织，提高农民的组织化程度，提高农民发挥主体地位的能力，建立和健全各级各类农民组织，使农民在政治、经济和社会事务等方面能够依靠农民组织的力量来发挥主体地位，维护自身的合法权益，从而真正成为农村基础设施建设的主体。

附　录

关于农村基础设施供给的问卷调查

您好！

为了解农村基础设施的供给状况，完善农村基础设施的供给制度，我们进行本调查。本调查问卷仅作为学术研究使用，请您如实填写，我们将会对调查结果进行分析整理，形成真实反映调查情况的报告。研究结论将为相关部门提供政策参考。感谢您的配合与支持！

被调查地区：________市________县（市、区）________乡镇________村

1. 您的性别：

   A. 男　　　　B. 女

2. 您的年龄：

   A. 20 岁以下　　　　B. 21 ~ 30 岁

   C. 31 ~ 40 岁　　　　D. 41 ~ 50 岁

   E. 51 ~ 60 岁　　　　F. 60 岁以上

3. 您家共有____人。

4. 您家一年的纯收入是：

   A. 2500 元以下　　　　B. 2500 ~ 5000 元

   C. 5000 ~ 8500 元　　　　D. 8500 元以上

5. 您家有债务吗？

A. 2000 元以下　　B. 2000～5000 元

C. 5000 元以上　　D. 没有

6. 您家的经济来源主要有：

A. 种植业（如水稻、小麦等）　　B. 养殖业

C. 外出务工　　D. 本地临时工

E. 副业　　F. 商业经营收入

G. 其他____________（请根据实际情况填写）

7. 您所在村的主要经济来源是：__________（请根据实际情况填写）

8. 请根据实际情况填写以下表格。以下表格为农村基础设施按两种不同性质划分的类型，请您对所在村子的基础设施情况给予评价。

<table>
<tr><th colspan="3">性质</th><th>非常满意（5 分）</th><th>较满意（4 分）</th><th>一般满意（3 分）</th><th>较差（2 分）</th><th>不好（1 分）</th></tr>
<tr><td rowspan="13">消费的非排他性和非竞争性</td><td rowspan="6">纯公共产品类基础设施</td><td>河流的治理</td><td></td><td></td><td></td><td></td><td></td></tr>
<tr><td>污染治理</td><td></td><td></td><td></td><td></td><td></td></tr>
<tr><td>水土流失及土地沙化治理</td><td></td><td></td><td></td><td></td><td></td></tr>
<tr><td>防护林建设</td><td></td><td></td><td></td><td></td><td></td></tr>
<tr><td>生态保护</td><td></td><td></td><td></td><td></td><td></td></tr>
<tr><td>基础教育</td><td></td><td></td><td></td><td></td><td></td></tr>
<tr><td rowspan="4">准公共产品类基础设施</td><td>饮水设施</td><td></td><td></td><td></td><td></td><td></td></tr>
<tr><td>电网</td><td></td><td></td><td></td><td></td><td></td></tr>
<tr><td>生活燃料</td><td></td><td></td><td></td><td></td><td></td></tr>
<tr><td>排污设施</td><td></td><td></td><td></td><td></td><td></td></tr>
<tr><td rowspan="3">接近私人产品类基础设施</td><td>农村电信</td><td></td><td></td><td></td><td></td><td></td></tr>
<tr><td>有线电视</td><td></td><td></td><td></td><td></td><td></td></tr>
<tr><td>农业机械设备</td><td></td><td></td><td></td><td></td><td></td></tr>
</table>

续表

性质			非常满意（5分）	较满意（4分）	一般满意（3分）	较差（2分）	不好（1分）
	“俱乐部”产品类基础设施	村级道路					
		社区文娱活动					
		农田水利					

9. 您所在村的基础设施状况有多大改观：

A. 很大　　B. 较大

C. 一般　　D. 基本上没有

10. 您觉得目前及今后您所在村最应修建什么基础设施？

11. 您觉得是什么原因导致您所在村的基础设施状况有很大改观：

A. 中央政府投入增加　　B. 地方政府投入增加

C. 村财政收入增加　　D. 农民收入增加

E. 其他＿＿＿＿＿＿＿＿＿＿＿＿

12. 农村基础设施建设（如修桥、筑路、办学等）的资金来源？

A. 全部由乡镇投资

B. 农民个人或联合投资兴建

C. 群众集体出资与国家补助结合

13. 农村基础设施建设资金来源中村集体出资比例？

A. 1/3 左右　　B. 一半

C. 一半以上　　D. 不清楚

14. 您多大程度上了解您所在村的基础设施建设参与方的情况，即各自的职责：

A. 非常了解　　B. 比较了解

C. 一般了解　　D. 基本不了解

15. 您所在村是否有其他单位（除政府，村委会，村小组）参与基础设施的建设：

A. 有　　B. 没有

16. 如果有，主要有哪些单位或企业参与基础设施的建设？（接第11题）

A. 外地私营企业　　B. 本地乡镇企业

C. 村专业化合作组织　　D. 外资

E. 村办工厂

F. 金融机构（如农村信用社、邮政银行、农业银行、农业发展银行）

G. 其他________________

17. 您所在村的农村基础设施是否有私人参与投资：

A. 有　　B. 没有

18. 如果有，那参与投资的私人主要有哪些：（接第14题）

A. 村个体经济户（如养猪大户等）

B. 个体企业老板

C. 村成功人士

D. 华侨

E. 其他________________

19. 在您所在村的基础设施的修建过程中，您是否参与建设？

A. 是　　B. 否

20. 您所在村修建农村基础设施时，您家是否集资？

A. 是　　B. 否

21. 您觉得您的集资额合理吗？

A. 非常合理　　B. 比较合理

C. 一般　　D. 不合理

22. 如果是，主要是在哪些基础设施修建过程中集资？（接第16题）

A. 乡间道路　　B. 农村灌溉设施

C. 村娱乐设施　　D. 其他__________

23. 您认为乡镇政府在当地农村基础设施建设中的投入：

A. 很多　　B. 较多

C. 一般　　D. 很少

E. 根本没有

24. 您觉得政府和私人或私人组织在供给农村基础设施方面有区别吗？

A. 有　　B. 没有

C. 不清楚

25. 如果有，您觉得有什么区别？

答

26. 您主张所有的农村基础设施都引入私人参与建设吗？

A. 是　　B. 不全是

C. 不清楚

27. 您为什么不主张所有的农村基础设施都引入私人参与建设？

A. 政府有义务提供基础设施

B. 政府在有些基础设施的建设方面更负责任

C. 企业可能会唯利是图

D. 企业能力有限，需要其他力量予以配合

E. 其他________________________

28. 您主张私人或私人组织、企业、金融机构参与基础设施建设的原因：

A. 财力雄厚　　B. 效率高

C. 有责任回报社会　　D. 其他________________

29. 私人机构主要参与哪些基础设施的建设？

A. 农村道路　　B. 灌溉设施

C. 娱乐设施　　D. 其他__________

30. 您认为政府提供农村基础设施的方式改变了吗，即比以前更考虑农民的需求？

A. 改变很多　　B. 改变比较多

C. 基本没改变　　D. 不清楚

31. 您觉得有必要让各种主体参与农村基础设施的建设吗？

A. 非常有必要　　B. 一般

C. 没必要　　D. 不清楚

32. 如果您觉得有必要让各种主体参与农村基础设施的建设，原因是什么？

A. 政府财力有限　　B. 政府效率低下

C. 有些政府官员侵占建设资金　　D. 民间资本有很大增长

E. 多主体有利于改变建设绩效

F. 国内有多元主体供给农村基础设施的成功案例

G. 农村的自治能力提高

H. 其他____________________

33. 您觉得政府在参与农村基础设施建设的多个主体中应处于什么地位？

A. 主导地位　　B. 平等地位

C. 次要地位　　D. 不清楚

34. 您认为参与农村基础设施建设的多个主体之间应是怎样一种关系？

A. 竞争关系　　B. 合作关系

C. 既竞争又合作　　D. 不清楚

35. 您觉得多个主体既要竞争又要合作的原因是什么？

A. 竞争有利于提高基础设施质量和成本

B. 合作有利于弥补过度竞争，以免造成不必要的损失

C. 其他____________________

36. 您觉得政府有没有向农村基础设施投入更多的财政资金？

A. 有　　B. 没有

C. 不清楚

37. 您认为政府有没有提供扶持政策，吸纳私人、企业、民间组织和金融业介入基础设施供给和建设？

A. 有　　B. 没有

C. 不清楚

38. 您认为多种主体参与基础设施的建设的绩效如何？

A. 很好　B. 较好
C. 一般　D. 较差

39. 向农民筹资困难的原因主要有:
A. 村民经济困难，无力负担
B. 村民贫富差距大
C. 筹资成本太大
D. 村民不信任
E. 村民不愿意进行公共基础建设

40. 农村基础设施向农民集资的可能性:
A. 可行　B. 有可能
C. 不大可能　D. 很困难，基本不可能

41. 您认为农村基础设施建设的最主要困难是:
A. 农村条件差，短期难改变
B. 经济基础差，村民较贫困
C. 村民素质不高，筹资难
D. 村集体经济力量弱，无力建设
E. 国家拨款被截留

42. 农村基础设施建设经费的主要来源是:
A. 国家拨款　B. 地方政府资助
C. 村集体资金　D. 企业、个人捐助
E. 企业投资

43. 每年村里进行的基础设施建设的数量有:
A. 没有　B. 1~2 项
C. 2~5 项　D. 5 项以上

44. 您认为哪些渠道更容易筹集资金进行农村基础设施建设:
A. 市场化运作
B. 向金融机构贷款
C. 国家加大对农村基础设施建设的投入力度
D. 村民“一事一议”制度

E. 引导社会力量参与

45. 您认为农村基础设施建设的经费出资比例应为多少比较合理：

A. 政府、集体、企业、个人：7:1:1:1

B. 政府、集体、企业、个人：5:2:2:1

C. 政府、集体、企业、个人：3:3:3:1

D. 政府、集体、企业、个人：5:3:2:0

46. 您认为应如何发挥“一事一议”制度在农村基础设施建设中的作用：

A. “一事一议”在执行中应公开、公平、公正

B. 筹资限额应根据当地农民的实际情况来确定

C. 加强宣传与引导，增强农民参与“一事一议”的主动性、自觉性

D. 在推广过程中，政府资金应起引导作用

47. 农村基础设施建设引入民间资本，进行项目融资，您认为哪些模式适用：

A. PPP 融资模式，即私人建设—政府租赁—私人经营模式

B. BOT 融资模式，即建设—移交—运营模式

C. BT 融资模式，即建设—移交模式

D. BOO 融资模式，即建设—拥有—运营模式

48. 您认为农村基础设施建设资金短缺的原因主要有：

A. 财政投入不够　　B. 农村基础设施产权不明晰

C. 农村投资环境不佳　　D. 农村金融服务主体缺乏

49. 您认为农村基础设施建设的信贷资金短缺的原因是：

A. 投资额大　　B. 建设周期长

C. 投资回收慢　　D. 收益率低

50. 在农村基础设施建设上您认为政府资金效用如何？

A. 投入很大，变化很快　　B. 投入大，变化小

C. 投入不多　　D. 一般，基本满足

51. 在农村基础设施建设上民间资金投入状况如何？

A. 投入很大　　　　B. 投入大

C. 投入不多　　　　D. 基本无投入

52. 您对农村基础设施建设引入市场化筹资的态度是：

A. 应该加快步伐

B. 不是主要力量，但很有发展前景

C. 无所谓，无大作用

D. 难度较大，任重道远

53. 政府资金转移支付应在哪些方面加强操作？

A. 加强横向转移支付

B. 加强纵向转移支付

C. 横向和纵向转移支付应同步加强

D. 上通下不达，作用不大

54. 您认为民间资本在农村基础设施建设中的发展前景会如何？

A. 不断增强，逐步成气候

B. 口号而已

C. 实施较困难，政策不明朗

D. 如加强正确引导，将会有大的作为

55. 县里是否出台文件规定成立农村基础设施建设专门基金？

A. 2 万以下　　　　B. 2 万 ~ 5 万

C. 5 万以上　　　　D. 没有

56. 乡镇有养老、医疗等保险项目吗？

A. 人均 50 元以下　　　　B. 人均 50 ~ 100 元

C. 人均 100 以上　　　　D. 没有

57. 乡里有专门管理机构对农村基础设施进行养护吗？

A. 有专门养护管理人员　　　　B. 由乡其他部门人员兼管

C. 没人管理

58. 农村基础设施养护资金来源？

A. 国家拨款　　　　B. 村民自筹

C. 财政所税收列支　　　　D. 没有

59. 有农民合作组织提供服务吗？（可多选）

A. 提供社会服务（生产、供销服务）

B. 提供信用、保险服务

C. 提供技术服务

D. 没有

60. 政府是否对农业合作经济组织的成立和运营给予补助？（可多选）

A. 政策扶持　　B. 经济补助

C. 没有

61. 农村社会保障对象？（可多选）

A. 70 岁以上老人

B. 年收入 2000 元以下贫困家庭

C. 全民性

D. 没有

62. 您家每年缴多少社会统筹医疗保险金？

A. 50 元以下　　B. 50～100 元

C. 100 元以上　　D. 不缴

63. 农村基础设施建设项目是如何决策的？

A. 村委会讨论　　B. 村民大会决定

C. 不清楚

64. 农民个人能影响农村基础设施建设决策吗？

A. 能　　B. 不能

65. 您觉得农村基础设施建设影响您的收入吗？

A. 影响　　B. 略有影响

C. 不影响

66. 您觉得今年安排的农村基础设施建设项目合理吗？

A. 合理　　B. 不合理

C. 不清楚

67. 农村基础设施建设的投入生产服务设施（水利设施、农业科研和技术推广服务机构）占比？

68. 农村基础设施建设的投入生活服务设施（医疗、文化设施等）占比？

69. 农村基础设施建设的投入生产生活服务设施（教育、道路和通信设施等）占比？

70. 您对国家以及政府的农村基础设施政策：

A. 很了解　　B. 一般了解

C. 不是很了解　　D. 完全不了解

71. 您认为目前农村基础设施建设发展滞后的最主要原因是：

A. 资金不足　　B. 技术落后

C. 人力不足　　D. 监督不力

72. 您对农村基础设施建设监督机制：

A. 很了解　　B. 一般了解

C. 不是很了解　　D. 完全不了解

73. 您认为农民有必要参与监督农村基础设施建设吗？

A. 很有必要　　B. 可有可无

C. 视各地区情况　　D. 没必要

74. 您了解的农民参与基础设施建设监督的现状：

A. 积极性很高　　B. 被动参与

C. 不参与　　D. 不是很了解

75. 导致农民参与农村基础设施建设监督缺乏的最主要原因：

A. 生活贫困　　B. 村干部独揽大权

C. 迫于上层领导制约　　D. 政治的被动性

76. 您认为政府是否有必要公示农村基础设施政策，以便让更多的农民了解？

A. 很有必要　　B. 有点必要

C. 没必要　　D. 无所谓

77. 您认为农村地区最需要发展的是哪类基础设施建设：

A. 农田水利　　B. 农村公路

C. 农村科技、教育、文化　　D. 农村医疗

78. 在基础设施建设过程中，对于政府所投入的资金流向以及用途，村委会是否有把资金使用情况公示？

A. 是　　B. 否

C. 不清楚

79. 各乡（镇）及相关部门提报的基础设施规划项目表是否定期予以公布：

A. 定期　　B. 偶尔

C. 从来没有

80. 您村里的公路养护由谁负责？

A. 村委会　　B. 个人承包

C. 不清楚

81. 你认为农村的民主氛围：

A. 非常民主　　B. 一般

C. 相当差　　D. 不清楚

82. 您认为基础设施建设项目实施的最主要目的：

A. 满足农村的生活需求　　B. 乡镇领导决定

C. 满足政绩的“面子工程”

83. 您认为农村基础设施建设监督机制在哪方面做得比较成功？

A. 资金的审核监督　　B. 财务预决算制度

C. 专款专用　　D. 干部绩效评估体系

84. 您觉得监督机制哪方面最有待于改进？

A. 资金整合　　B. 财务预决算制度

C. 干部绩效评估制度　　D. 基层监督

85. 您觉得引入市场机制对农村基础设施建设的影响：

A. 积极地　　B. 消极的

C. 没影响　　D. 没想过

86. 完善农村基础设施建设的责任监督机制主要责任在：

A. 政府　　B. 基层工作者

C. 社会组织　　D. 农民

87. 您对国家以及政府的农村基础设施政策：

A. 很了解　　B. 一般了解

C. 不是很了解　　D. 完全不了解

88. 您对您所在村子的基础设施是否满意？

A. 满意　　B. 一般

C. 不大满意　　D. 很不满意

89. 您对国家及政府对农村基础设施决策过程了解吗？

A. 很了解　　B. 一般了解

C. 不是很了解　　D. 完全不了解

90. 您对国家及政府现行的农村基础设施决策过程满意吗？

A. 满意　　B. 一般

C. 不大满意　　D. 很不满意

91. 您觉得国家和政府作出的基础设施决策满足了你们真正的需要了吗？

A. 满足　　B. 大体满足

C. 一小部分满足　　D. 很不满足

92. 您觉得在农村基础设施决策中哪个因素影响最重要？

A. 决策体制　　B. 决策程序不完善

C. 决策人员素质低下　　D. 缺少决策监督

93. 您所在的村子作出有关基础设施的决策时会听取你们意见吗？

A. 会　　B. 有时会

C. 很少会　　D. 从没有

94. 你们提出的建议被实际采取应用的多吗？

A. 大部分　　B. 一半

C. 一小部分　　D. 从没有

95. 你们村每次所做的有关基础设施的决策意见会公示吗？

A. 会　　B. 重大事情会

C. 偶尔　　D. 从没有

96. 公示时，如果有与实际需要不符合的，你们会主动去找有关部门反映吗？

A. 会　　B. 大部分会

C. 偶尔会　　D. 从没想过

97. 您觉得在基础设施决策人员素质高吗？

A. 很高　　B. 比较高

C. 不太高　　D. 很低

98. 你觉得农民在决策形成中表现怎么样？

A. 积极　　B. 比较积极

C. 不太积极　　D. 被动

99. 您觉得是什么原因阻止农民在决策中的表现？

A. 缺少利益表达渠道　　B. 缺少表达意识

C. 就算表达也影响不了决策　　D. 其他________

100. 基础设施决策者在进行决策时，什么是他们考虑的重要因素？

A. 农民实际需求　　B. 自身利益

C. 客观经济条件　　D. 其他

101. 您觉得政府有必要把农民纳入基础设施决策者范围内吗？

A. 很有必要　　B. 有点必要

C. 没必要　　D. 无所谓

102. 您觉得现行农村基础设施决策过程透明吗？

A. 很透明　　B. 比较透明

C. 不太透明　　D. 很不透明

103. 请问您对村里的基础设施方面的政策措施了解吗？

A. 不了解　　B. 不太了解

C. 一般了解　　D. 非常了解

104. 请问所在政府是否有把农村基础设施方面的政策措施公布出来，以便群众了解？

A. 从来没有　　B. 偶尔有

C. 经常有　　D. 每次都会公布

105. 请问您是通过什么方式了解农村基础设施供给方面的政策措

施的呢？

A. 跟熟人聊天　　B. 通过报纸电视等媒体

C. 基层政府的宣传　　D. 其他方式________

106. 您觉得农村基础设施供给中执行人员的素质高吗？

A. 很低　　B. 不太高

C. 比较高　　D. 很高

107. 您觉得农村基础设施供给中执行人员的执行政策的能力强吗？

A. 很低　　B. 不太强

C. 比较强　　D. 很强

108. 您觉得基层政府在既定的农村基础设施供给政策的执行中是否到位？

A. 存在很大偏离　　B. 比较偏离

C. 大致相符　　D. 很到位

109. 您觉得农村基础设施供给的执行中投入的财力是否充足？

A. 十分匮乏　　B. 不太充足

C. 还可以　　D. 充足

110. 您觉得农村基础设施供给的执行过程中管理是否严格？

A. 很混乱　　B. 比较松散

C. 有点严格　　D. 非常严格

111. 您觉得所在基层政府的执行效益大吗？

A. 很低　　B. 不是很大

C. 还行________　　D. 比较大

112. 您觉得当地农民在农村基础设施供给的执行过程中表现被动吗？

A. 很被动　　B. 不太积极

C. 比较关心　　D. 很积极

113. 您觉得当地农民对所在基层政府的基础设施执行过程的监督力强吗？

A. 很弱　　B. 有点弱

C. 有点强　　D. 很强

114. 您觉得当地农民对所在基层政府的执行情况熟悉吗？

A. 不熟悉　　B. 了解一些

C. 熟悉　　D. 很熟悉

115. 当地基层政府是否公布基础设施供给的执行过程中资金运转的情况？

A. 从不公布　　B. 偶尔公布

C. 经常公布　　D. 每次都公布

116. 您觉得当地农村基础设施供给的执行中资金的使用效率高吗？

A. 很低　　B. 有点低

C. 还行　　D. 比较高

117. 您认为影响当地农村基础设施供给的执行效果的最主要因素是什么？

A. 基层领导贪污腐败

B. 执行人员执行力不强

C. 农民积极性不高，表现被动

D. 基层政府结构制度等阻碍执行

E. 其他因素

118. 您认为应怎样完善多种主体参与农村基础设施的供给制度？

答

政府层面
- 中央政府层面：
- 省政府：
- 市政府：
- 县政府：
- 乡镇府：
- 村委会：

企业层面：

金融机构层面：

村经济合作组织等自愿组织层面：

其他方面：

表 1　2009 年苏北地区经济情况统计

市	村代码	全村经济总收入（万元）	农民人均纯收入（元）	全年村集体收入（万元）	年末村集体资产总额（万元）	年末村集体负债总额（万元）	村级可支配收入（万元）	村级总支出（万元）
徐州（4）	41	57567	8150	191	3141	1845	295	291
	42	27194	8490	183	1188	541	183	144
	43	3182	7646	22	227	450	22	33
	44	47575	8292	33.5	171	148	-39.4	72.9
	45	1500	6520	4.2	50.3	28	2.4	2.8
	46	2270.5	10028	58.9	1576.8	15.3	58.9	146.4
	47	3712	6214.2	0	82.5	34.5	13.9	13.9
	48	2208	7285	3	52	30	7	6
	49	6700	7800	1	14	12	4.6	4.5
	410	4820	6249	2.5	30	11	6	7
	411	2549	5960	10.4	49	23	6.2	7.4
	412	3038	6800	2	11	9	1	1
连云港（5）	51	4670	8810	112	107	98	112	98
	52	3205	8390	29	158.8	0	29	158
	53	145	6600	82	447	59	139	160
	54	2733	8096	42	105	21.3	2	40
	55	4464	6298	66	69	63	2	64
	56	1170	5528	3	26	21	14	12
	57	2500	6535	20	35	3	14	18
淮安（6）	61	13651.2	8533.6	26.4	51.2	11.1	21.6	21.4
	62	2325	6643	6	156	110	13	17
	63	2210	6830	7	24	0	11	9
	64	2345	9080	14	72	8	7	14
	65	7.3	6540	7.2	0	0	4.5	3.2
	66	1584	5520	6.9	8.1	8.7	6.5	6.5
	67	2974	7418	12	79	16	12	2.9
	68	2985	7216	71	60	32	46	41
	69	3520	6978	9	30	10	21	20

续表

市	村代码	全村经济总收入（万元）	农民人均纯收入（元）	全年村集体收入（万元）	年末村集体资产总额（万元）	年末村集体负债总额（万元）	村级可支配收入（万元）	村级总支出（万元）
盐城（7）	71	3210	8856	40	300	40	23	7
	72	3050	8103	20	162	118	12	12
	73	3625	9301	25	127	35	20	18
	74	4320	6354	0.9	14	3.7	5	5
	75	2753	5534	14.3	166.5	95.4	14.3	11.8
	76	2074	7345	1.2	35.7	3	9.2	8
	77	5896	8484	20.3	416.4	90.2	20.3	39.8
	78	3290	7931	18.5	108.3	114.9	27.4	19.4
	79	6125	10015	9	73	21	9	17
	710	2640	9600	38	86	349	20	45
宿迁（8）	81	7435	6075	18	13.5	75	10.5	10
	82	5800	5600	15.4	7.3	102	14.9	15.2
	83	3721	6466	2	50	18	2.7	3.2
	84	4624	6990	0	5.2	8	8.5	8.2
	85	900	5560	5.8	15	2.5	2.3	5

注：表中“市”后括号中的数字为城市代码。

资料来源：课题组2010年1月至5月对苏北地区5个城市43个行政村的调研。

表2　苏北调研地区编码

编　码	地　区	编　码	地　区
41	徐州市鼓楼区琵琶街道万寨社区	53	连云港市海州区洪门街道洪门村
42	徐州市金山桥区大黄山镇坡里村	54	连云港市赣榆县沙河镇殷庄村
43	徐州市云龙区大龙湖街道张屯村	55	连云港市东海县曲阳乡前张村
44	徐州市九里区九里街道天齐村	56	连云港市灌云县白蚬乡大兴村
45	徐州市贾汪区江庄镇竹元村	57	连云港市灌南县花园乡碾房村
46	徐州市泉山区金山街道大山头社区	61	淮安市开发区钵池山头社区
47	徐州市丰县赵庄镇大彭庄村	62	淮安市楚州区复兴镇城头村
48	徐州市沛县栖山镇魏庄村	63	淮安市淮阴区新渡乡双坝村
49	徐州市铜山县柳泉镇大冯村	64	淮安市清浦区黄码乡严卓村
410	徐州市睢宁县梁集镇刘祠村	65	淮安市工业园团结村
411	徐州市新沂市双唐镇沙沟村	66	淮安市涟水县余圩办事处洋河村
412	徐州市邳州市议堂镇议堂村	67	淮安市洪泽县东双沟镇安乐村
51	连云港市连云区朝阳镇马山村	68	淮安市盱眙县古桑乡磨涧村
52	连云港市新浦区浦南镇潘圩村	69	淮安市金湖县陈桥镇振兴村

续表

编　码	地　区	编　码	地　区
71	盐城市亭湖区永丰镇联盟村	79	盐城市东台市东台镇垛团村
72	盐城市经济开发区南舍村	710	盐城市大丰市新丰镇赤旗村
73	盐城市盐都区大冈镇傍徐村	81	宿迁市宿城区南蔡乡兴跃村
74	盐城市响水县老舍乡新舍村	82	宿豫区侍岭镇盛湖村
75	盐城市滨海县陈涛乡盐路村	83	沭阳县青伊湖镇姚沟村
76	盐城市阜宁县澳洋工业园王庄村	84	泗阳县王集镇古墩村
77	盐城市射阳县兴桥镇津富村	85	泗洪县天岗湖乡上钱村
78	盐城市建湖县冈西镇肖荡村		

表 3　2009 年苏南地区经济情况统计

市	村代码	全村经济总收入（万元）	农民人均纯收入（元）	全年村集体收入（万元）	年末村集体资产总额（万元）	年末村集体负债总额（万元）	村级可支配收入（万元）	村级总支出（万元）
苏州（1）	11	1760	16110	230	2035	3081	250	210
	12	4550	12450	49	376	66	46	82
	13	6335	13280	1075	10342	3984	1057	615
	14	29510	13060	290	1120	570	244	189
	15	145530	14072	350	1352	552	235	332
	16	15601	13985	290	711	308	123	222
	17	8900	19325	202	1465	385	176	177
	18	11000	13600	132	1988	613	97	76
	19	1005	14324	450	3579	1036	350	160
无锡（2）	21	11569	12305	45	420	317	275	242
	22	101417	14200	611	1657	389	240	371
	23	29098	12268	295	1420	1410	295	271
	24	30937	15829	372	1029	724	365	365
	25	9013	11653	60	289	98	60	53
常州（3）	31	17850	15780	359.8	1007.1	450.7	359.8	205.6
	32	3360	12751	567	956	614	568	454
	33	57712	12216	207	2969	2501	204	338
	34	16700	10830	25	389	335	30	30
	35	9960	11685	61	469	538	12	49
	36	2370	10685	21	40	0	98	18
	37	4847	11318	12.5	982	130	18	15

注：表中“市”后括号中的数字为城市代码。

资料来源：课题组 2010 年 1 月至 5 月对苏南地区 3 个城市 21 个行政村的调研。

表4 苏南调研地区编码

编码	地区	编码	地区
11	苏州市工业园区娄葑镇李家村	23	无锡市滨湖区胡埭镇胡埭村
12	苏州市虎丘区镇湖街道西京村	24	无锡市江阴市周庄镇稷山村
13	苏州市吴中区临湖镇浦庄村	25	无锡市宜兴市芳桥镇扶风村
14	苏州市相城区阳澄湖镇车渡村	31	常州市天宁区红梅街道解放村
15	苏州市常熟市尚湖镇新巷村	32	常州市钟楼区五星街道五星社区
16	苏州市张家港市大新镇朝东圩港村	33	常州市戚墅堰区丁堰街道常丰村
17	苏州市昆山市玉山镇江浦村	34	常州市新北区罗溪镇龙珠山村
18	苏州市吴江市汾湖镇沈家港村	35	常州市武进区奔牛镇南观村
19	苏州市太仓市陆渡镇横沥村	36	常州市溧阳市上兴镇万家边村
21	无锡市锡山区羊尖镇南村	37	常州市金坛市开发区陇东村
22	无锡市惠山区洛社镇双庙村		

表5 2009年苏南苏北地区经济情况比较分析

地区	村级平均总经济收入（万元）	农民平均人均收入（元）	村集体平均收入（万元）	村集体平均资产总额（万元）	年末村集体平均负债总额（万元）	村级平均可支配收入（万元）	村级平均总支出（万元）
苏南	24715.43	13415.52	271.63	1647.39	861.99	242.99	213.08
苏北	6331.79	7364.29	29.15	223.67	108.92	28.24	38.13

资料来源：课题组2010年1月至5月对苏南、苏北地区8个城市64个行政村的调研。

后　记

2008 年社会科学文献出版社出版了我的学术专著《乡村治理与农村公共产品供给》，并在 2010 年获得第十一届江苏省哲学社会科学优秀科研成果二等奖。这本书从选题到出版大约用了我四年的时间，由于长期从事该领域研究工作，我对此产出了浓厚的兴趣，并以此作为我的主要研究方向。

2007 年我申报的国家社科基金项目“基于财政资金管理的我国农村基础设施建设和机制创新”（07BJY084）和教育部后期资助项目“我国农村基础设施建设机制创新”（07JHQ0046）获准立项，我的时间和精力开始转到对农村基础设施建设机制创新问题上来。2008 年 4 月我到南京大学政治学博士后流动站从事研究工作，有幸成为南京大学政治学博士后设站后的第一个博士后研究人员，带着一份荣耀，也带着一份责任开始了博士后的研究工作。在站期间，我开始了农村基础设施建设机制创新研究，申请并完成了中国博士后特别资助项目和中国博士后项目，发表了 30 余篇论文，出站时评委老师给我的研究报告评定为优秀，是对我近四年博士后工作的一个肯定。

导师严强教授言传身教，使我在学术甚至是人生等方面获得许多感悟，受益无穷。老师们的期待和同仁们的鞭策给了我学习进步的动力。此外，我还要感谢在调研过程中那些给我帮助的学生，他们是谢逢春、蒋辉、周延飞、宣思思、田莹、杨恒雷、陈春、张美慧、杨萍、任燕姮、孙金华、周学沛、帖明、王宇、方芳、庄子龙、程浩等。没有他们的帮助，我的大量问卷与访谈工作也很难完成。

于 水

2011 年 12 月于南京钟鼎山庄

图书在版编目（CIP）数据

农村基础设施建设机制创新/于水著. —北京：社会科学文献出版社，2012.11
ISBN 978-7-5097-3409-4

Ⅰ.①农… Ⅱ.①于… Ⅲ.①农村-基础设施建设-机制创新-研究-中国 Ⅳ.①F320.3

中国版本图书馆 CIP 数据核字（2012）第 099547 号

农村基础设施建设机制创新

著　　者／于　水

出 版 人／谢寿光
出 版 者／社会科学文献出版社
地　　址／北京市西城区北三环中路甲29号院3号楼华龙大厦
邮政编码／100029

责任部门／皮书出版中心（010）59367127　　责任编辑／高振华　李舒亚
电子信箱／pishubu@ssap.cn　　责任校对／王翠艳
项目统筹／邓泳红　　责任印制／岳　阳
经　　销／社会科学文献出版社市场营销中心（010）59367081　59367089
读者服务／读者服务中心（010）59367028

印　　装／北京鹏润伟业印刷有限公司
开　　本／787mm×1092mm　1/16　　印　　张／27.5
版　　次／2012年11月第1版　　字　　数／382千字
印　　次／2012年11月第1次印刷
书　　号／ISBN 978-7-5097-3409-4
定　　价／79.00元